Emma

Ein anderer Blick 2

UNRAST

Emma

Ein anderer Blick 2

Feministischer Comic gegen Mythen und falsche Glaubenssätze

aus dem Französischen
von Lena Völkening

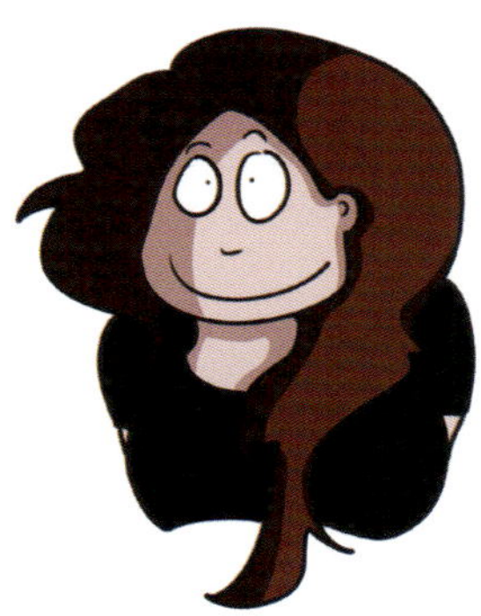

UNRAST

Emma
Ein anderer Blick 2
2. Auflage, Januar 2025
ISBN 978-3-89771-339-0

Fuggerstr. 13a, 48165 Münster
www.unrast-verlag.de – kontakt@unrast-verlag.de
Mitglied in der assoziation Linker Verlage (aLiVe)

Titel der Originalausgabe:
La charge émotionelle et autres trucs invisible. Série «Un autre regard»

sowie
Des princes pas si charmants et autres illusions à dissiper ensemble. Série «Un autre regard»

Umschlag: UNRAST Verlag, Münster
Satz: UNRAST Verlag, Münster
Druck: Interpress, Budapest

Inhaltsverzeichnis

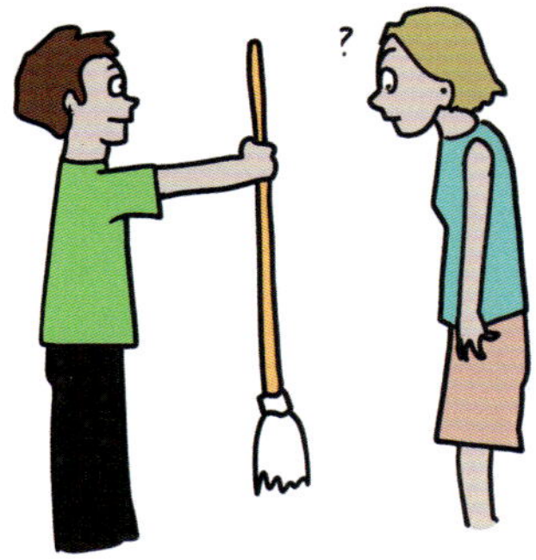

1

In Ordnung ist das nicht, aber ...

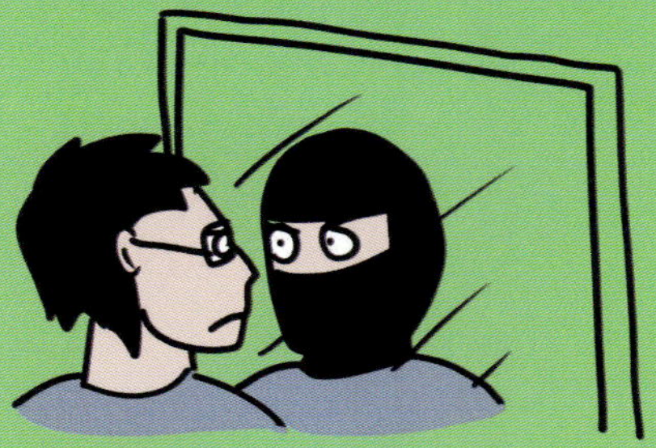

Als ich 8 Jahre alt war, aß ich mittags nicht in der Schulkantine, sondern zusammen mit ein paar von meinen Mitschülern bei einer Tagesmutter.

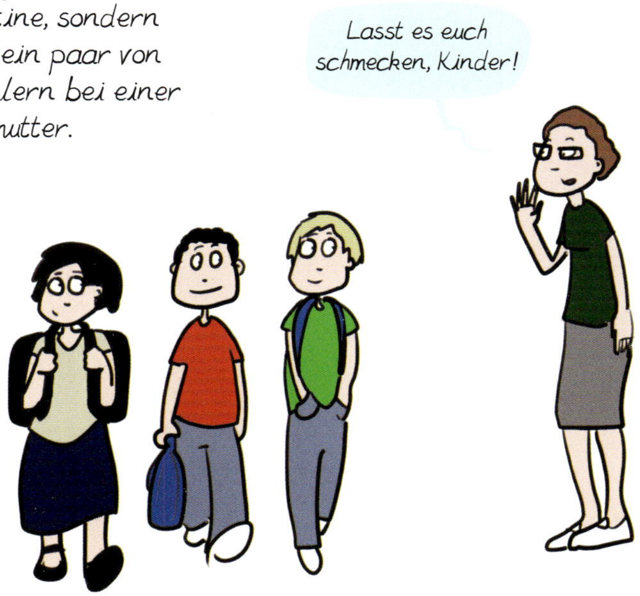
Lasst es euch schmecken, Kinder!

Einmal war, als wir dort ankamen, gerade ihr Bruder zu Besuch.

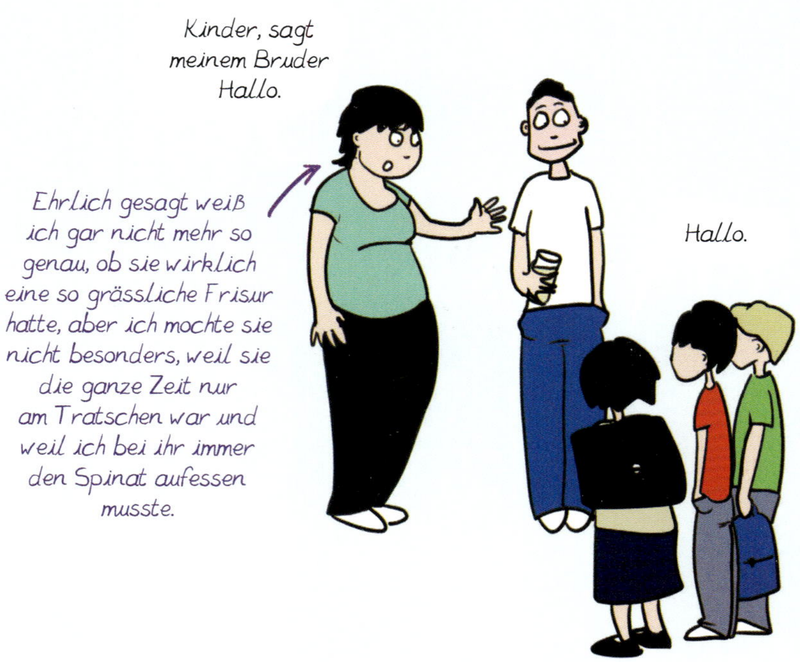
Kinder, sagt meinem Bruder Hallo.
Ehrlich gesagt weiß ich gar nicht mehr so genau, ob sie wirklich eine so grässliche Frisur hatte, aber ich mochte sie nicht besonders, weil sie die ganze Zeit nur am Tratschen war und weil ich bei ihr immer den Spinat aufessen musste.
Hallo.

Meine Mitschüler fanden ihn direkt super, weil er die ganze Zeit mit ihnen herumalberte.

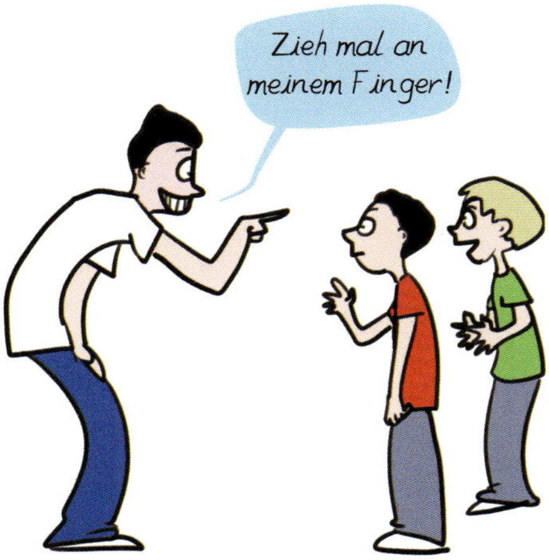
Zieh mal an meinem Finger!

Mich hingegen hat er gerne »geneckt«.

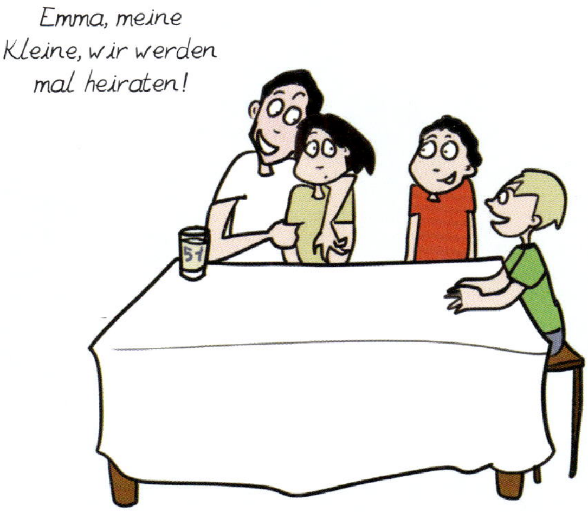
Emma, meine Kleine, wir werden mal heiraten!
51

Mir war das unangenehm, aber ich habe mich nicht getraut, etwas zu sagen.

Als es Zeit war zu gehen, hat er sich über mich gebeugt und mich mit seinem Pastis-Mundgeruch geküsst.

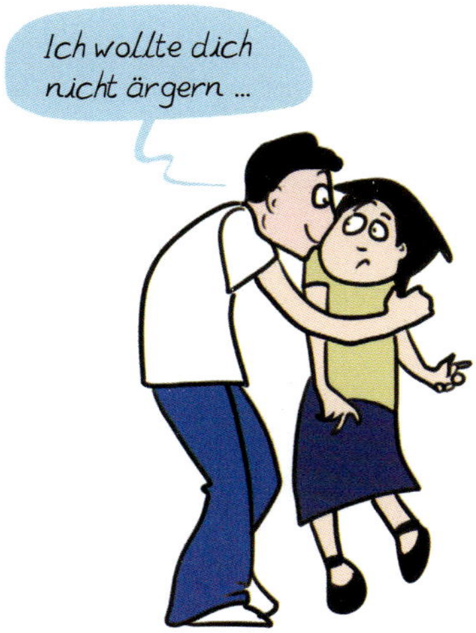
Ich wollte dich nicht ärgern ...

Ich bekam starkes Bauchweh und das dumpfe Gefühl, dass das, was gerade passiert war, nicht **normal** war.

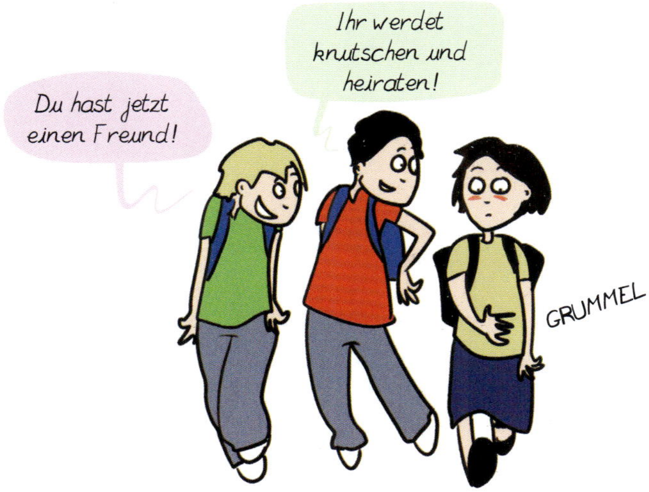
Du hast jetzt einen Freund!
Ihr werdet knutschen und heiraten!
GRUMMEL

Aber ... das ging offensichtlich nur mir so.

Wirklich nur mir. Denn am nächsten Tag ...

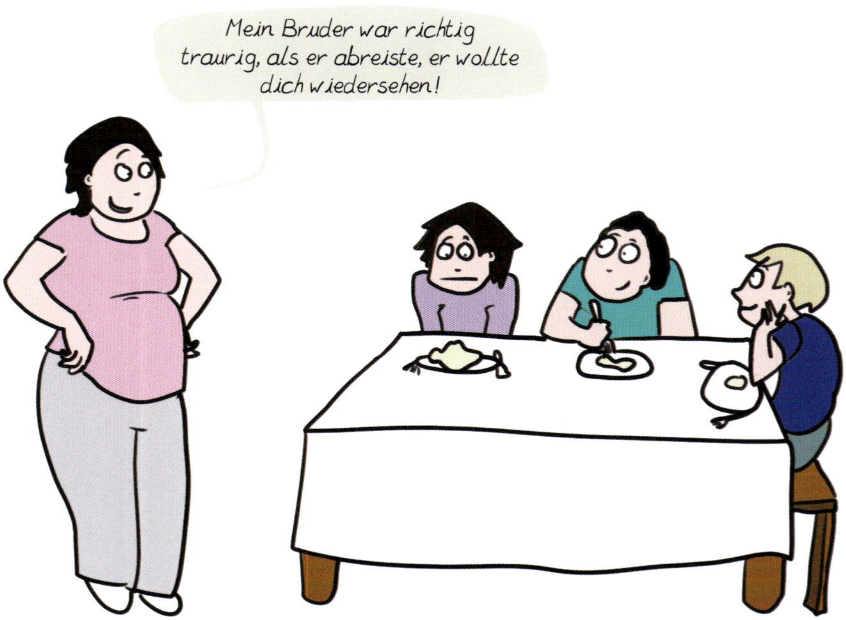
Mein Bruder war richtig traurig, als er abreiste, er wollte dich wiedersehen!

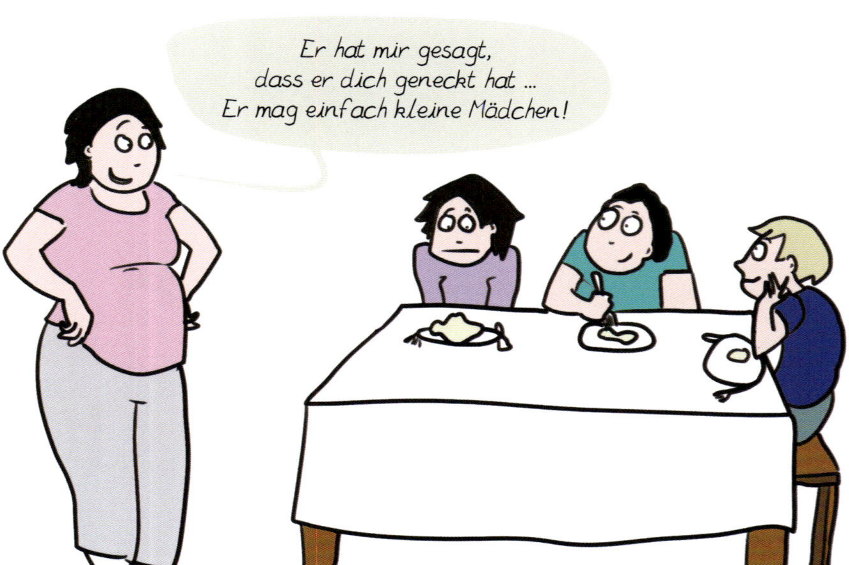
Er hat mir gesagt, dass er dich geneckt hat ... Er mag einfach kleine Mädchen!

Und so haben wir als 8-Jährige von einer Erwachsenen gelernt, dass es **normal** ist, wenn ein Mann Mädchen neckt, vor allem, wenn er sie gern hat ...

... und dass ich, auch wenn ich gar nichts gemacht hatte, außer niedlich zu sein, ein bisschen die Schuld an alledem trug.

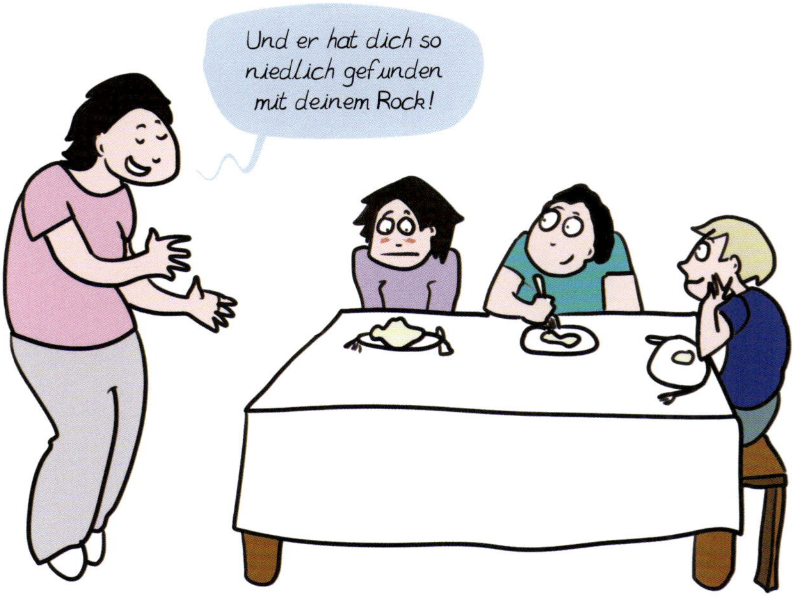
Und er hat dich so niedlich gefunden mit deinem Rock!

Dieser Mythos ist in unserer Gesellschaft weitverbreitet: Männer sind nicht in der Lage, sich zu kontrollieren, und um »Probleme« zu vermeiden, müssen Frauen also weniger verlockend sein.

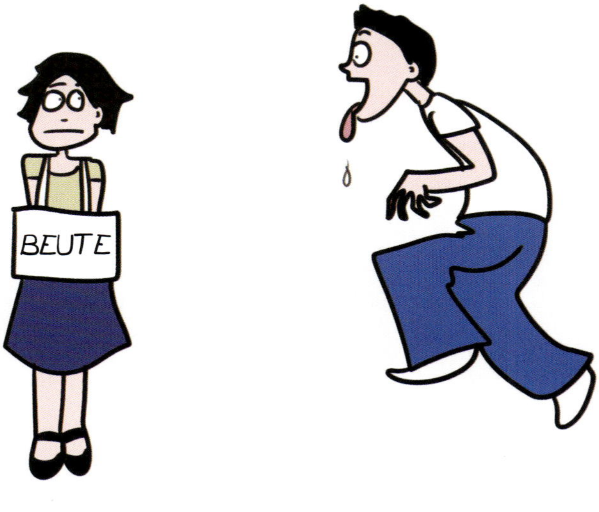
BEUTE

Das wird als **Vergewaltigungskultur** bezeichnet.

Meine Mitschüler sind in dieser Kultur aufgewachsen. In den Pausen machten einige von ihnen ein Spiel daraus, uns nachzujagen und unsere Röcke hochzuheben.

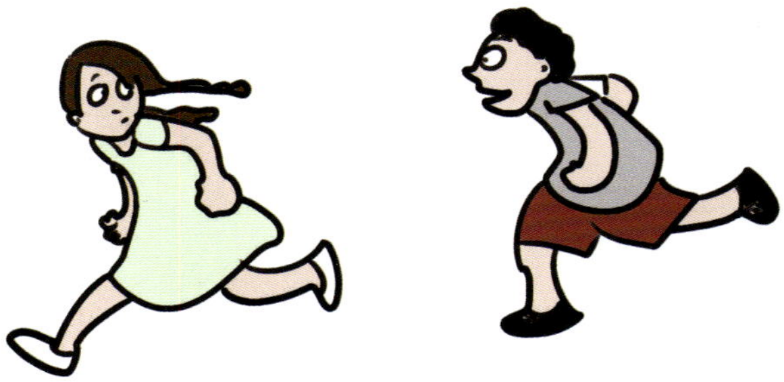

Offenbar ist daran nichts auszusetzen, immerhin schreiben die Erwachsenen sogar Lieder darüber.

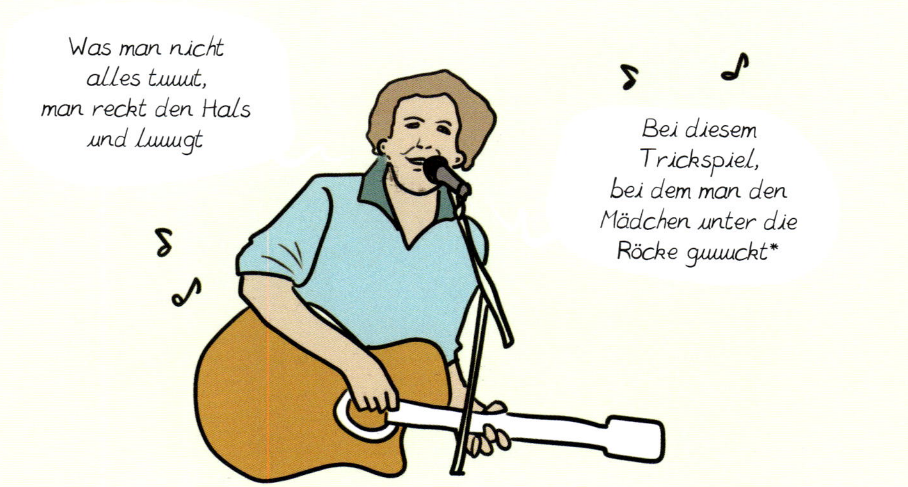
Was man nicht alles tuuut, man reckt den Hals und luuugt
Bei diesem Trickspiel, bei dem man den Mädchen unter die Röcke guuuckt*

* Text des Liedes »Sous Les Jupes Des Filles« des populären französischen Musikers Alain Souchon (Anm. d. Übersetzerin).

Später auf dem Collège haben sie im Unterricht unsere BHs aufgemacht.

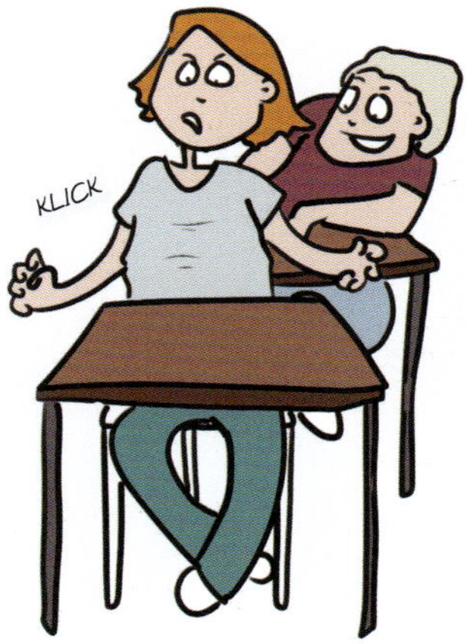
KLICK

Und noch später, auf dem Lycée, fassten sie uns an den Po und küssten uns ohne Vorwarnung.

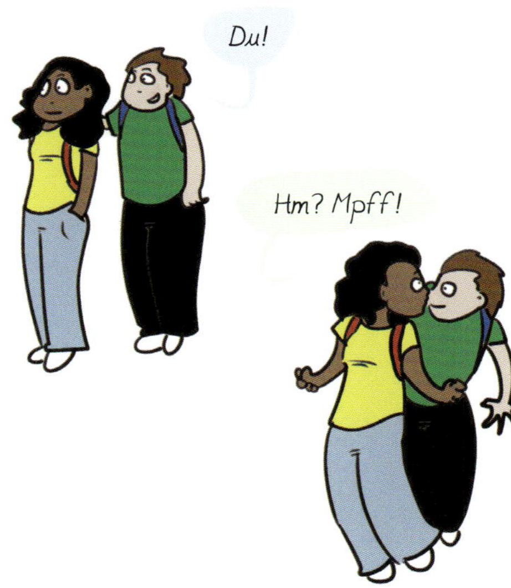
Du!
Hm? Mpff!

Meine ersten sexuellen Erfahrungen habe ich mit 18 gemacht. Mein Partner verhielt sich übergriffig,

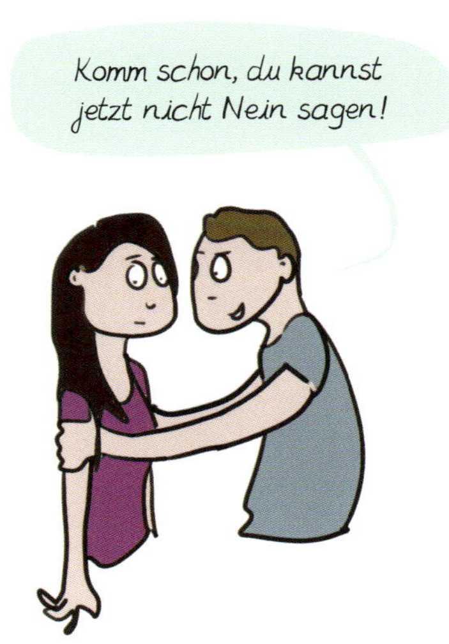
Komm schon, du kannst jetzt nicht Nein sagen!

aber ich hatte so sehr verinnerlicht, dass das nun mal so läuft, dass ich mich nicht wirklich gewehrt habe.

Wir wussten, dass man niemanden zu etwas zwingen soll,
aber man hatte uns auch gesagt, dass die, die so etwas tun,

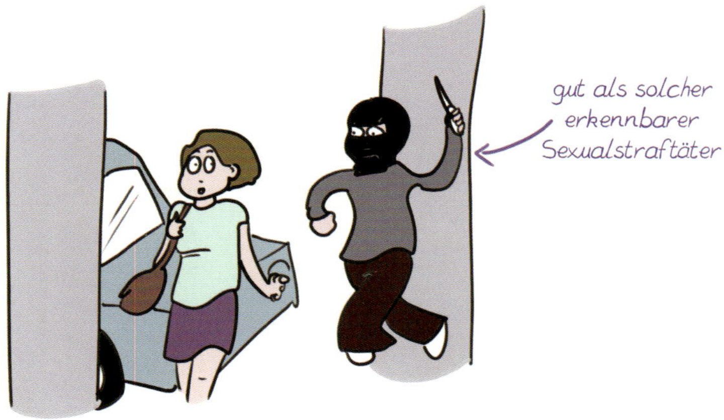
gut als solcher erkennbarer Sexualstraftäter

Fremde waren.
Zudem natürlich hässlich und selbstverständlich gewalttätig,
und dass sie sich in Tiefgaragen oder dunklen Gassen versteckten.

Mein Freund war weder ein Fremder noch hässlich oder gewalttätig.
Er war ein normaler junger Mann, der dazu tendierte, übergriffig zu werden,

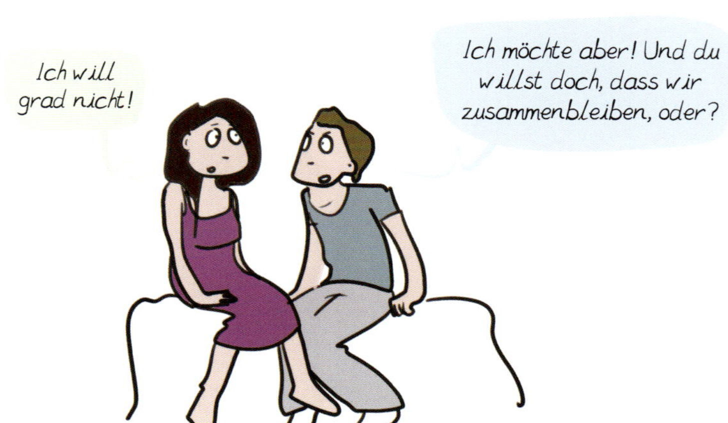
Ich will grad nicht!
Ich möchte aber! Und du willst doch, dass wir zusammenbleiben, oder?

und der in einer Kultur aufgewachsen ist, die ihn dazu ermutigt,
diese Tendenz auszuleben.

Als ich mit meinen Freundinnen darüber sprach, merkte ich, dass die meisten von uns ähnliche Erfahrungen gemacht hatten.

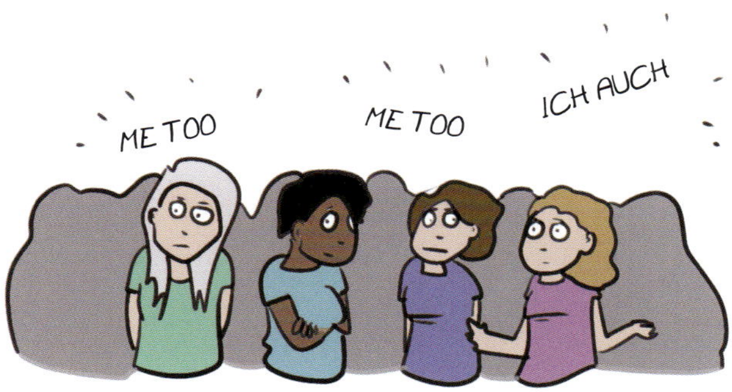
ME TOO
ME TOO
ICH AUCH

Mir wurde klar, dass es, wenn man die Vergewaltigungskultur bekämpfen möchte, nicht ausreicht, nur Jagd auf Vergewaltiger in Tiefgaragen zu machen. Wir müssen auch **mit den Männern, mit denen wir im Alltag zu tun haben**, sprechen: mit unseren Brüdern, Freunden, Vätern, Partnern …

… und ihnen beibringen, nicht um jeden Preis Sex haben zu wollen, sondern nur **eindeutig gewollten, einvernehmlichen** Sex.

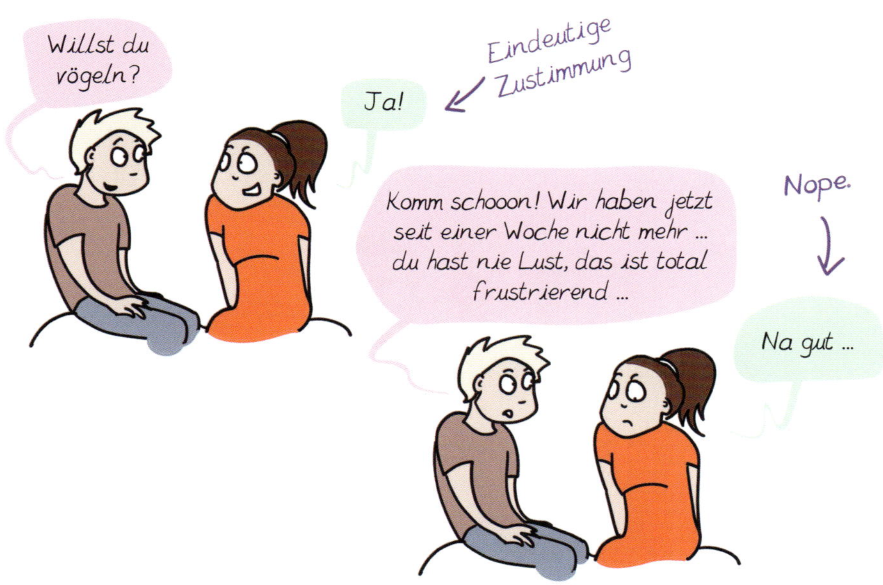
Willst du vögeln?
Ja!
Eindeutige Zustimmung
Komm schoooon! Wir haben jetzt seit einer Woche nicht mehr … du hast nie Lust, das ist total frustrierend …
Nope.
Na gut …

Aber wenn ich mit ihnen darüber gesprochen habe, war die Reaktion immer dieselbe.

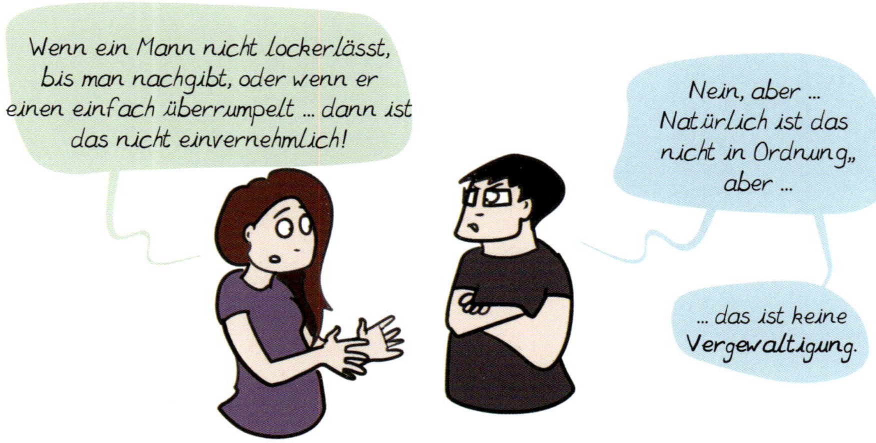
Wenn ein Mann nicht lockerlässt, bis man nachgibt, oder wenn er einen einfach überrumpelt ... dann ist das nicht einvernehmlich!
Nein, aber ... Natürlich ist das nicht in Ordnung, aber ...
... das ist keine Vergewaltigung.

Selbst, wenn sie zugaben, dass sie schon das ein oder andere Mal in ihrem Leben ohne eindeutige Zustimmung ihrer Partnerin gehandelt hatten ... dann war das für sie nicht der entscheidende Punkt.

Entscheidend war für sie, nicht in die Sexualstraftäter-Schublade gesteckt zu werden.

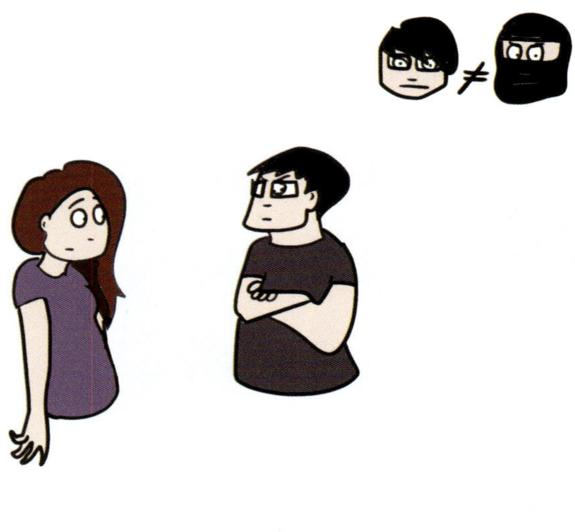

Wenn aber jemand seiner Partnerin so lange ein schlechtes Gewissen macht, bis sie nachgibt ...

... wenn man es ausnutzt, dass eine Freundin betrunken ist, um sich an ihr zu vergreifen ...

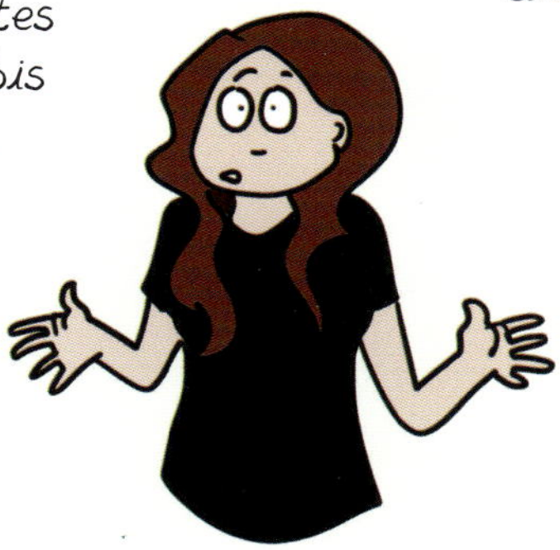

... oder wenn man Gewalt anwendet ...

... dann steckt dahinter immer dasselbe:

Dass Frauen in sexuellen Dingen ihre Zustimmung geben, ist nicht wichtig. Wichtig ist, dass man Sex bekommt.

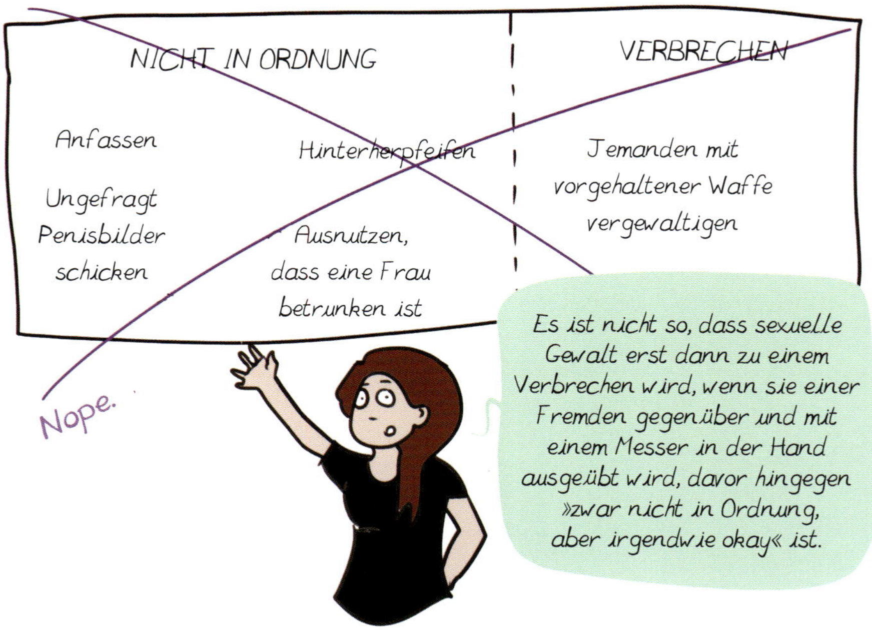
NICHT IN ORDNUNG
VERBRECHEN
Anfassen
Ungefragt Penisbilder schicken
Hinterherpfeifen
Ausnutzen, dass eine Frau betrunken ist
Jemanden mit vorgehaltener Waffe vergewaltigen
Nope.
Es ist nicht so, dass sexuelle Gewalt erst dann zu einem Verbrechen wird, wenn sie einer Fremden gegenüber und mit einem Messer in der Hand ausgeübt wird, davor hingegen »zwar nicht in Ordnung, aber irgendwie okay« ist.

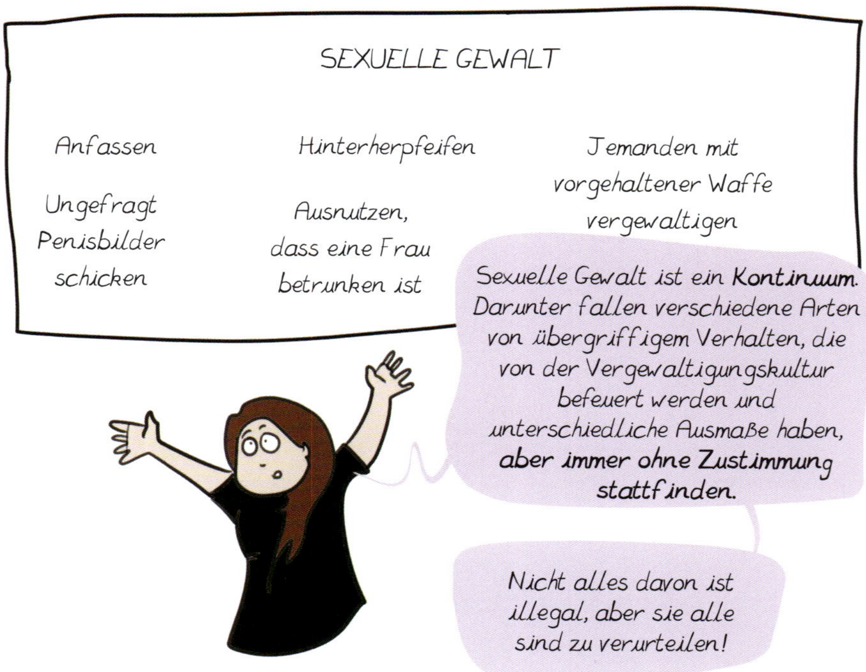
SEXUELLE GEWALT
Anfassen
Ungefragt Penisbilder schicken
Hinterherpfeifen
Ausnutzen, dass eine Frau betrunken ist
Jemanden mit vorgehaltener Waffe vergewaltigen
Sexuelle Gewalt ist ein **Kontinuum**. Darunter fallen verschiedene Arten von übergriffigem Verhalten, die von der Vergewaltigungskultur befeuert werden und unterschiedliche Ausmaße haben, **aber immer ohne Zustimmung stattfinden.**
Nicht alles davon ist illegal, aber sie alle sind zu verurteilen!

Mal ehrlich, wollen wir

das 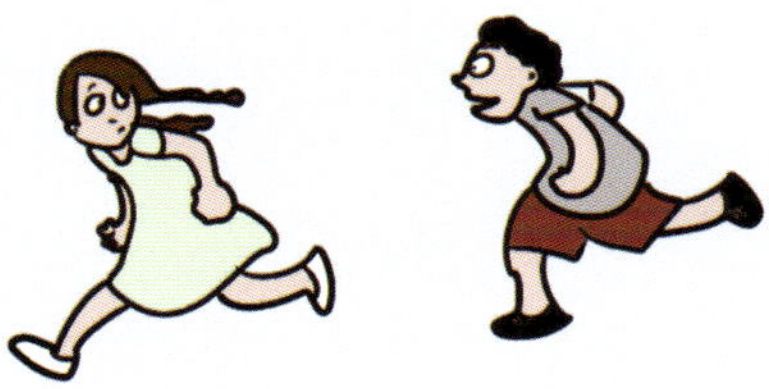

und das 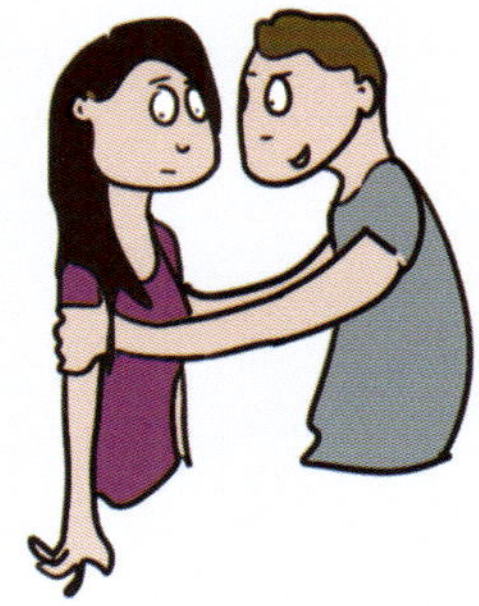

wirklich für unsere Kinder?

Ich jedenfalls nicht.
Was können wir also tun?

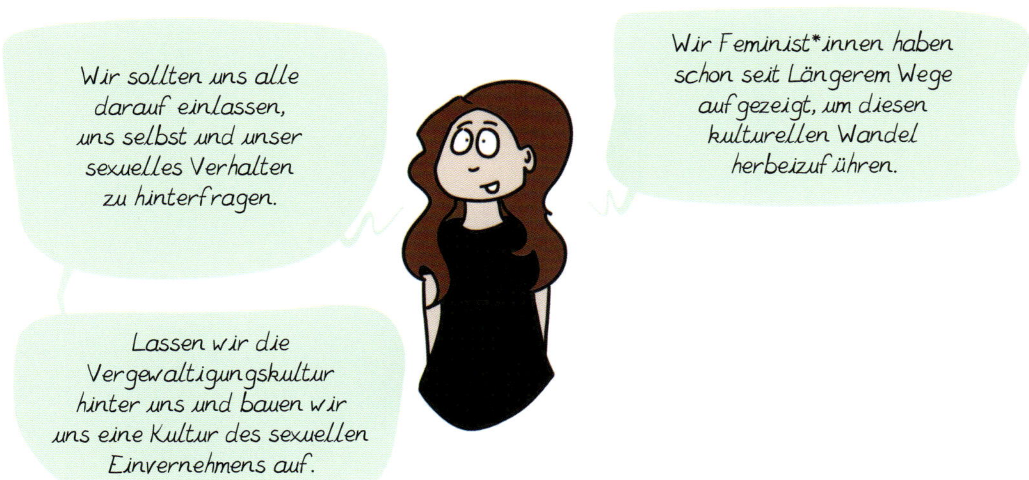
Wir sollten uns alle darauf einlassen, uns selbst und unser sexuelles Verhalten zu hinterfragen.
Lassen wir die Vergewaltigungskultur hinter uns und bauen wir uns eine Kultur des sexuellen Einvernehmens auf.
Wir Feminist*innen haben schon seit Längerem Wege aufgezeigt, um diesen kulturellen Wandel herbeizuführen.

Aber die Sorge, dass die Kunst der Verführung darunter leidet, wenn wir uns für sexuelles Einvernehmen einsetzen, ist immer noch groß.

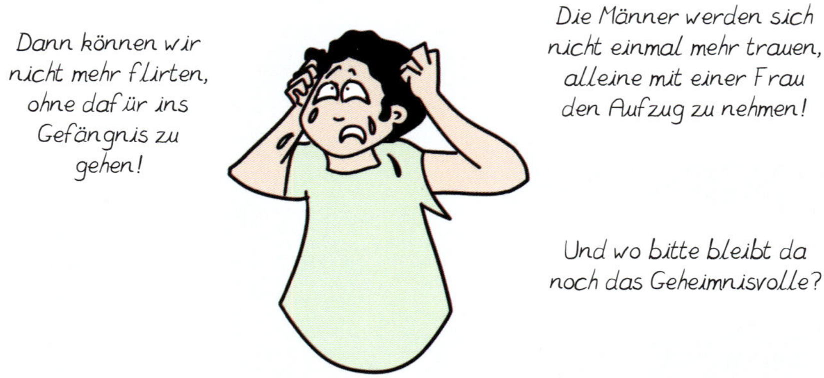
Dann können wir nicht mehr flirten, ohne dafür ins Gefängnis zu gehen!
Die Männer werden sich nicht einmal mehr trauen, alleine mit einer Frau den Aufzug zu nehmen!
Und wo bitte bleibt da noch das Geheimnisvolle?

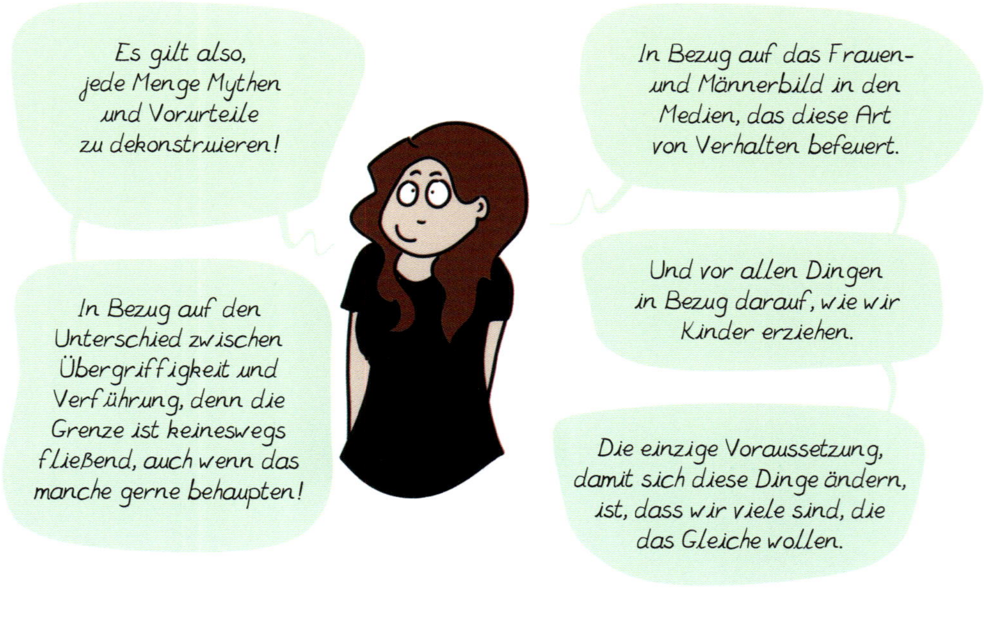
Es gilt also, jede Menge Mythen und Vorurteile zu dekonstruieren!
In Bezug auf den Unterschied zwischen Übergriffigkeit und Verführung, denn die Grenze ist keineswegs fließend, auch wenn das manche gerne behaupten!
In Bezug auf das Frauen- und Männerbild in den Medien, das diese Art von Verhalten befeuert.
Und vor allen Dingen in Bezug darauf, wie wir Kinder erziehen.
Die einzige Voraussetzung, damit sich diese Dinge ändern, ist, dass wir viele sind, die das Gleiche wollen.

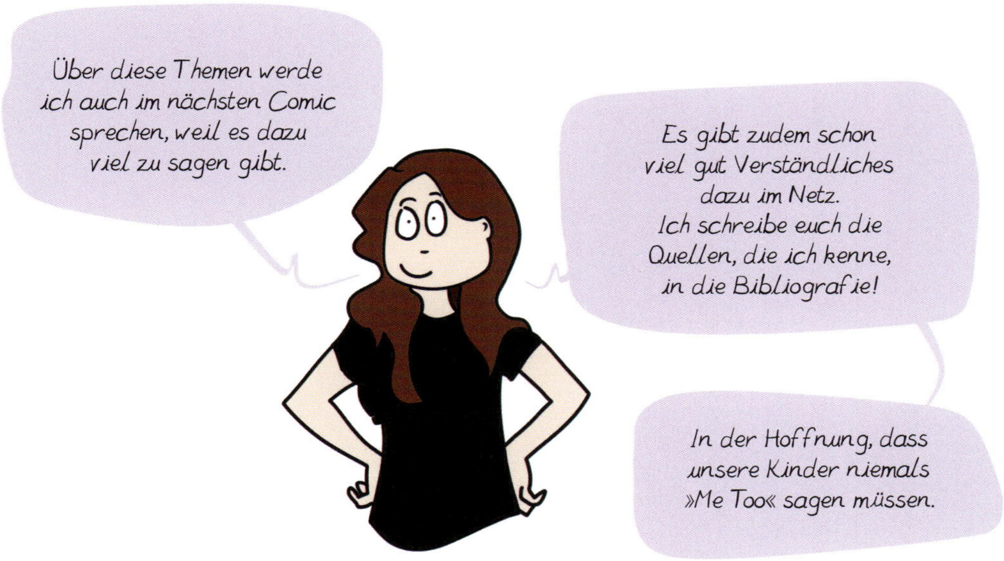
Über diese Themen werde ich auch im nächsten Comic sprechen, weil es dazu viel zu sagen gibt.
Es gibt zudem schon viel gut Verständliches dazu im Netz. Ich schreibe euch die Quellen, die ich kenne, in die Bibliografie!
In der Hoffnung, dass unsere Kinder niemals »Me Too« sagen müssen.

Emma.

2

Verhalte dich so, wie man es von dir erwartet!

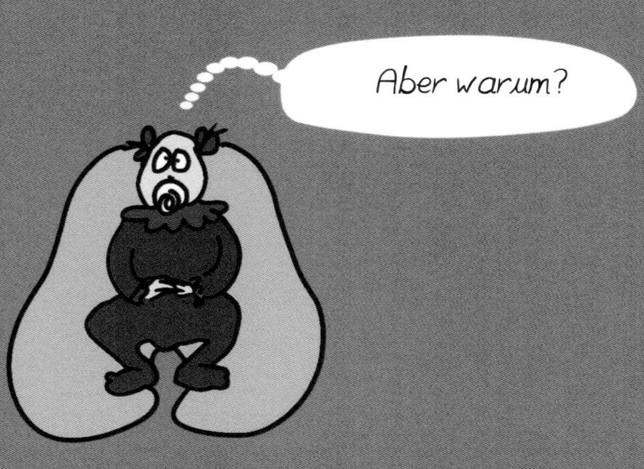

Es wird euch nicht entgangen sein: Millionen von Frauen haben sich im Oktober 2017 gegen die sexuelle Belästigung und Gewalt gewehrt, die sie Tag für Tag erleiden.

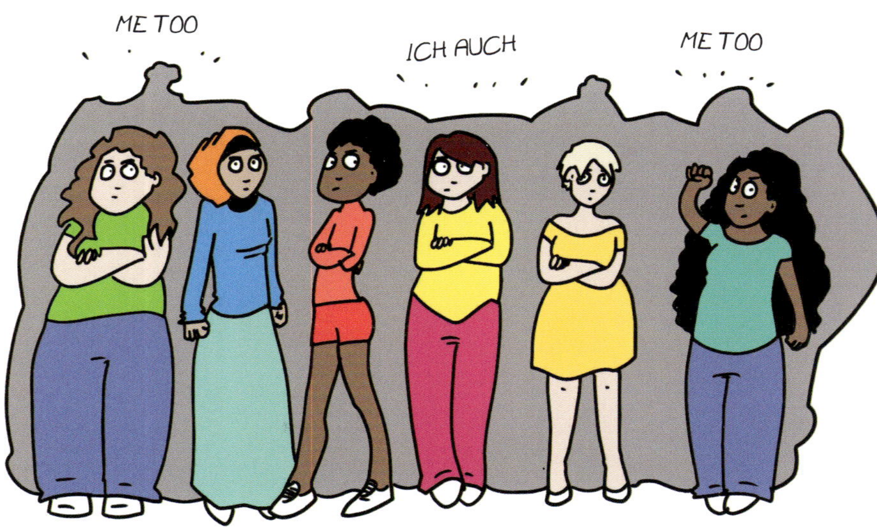
ME TOO
ICH AUCH
ME TOO

Für viele Männer kam das sehr überraschend.
Die in meinem Umfeld fingen an, sich unsere Schilderungen und Ideen anzuhören, damit sich etwas ändert.

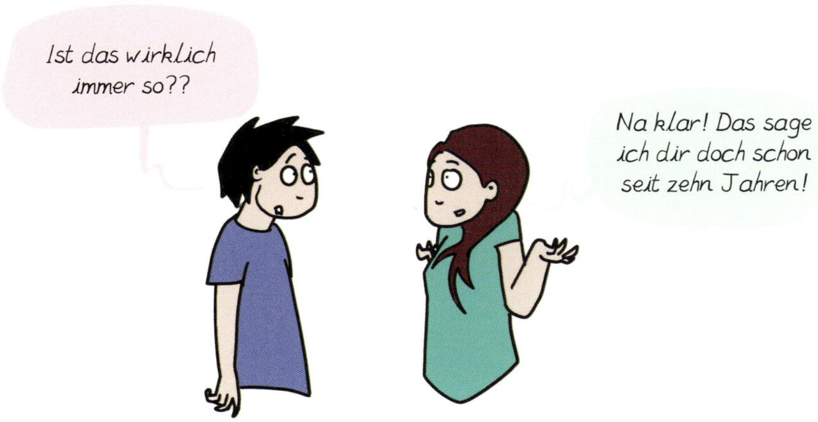
Ist das wirklich immer so??
Na klar! Das sage ich dir doch schon seit zehn Jahren!

Aber so lief es nicht immer ab.
Es hat sich ziemlich schnell eine Form von »Widerstand« gebildet.
Mehrere Männer, und an ihrer Seite traurigerweise einige Frauen, fingen an zu jammern.

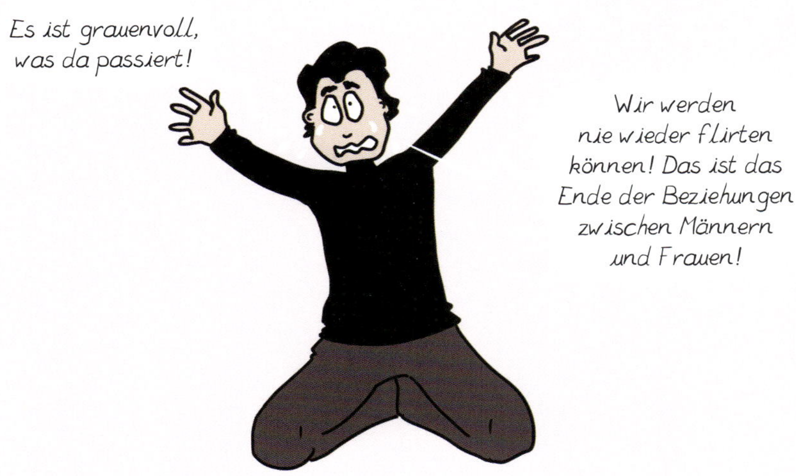
Es ist grauenvoll, was da passiert!
Wir werden nie wieder flirten können! Das ist das Ende der Beziehungen zwischen Männern und Frauen!

Es ist übrigens interessant zu sehen, dass die Frauen, die das Recht auf sexuelle Belästigung verteidigen, finanziell sehr gut dastehen, und dass die Männer, die sie unterstützen, derselben gesellschaftlichen Schicht angehören.

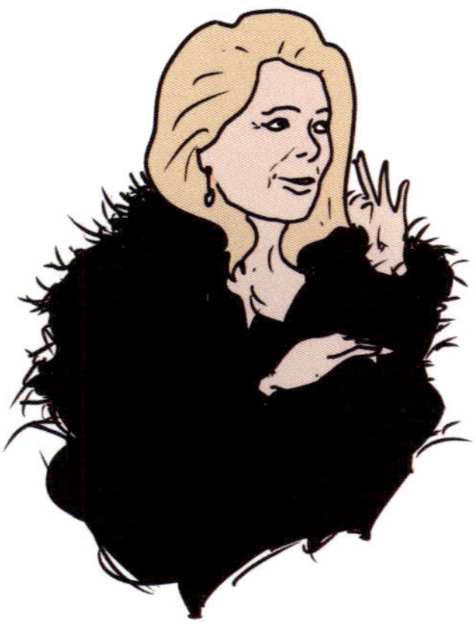

Eine **kultivierte** Form von Belästigung, das ist in Ordnung.
Und die anderen Frauen müssen uns jetzt erst einmal gar nicht interessieren.

Nun, ich will nicht allzu lange darüber nachdenken, was in den Köpfen dieser Leute vorgeht, dass sie sexuell belästigt zu werden oder Gewalt zu erfahren damit vergleichen, keine Sexualpartner*innen zu finden.

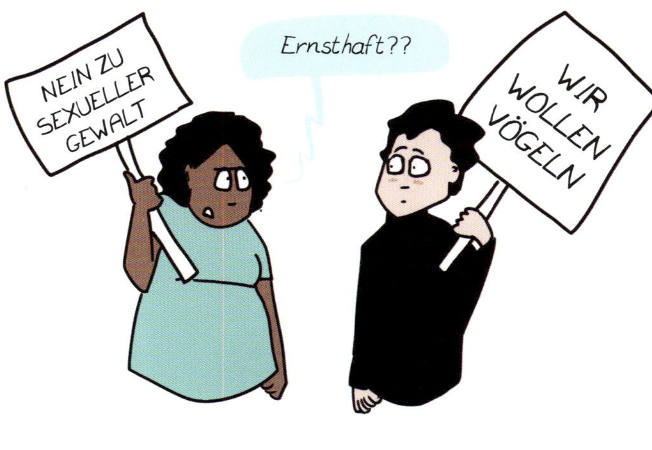
NEIN ZU SEXUELLER GEWALT
Ernsthaft??
WIR WOLLEN VÖGELN

Ich denke, das sagt schon alles.

Aber ihre Befürchtungen beruhen auf völlig falschen Annahmen: Es ist nämlich sehr wohl möglich, mit jemandem zu flirten, ohne übergriffig zu werden. Man muss einfach nur fragen und die Reaktion respektieren.

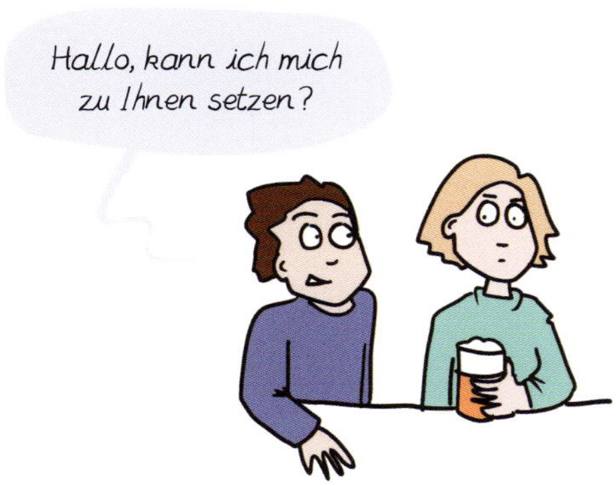
Hallo, kann ich mich zu Ihnen setzen?

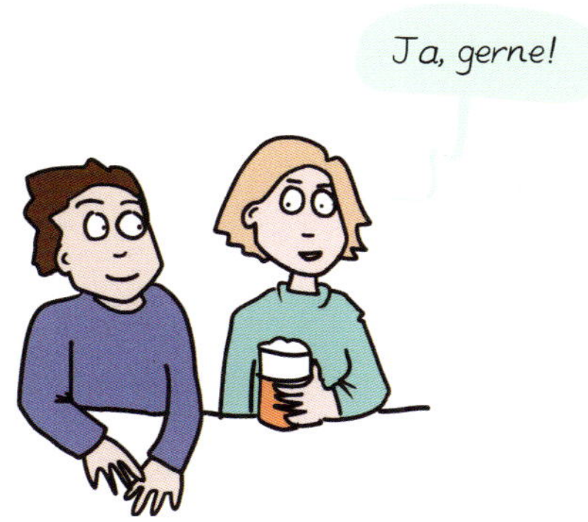
Ja, gerne!

Wenn die Person nicht antwortet …

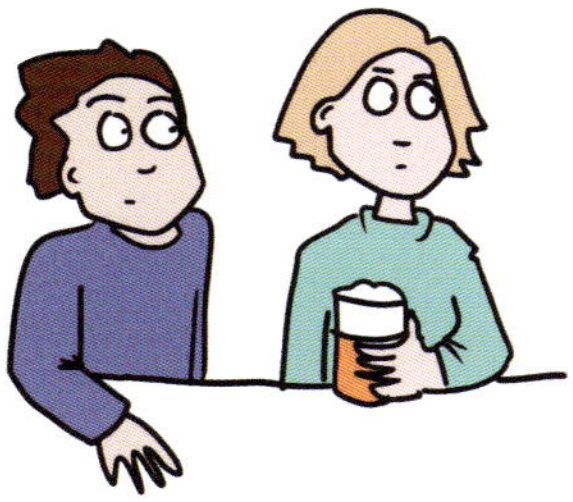

… oder nicht reden möchte …

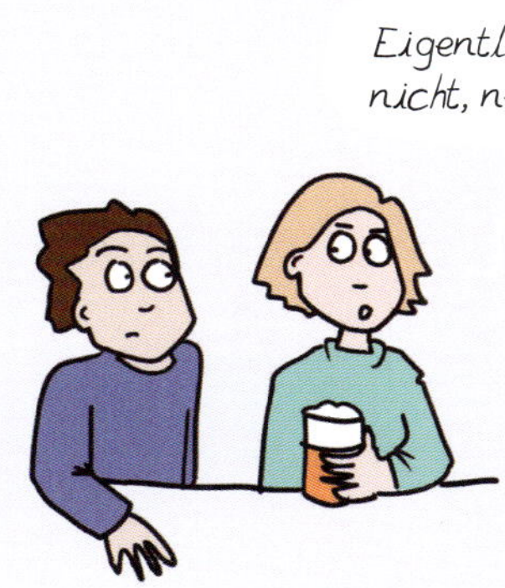
Eigentlich nicht, nein.

… dann lässt man es bleiben! Und wenn es noch so unangenehm und frustrierend ist.

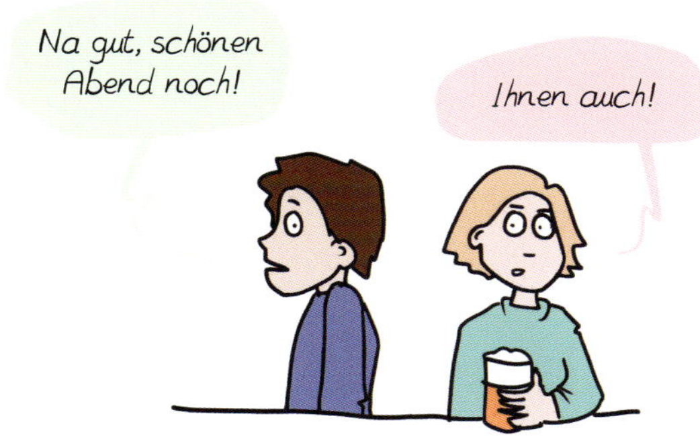
Na gut, schönen Abend noch!
Ihnen auch!

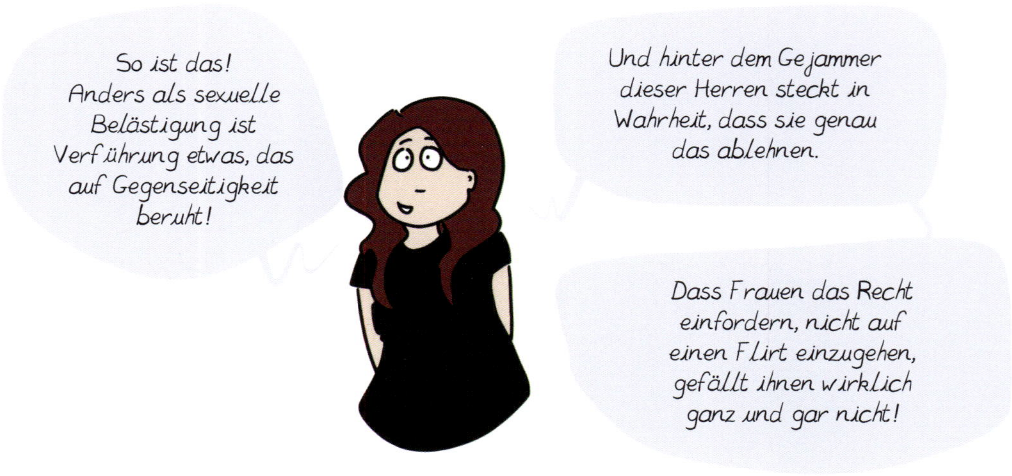
So ist das! Anders als sexuelle Belästigung ist Verführung etwas, das auf Gegenseitigkeit beruht!
Und hinter dem Gejammer dieser Herren steckt in Wahrheit, dass sie genau das ablehnen.
Dass Frauen das Recht einfordern, nicht auf einen Flirt einzugehen, gefällt ihnen wirklich ganz und gar nicht!

Man muss dazu sagen, dass man uns von klein auf darauf vorbereitet, diese Rolle zu erfüllen.

Als Babys putzt man die Mädchen mit süßen Accessoires heraus …

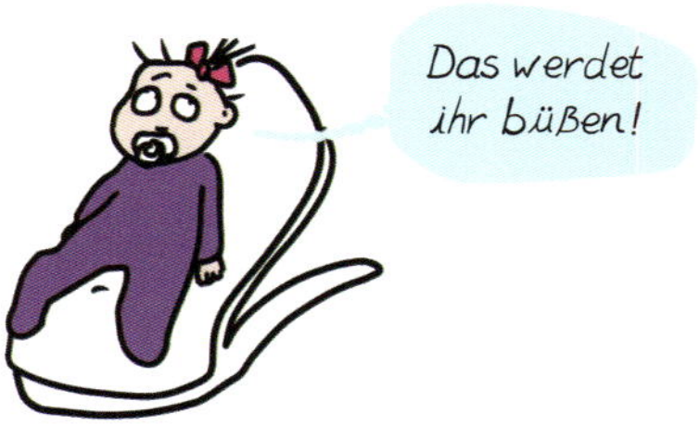
Das werdet ihr büßen!

… und später mit Kleidung, die vor allem dazu da ist, darin hübsch auszusehen.

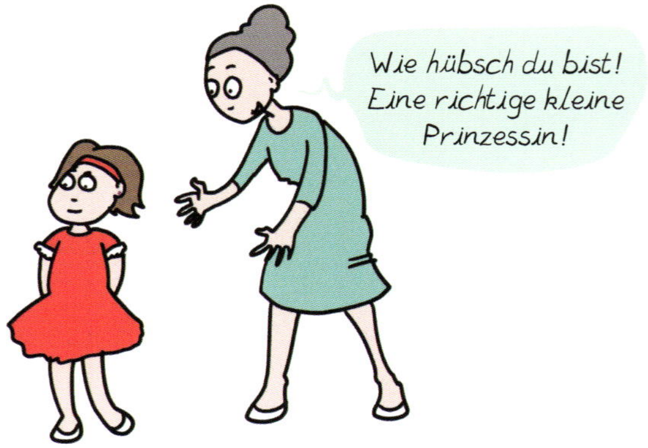
Wie hübsch du bist! Eine richtige kleine Prinzessin!

Man gewöhnt sie sehr früh daran, dass andere ihr Aussehen und ihre Kleidung kommentieren.

Wenn wir älter werden, können wir uns der Aufforderung, unseren Körper so zu formen, dass er den aktuellen Schönheitsidealen entspricht, nicht entziehen.

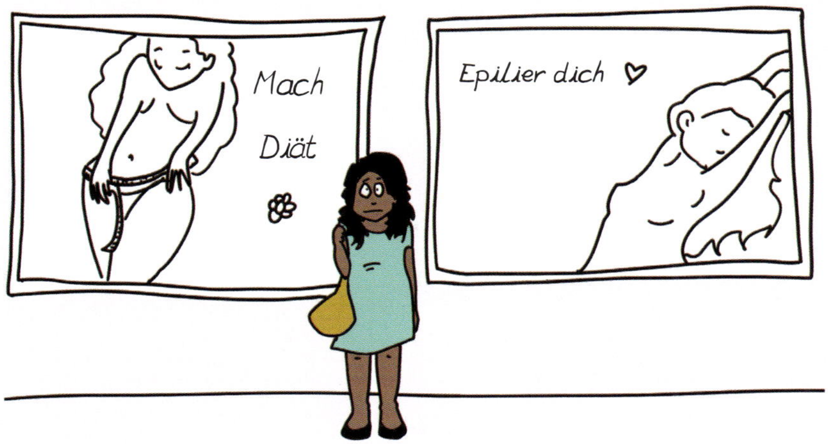
Mach Diät
Epilier dich

Wir werden immerzu dazu konditioniert, zu denken, dass die Rolle der Frau vor allem darin besteht, Männer dazu zu bringen, sie verführen zu wollen.

Da überrascht es dann nicht, dass es, wenn wir das Recht einfordern, zu entscheiden, **ob und wann** wir verführt werden wollen, einige von ihnen nervt, das respektieren zu müssen.

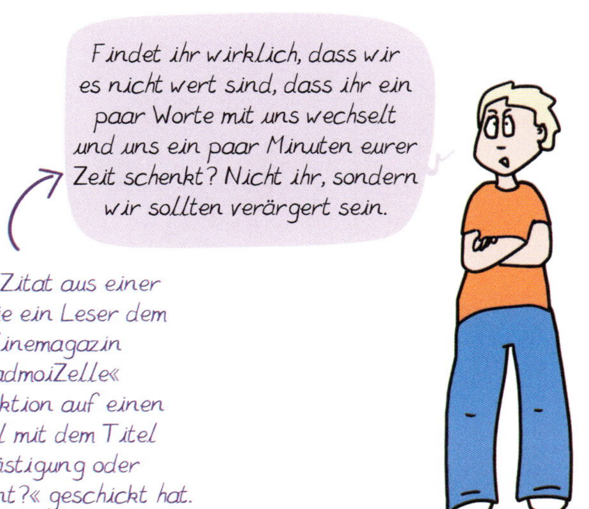
Findet ihr wirklich, dass wir es nicht wert sind, dass ihr ein paar Worte mit uns wechselt und uns ein paar Minuten eurer Zeit schenkt? Nicht ihr, sondern wir sollten verärgert sein.

Echtes Zitat aus einer Mail, die ein Leser dem Onlinemagazin »madmoiZelle« als Reaktion auf einen Artikel mit dem Titel »Belästigung oder Kompliment?« geschickt hat.

Und anstatt sich gegen sexuelle Belästigung einzusetzen, richten sie ihren Zorn gegen die Frauen, die ihrer Meinung nach ihre Rolle nicht erfüllen, das heißt: nicht auf ihr Flirten eingehen.

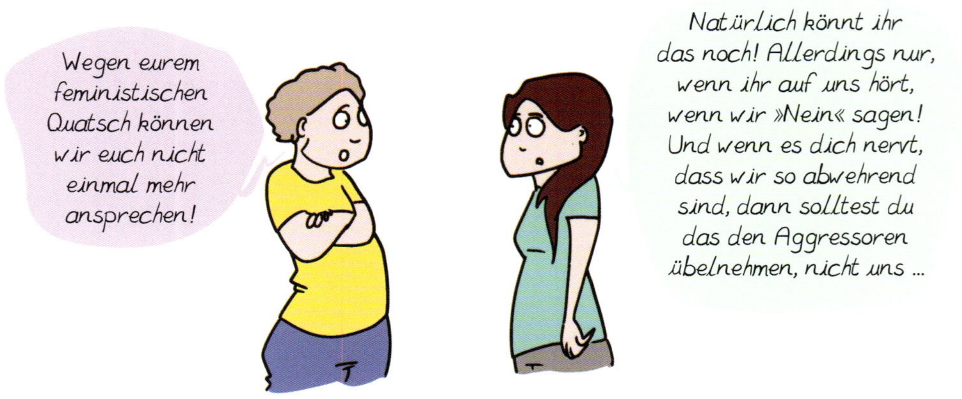
Wegen eurem feministischen Quatsch können wir euch nicht einmal mehr ansprechen!
Natürlich könnt ihr das noch! Allerdings nur, wenn ihr auf uns hört, wenn wir »Nein« sagen! Und wenn es dich nervt, dass wir so abwehrend sind, dann solltest du das den Aggressoren übelnehmen, nicht uns …

Das Schlimmste an der ganzen Sache ist, dass diese Männer uns als Objekte betrachten, die man abschleppen kann, und sich gleichzeitig aber beschweren, dass die Frauen in Sachen Verführung so passiv seien.

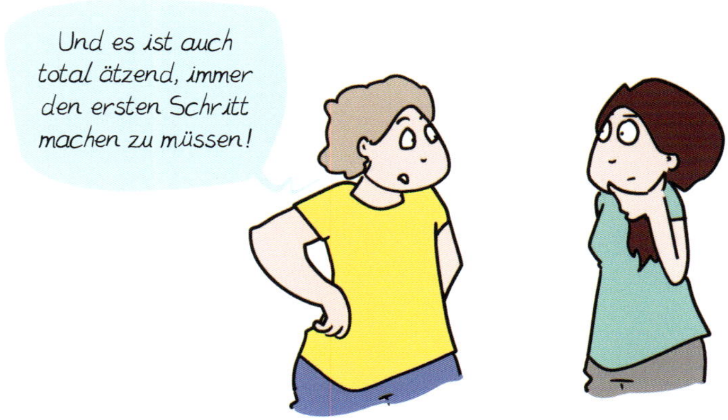
Und es ist auch total ätzend, immer den ersten Schritt machen zu müssen!

Wenn man mir also sagt, dass der Kampf gegen sexuelle Belästigung die Beziehung zwischen Männern und Frauen kaputtmacht, dann möchte ich antworten, dass genau das Gegenteil der Fall ist!

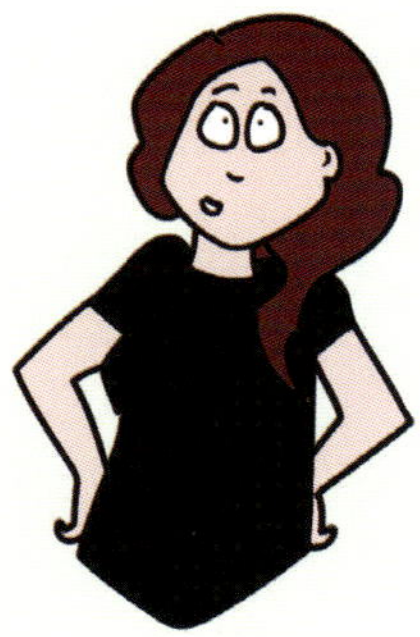

Die Beziehung zwischen Frauen und Männern ist schon seit Jahrhunderten kaputt. Unsere Erziehung, die nach Gender trennt, hat sie kaputtgemacht, die – legitime – Angst, dass jemand uns gegenüber übergriffig wird, macht sie kaputt. Und wir kämpfen nun dafür, dass sich das ändert.

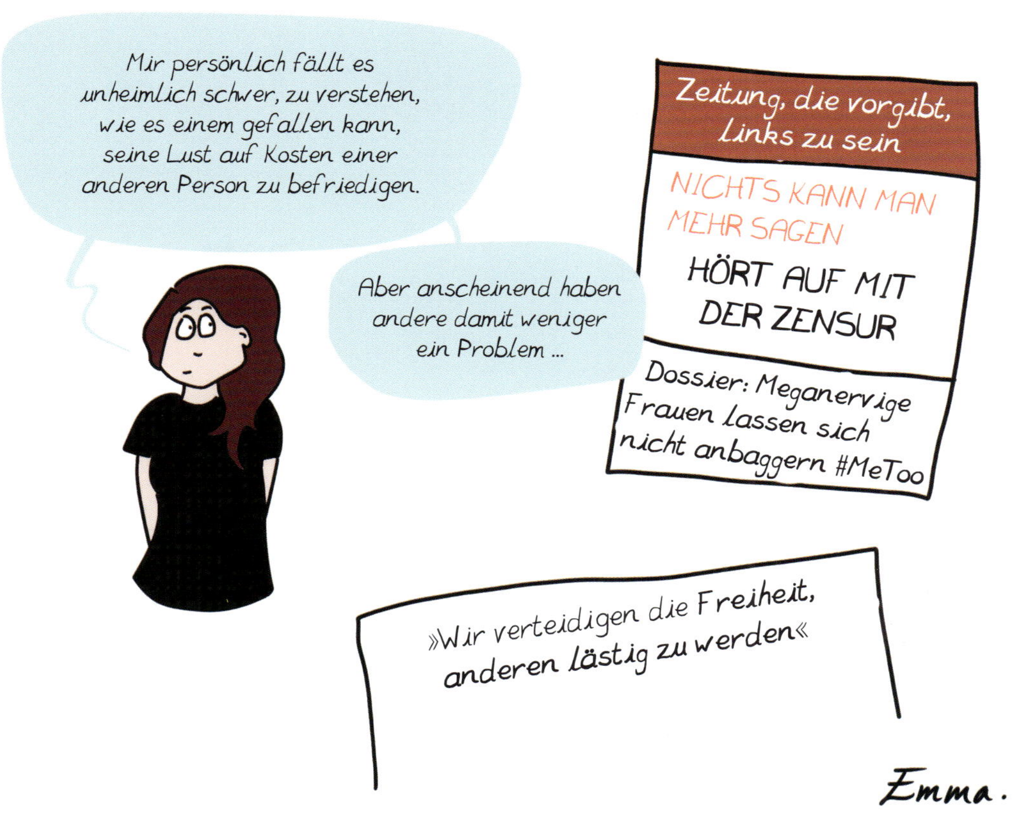
Mir persönlich fällt es unheimlich schwer, zu verstehen, wie es einem gefallen kann, seine Lust auf Kosten einer anderen Person zu befriedigen.
Aber anscheinend haben andere damit weniger ein Problem …
Zeitung, die vorgibt, links zu sein
NICHTS KANN MAN MEHR SAGEN
HÖRT AUF MIT DER ZENSUR
Dossier: Meganervige Frauen lassen sich nicht anbaggern #MeToo
»Wir verteidigen die Freiheit, anderen lästig zu werden«
Emma.

3

Michelle

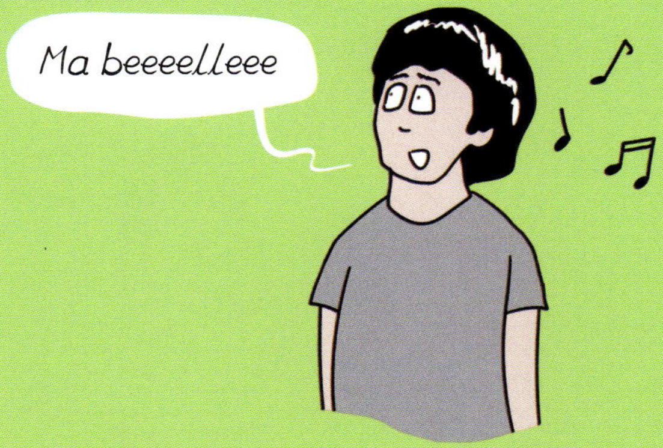
Ma beeeelleee

Ich habe Michelle während meines Studiums in Troyes kennengelernt.

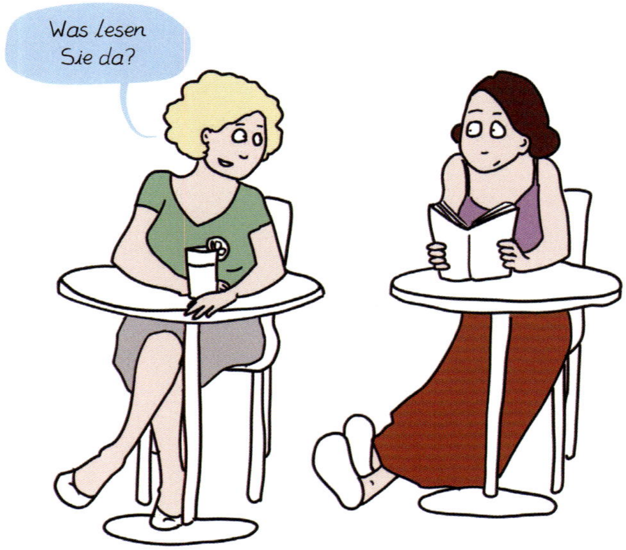
Was lesen Sie da?

Ich mochte ihre lustige und ehrliche Art sofort.

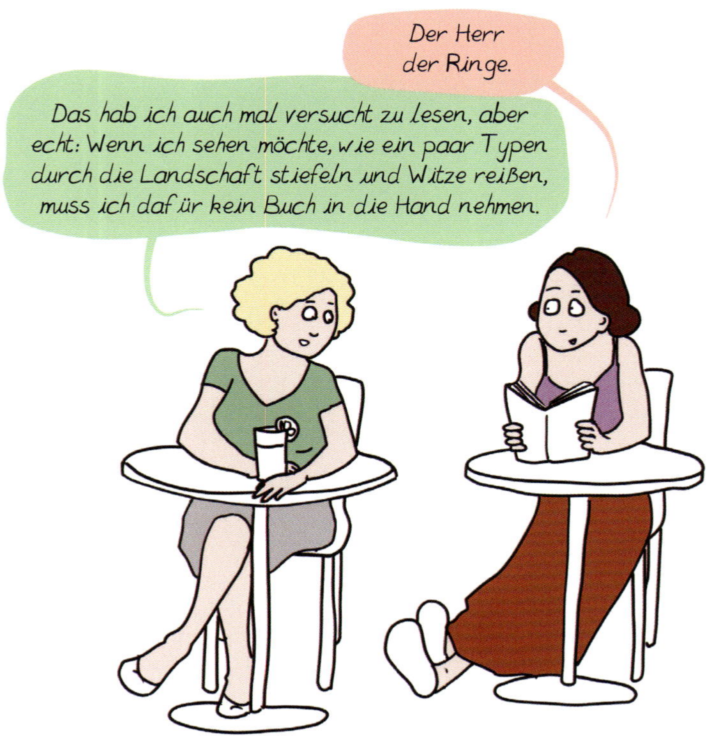
Der Herr der Ringe.
Das hab ich auch mal versucht zu lesen, aber echt: Wenn ich sehen möchte, wie ein paar Typen durch die Landschaft stiefeln und Witze reißen, muss ich dafür kein Buch in die Hand nehmen.

Bald trafen wir uns regelmäßig und sie erzählte mir von ihrem bisherigen Leben.

Ich erfuhr, dass sie in Troyes aufgewachsen war und D., ihren Ehemann, mit 17 kennengelernt hatte.

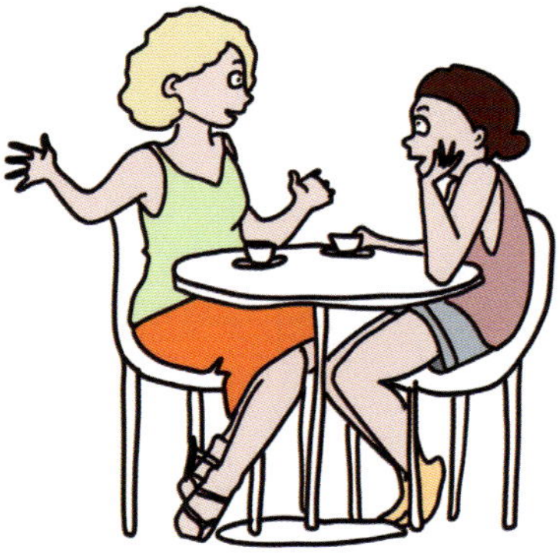

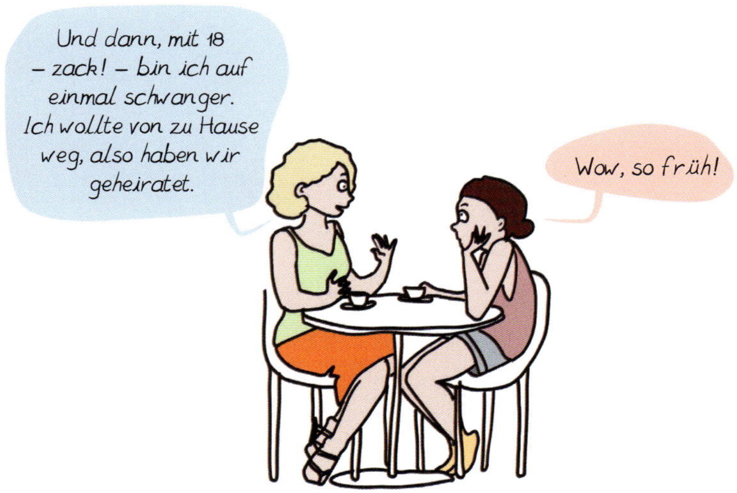
Und dann, mit 18 – zack! – bin ich auf einmal schwanger. Ich wollte von zu Hause weg, also haben wir geheiratet.
Wow, so früh!

Michelle hat 3 Kinder bekommen, um die sie sich in Vollzeit gekümmert hat.

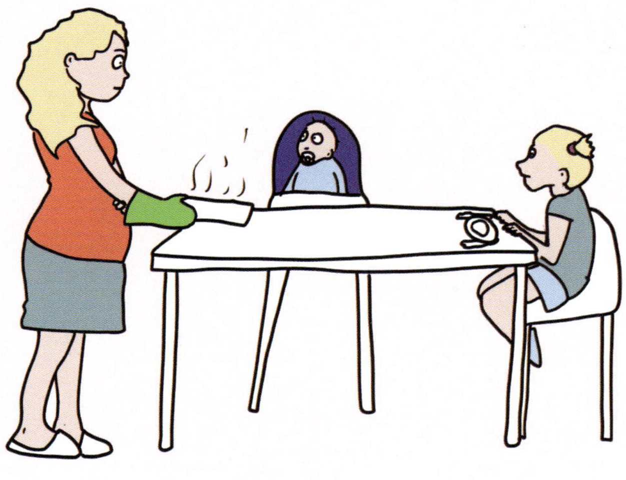

D. seinerseits hatte sich im Baugewerbe selbstständig gemacht. Sie half ihm, indem sie sich um den Papierkram kümmerte.

Und um das Einkommen der Familie zu erhöhen, passte sie zusätzlich zu ihren eigenen auf die Nachbarskinder auf.

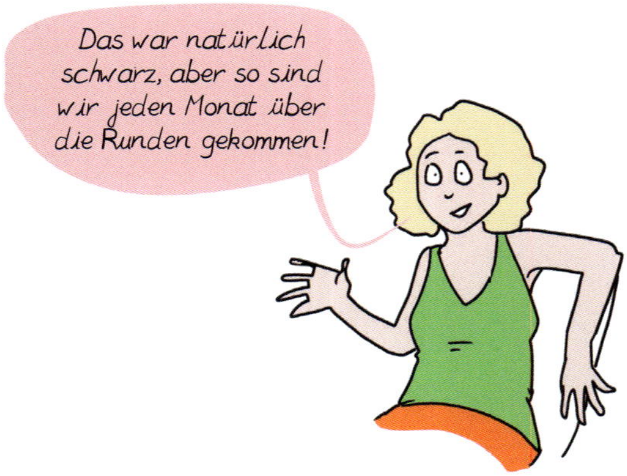
Das war natürlich schwarz, aber so sind wir jeden Monat über die Runden gekommen!

Als ihre Kinder aus dem Haus waren, fand Michelle eine Teilzeitstelle in einem örtlichen Supermarkt.

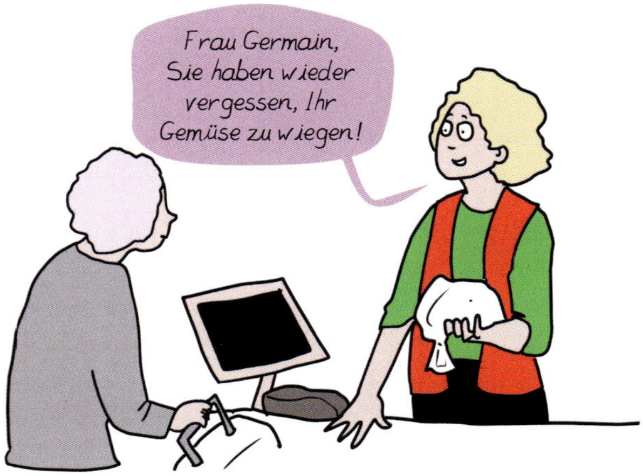
Frau Germain, Sie haben wieder vergessen, Ihr Gemüse zu wiegen!

Ihre Ansuchen, auf Vollzeit zu erhöhen, wurden ihr nie bewilligt, aber sie kam seit 10 Jahren ganz gut zurecht.

Ich war in meinem letzten Studienjahr, als D. Michelle verließ.

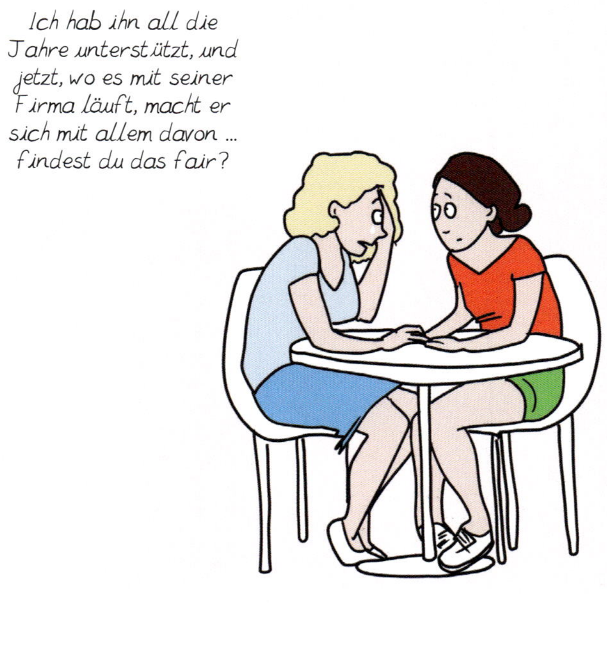
Ich hab ihn all die Jahre unterstützt, und jetzt, wo es mit seiner Firma läuft, macht er sich mit allem davon ... findest du das fair?

Am Anfang war sie zu allem bereit, um ihn zu halten.

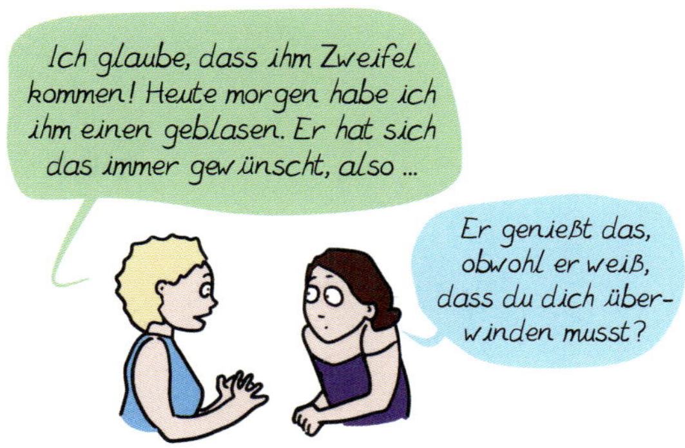
Ich glaube, dass ihm Zweifel kommen! Heute morgen habe ich ihm einen geblasen. Er hat sich das immer gewünscht, also ...
Er genießt das, obwohl er weiß, dass du dich überwinden musst?

Dann kam die Resignation ...

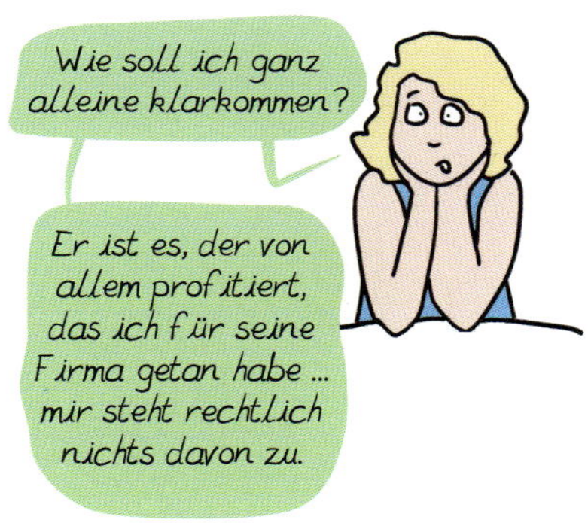
Wie soll ich ganz alleine klarkommen?
Er ist es, der von allem profitiert, das ich für seine Firma getan habe ... mir steht rechtlich nichts davon zu.

... und schließlich die Wut.

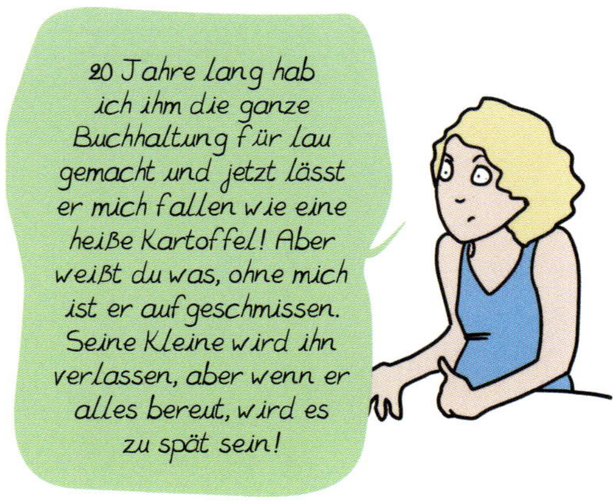
20 Jahre lang hab ich ihm die ganze Buchhaltung für lau gemacht und jetzt lässt er mich fallen wie eine heiße Kartoffel! Aber weißt du was, ohne mich ist er aufgeschmissen. Seine Kleine wird ihn verlassen, aber wenn er alles bereut, wird es zu spät sein!

Ein paar Monate später war sie über die Trennung hinweg.

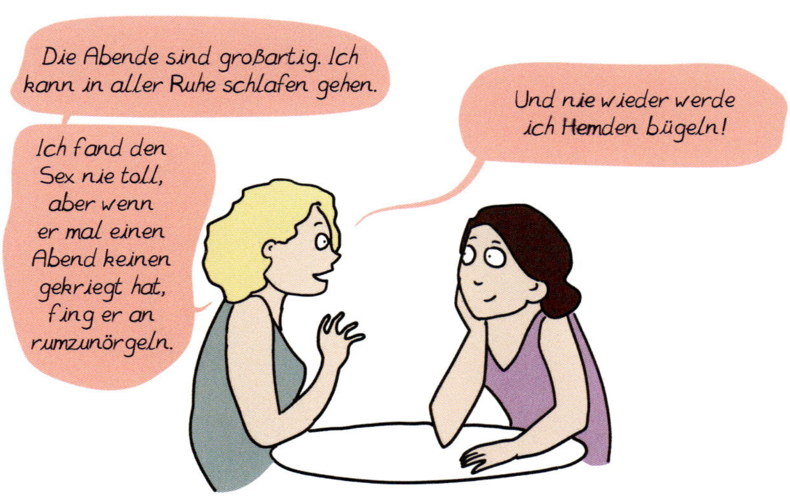
Die Abende sind großartig. Ich kann in aller Ruhe schlafen gehen.
Ich fand den Sex nie toll, aber wenn er mal einen Abend keinen gekriegt hat, fing er an rumzunörgeln.
Und nie wieder werde ich Hemden bügeln!

Aber mit ihrem Teilzeitjob hatte Michelle Schwierigkeiten, ihre Miete zu bezahlen.

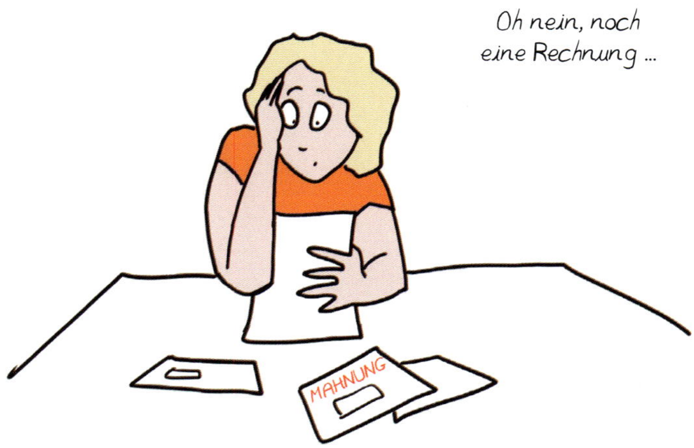
Oh nein, noch eine Rechnung …
MAHNUNG

Sie fing an, morgens vor der Arbeit putzen zu gehen.
Aber sie zog sich einen Hexenschuss zu.

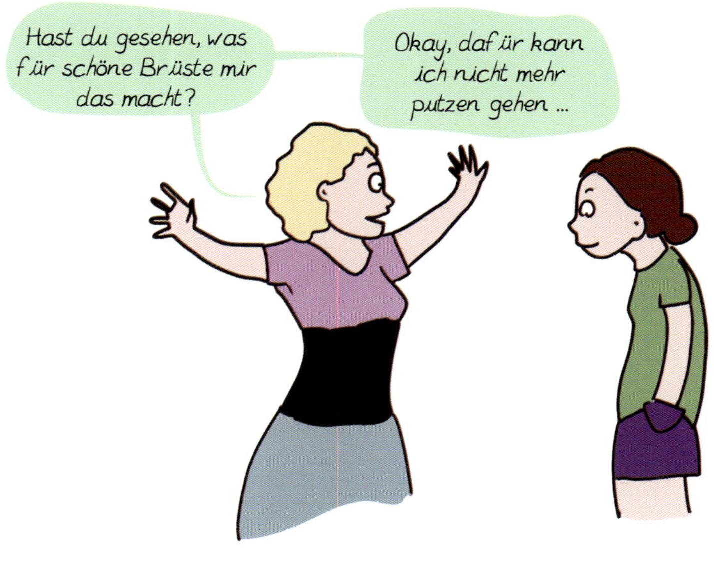
Hast du gesehen, was für schöne Brüste mir das macht?
Okay, dafür kann ich nicht mehr putzen gehen …

Und nach nicht einmal einem Jahr hatte sie resigniert.

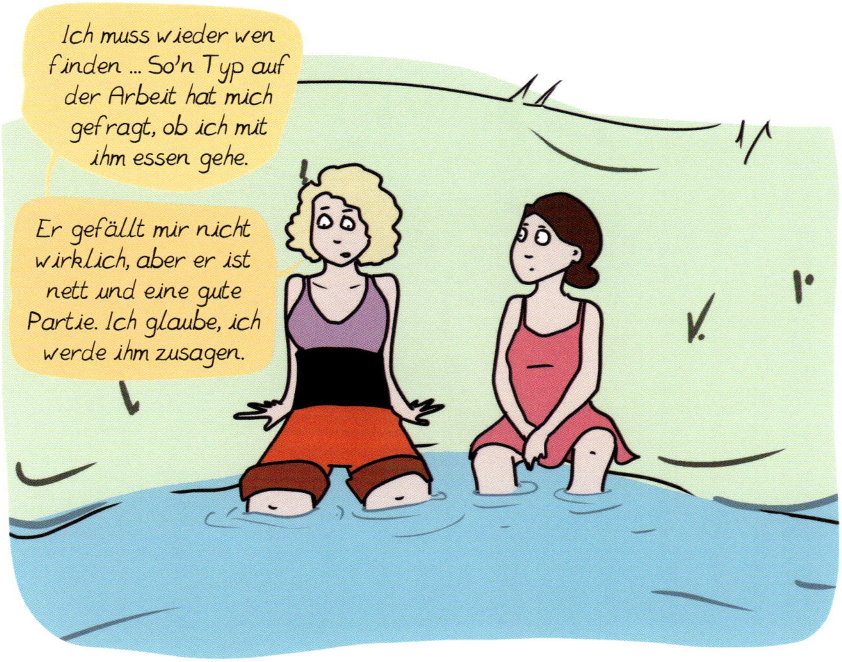
Ich muss wieder wen finden ... So'n Typ auf der Arbeit hat mich gefragt, ob ich mit ihm essen gehe.
Er gefällt mir nicht wirklich, aber er ist nett und eine gute Partie. Ich glaube, ich werde ihm zusagen.

Michelle ist schließlich mit P. zusammengezogen und steht finanziell wieder besser da.

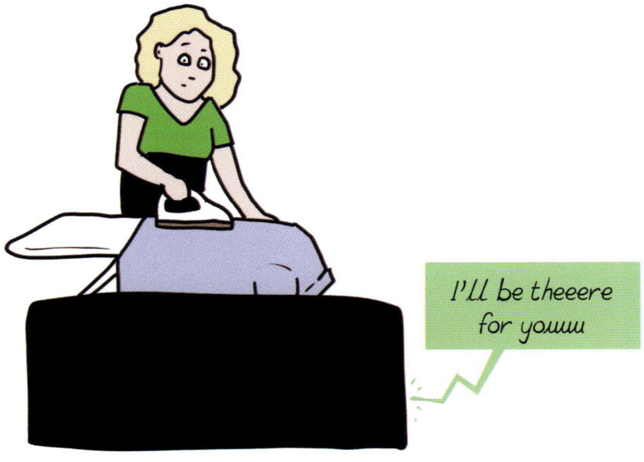
I'll be theeere for youuu

Aber sie bügelt wieder Hemden.

Auch heute noch folgen viele heterosexuelle Paare dem gleichen Schema wie Michelle. Sie heiraten in dem Wunsch, sich gegenseitig zu unterstützen ...

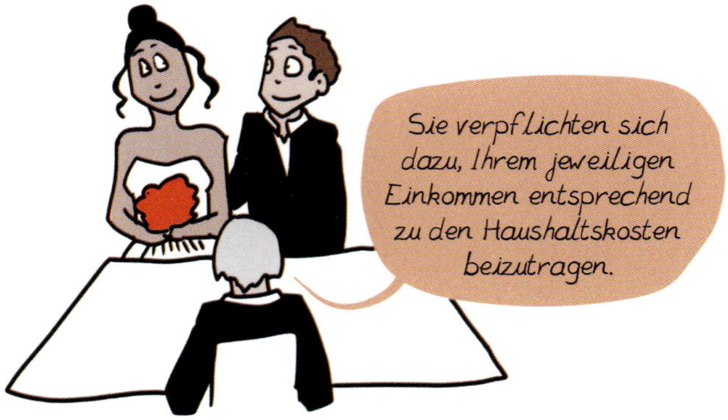
Sie verpflichten sich dazu, Ihrem jeweiligen Einkommen entsprechend zu den Haushaltskosten beizutragen.

... aber finden sich ganz schnell in einer gendertypischen Aufgabenverteilung wieder.

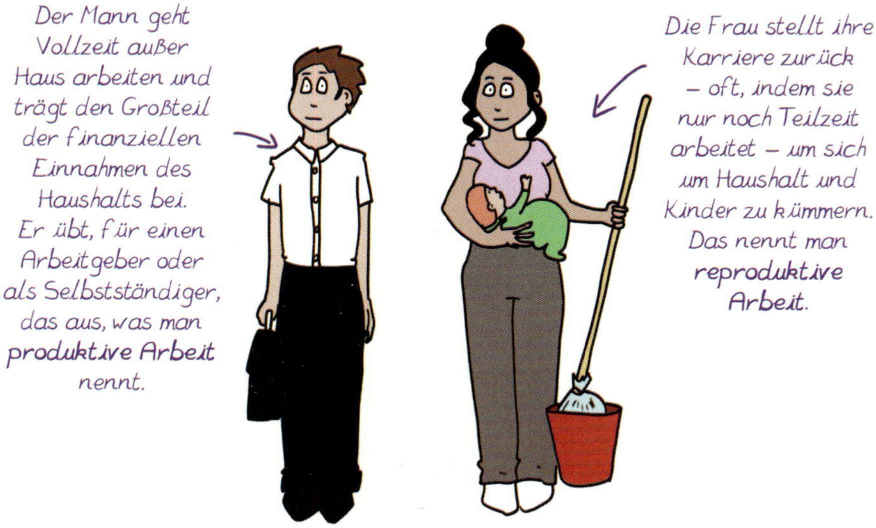
Der Mann geht Vollzeit außer Haus arbeiten und trägt den Großteil der finanziellen Einnahmen des Haushalts bei. Er übt, für einen Arbeitgeber oder als Selbstständiger, das aus, was man **produktive Arbeit** nennt.
Die Frau stellt ihre Karriere zurück – oft, indem sie nur noch Teilzeit arbeitet – um sich um Haushalt und Kinder zu kümmern. Das nennt man **reproduktive Arbeit**.

Auf den ersten Blick kann das nach einer eigentlich fairen Aufteilung aussehen.

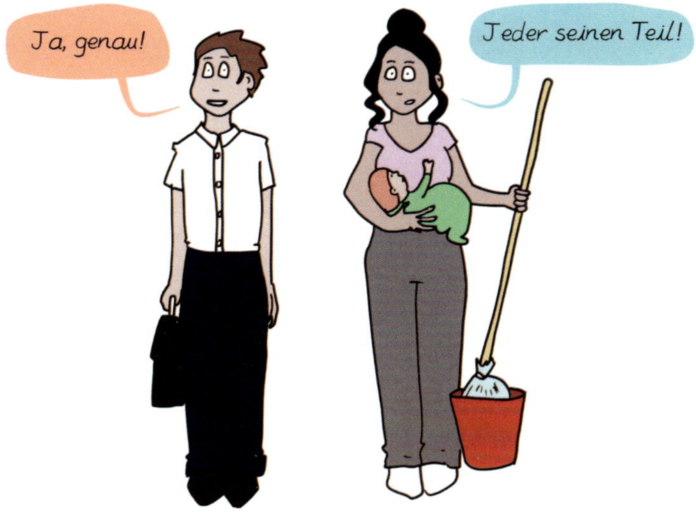
Ja, genau!
Jeder seinen Teil!

Jeder seinen Teil. Allerdings ...

... gibt einem die produktive Arbeit das Recht auf ein Gehalt, einen sozialen Status und auf eine Rente ...

... wohingegen die reproduktive Arbeit unsichtbar und **unbezahlt** ist.

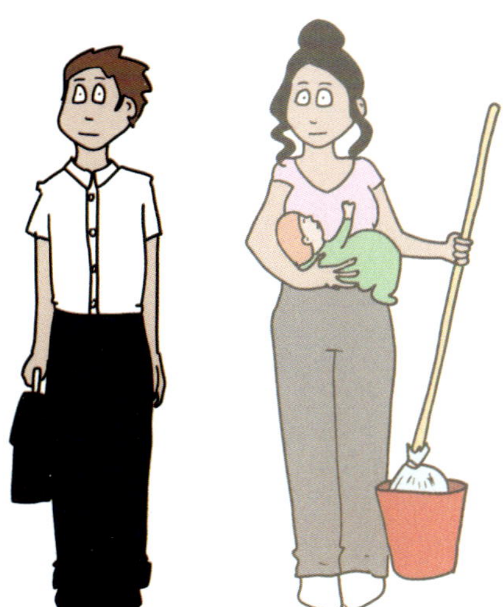

Wenn man es so handhabt, ist es ein bisschen so, als ob der Mann eine **ehrenamtliche** Mitarbeiterin zu Hause hätte, die sich um seine Wohnung und seine Familie kümmert und dafür im Gegenzug materielle Unterstützung erhält. Aber das Geld gehört nicht ihr und sie ist durch diese Arbeit **weder kranken-, noch arbeitslosen- oder rentenversichert**.

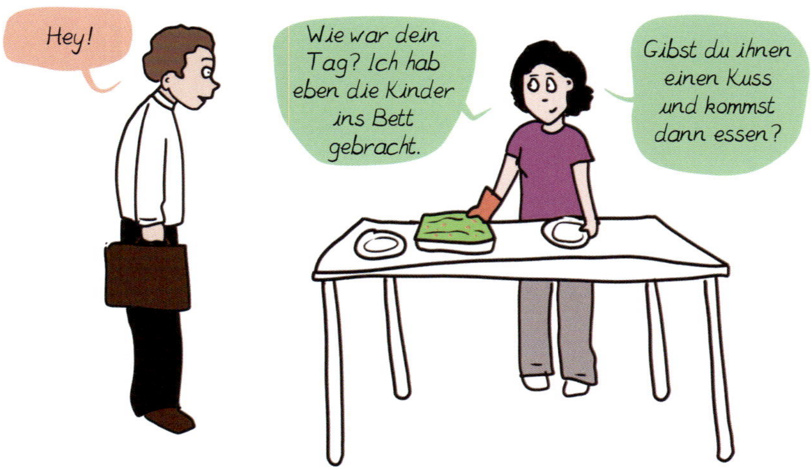
Hey!
Wie war dein Tag? Ich hab eben die Kinder ins Bett gebracht.
Gibst du ihnen einen Kuss und kommst dann essen?

Meine Güte, deine Vorstellung von Paaren ist aber wirklich grauenvoll! Wo bleibt denn da die Liebe bei dem Ganzen?

Ganz bestimmt lieben sich all diese Paare! Aber das hat nichts mit der Aufgabenverteilung im Haushalt zu tun.

Man stellt den Frauen eine üble Falle, wenn man ihnen sagt: »Wenn du diese Arbeit nicht unbezahlt machst, wenn du dich nicht für mich aufopferst, dann liebst du mich wohl nicht.«

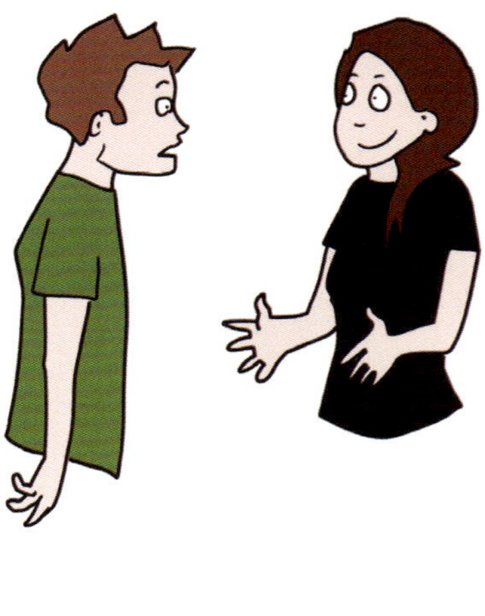

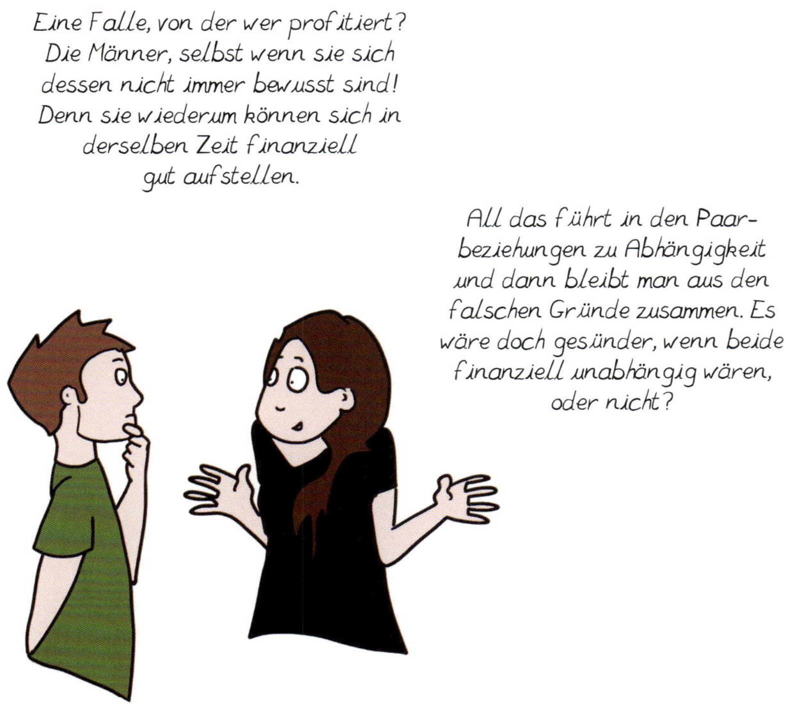
Eine Falle, von der wer profitiert? Die Männer, selbst wenn sie sich dessen nicht immer bewusst sind! Denn sie wiederum können sich in derselben Zeit finanziell gut aufstellen.
All das führt in den Paarbeziehungen zu Abhängigkeit und dann bleibt man aus den falschen Gründe zusammen. Es wäre doch gesünder, wenn beide finanziell unabhängig wären, oder nicht?

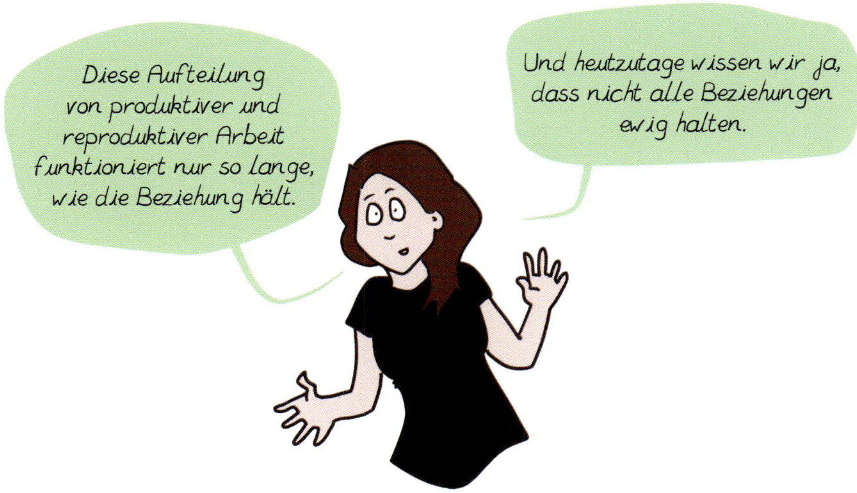
Diese Aufteilung von produktiver und reproduktiver Arbeit funktioniert nur so lange, wie die Beziehung hält.
Und heutzutage wissen wir ja, dass nicht alle Beziehungen ewig halten.

So kommt es, dass viele Frauen, die in Teilzeit gearbeitet oder Elternzeit genommen haben, nach einer Trennung auf einmal mit zu wenig Geld dastehen.

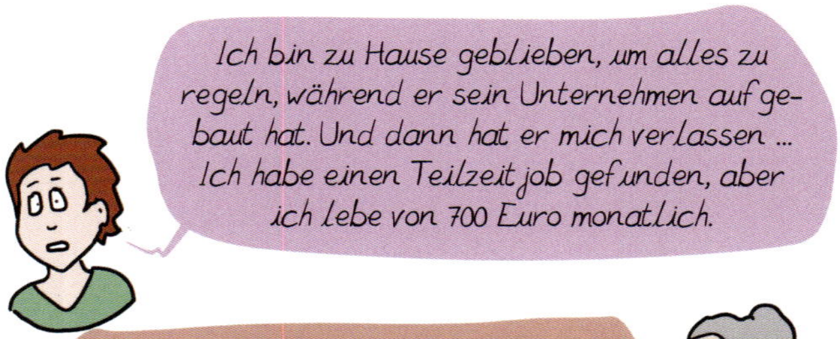
Ich bin zu Hause geblieben, um alles zu regeln, während er sein Unternehmen aufgebaut hat. Und dann hat er mich verlassen ... Ich habe einen Teilzeitjob gefunden, aber ich lebe von 700 Euro monatlich.

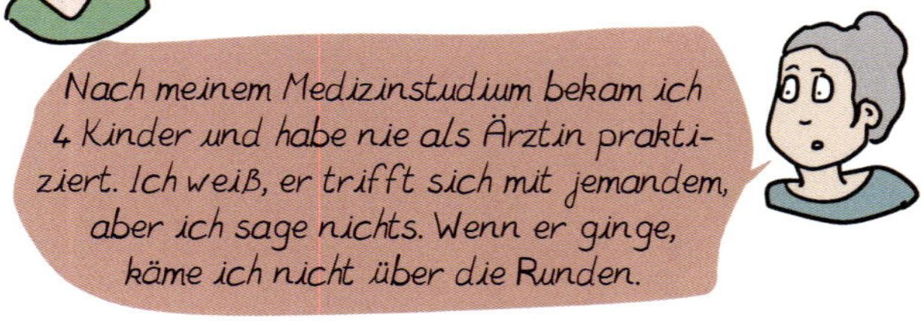
Nach meinem Medizinstudium bekam ich 4 Kinder und habe nie als Ärztin praktiziert. Ich weiß, er trifft sich mit jemandem, aber ich sage nichts. Wenn er ginge, käme ich nicht über die Runden.

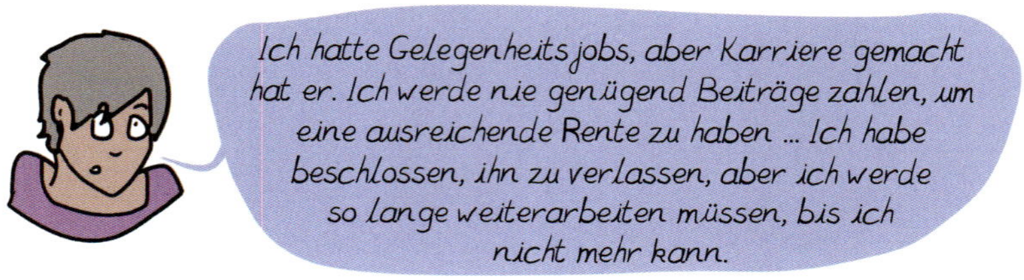
Ich hatte Gelegenheitsjobs, aber Karriere gemacht hat er. Ich werde nie genügend Beiträge zahlen, um eine ausreichende Rente zu haben ... Ich habe beschlossen, ihn zu verlassen, aber ich werde so lange weiterarbeiten müssen, bis ich nicht mehr kann.

Dem Nationalen Institut für Statistik und Wirtschaftsstudien zufolge sanken in Frankreich 2010 die Einkünfte von Frauen nach einer Trennung um 14,5 %, während sie bei den Männern um 3 % stiegen. **Und bei diesen Zahlen sind Unterhaltszahlungen mit eingerechnet.**

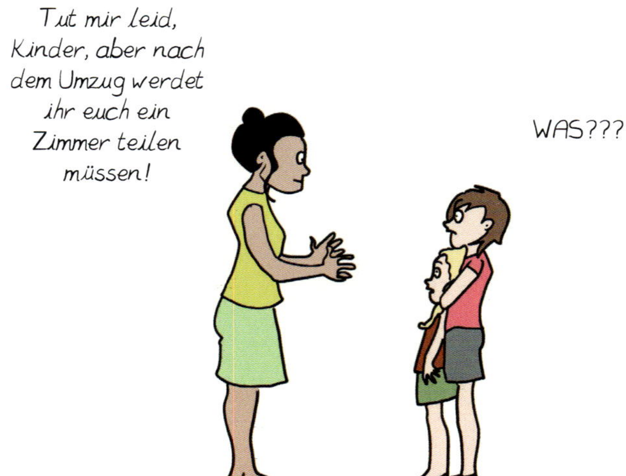
Tut mir leid, Kinder, aber nach dem Umzug werdet ihr euch ein Zimmer teilen müssen!
WAS???

Die Rente ist in Frankreich bei Frauen im Schnitt um 26% niedriger als bei den Männern, **wobei auch hier wieder Unterhaltszahlungen eingerechnet sind** ... ohne sie sind es sogar 40% weniger.*

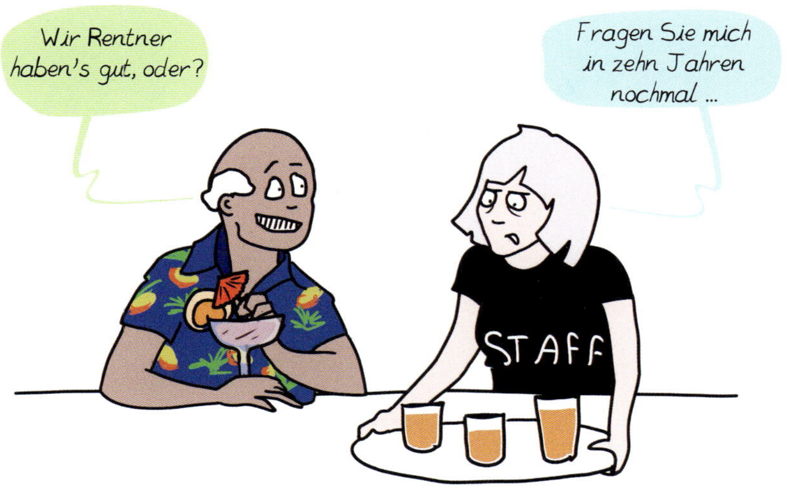
Wir Rentner haben's gut, oder?
Fragen Sie mich in zehn Jahren nochmal ...
STAFF

* In Deutschland liegt der Gender Pension Gap bei 59,6% (2007, Anm. d. Übersetzerin).

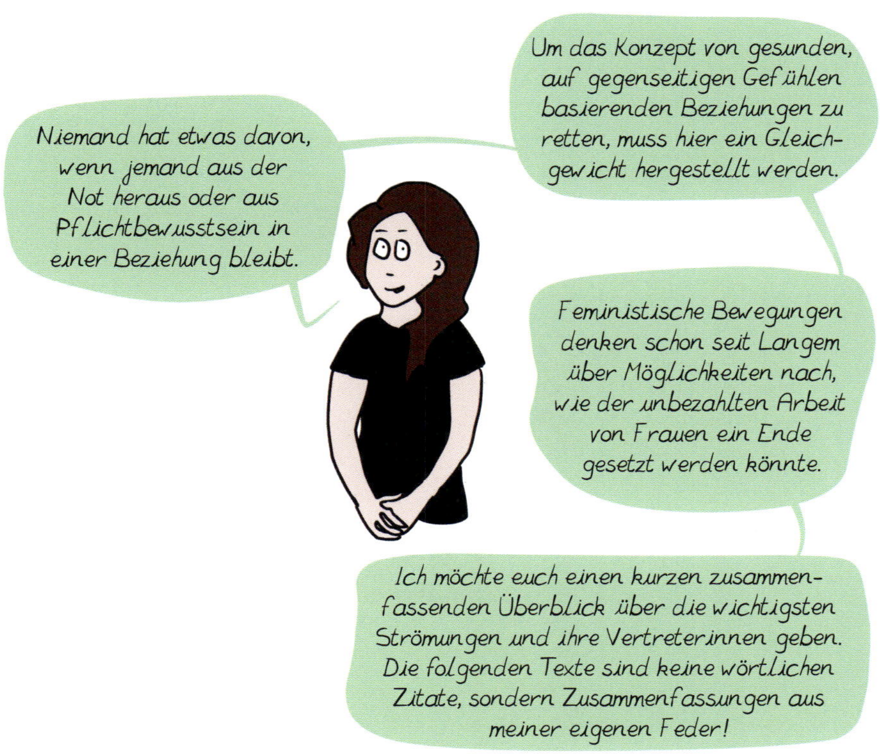
Niemand hat etwas davon, wenn jemand aus der Not heraus oder aus Pflichtbewusstsein in einer Beziehung bleibt.
Um das Konzept von gesunden, auf gegenseitigen Gefühlen basierenden Beziehungen zu retten, muss hier ein Gleichgewicht hergestellt werden.
Feministische Bewegungen denken schon seit Langem über Möglichkeiten nach, wie der unbezahlten Arbeit von Frauen ein Ende gesetzt werden könnte.
Ich möchte euch einen kurzen zusammenfassenden Überblick über die wichtigsten Strömungen und ihre Vertreterinnen geben. Die folgenden Texte sind keine wörtlichen Zitate, sondern Zusammenfassungen aus meiner eigenen Feder!

Die konservativen Feminist*innen, die leider in den Medien am präsentesten sind, glauben, dass Frauen sich durch Lohnarbeit, durch das Arbeiten außer Haus, emanzipieren können – und hinterfragen dabei nicht, unter welchen Bedingungen diese Arbeit ausgeübt wird.

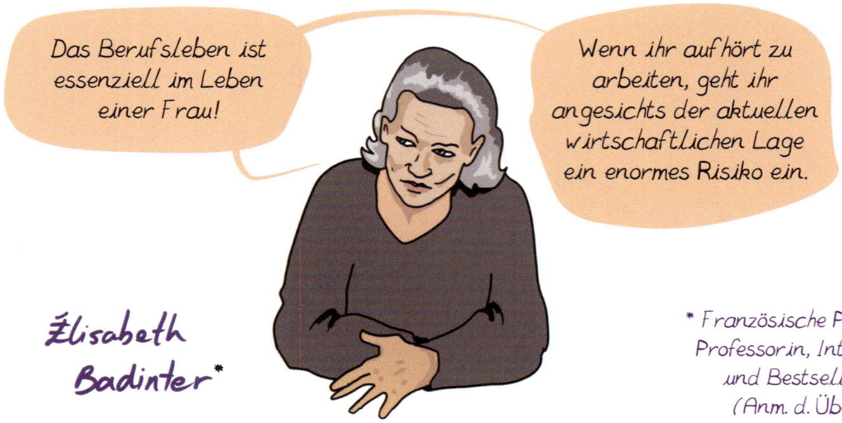
Das Berufsleben ist essenziell im Leben einer Frau!
Wenn ihr aufhört zu arbeiten, geht ihr angesichts der aktuellen wirtschaftlichen Lage ein enormes Risiko ein.
Élisabeth Badinter*

* Französische Philosophie-Professorin, Intellektuelle und Bestseller-Autorin (Anm. d. Übersetzerin).

Natürlich, wenn man einen Job hat, bekommt man ein eigenes Gehalt. Aber das allein reicht nicht aus.

Wie wir nämlich in Bezug auf den Mental Load gesehen haben, befreit Lohnarbeit Frauen nicht von der Hausarbeit. Sei es, weil sie sie **zusätzlich** erledigen, oder sei es, weil sie sie **delegieren**, indem sie eine Tagesmutter oder Putzfrau engagieren, sich den Wocheneinkauf liefern lassen oder gleich ganze Mahlzeiten bestellen.

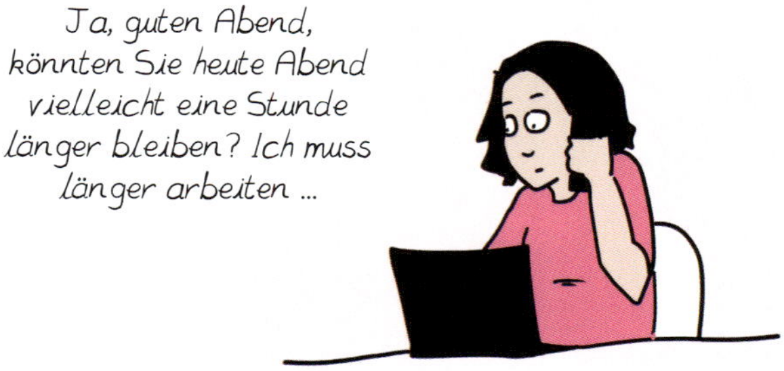
Ja, guten Abend, könnten Sie heute Abend vielleicht eine Stunde länger bleiben? Ich muss länger arbeiten ...

Diese Aufgaben werden trotzdem von den Frauen organisiert.

Und die Arbeiten, die sie delegieren, werden dann von anderen zu niedrigeren Löhnen ausgeführt.

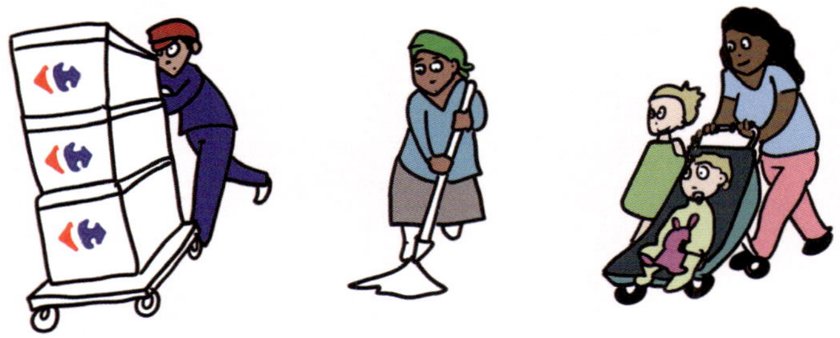

Diese Lösung verlagert die Ausbeutung also lediglich von den wohlhabenden Frauen auf das Prekariat.

Einige Feminist*innen prangern die Scheinheiligkeit dieses neoliberalen Feminismus an, dessen Agenda bisweilen an die der extremen Rechten erinnert, der zufolge nur immigrierte Männer Frauen unterdrücken.

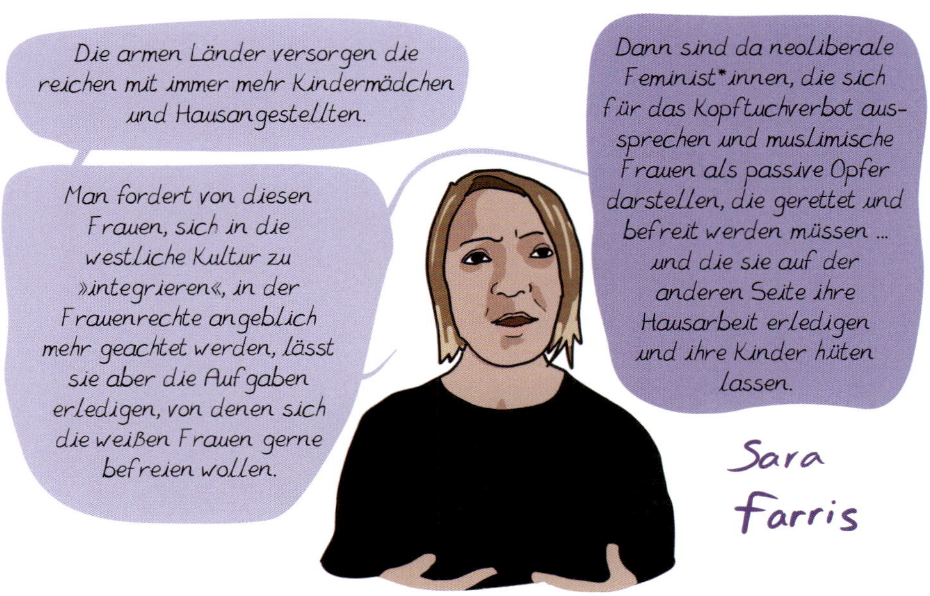
Die armen Länder versorgen die reichen mit immer mehr Kindermädchen und Hausangestellten.
Man fordert von diesen Frauen, sich in die westliche Kultur zu »integrieren«, in der Frauenrechte angeblich mehr geachtet werden, lässt sie aber die Aufgaben erledigen, von denen sich die weißen Frauen gerne befreien wollen.
Dann sind da neoliberale Feminist*innen, die sich für das Kopftuchverbot aussprechen und muslimische Frauen als passive Opfer darstellen, die gerettet und befreit werden müssen ... und die sie auf der anderen Seite ihre Hausarbeit erledigen und ihre Kinder hüten lassen.
Sara Farris

Außerdem: Sie verdienen ihr eigenes Geld, ja. Aber zu welchen Bedingungen? Lohnarbeit emanzipiert nicht alle Frauen auf dieselbe Weise.

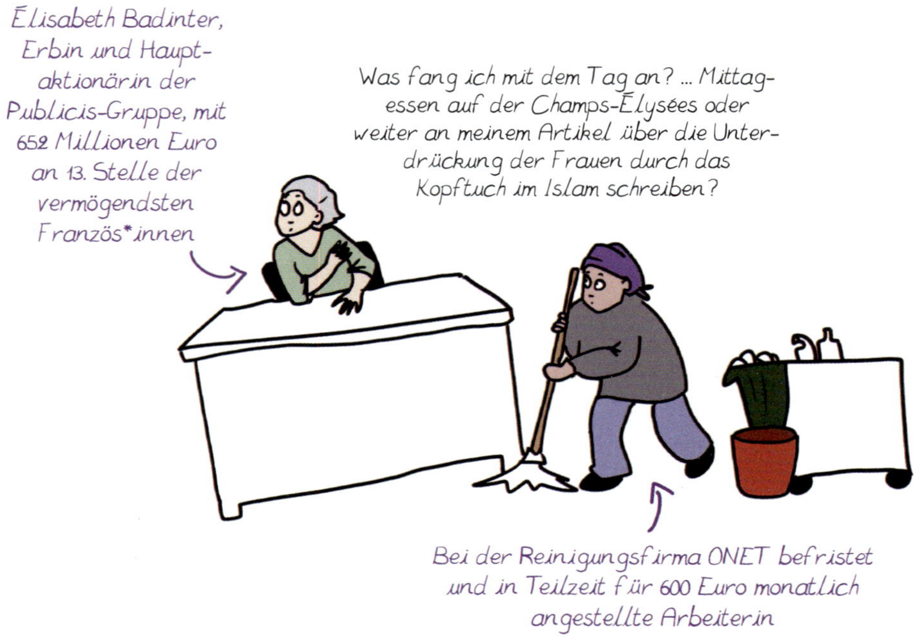

Élisabeth Badinter, Erbin und Hauptaktionärin der Publicis-Gruppe, mit 652 Millionen Euro an 13. Stelle der vermögendsten Französ*innen
Was fang ich mit dem Tag an? ... Mittagessen auf der Champs-Élysées oder weiter an meinem Artikel über die Unterdrückung der Frauen durch das Kopftuch im Islam schreiben?
Bei der Reinigungsfirma ONET befristet und in Teilzeit für 600 Euro monatlich angestellte Arbeiterin

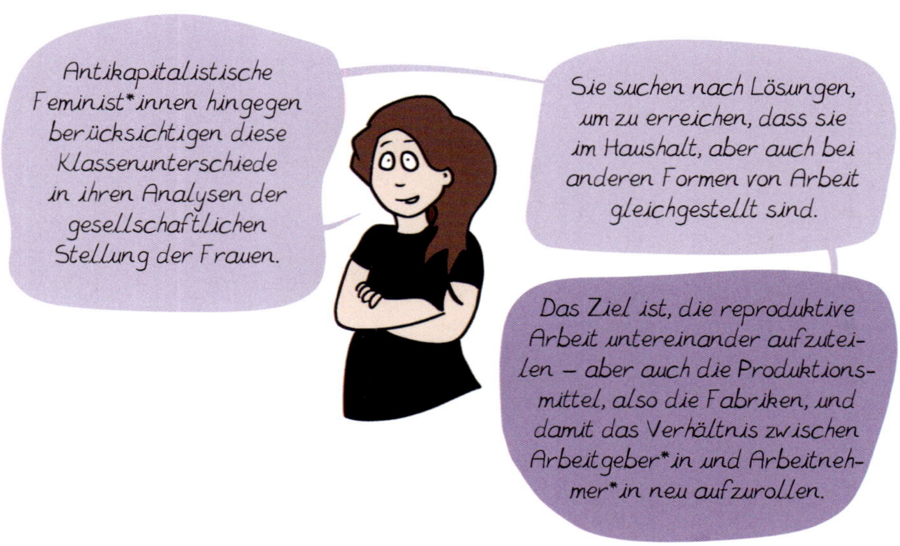

Antikapitalistische Feminist*innen hingegen berücksichtigen diese Klassenunterschiede in ihren Analysen der gesellschaftlichen Stellung der Frauen.
Sie suchen nach Lösungen, um zu erreichen, dass sie im Haushalt, aber auch bei anderen Formen von Arbeit gleichgestellt sind.
Das Ziel ist, die reproduktive Arbeit untereinander aufzuteilen – aber auch die Produktionsmittel, also die Fabriken, und damit das Verhältnis zwischen Arbeitgeber*in und Arbeitnehmer*in neu aufzurollen.

In den 70ern forderte die feministische Bewegung »Wages for Housework«, dass Frauen vom Staat für die Hausarbeit bezahlt werden sollten. Ihr strategisches Ziel: Frauen dort emanzipieren, wo sie schon immer tätig waren – im Haushalt – und so den Kapitalismus in seinen Grundfesten erschüttern.

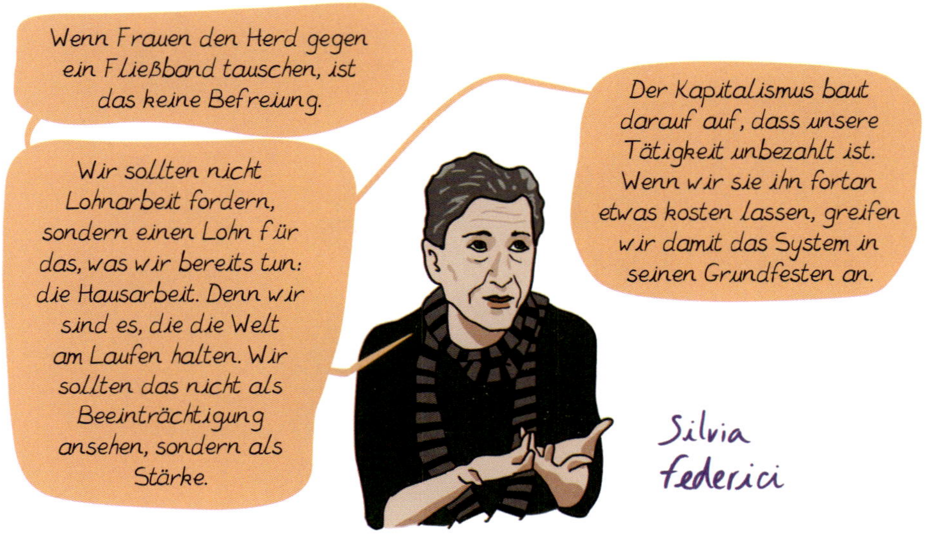
Wenn Frauen den Herd gegen ein Fließband tauschen, ist das keine Befreiung.
Wir sollten nicht Lohnarbeit fordern, sondern einen Lohn für das, was wir bereits tun: die Hausarbeit. Denn wir sind es, die die Welt am Laufen halten. Wir sollten das nicht als Beeinträchtigung ansehen, sondern als Stärke.
Der Kapitalismus baut darauf auf, dass unsere Tätigkeit unbezahlt ist. Wenn wir sie ihn fortan etwas kosten lassen, greifen wir damit das System in seinen Grundfesten an.
Silvia Federici

Andere sehen in dieser Forderung das Risiko, dass wir uns noch mehr auf diesen Bereich beschränken lassen.

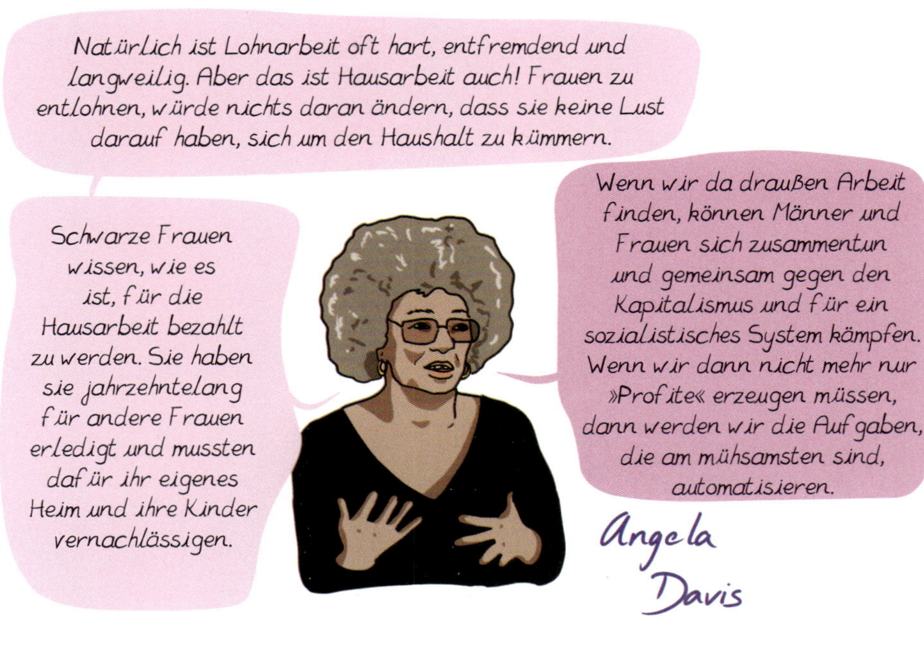
Natürlich ist Lohnarbeit oft hart, entfremdend und langweilig. Aber das ist Hausarbeit auch! Frauen zu entlohnen, würde nichts daran ändern, dass sie keine Lust darauf haben, sich um den Haushalt zu kümmern.
Schwarze Frauen wissen, wie es ist, für die Hausarbeit bezahlt zu werden. Sie haben sie jahrzehntelang für andere Frauen erledigt und mussten dafür ihr eigenes Heim und ihre Kinder vernachlässigen.
Wenn wir da draußen Arbeit finden, können Männer und Frauen sich zusammentun und gemeinsam gegen den Kapitalismus und für ein sozialistisches System kämpfen. Wenn wir dann nicht mehr nur »Profite« erzeugen müssen, dann werden wir die Aufgaben, die am mühsamsten sind, automatisieren.
Angela Davis

Gegen den Kapitalismus kämpfen? Ja. Aber auf kapitalistischem Boden.

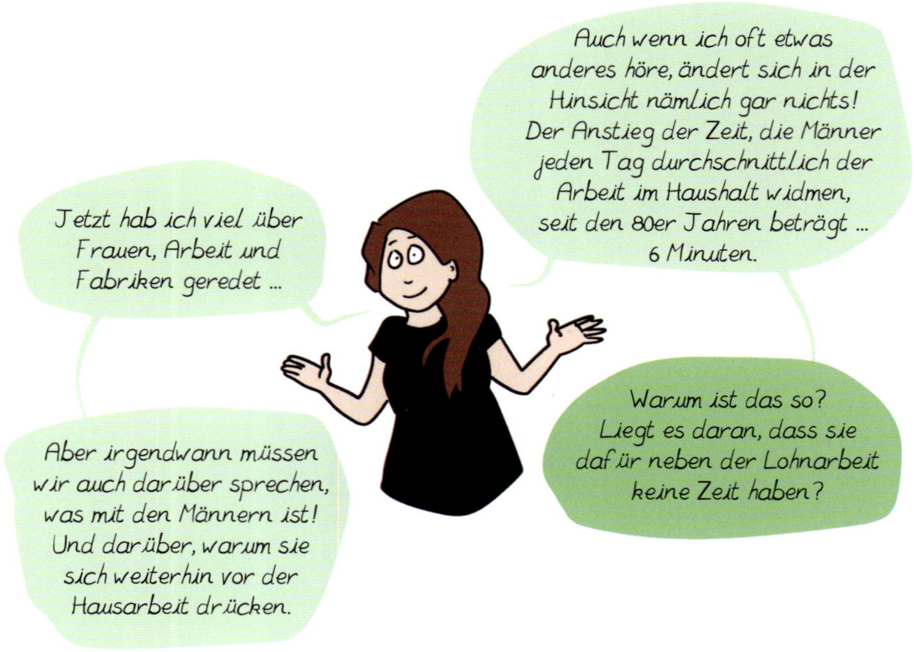
Jetzt hab ich viel über Frauen, Arbeit und Fabriken geredet ...
Aber irgendwann müssen wir auch darüber sprechen, was mit den Männern ist! Und darüber, warum sie sich weiterhin vor der Hausarbeit drücken.
Auch wenn ich oft etwas anderes höre, ändert sich in der Hinsicht nämlich gar nichts! Der Anstieg der Zeit, die Männer jeden Tag durchschnittlich der Arbeit im Haushalt widmen, seit den 80er Jahren beträgt ... 6 Minuten.
Warum ist das so? Liegt es daran, dass sie dafür neben der Lohnarbeit keine Zeit haben?

Den Statistiken zufolge ist das nicht der Grund.
Alleinstehende Männer mit Job finden nämlich Zeit für die Hausarbeit.
Erst, **wenn sie in einer Beziehung sind**, hören sie damit auf.

Wenn ein heterosexuelles Paar zusammenzieht, verbringt der Mann nur noch halb so viel Zeit mit Hausarbeit ...

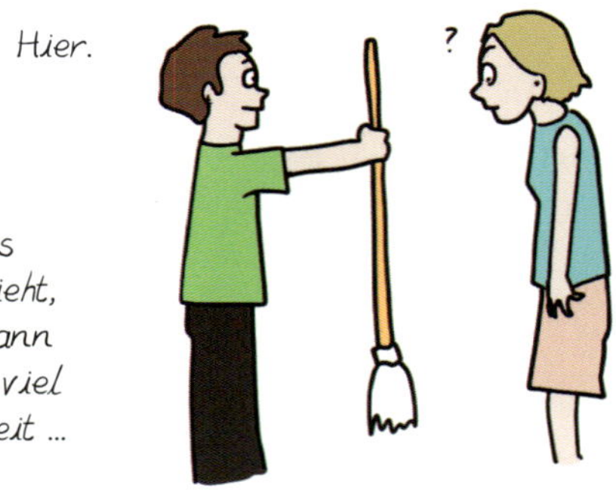
Hier.
?

... und die Frau jeden Tag eine Stunde mehr als vorher.

Es liegt also nicht daran, wie lange jemand arbeitet, sondern anscheinend verleiten auch Stereotype, also die Genderrollen, die Mädchen und Jungen sehr früh zugewiesen werden, Männer in Beziehungen dazu, den Haushalt ihren Partnerinnen zu überlassen ... und diese wiederum dazu, die Situation zu akzeptieren.

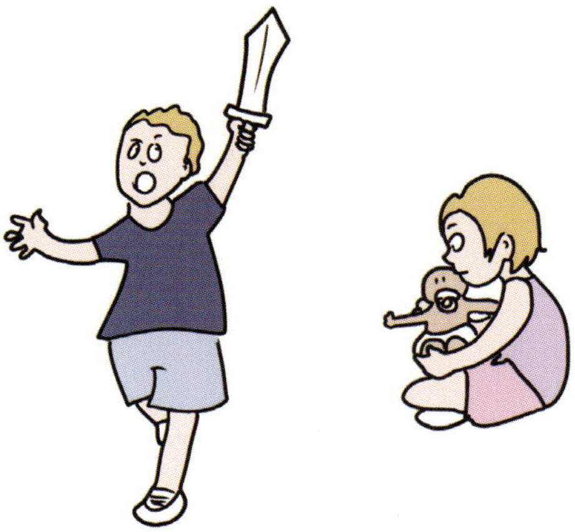

Dass wir Mädchen und Jungen unterschiedlich erziehen, hat zur Folge, dass auch **die Arbeit nach Geschlecht aufgeteilt wird**: Die Männer widmen sich voll und ganz ihrer Karriere, während die Frauen unbezahlt für sie arbeiten. Ein »Arrangement«, das einigen Feminist*innen zufolge von staatlichen Subventionen gefördert wird.

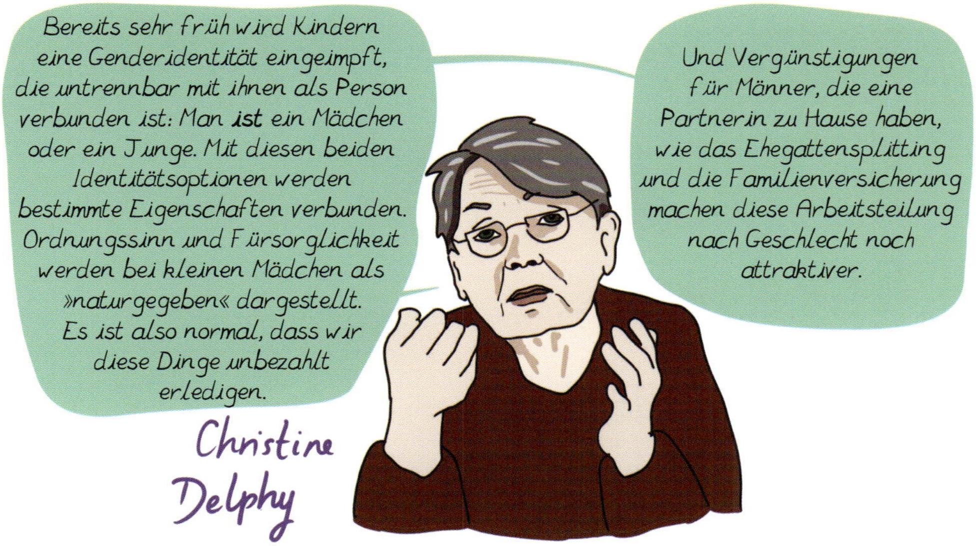

Bereits sehr früh wird Kindern eine Genderidentität eingeimpft, die untrennbar mit ihnen als Person verbunden ist: Man **ist** ein Mädchen oder ein Junge. Mit diesen beiden Identitätsoptionen werden bestimmte Eigenschaften verbunden. Ordnungssinn und Fürsorglichkeit werden bei kleinen Mädchen als »naturgegeben« dargestellt. Es ist also normal, dass wir diese Dinge unbezahlt erledigen.
Und Vergünstigungen für Männer, die eine Partnerin zu Hause haben, wie das Ehegattensplitting und die Familienversicherung machen diese Arbeitsteilung nach Geschlecht noch attraktiver.
Christine Delphy

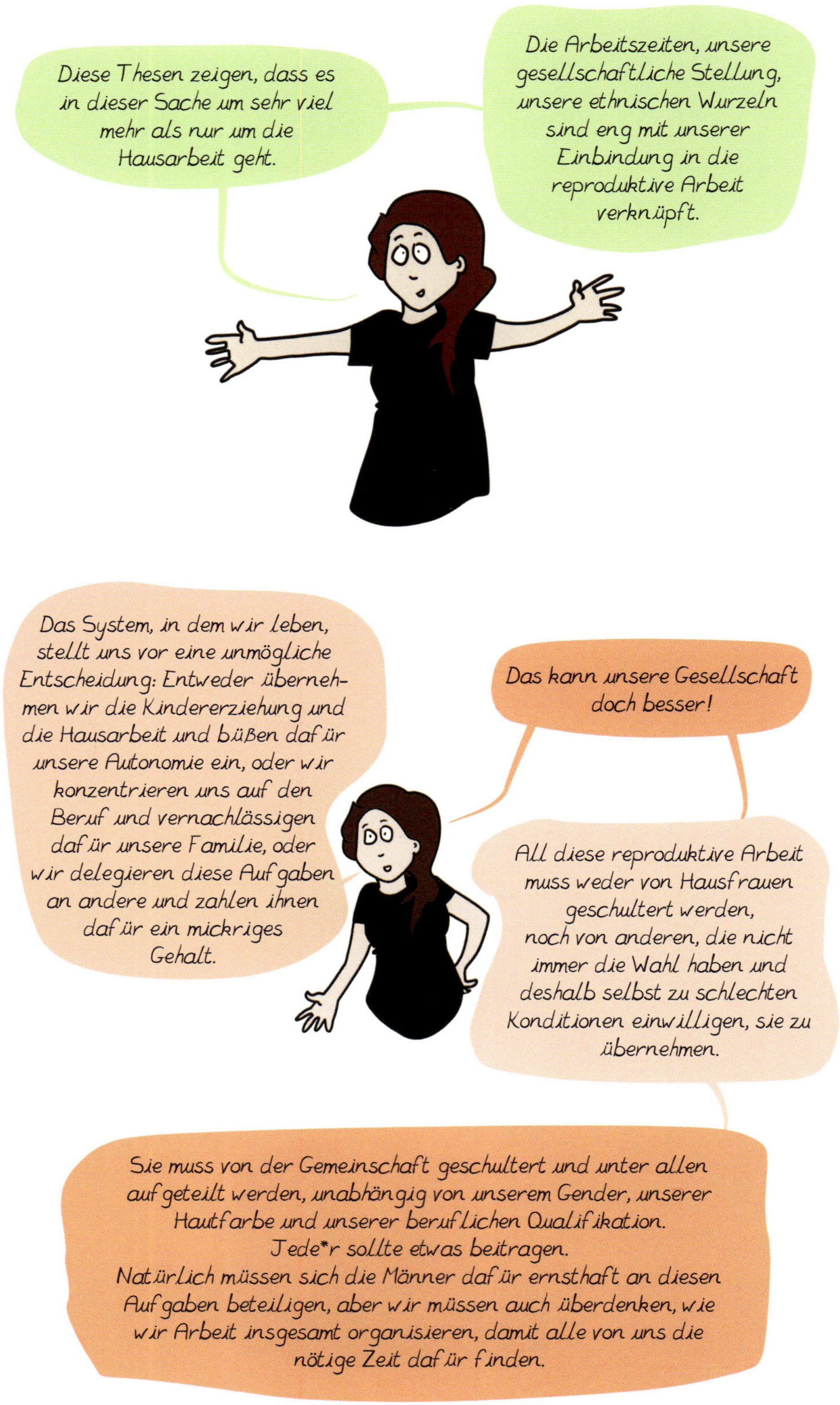
Diese Thesen zeigen, dass es in dieser Sache um sehr viel mehr als nur um die Hausarbeit geht.
Die Arbeitszeiten, unsere gesellschaftliche Stellung, unsere ethnischen Wurzeln sind eng mit unserer Einbindung in die reproduktive Arbeit verknüpft.
Das System, in dem wir leben, stellt uns vor eine unmögliche Entscheidung: Entweder übernehmen wir die Kindererziehung und die Hausarbeit und büßen dafür unsere Autonomie ein, oder wir konzentrieren uns auf den Beruf und vernachlässigen dafür unsere Familie, oder wir delegieren diese Aufgaben an andere und zahlen ihnen dafür ein mickriges Gehalt.
Das kann unsere Gesellschaft doch besser!
All diese reproduktive Arbeit muss weder von Hausfrauen geschultert werden, noch von anderen, die nicht immer die Wahl haben und deshalb selbst zu schlechten Konditionen einwilligen, sie zu übernehmen.
Sie muss von der Gemeinschaft geschultert und unter allen aufgeteilt werden, unabhängig von unserem Gender, unserer Hautfarbe und unserer beruflichen Qualifikation. Jede*r sollte etwas beitragen. Natürlich müssen sich die Männer dafür ernsthaft an diesen Aufgaben beteiligen, aber wir müssen auch überdenken, wie wir Arbeit insgesamt organisieren, damit alle von uns die nötige Zeit dafür finden.

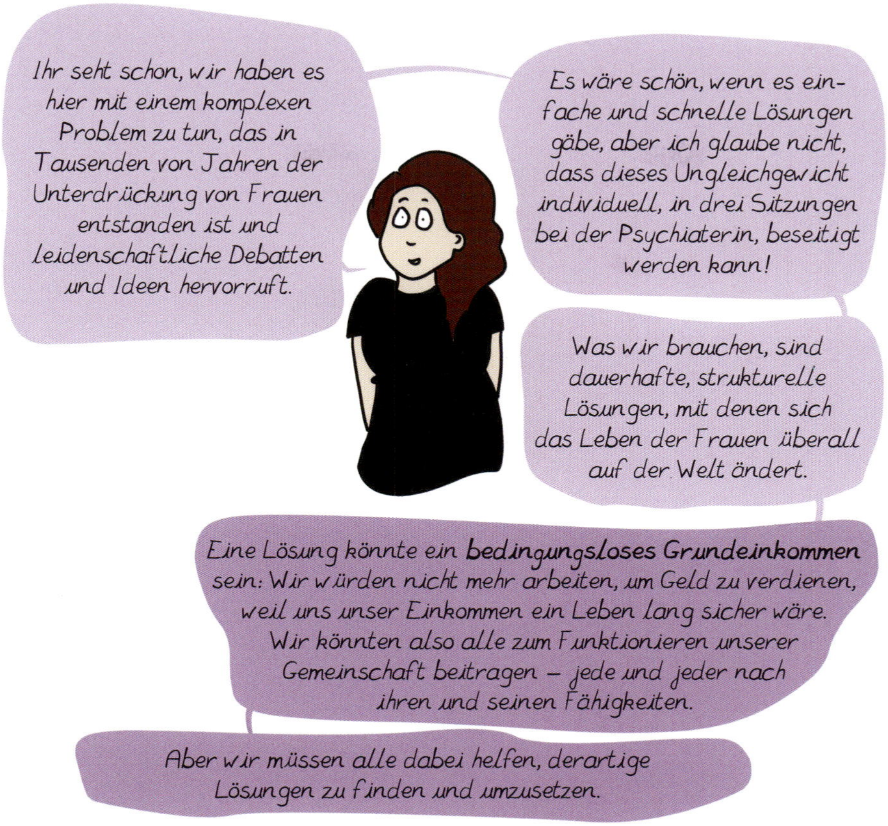
Ihr seht schon, wir haben es hier mit einem komplexen Problem zu tun, das in Tausenden von Jahren der Unterdrückung von Frauen entstanden ist und leidenschaftliche Debatten und Ideen hervorruft.
Es wäre schön, wenn es einfache und schnelle Lösungen gäbe, aber ich glaube nicht, dass dieses Ungleichgewicht individuell, in drei Sitzungen bei der Psychiaterin, beseitigt werden kann!
Was wir brauchen, sind dauerhafte, strukturelle Lösungen, mit denen sich das Leben der Frauen überall auf der Welt ändert.
Eine Lösung könnte ein **bedingungsloses Grundeinkommen** sein: Wir würden nicht mehr arbeiten, um Geld zu verdienen, weil uns unser Einkommen ein Leben lang sicher wäre. Wir könnten also alle zum Funktionieren unserer Gemeinschaft beitragen – jede und jeder nach ihren und seinen Fähigkeiten.
Aber wir müssen alle dabei helfen, derartige Lösungen zu finden und umzusetzen.

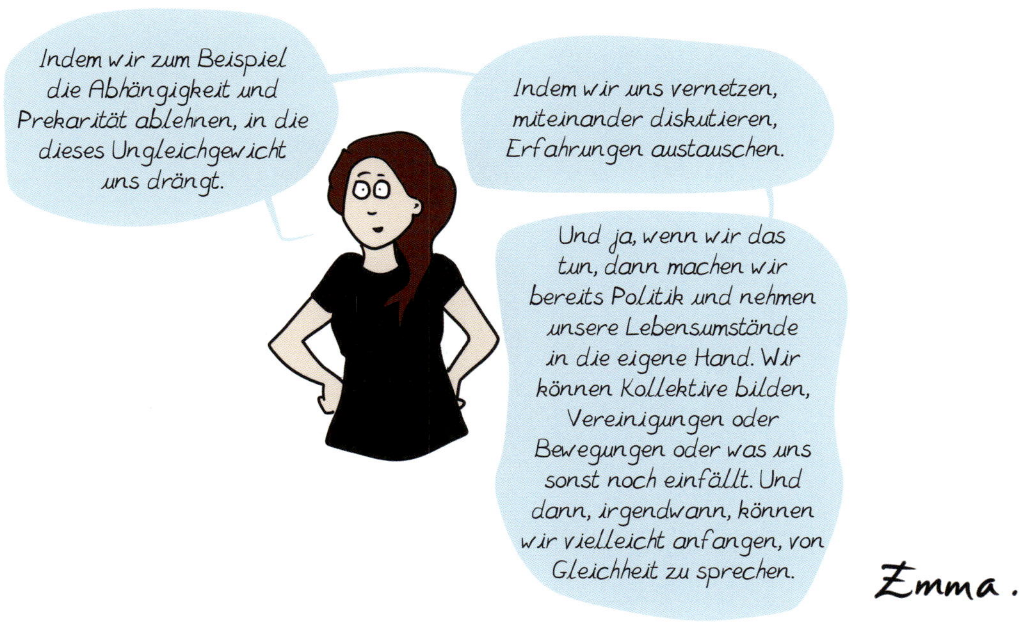
Indem wir zum Beispiel die Abhängigkeit und Prekarität ablehnen, in die dieses Ungleichgewicht uns drängt.
Indem wir uns vernetzen, miteinander diskutieren, Erfahrungen austauschen.
Und ja, wenn wir das tun, dann machen wir bereits Politik und nehmen unsere Lebensumstände in die eigene Hand. Wir können Kollektive bilden, Vereinigungen oder Bewegungen oder was uns sonst noch einfällt. Und dann, irgendwann, können wir vielleicht anfangen, von Gleichheit zu sprechen.
Emma.

4

Love Power

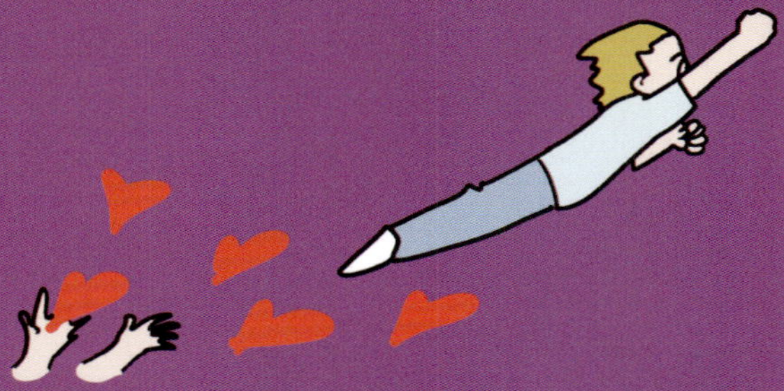

Ihr erinnert euch sicher an meine Kollegin, die sich mit ihrem Mann gestritten hat, als ich zum Essen da war.

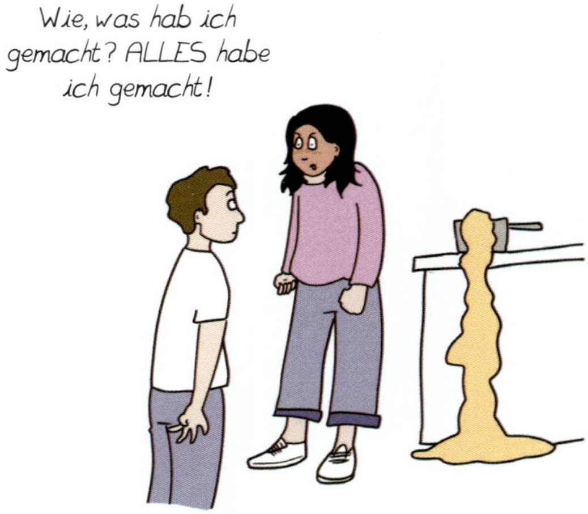
Wie, was hab ich gemacht? ALLES habe ich gemacht!

Sie hat an dem Abend die Tür hinter sich zugeknallt und uns stehen lassen.

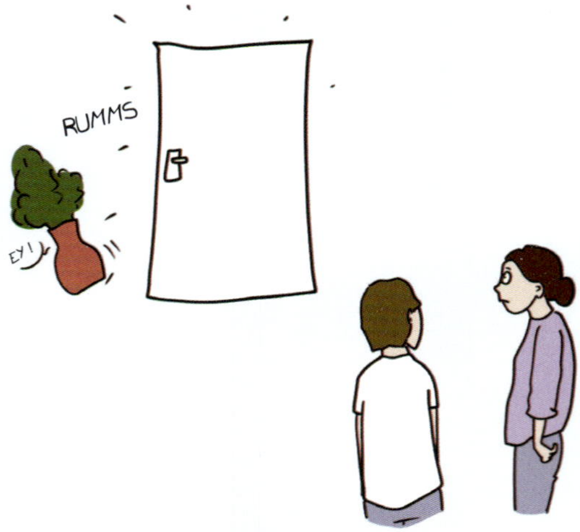
RUMMS
EY!

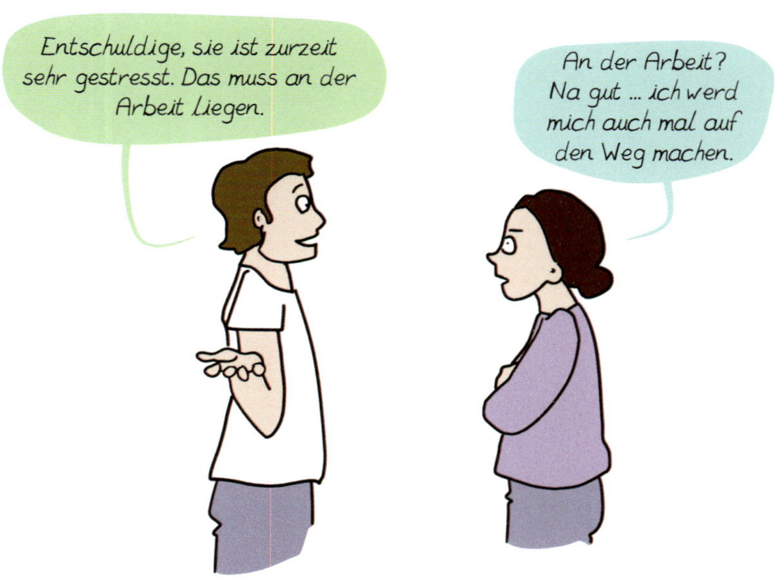
Entschuldige, sie ist zurzeit sehr gestresst. Das muss an der Arbeit liegen.
An der Arbeit? Na gut ... ich werd mich auch mal auf den Weg machen.

In dem Moment wollte ich mich lieber nicht einmischen.

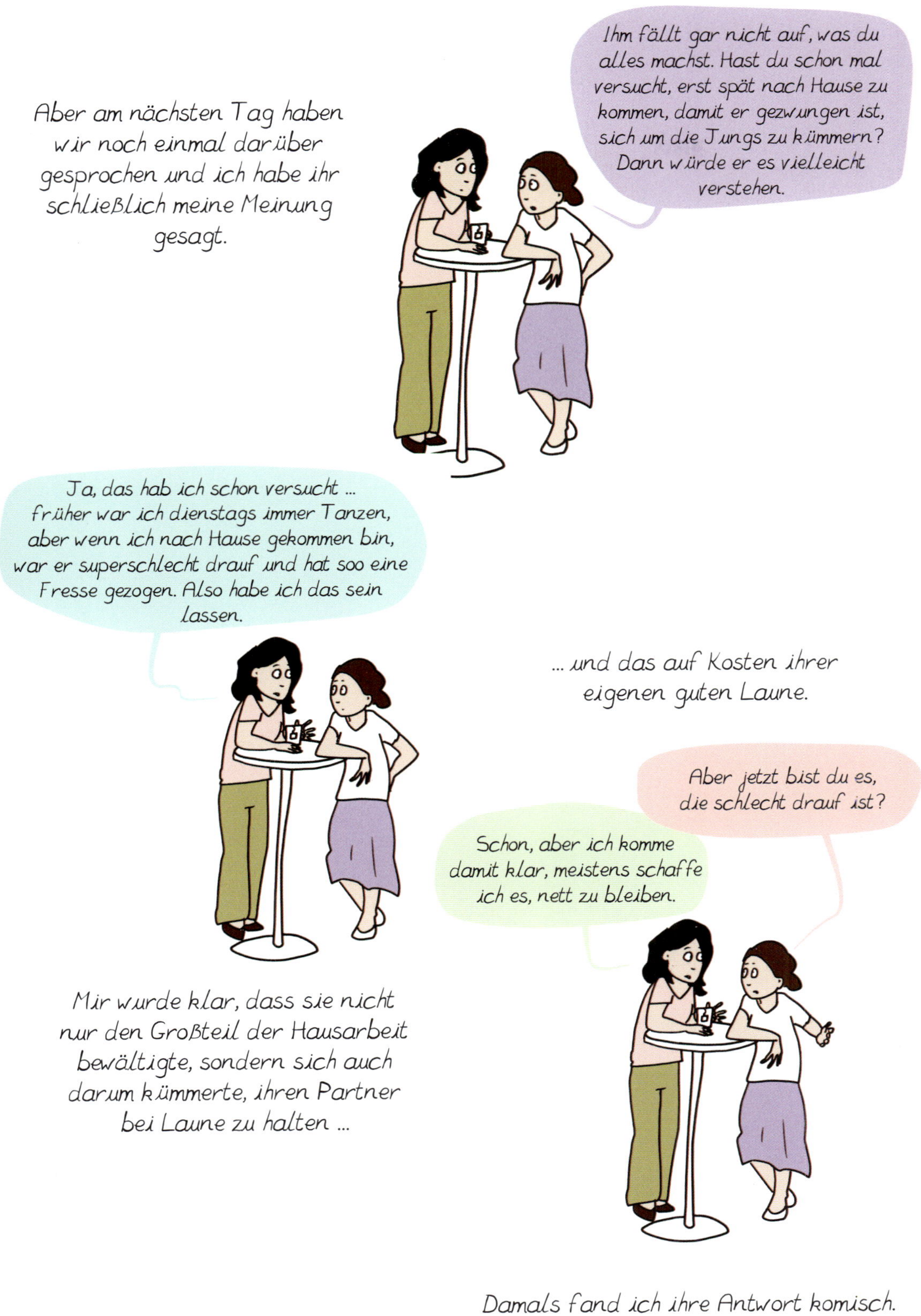
Aber am nächsten Tag haben wir noch einmal darüber gesprochen und ich habe ihr schließlich meine Meinung gesagt.
Ihm fällt gar nicht auf, was du alles machst. Hast du schon mal versucht, erst spät nach Hause zu kommen, damit er gezwungen ist, sich um die Jungs zu kümmern? Dann würde er es vielleicht verstehen.
Ja, das hab ich schon versucht … früher war ich dienstags immer Tanzen, aber wenn ich nach Hause gekommen bin, war er superschlecht drauf und hat soo eine Fresse gezogen. Also habe ich das sein lassen.
Mir wurde klar, dass sie nicht nur den Großteil der Hausarbeit bewältigte, sondern sich auch darum kümmerte, ihren Partner bei Laune zu halten …
… und das auf Kosten ihrer eigenen guten Laune.
Aber jetzt bist du es, die schlecht drauf ist?
Schon, aber ich komme damit klar, meistens schaffe ich es, nett zu bleiben.
Damals fand ich ihre Antwort komisch.

In den Jahren darauf aber beobachtete ich meine Freundinnen und was sie sagten, und mir wurde bewusst, dass ganz viele von uns sich für das emotionale Wohlbefinden ihres Umfelds verantwortlich fühlen.

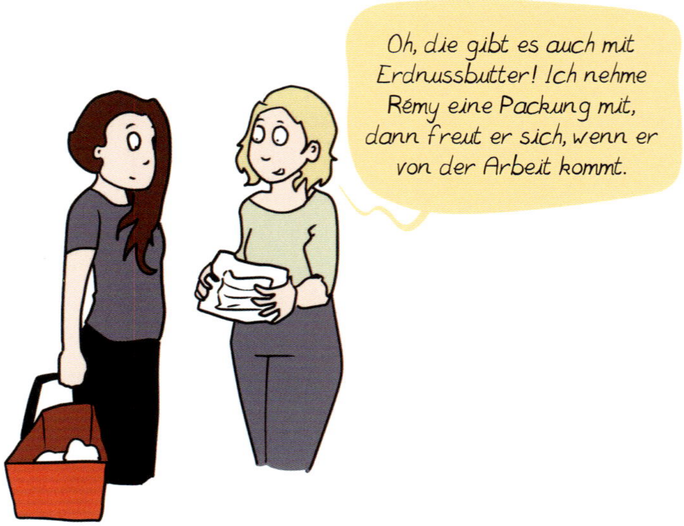
Oh, die gibt es auch mit Erdnussbutter! Ich nehme Rémy eine Packung mit, dann freut er sich, wenn er von der Arbeit kommt.

Allen voran ich selbst.

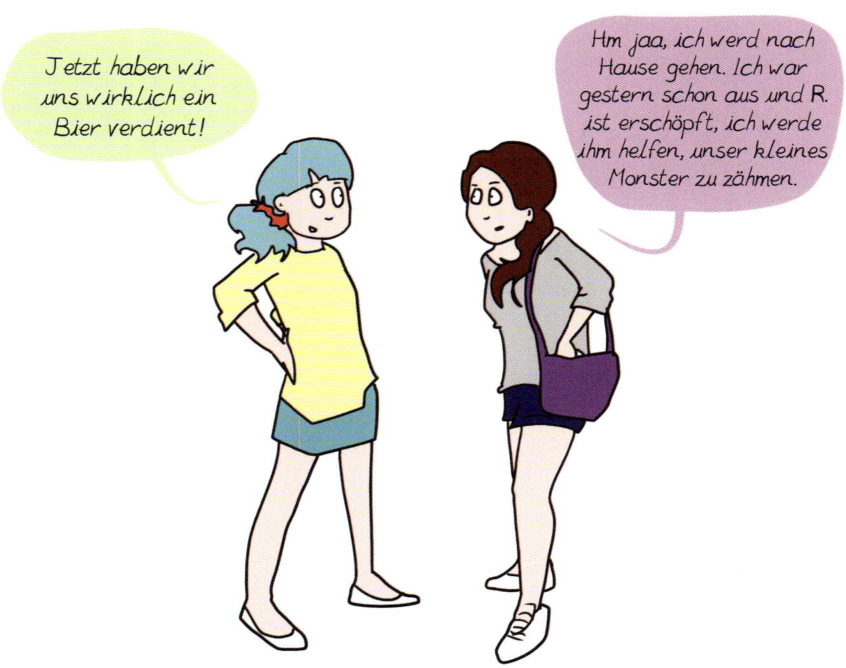
Jetzt haben wir uns wirklich ein Bier verdient!
Hm jaa, ich werd nach Hause gehen. Ich war gestern schon aus und R. ist erschöpft, ich werde ihm helfen, unser kleines Monster zu zähmen.

Und dass das ziemlich oft dazu führt, dass wir die Grenzen, innerhalb derer wir uns wohlfühlen, nicht schützen.

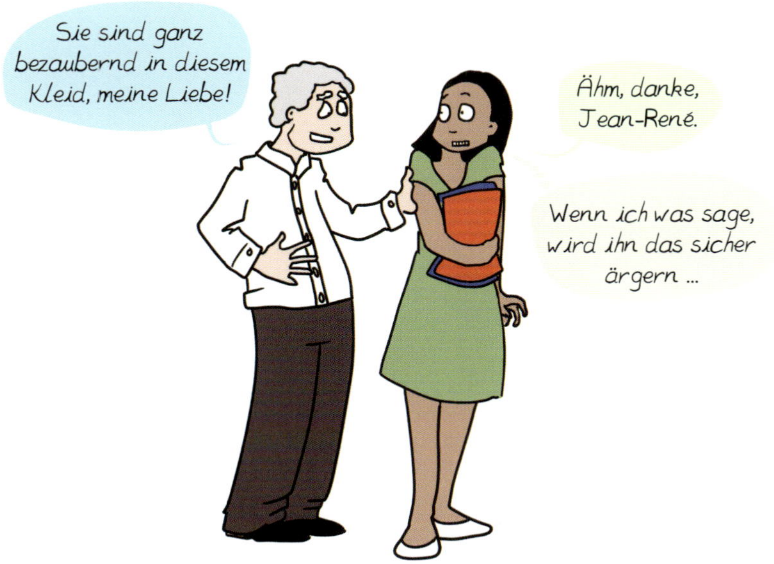
Sie sind ganz bezaubernd in diesem Kleid, meine Liebe!
Ähm, danke, Jean-René.
Wenn ich was sage, wird ihn das sicher ärgern ...

Arlie Russell Hochschild ist Soziologin und hat sich intensiv damit auseinandergesetzt, dass wir uns darin, welche Emotionen wir zeigen, danach ausrichten, was andere von uns erwarten – vor allem im beruflichen Kontext. Sie bezeichnet das als **Emotionsarbeit**.

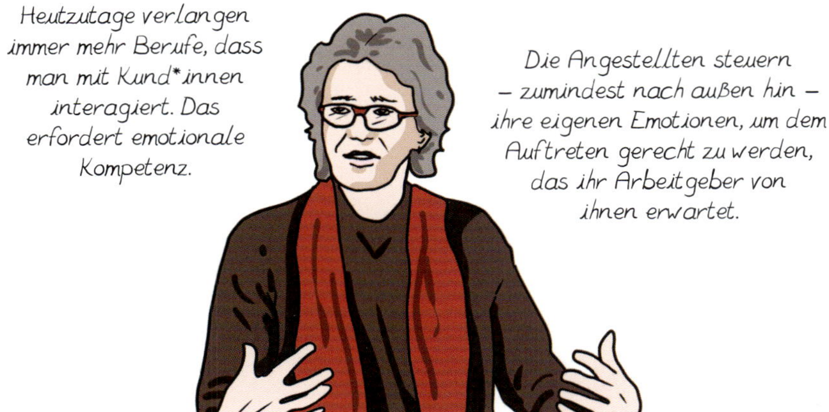
Heutzutage verlangen immer mehr Berufe, dass man mit Kund*innen interagiert. Das erfordert emotionale Kompetenz.
Die Angestellten steuern – zumindest nach außen hin – ihre eigenen Emotionen, um dem Auftreten gerecht zu werden, das ihr Arbeitgeber von ihnen erwartet.

Das am häufigsten genannte Beispiel sind Stewardessen, die selbst bei einem widerlichen Kunden oder einem nervigen Kind freundlich bleiben müssen.

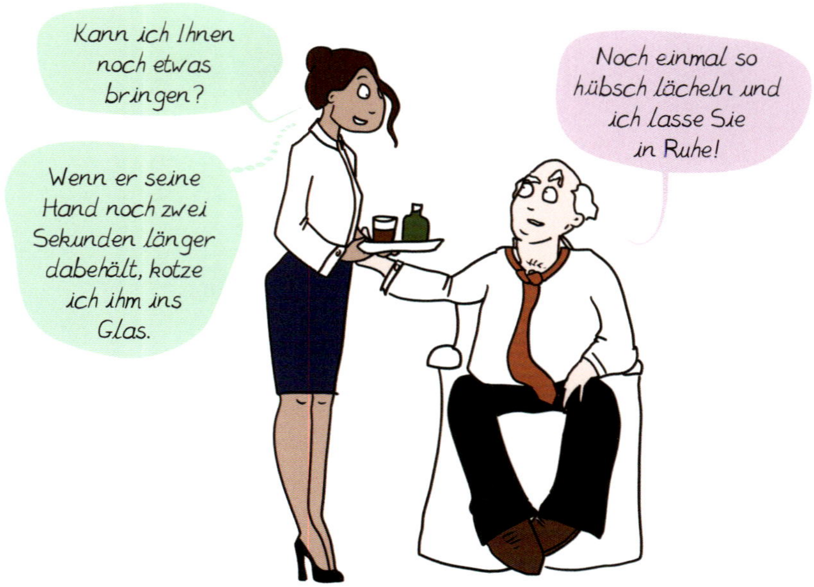
Kann ich Ihnen noch etwas bringen?
Wenn er seine Hand noch zwei Sekunden länger dabehält, kotze ich ihm ins Glas.
Noch einmal so hübsch lächeln und ich lasse Sie in Ruhe!

Im Umgang mit Kund*innen wird Emotionsarbeit von den Angestellten unabhängig von ihrem Gender erwartet.

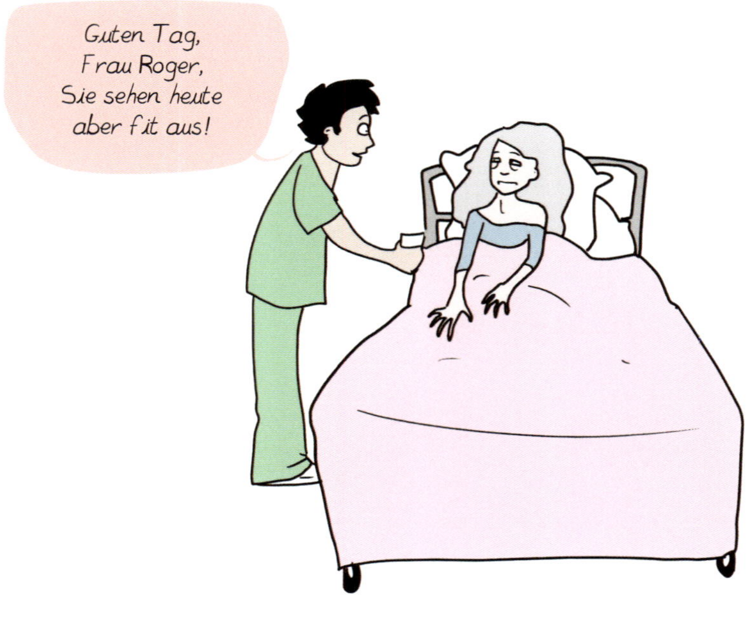
Guten Tag, Frau Roger, Sie sehen heute aber fit aus!

Aber es fällt schnell auf, dass die Frauen sich noch weit über die Interaktion als Angestellte mit Kund*innen hinaus um die Gefühle ihres Umfelds kümmern.

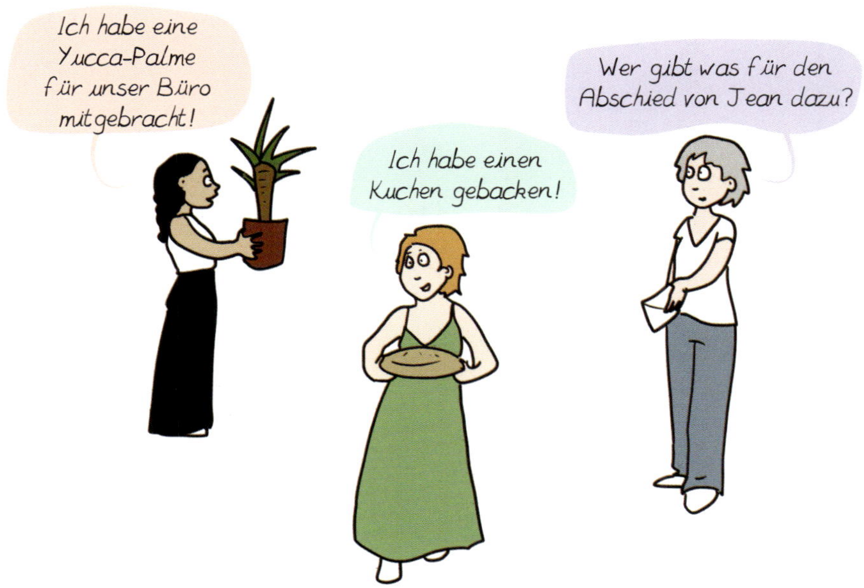
Ich habe eine Yucca-Palme für unser Büro mitgebracht!
Ich habe einen Kuchen gebacken!
Wer gibt was für den Abschied von Jean dazu?

Und damit ist nicht nach Feierabend Schluss.

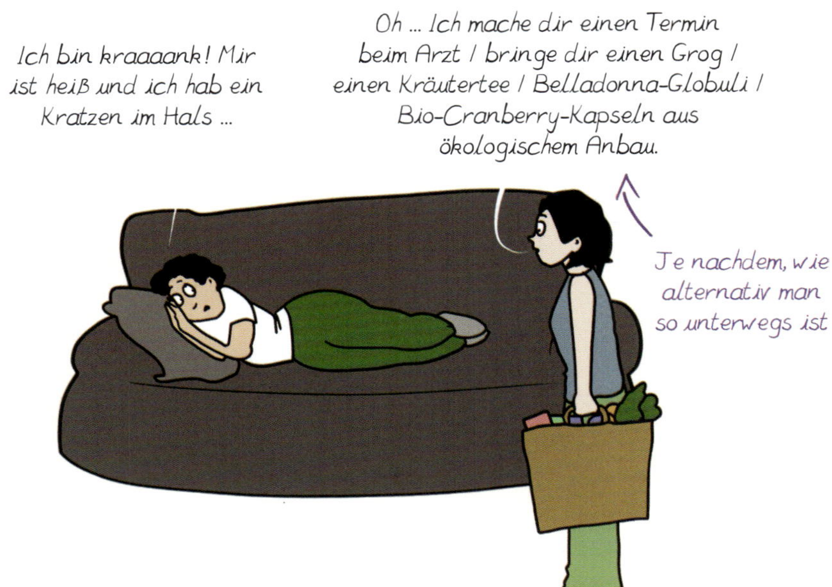
Ich bin kraaaank! Mir ist heiß und ich hab ein Kratzen im Hals ...
Oh ... Ich mache dir einen Termin beim Arzt / bringe dir einen Grog / einen Kräutertee / Belladonna-Globuli / Bio-Cranberry-Kapseln aus ökologischem Anbau.
Je nachdem, wie alternativ man so unterwegs ist

Denn wenn wir uns um die Gesundheit unserer Partner kümmern …

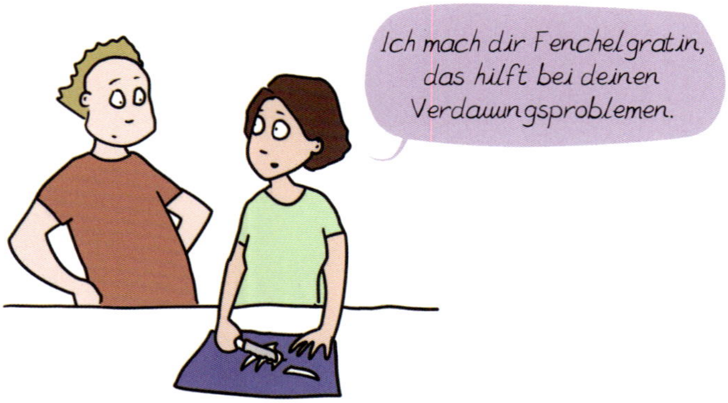
Ich mach dir Fenchelgratin, das hilft bei deinen Verdauungsproblemen.

… statt dass sie es selbst tun …

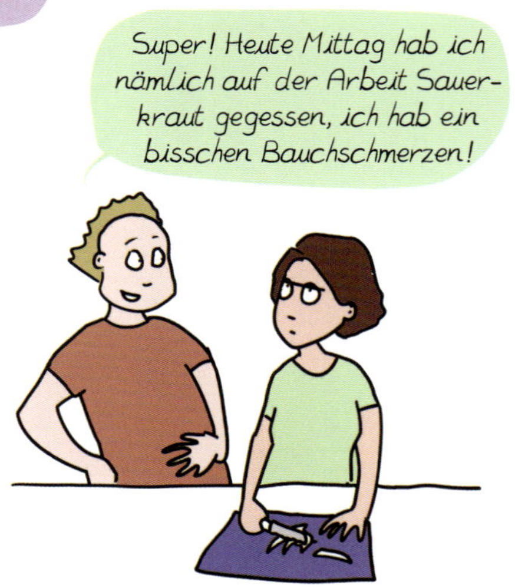
Super! Heute Mittag hab ich nämlich auf der Arbeit Sauerkraut gegessen, ich hab ein bisschen Bauchschmerzen!

… wenn wir den Kontakt zur Familie aufrechterhalten, auch wenn es nicht unsere eigene ist …

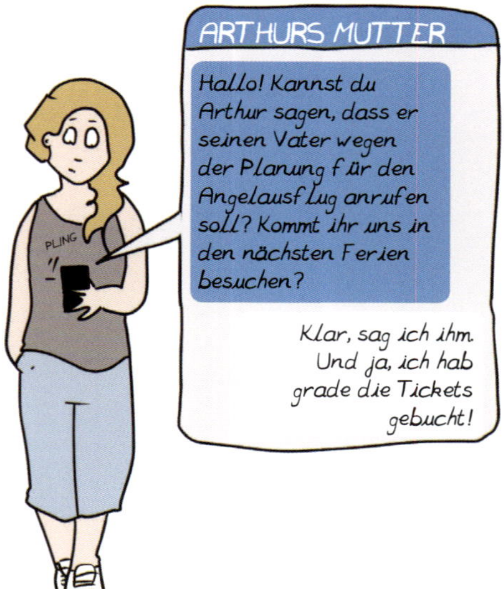
PLING
ARTHURS MUTTER
Hallo! Kannst du Arthur sagen, dass er seinen Vater wegen der Planung für den Angelausflug anrufen soll? Kommt ihr uns in den nächsten Ferien besuchen?
Klar, sag ich ihm. Und ja, ich hab grade die Tickets gebucht!

… wenn wir immer schon vorausahnen, was sie brauchen könnten, noch bevor sie selbst etwas gesagt haben …

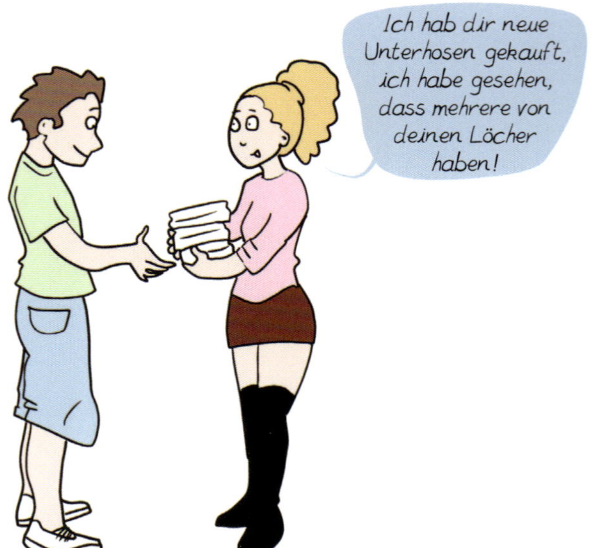
Ich hab dir neue Unterhosen gekauft, ich habe gesehen, dass mehrere von deinen Löcher haben!

... dann werden wir nach und nach zu ihren Müttern und ihren Pflegerinnen, statt ihre Partnerinnen zu sein.

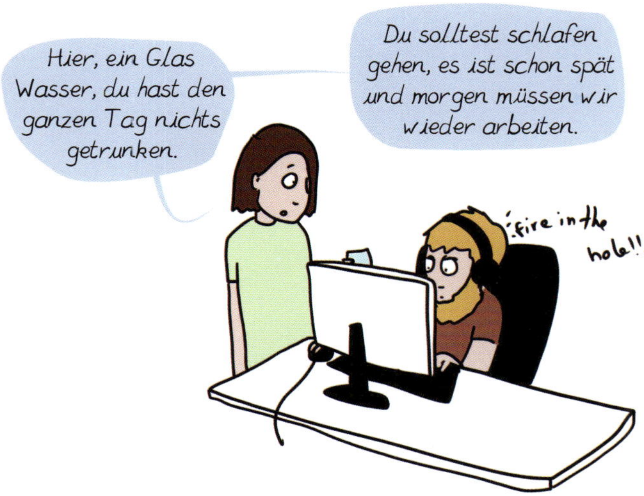
Hier, ein Glas Wasser, du hast den ganzen Tag nichts getrunken.
Du solltest schlafen gehen, es ist schon spät und morgen müssen wir wieder arbeiten.
fire in the hole!!

Ich höre oft Männer sich darüber beschweren, dass ihre Partnerin so selten Lust auf Sex hat. Aber ist das nicht das Normalste der Welt, wenn aus einer Beziehung von zwei gleichberechtigten Partner*innen eine Mutter-Kind-Beziehung geworden ist?

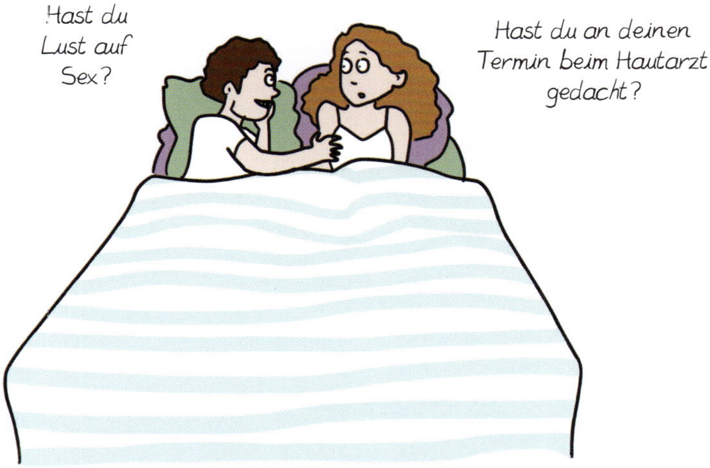
Hast du Lust auf Sex?
Hast du an deinen Termin beim Hautarzt gedacht?

Wenn die Emotionsarbeit für Frauen nach Feierabend noch weitergeht, hört sie auch im Schlafzimmer nicht auf.

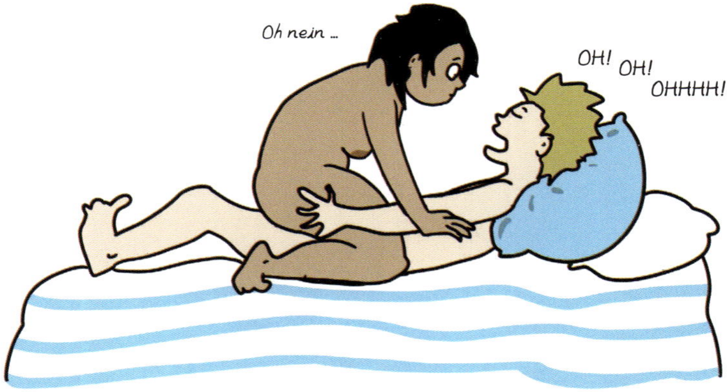
Oh nein ...
OH! OH! OHHHH!

Denn Hetero-Sex ist – auch heute noch – vor allem auf die Lust und den Orgasmus des Mannes ausgerichtet.

Üblicherweise hört der Sex also auf, wenn er gekommen ist. Unabhängig davon, ob die Partnerin befriedigt ist.

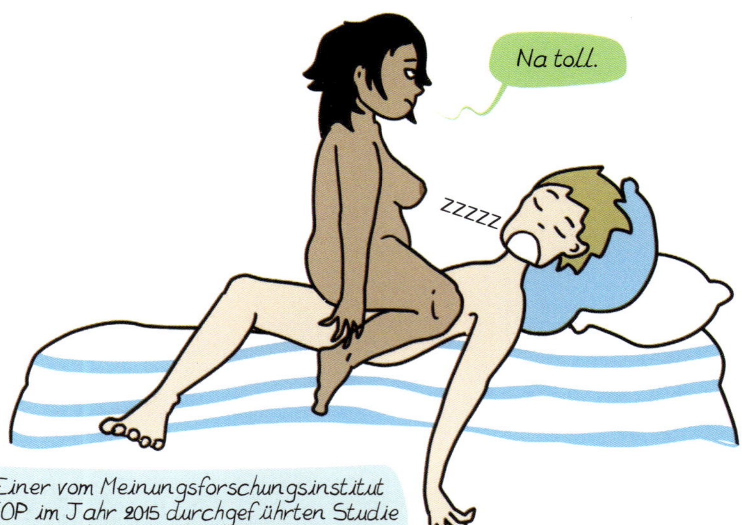
Na toll.
ZZZZZ

Einer vom Meinungsforschungsinstitut IFOP im Jahr 2015 durchgeführten Studie zufolge haben 49 % der Französinnen Schwierigkeiten, beim Geschlechtsverkehr zum Orgasmus zu kommen.*

* Bei den Deutschen sind es derselben Studie zufolge 42 % (Anm. d. Übersetzerin).

Und die Arbeit geht immer noch weiter, denn sehr viele Frauen sorgen trotz ihrer Frustration dafür, dass ihr Partner denkt, er sei gut im Bett, ...

... indem sie so tun, als hätte es einen Orgasmus gegeben, wo es keinen gab ...

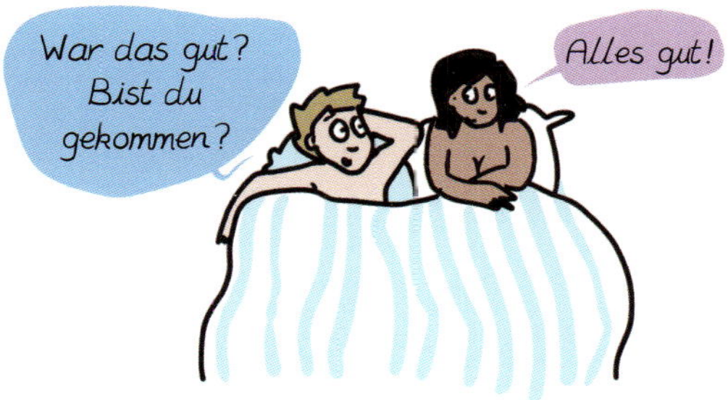
War das gut? Bist du gekommen?
Alles gut!

... oder indem sie ihre Frustration herunterspielen.

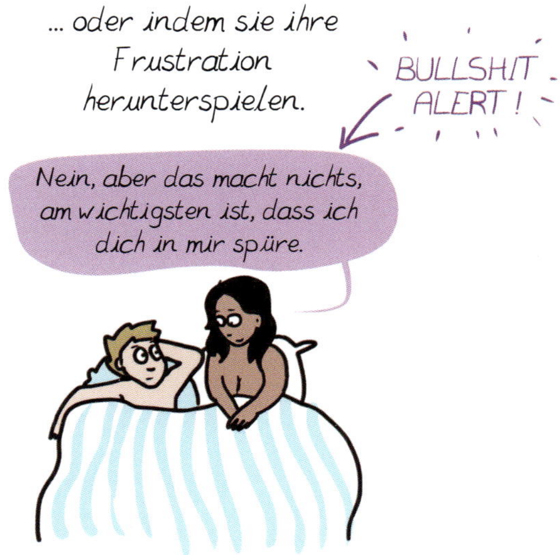
BULLSHIT ALERT!
Nein, aber das macht nichts, am wichtigsten ist, dass ich dich in mir spüre.

Der Mann muss kommen ... UND glauben, dass er sie zum Kommen gebracht hat.

Besagter Studie des IFOP zufolge täuschen 31 % der Französinnen regelmäßig einen Orgasmus vor.*

* Bei den Deutschen sind es 24 % (Anm. d. Übersetzerin).

Immer auf die Bedürfnisse von anderen zu achten, bedeutet für Frauen einen ständigen und nicht sichtbaren **Emotional Load**.

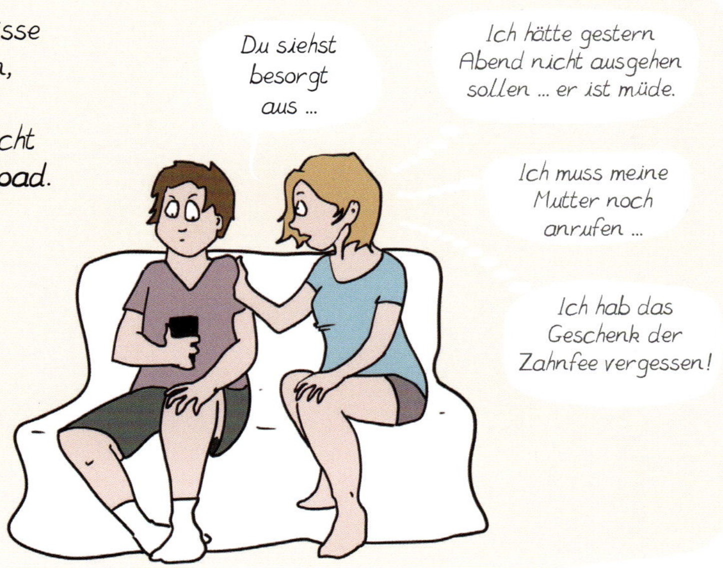
Du siehst besorgt aus ...
Ich hätte gestern Abend nicht ausgehen sollen ... er ist müde.
Ich muss meine Mutter noch anrufen ...
Ich hab das Geschenk der Zahnfee vergessen!

Wir schenken anderen nämlich nicht nur unsere Zeit und Zuwendung. Wir müssen zunächst permanent die Reaktionen und Emotionen unseres Umfelds entschlüsseln, um uns nach ihnen richten zu können.

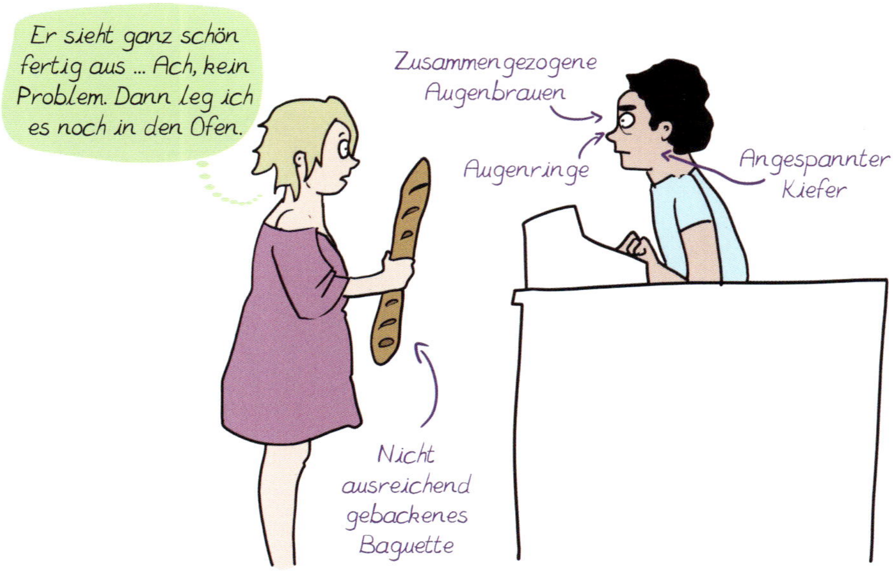
Er sieht ganz schön fertig aus ... Ach, kein Problem. Dann leg ich es noch in den Ofen.
Zusammengezogene Augenbrauen
Augenringe
Angespannter Kiefer
Nicht ausreichend gebackenes Baguette

Natürlich ist es gut, sich um andere zu kümmern und empathisch zu sein. Nur ist das mit der Emotionsarbeit oft eine einseitige Sache.

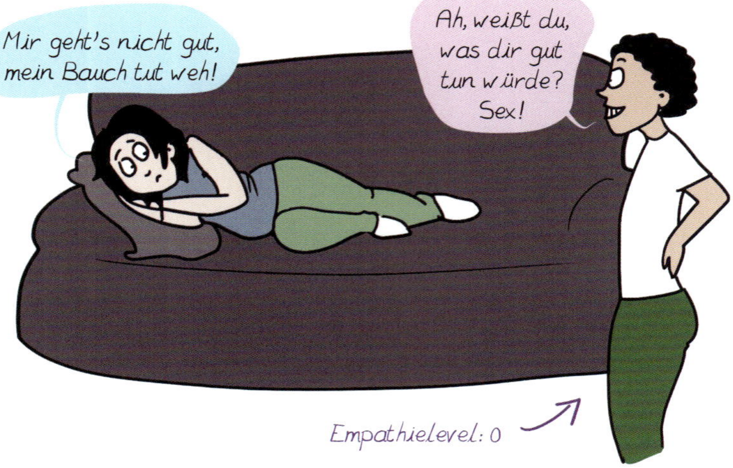
Mir geht's nicht gut, mein Bauch tut weh!
Ah, weißt du, was dir gut tun würde? Sex!
Empathielevel: 0

Und wie viele Aufgaben, die traditionell von Frauen übernommen werden, wird sie nicht immer ausreichend gewürdigt und wertgeschätzt.

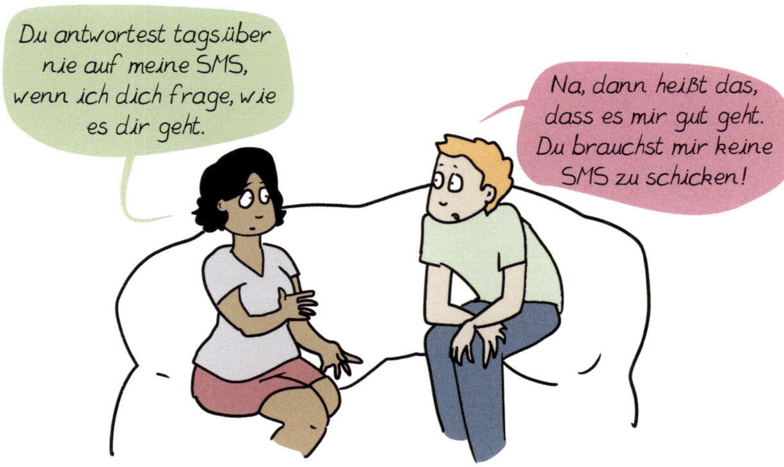
Du antwortest tagsüber nie auf meine SMS, wenn ich dich frage, wie es dir geht.
Na, dann heißt das, dass es mir gut geht. Du brauchst mir keine SMS zu schicken!

Ich weiß noch, wie mein Kollege D. immer über die Nachrichten meckerte, die seine Frau ihm während der Arbeit schickte.

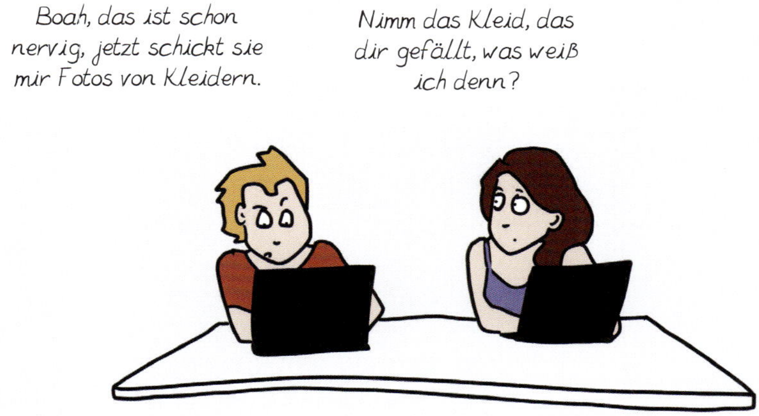
Boah, das ist schon nervig, jetzt schickt sie mir Fotos von Kleidern.
Nimm das Kleid, das dir gefällt, was weiß ich denn?

In Wahrheit machte D.s Frau viel mehr, als Fotos von Kleidern zu schicken – die sie vielleicht nicht einmal wirklich kaufen wollte.

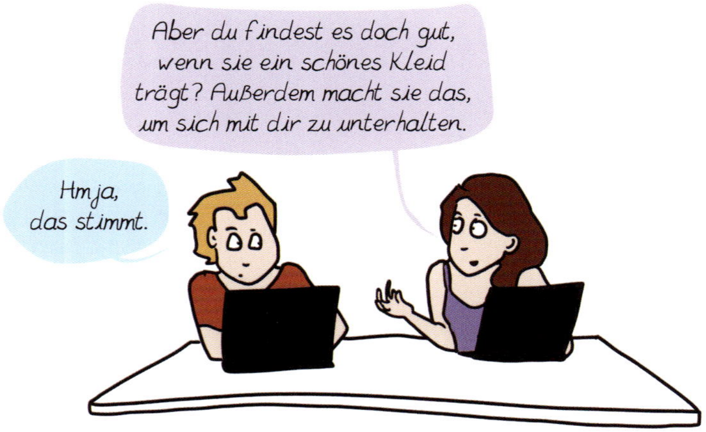
Aber du findest es doch gut, wenn sie ein schönes Kleid trägt? Außerdem macht sie das, um sich mit dir zu unterhalten.
Hm ja, das stimmt.

Das, was sie vor allen Dingen machte, war, die Kommunikation mit ihrem Partner aufrechtzuerhalten – die sich sonst auf Serienabende und die Kinderbetreuung beschränkt hätte.

Sie übernahm wie viele andere Frauen auch eine Aufgabe, die als belanglos und oberflächlich angesehen wird: die sozialen Interaktionen am Laufen zu halten und die für unser Zusammenleben so wichtige Verbindung zu pflegen.

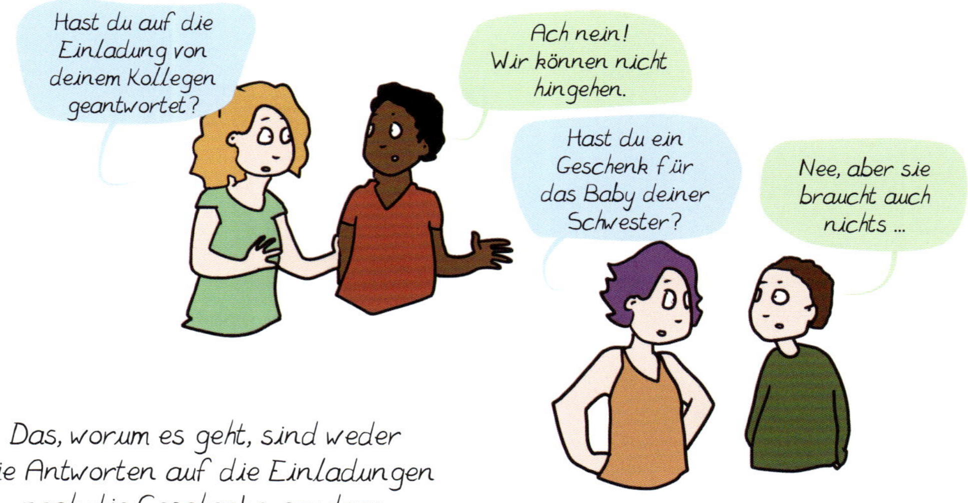
Hast du auf die Einladung von deinem Kollegen geantwortet?
Ach nein! Wir können nicht hingehen.
Hast du ein Geschenk für das Baby deiner Schwester?
Nee, aber sie braucht auch nichts ...

Das, worum es geht, sind weder die Antworten auf die Einladungen noch die Geschenke, sondern, dass man daran gedacht hat.

Anna G. Jónasdóttir ist eine isländische Politikwissenschaftlerin, die sich auf das Thema Liebe spezialisiert hat. Ihre Analyse heterosexueller Beziehungen könnte so zusammengefasst werden:

Liebe ist als Gefühl für den Menschen essenziell, durch sie kann er sich lebendig fühlen.

Bei heterosexuellen Paaren drücken die Frauen ihre Liebe aus, indem sie sich um den anderen kümmern – wobei sie ihre eigenen Bedürfnisse vernachlässigen.

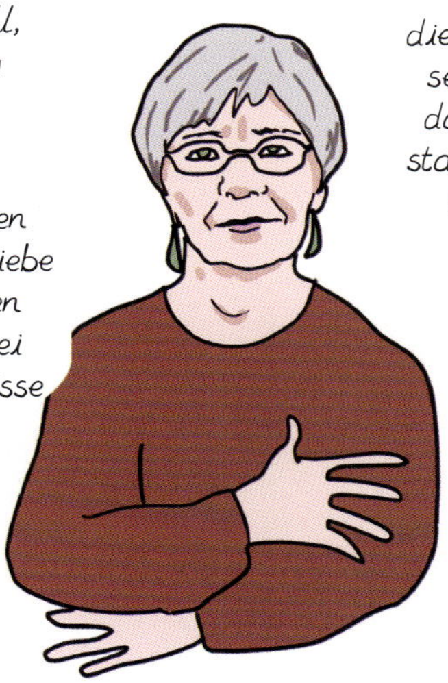

Der Mann zieht aus dieser Beziehung die Kraft, seinen Platz in der Welt da draußen einzunehmen, statt die Zuwendung seiner Partnerin gegenüber in gleichem Maße zu erwidern.

Diese Energieübertragung bezeichnet sie als **Love Power**.

In Wahrheit ist Emotionsarbeit alles andere als überflüssig. Durch sie findet der Mensch die Energie, zu handeln, zu schaffen und sich in die Öffentlichkeit zu begeben.

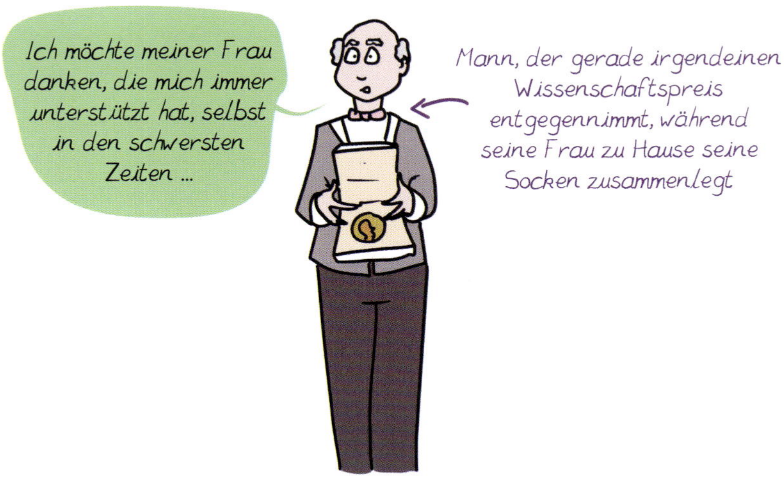
Ich möchte meiner Frau danken, die mich immer unterstützt hat, selbst in den schwersten Zeiten ...
Mann, der gerade irgendeinen Wissenschaftspreis entgegennimmt, während seine Frau zu Hause seine Socken zusammenlegt

Ständig diese Arbeit zu leisten, kostet uns Zeit und Energie, die wir dann nicht unseren eigenen Projekten widmen.

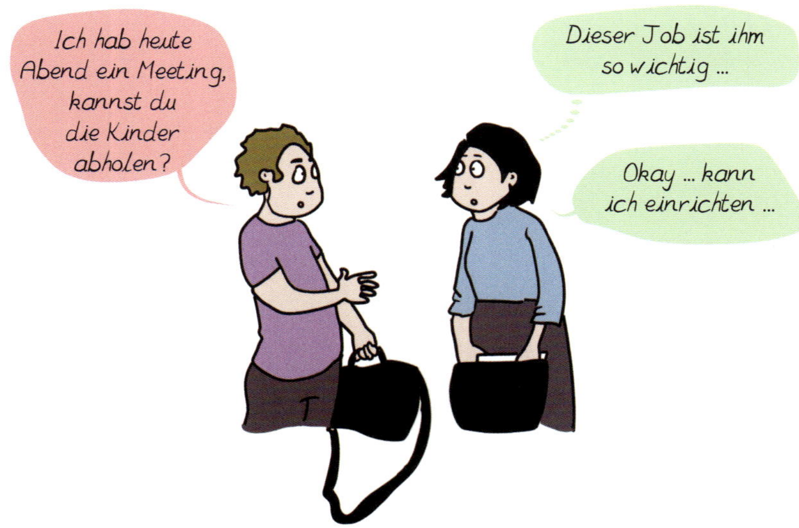
Ich hab heute Abend ein Meeting, kannst du die Kinder abholen?
Dieser Job ist ihm so wichtig ...
Okay ... kann ich einrichten ...

In ihrem Comic »Der Ursprung der Liebe« zählt die Autorin Liv Strömquist berühmte Männer auf, die sich für das Gelingen ihrer Projekte auf die Liebe der Frauen in ihrem Umfeld gestützt haben.

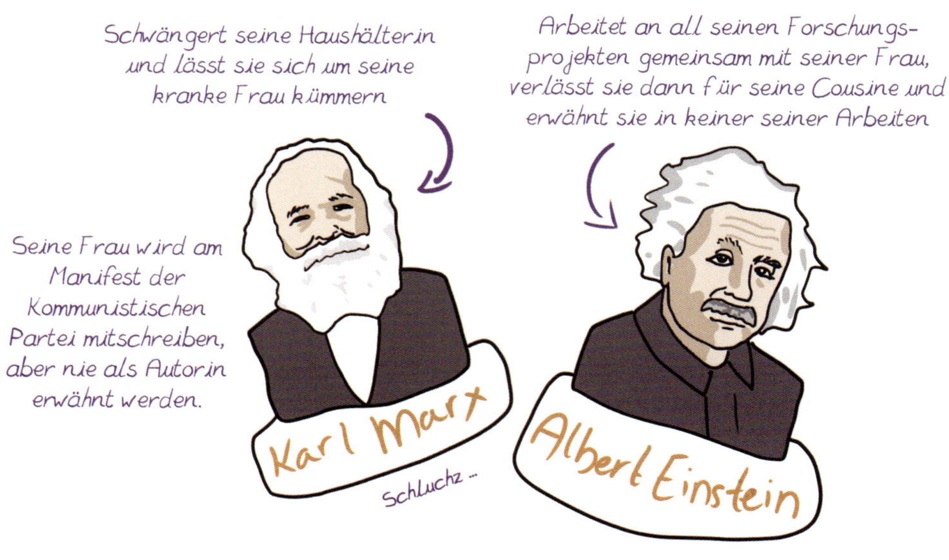
Schwängert seine Haushälterin und lässt sie sich um seine kranke Frau kümmern
Arbeitet an all seinen Forschungsprojekten gemeinsam mit seiner Frau, verlässt sie dann für seine Cousine und erwähnt sie in keiner seiner Arbeiten
Seine Frau wird am Manifest der Kommunistischen Partei mitschreiben, aber nie als Autorin erwähnt werden.
Karl Marx
schluchz ...
Albert Einstein

Während Frauen ihre Ehemänner im Alter bis zuletzt gepflegt und unterstützt haben …

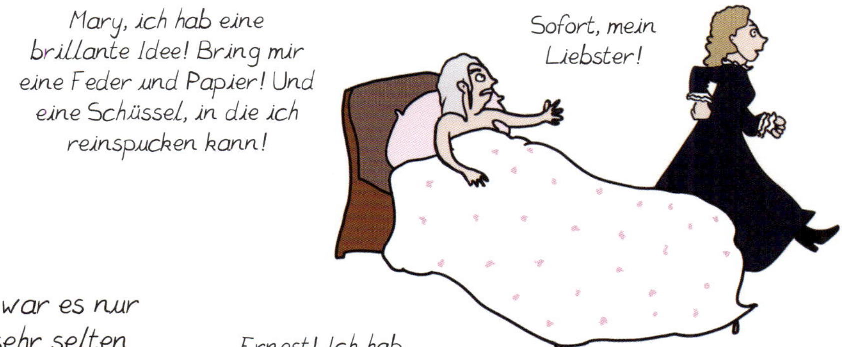

Mary, ich hab eine brillante Idee! Bring mir eine Feder und Papier! Und eine Schüssel, in die ich reinspucken kann!
Sofort, mein Liebster!

… war es nur sehr selten andersherum.

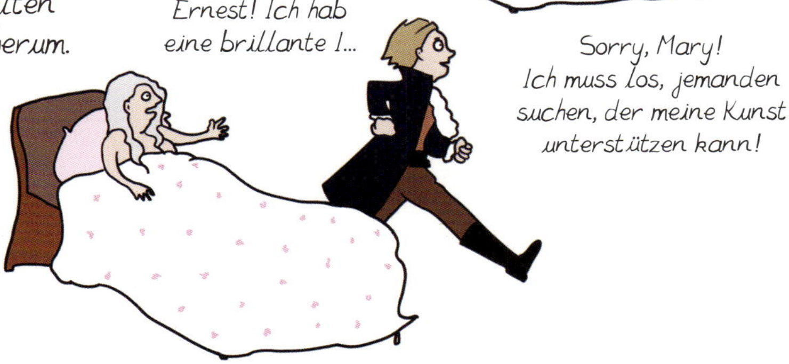

Ernest! Ich hab eine brillante I…
Sorry, Mary! Ich muss los, jemanden suchen, der meine Kunst unterstützen kann!

Und heute? Heute sieht es so aus: Einer Studie zufolge, für die zwischen 2015 und 2017 Krebspatient*innen in den USA befragt wurden, wurden die erkrankten Frauen in 20,8 % der Fälle verlassen. Bei den Männern waren es nur 2,9 %.

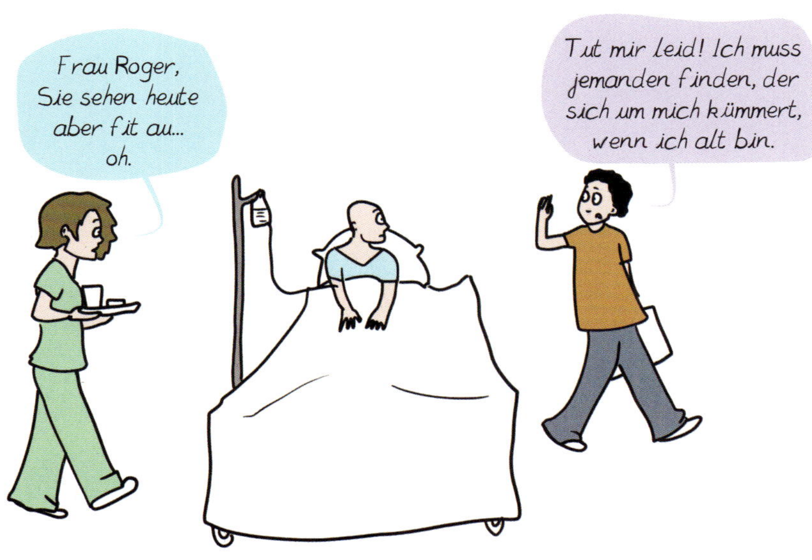

Frau Roger, Sie sehen heute aber fit au… oh.
Tut mir leid! Ich muss jemanden finden, der sich um mich kümmert, wenn ich alt bin.

Dabei hätten auch die Männer etwas davon, wenn die Emotionsarbeit besser aufgeteilt wäre. Ohne die Unterstützung ihrer Partnerinnen im Haushalt und in sozialen Dingen kommen sie nämlich kaum zurecht. So hat man festgestellt, dass die Sterblichkeitsrate bei Witwern höher ist als bei Witwen – vor allem aufgrund der sozialen Isolation.

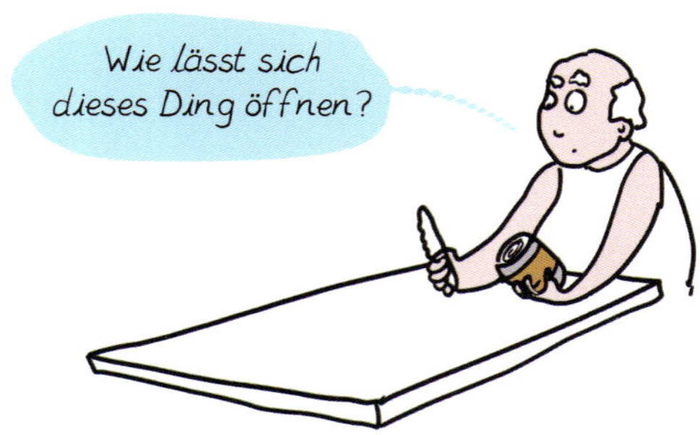
Wie lässt sich dieses Ding öffnen?

Okay, das ist für alle Mist, und deshalb muss sich was ändern! Wie gehen wir das am besten an?

Ich hör die Leute schon sagen: »Ihr müsst einfach auch mal andere machen lassen« und »Niemand hat euch darum gebeten, das alles zu tun«.

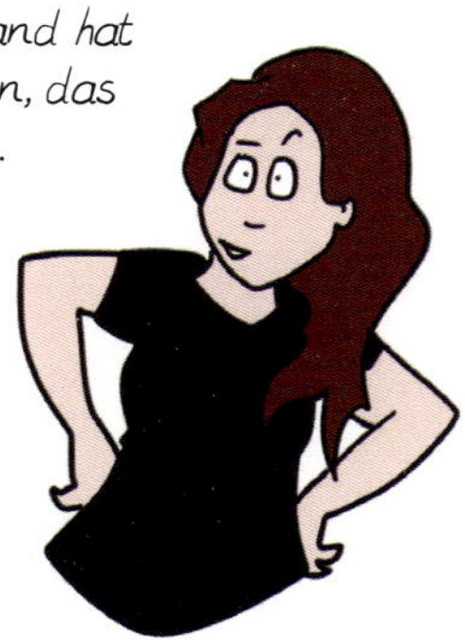

Nur dass »das alles« genau das ist, was wir brauchen, um uns lebendig zu fühlen, zu schaffen, zu handeln und sogar, um am Leben zu bleiben – wie man am Beispiel der Witwer sehen kann!

Und wollen wir denn wirklich in einer Welt ohne Empathie leben, in der niemand kleine Aufmerksamkeiten und Gesten für sein Umfeld übrig hat?

Dass all das zu nichts nütze ist, sagt sich leicht, wenn man tagtäglich davon profitiert. Und dann bemerkt man das noch nicht einmal!

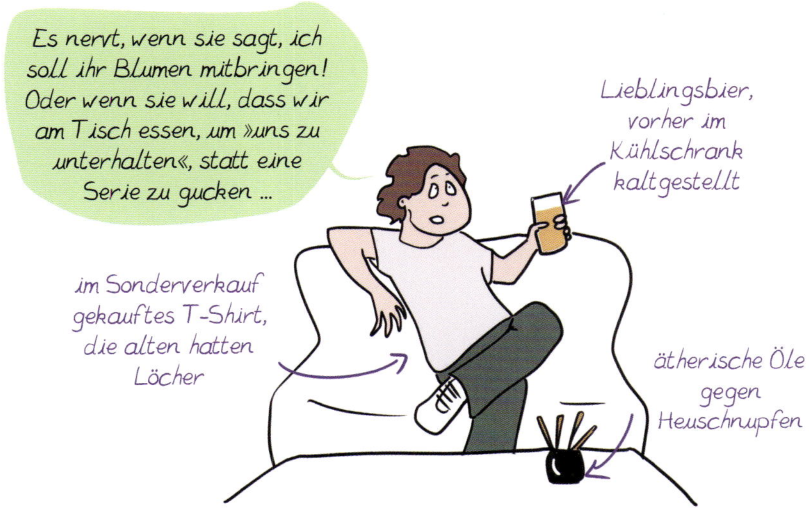
Es nervt, wenn sie sagt, ich soll ihr Blumen mitbringen! Oder wenn sie will, dass wir am Tisch essen, um »uns zu unterhalten«, statt eine Serie zu gucken …
Lieblingsbier, vorher im Kühlschrank kaltgestellt
im Sonderverkauf gekauftes T-Shirt, die alten hatten Löcher
ätherische Öle gegen Heuschnupfen

Aber ich kenne jede Menge Frauen, die davon träumen, dass sie selbst einmal umsorgt werden, kleine Aufmerksamkeiten erhalten oder dass man ihnen einfach ein offenes Ohr schenkt … nur zahlen sie für diese Dinge Geld … und gehen zum Beispiel zur Kosmetikerin oder zum Friseur.

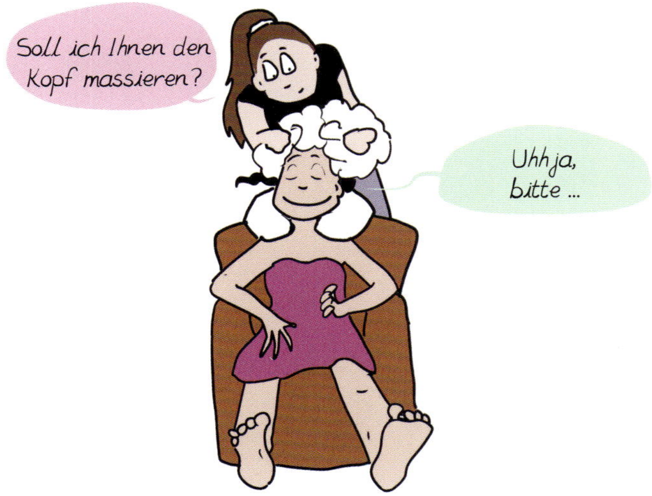
Soll ich Ihnen den Kopf massieren?
Uhh ja, bitte …

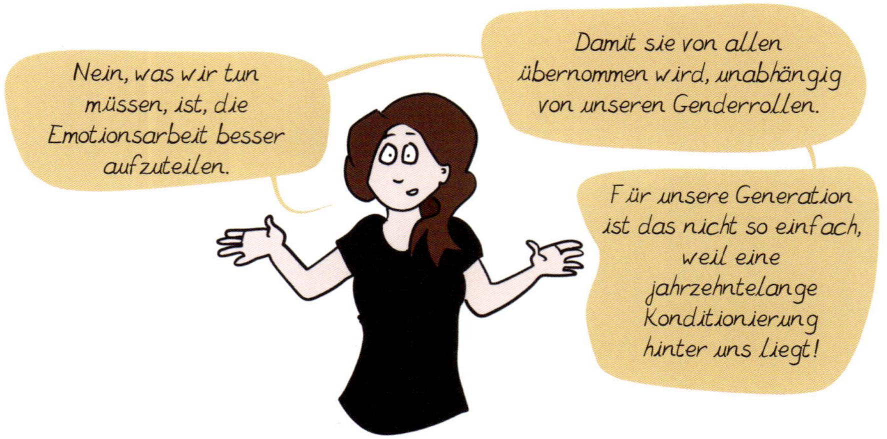
Nein, was wir tun müssen, ist, die Emotionsarbeit besser aufzuteilen.
Damit sie von allen übernommen wird, unabhängig von unseren Genderrollen.
Für unsere Generation ist das nicht so einfach, weil eine jahrzehntelange Konditionierung hinter uns liegt!

Für mich ist es vollkommen unmöglich, zu sehen, dass jemand Hilfe braucht, und nichts zu tun.

Und ganz ehrlich: Ich bin ziemlich stolz darauf, dass ich so bin. Auch wenn es nicht immer einfach ist.

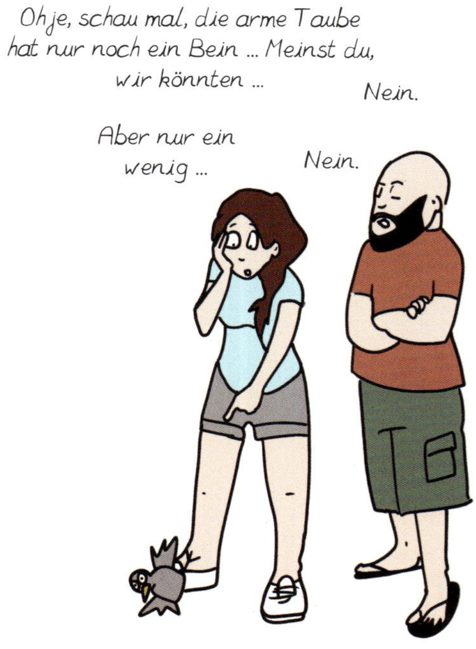
Oh je, schau mal, die arme Taube hat nur noch ein Bein ... Meinst du, wir könnten ...
Nein.
Aber nur ein wenig ...
Nein.

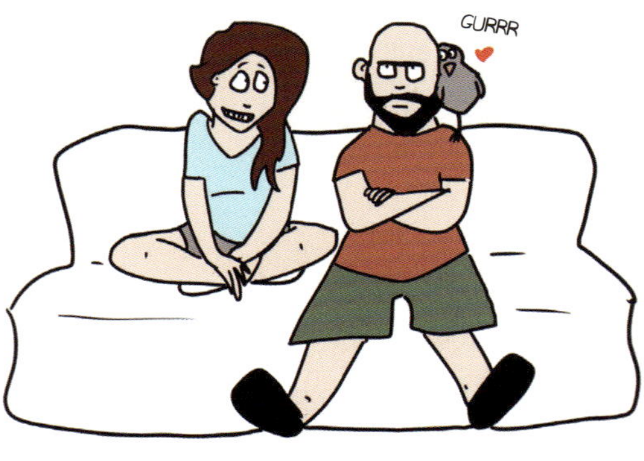
GURRR

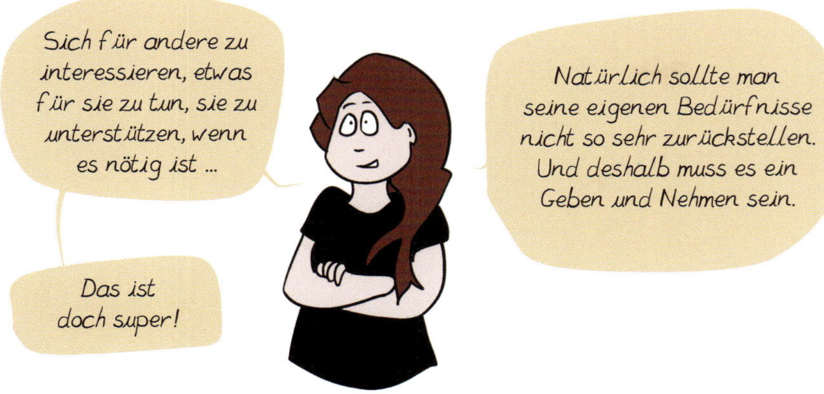
Sich für andere zu interessieren, etwas für sie zu tun, sie zu unterstützen, wenn es nötig ist ...
Das ist doch super!
Natürlich sollte man seine eigenen Bedürfnisse nicht so sehr zurückstellen. Und deshalb muss es ein Geben und Nehmen sein.

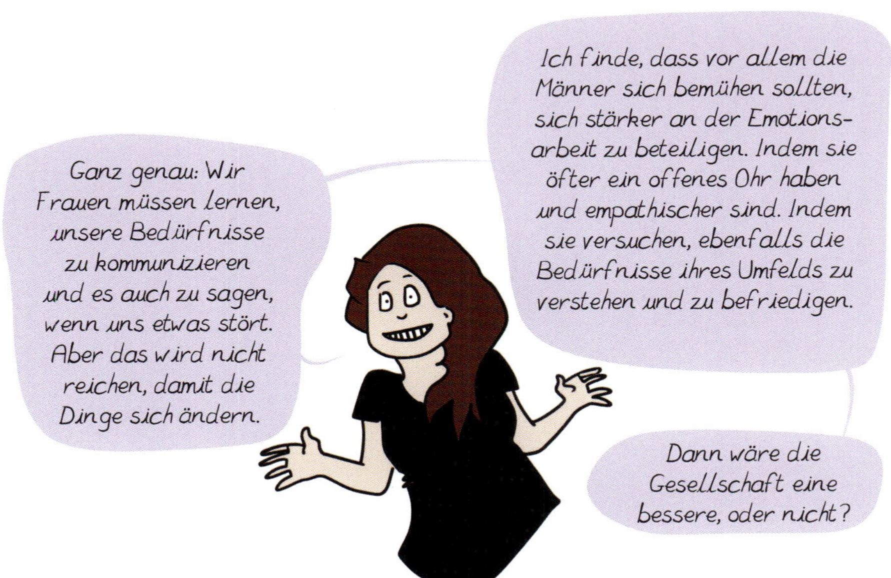
Ganz genau: Wir Frauen müssen lernen, unsere Bedürfnisse zu kommunizieren und es auch zu sagen, wenn uns etwas stört. Aber das wird nicht reichen, damit die Dinge sich ändern.
Ich finde, dass vor allem die Männer sich bemühen sollten, sich stärker an der Emotionsarbeit zu beteiligen. Indem sie öfter ein offenes Ohr haben und empathischer sind. Indem sie versuchen, ebenfalls die Bedürfnisse ihres Umfelds zu verstehen und zu befriedigen.
Dann wäre die Gesellschaft eine bessere, oder nicht?

Emma.

5

Die Konsequenzen

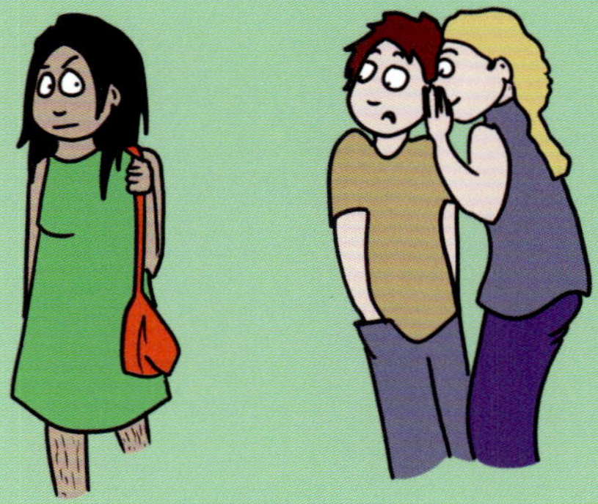

Als ich meinen Comic über den Mental Load veröffentlicht habe, hat man mir oft gesagt, ich solle doch auch mal über die Männer reden

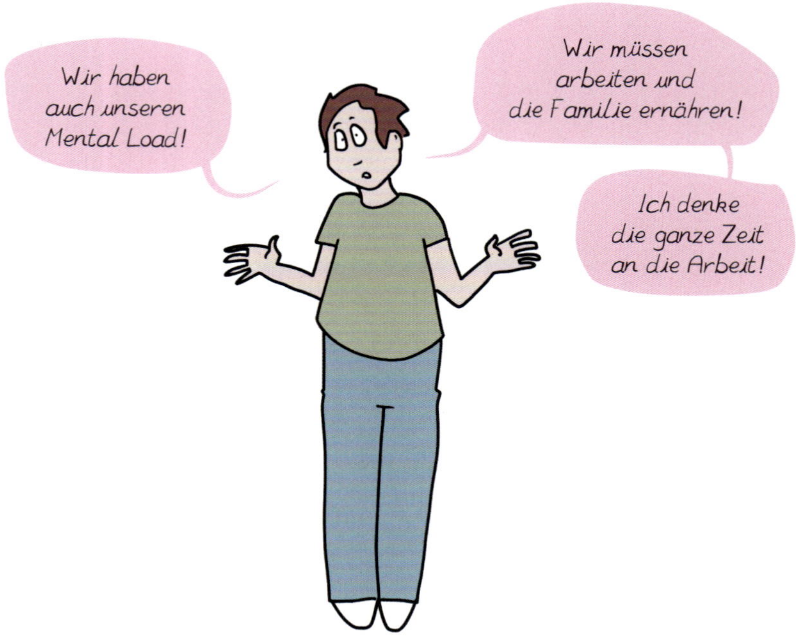
Wir haben auch unseren Mental Load!
Wir müssen arbeiten und die Familie ernähren!
Ich denke die ganze Zeit an die Arbeit!

Die Konsequenzen

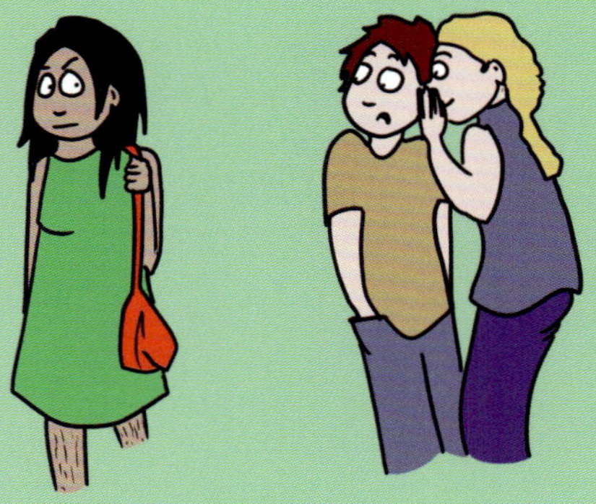

Als ich meinen Comic über den Mental Load veröffentlicht habe, hat man mir oft gesagt, ich solle doch auch mal über die Männer reden

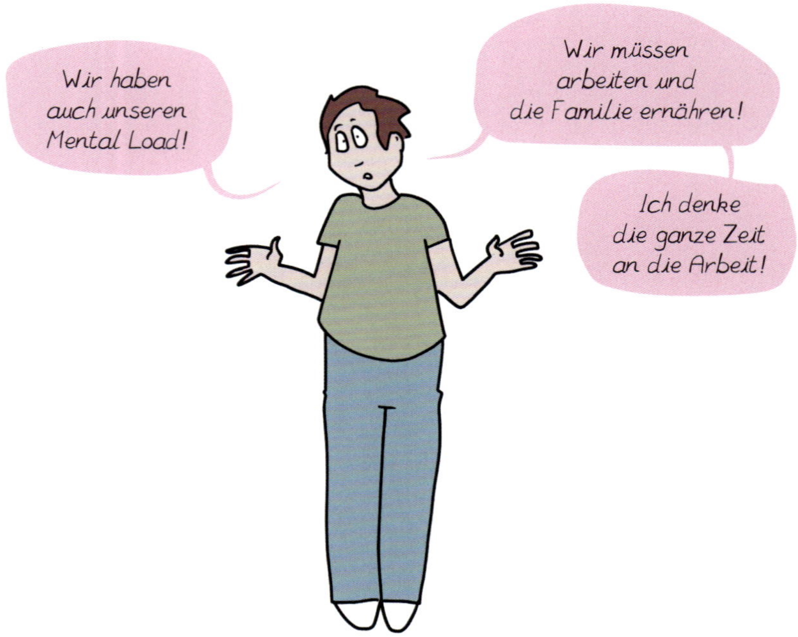

Wenn das so ist, dann liegt der Mental Load für den Haushalt in heterosexuellen Beziehungen meistens bei den Frauen,

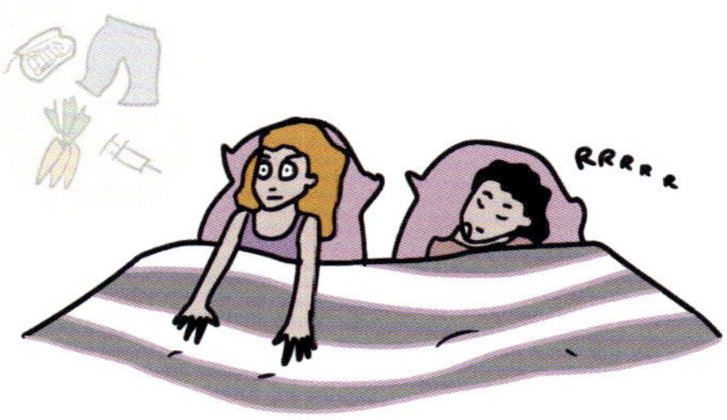

und bei den Männern liegt der Mental Load für das Berufliche.

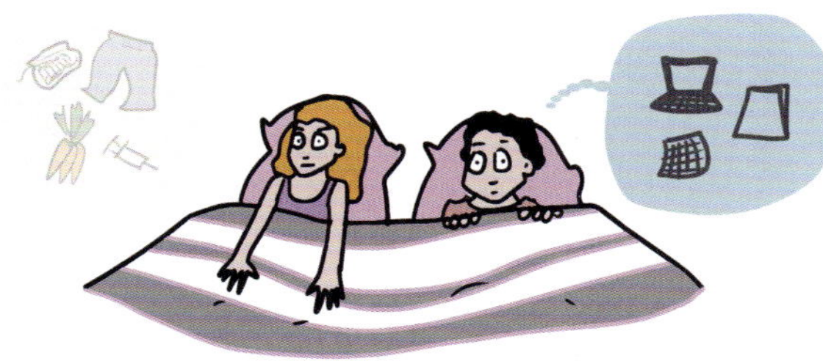

Das ist richtig. Allerdings ...

... liegt letzterer auch bei den Frauen!

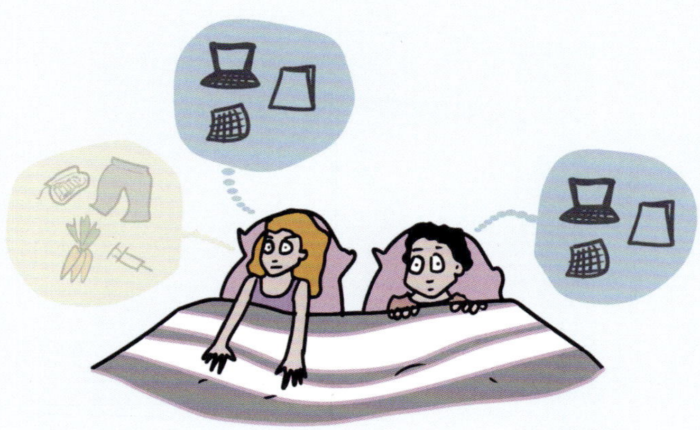

Ganz genau! Heutzutage haben die meisten Frauen **zusätzlich** zu der Hausarbeit einen Job.

Dem Nationalen Institut für Statistik und Wirtschaftsstudien zufolge waren im Jahr 2017 in Frankreich 67,6 % der Frauen und 75,5 % der Männer zwischen 15 und 64 Jahren erwerbstätig.*

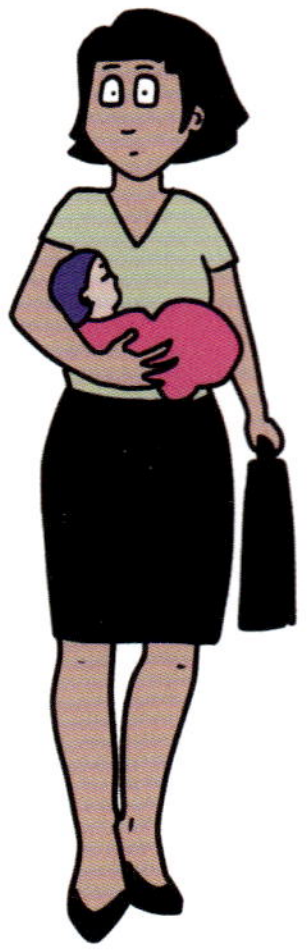

*In Deutschland waren es im selben Jahr in dieser Altersgruppe dem Statistischen Bundesamt zufolge 71,5 % der Frauen und 78,9 % der Männer (Anm. d. Übersetzerin).

Frauen haben also doppelte Arbeitstage.

Ich habe deshalb über den Mental Load **für den Haushalt** geschrieben, weil dieser – anders als das Nachdenken über den Beruf – **insbesondere von den Frauen** übernommen wird. Er verstärkt die Ungleichheiten zwischen den Geschlechtern!

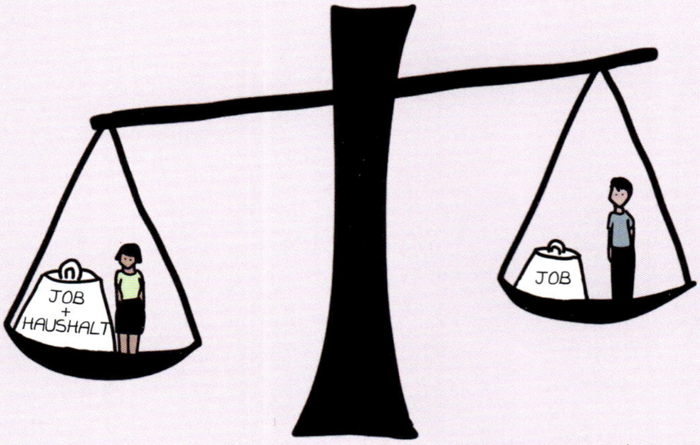

Eine Studie des Nationalen Instituts für Statistik und Wirtschaftsstudien aus dem Jahr 2010 zeigt, dass Frauen zwei Drittel der Hausarbeit und der Kinderbetreuung übernehmen – und dabei ist der Mental Load nicht einberechnet!*

* Einem Gleichstellungsbericht der Bundesregierung aus dem Jahr 2018 zufolge wenden Männer nur ca. zwei Drittel der Zeit für Haushalt, Kinderbetreuung usw. auf, die Frauen investieren (Anm. d. Übersetzerin).

Apropos … gibt es überhaupt Aktivitäten, denen sich Frauen voll und ganz widmen können, **ohne sich um etwas anderes Gedanken zu machen**?

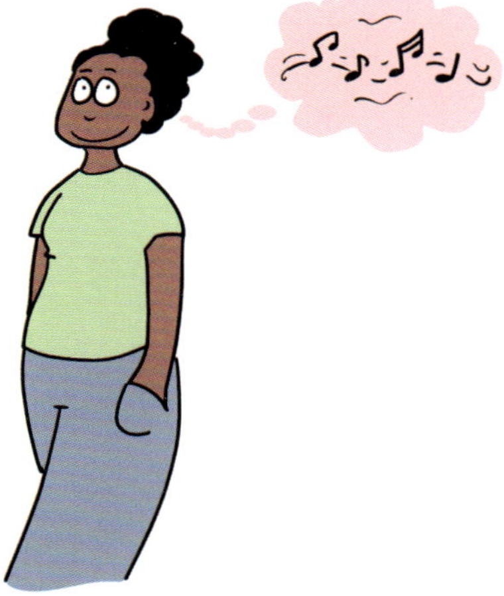

So etwas ist gar nicht so einfach zu finden!

Denken wir zum Beispiel ans Essen: Da sind Frauen seit ihrer Jugend darauf konditioniert, zu zählen, abzuwägen und sich zu kontrollieren …

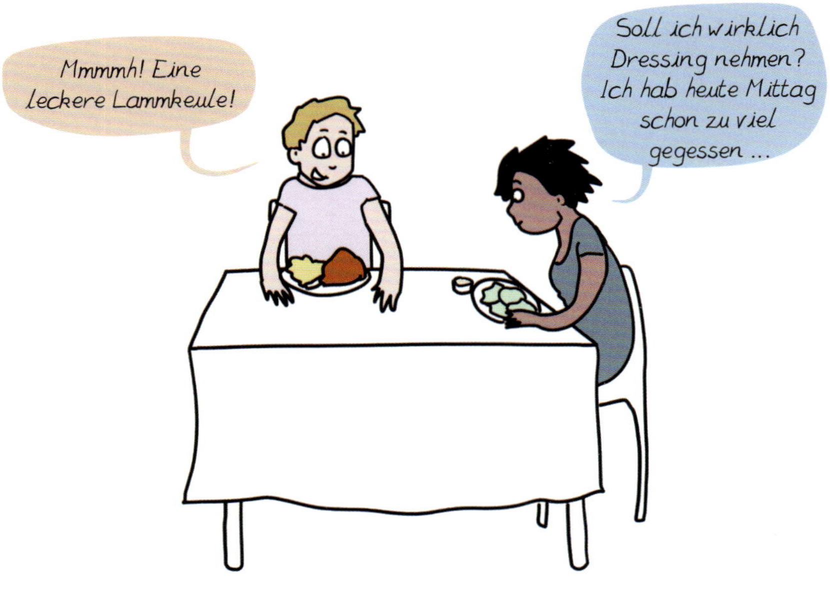
Mmmmh! Eine leckere Lammkeule!
Soll ich wirklich Dressing nehmen? Ich hab heute Mittag schon zu viel gegessen …

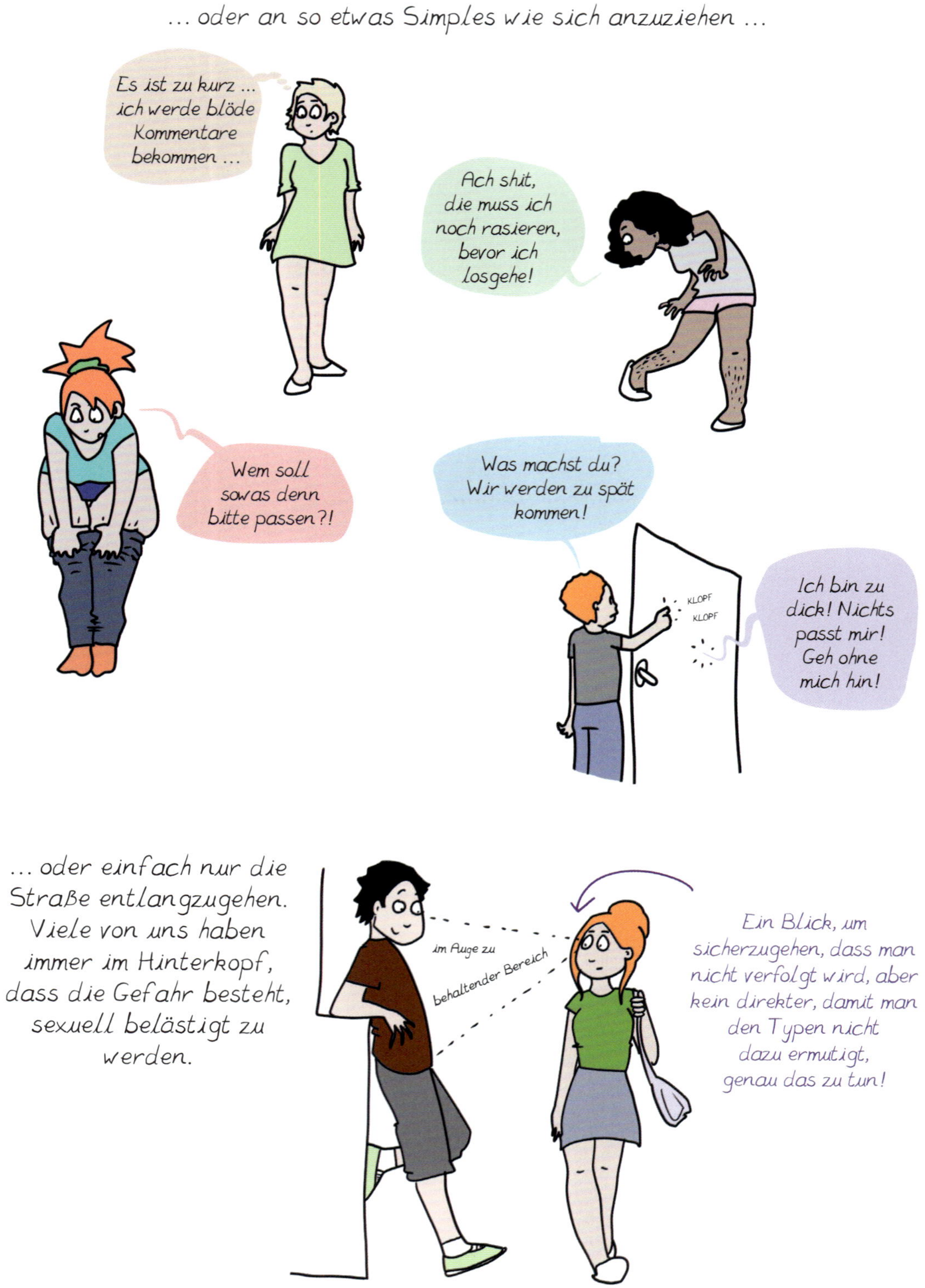
… oder an so etwas Simples wie sich anzuziehen …
Es ist zu kurz … ich werde blöde Kommentare bekommen …
Ach shit, die muss ich noch rasieren, bevor ich losgehe!
Wem soll sowas denn bitte passen?!
Was machst du? Wir werden zu spät kommen!
KLOPF KLOPF
Ich bin zu dick! Nichts passt mir! Geh ohne mich hin!
… oder einfach nur die Straße entlangzugehen. Viele von uns haben immer im Hinterkopf, dass die Gefahr besteht, sexuell belästigt zu werden.
im Auge zu behaltender Bereich
Ein Blick, um sicherzugehen, dass man nicht verfolgt wird, aber kein direkter, damit man den Typen nicht dazu ermutigt, genau das zu tun!

Und nachts ist es sogar noch schlimmer.

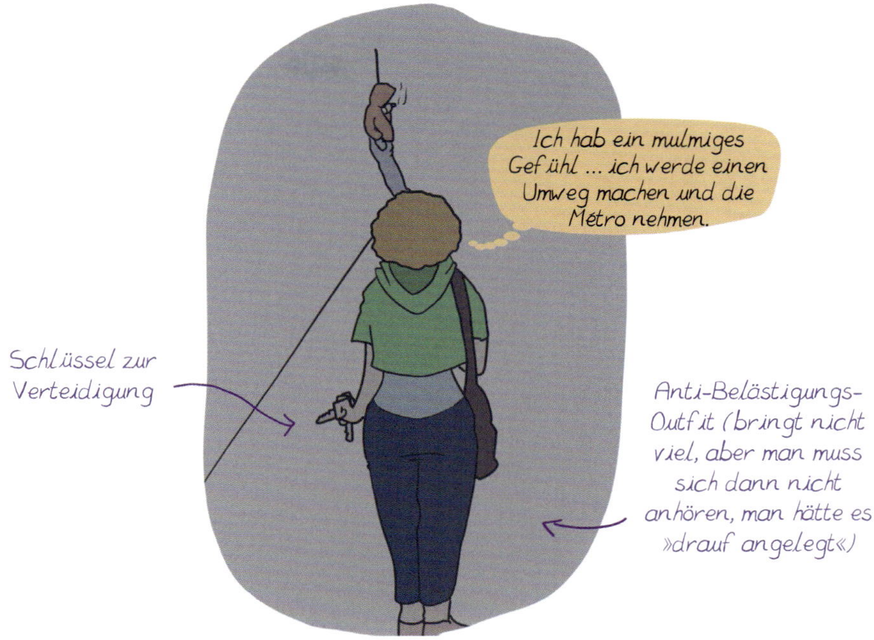
Ich hab ein mulmiges Gefühl ... ich werde einen Umweg machen und die Metro nehmen.
Schlüssel zur Verteidigung
Anti-Belästigungs-Outfit (bringt nicht viel, aber man muss sich dann nicht anhören, man hätte es »drauf angelegt«)

Dabei ist eine fast leere Metro ziemlich gruselig ...

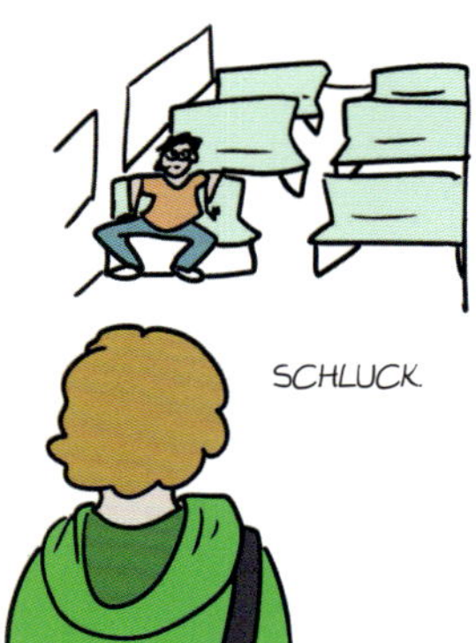
SCHLUCK.

... aber eine volle Metro ist es auch!

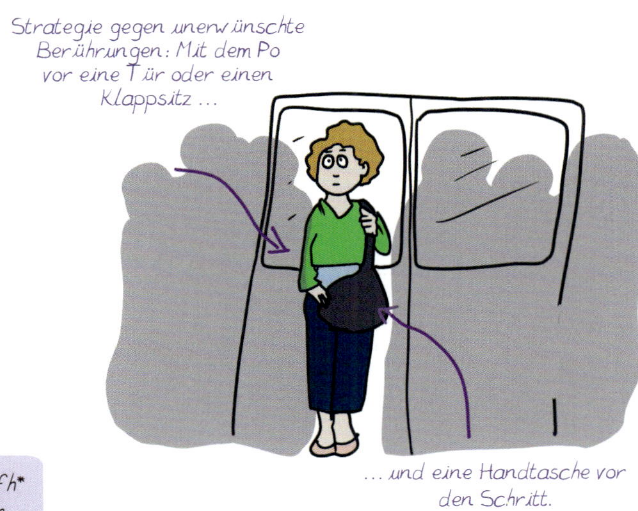
Strategie gegen unerwünschte Berührungen: Mit dem Po vor eine Tür oder einen Klappsitz ...
... und eine Handtasche vor den Schritt.

Einer Befragung zufolge, die der HCEfh* 2015 durchgeführt hat, haben 100 % der Französinnen, die mit den öffentlichen Verkehrsmitteln fahren, dort schon einmal sexistische Anmachen oder sexuelle Übergriffe erlebt.

*Haut Conseil à l'Égalité entre les femmes et les hommes, ein unabhängiges Beratungsgremium, das u.a. regelmäßig Berichte über den Status der Gleichstellung zwischen Frauen und Männern veröffentlicht (Anm. d. Übersetzerin).

Aber immerhin können wir uns beim Sex entspannen!

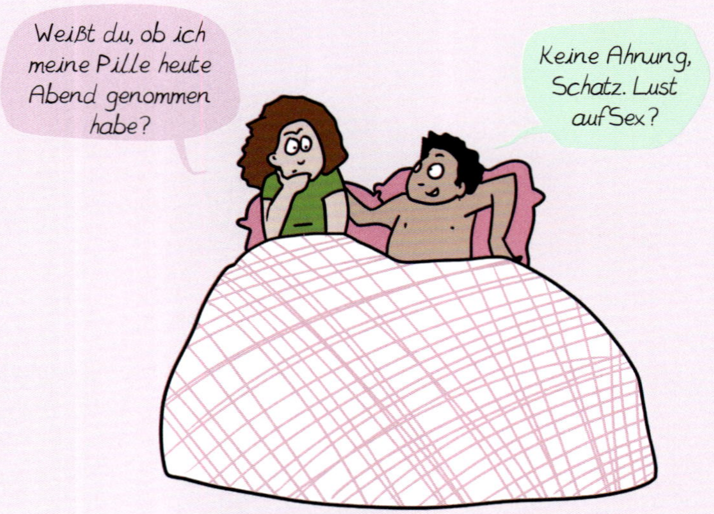
Weißt du, ob ich meine Pille heute Abend genommen habe?
Keine Ahnung, Schatz. Lust auf Sex?

Oder auch nicht.

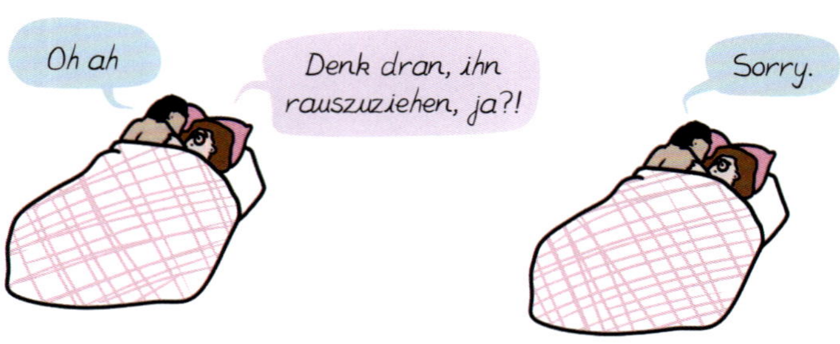
Oh ah
Denk dran, ihn rauszuziehen, ja?!
Sorry.

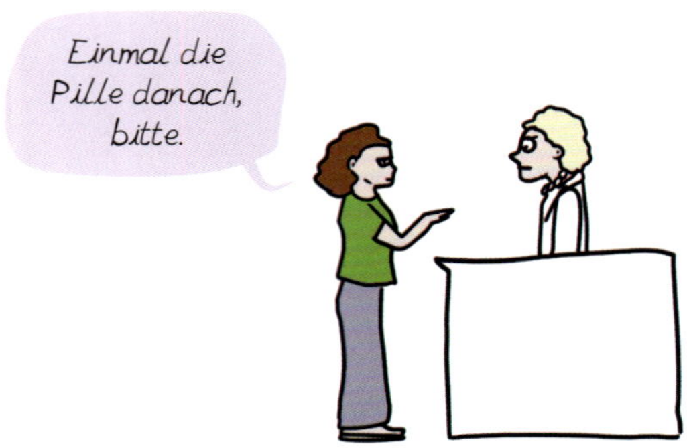
Einmal die Pille danach, bitte.

Nein, wirklich nicht.

Die Verhütung stellt heutzutage nämlich immer noch einen erheblichen Mental Load dar.

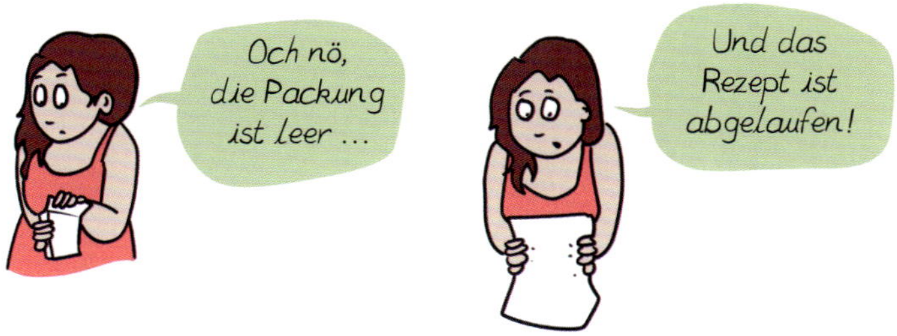
Och nö, die Packung ist leer ...
Und das Rezept ist abgelaufen!

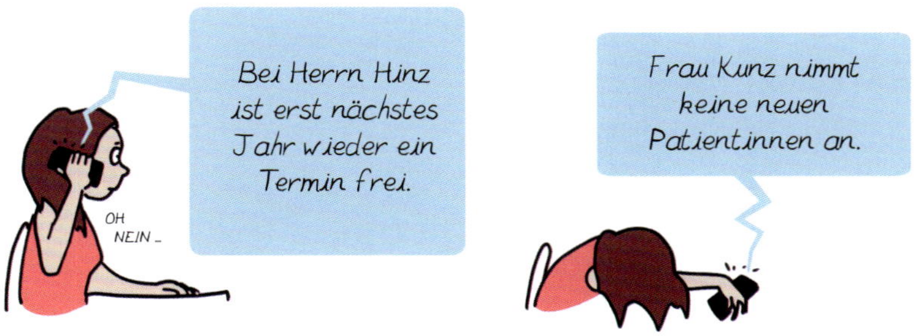
Bei Herrn Hinz ist erst nächstes Jahr wieder ein Termin frei.
OH NEIN ...
Frau Kunz nimmt keine neuen Patientinnen an.

Und obwohl beide Partner*innen davon profitieren, sind fast immer die Frauen für sie zuständig.

Dem Ined* zufolge benutzen 97 % der Französinnen, die eine Schwangerschaft verhindern wollen, ein Verhütungsmittel – und bei 70 % von ihnen ist es ein Verhütungsmittel für Frauen (die Pille, die Spirale, ...).

* Institut national d'études démographiques, dt.: Nationales Institut für demografische Studien (Anm. d. Übersetzerin).

Ihr seht also:

Essen, was man will,

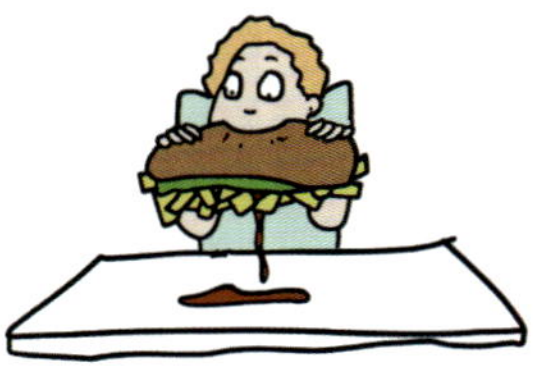

sich anziehen, ohne sich Gedanken über die Umstände zu machen,

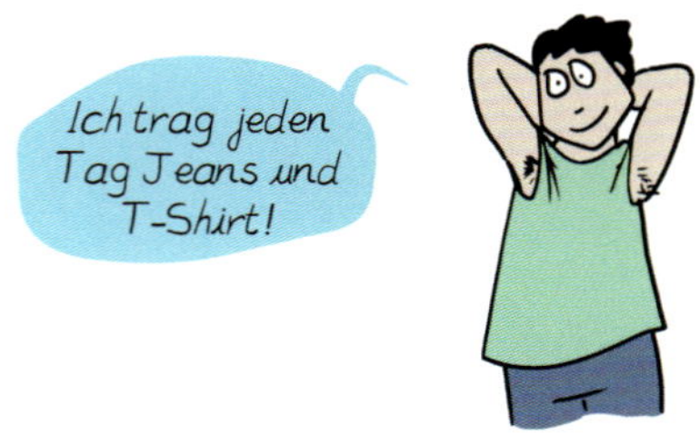
Ich trag jeden Tag Jeans und T-Shirt!

zu jeder Tages- und Nachtzeit nach Hause gehen, dabei betrunken und so angezogen sein, wie man möchte, langgehen, wo man möchte,

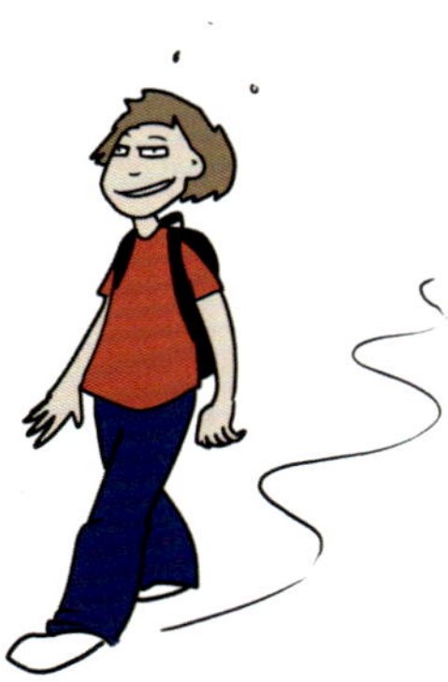

entspannt Sex haben ...

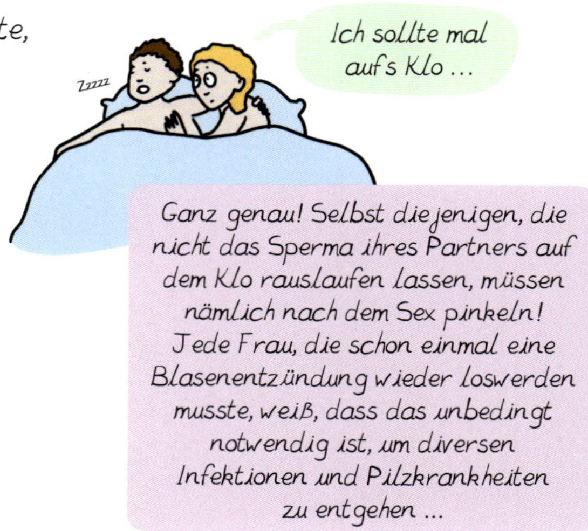
Zzzzz
Ich sollte mal aufs Klo ...
Ganz genau! Selbst diejenigen, die nicht das Sperma ihres Partners auf dem Klo rauslaufen lassen, müssen nämlich nach dem Sex pinkeln! Jede Frau, die schon einmal eine Blasenentzündung wieder loswerden musste, weiß, dass das unbedingt notwendig ist, um diversen Infektionen und Pilzkrankheiten zu entgehen ...

... sind alles Privilegien, die vor allem Männer haben.

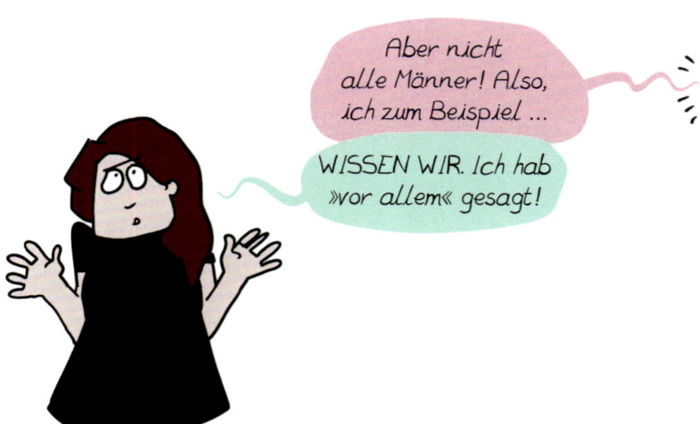
Aber nicht alle Männer! Also, ich zum Beispiel ...
WISSEN WIR. Ich hab »vor allem« gesagt!

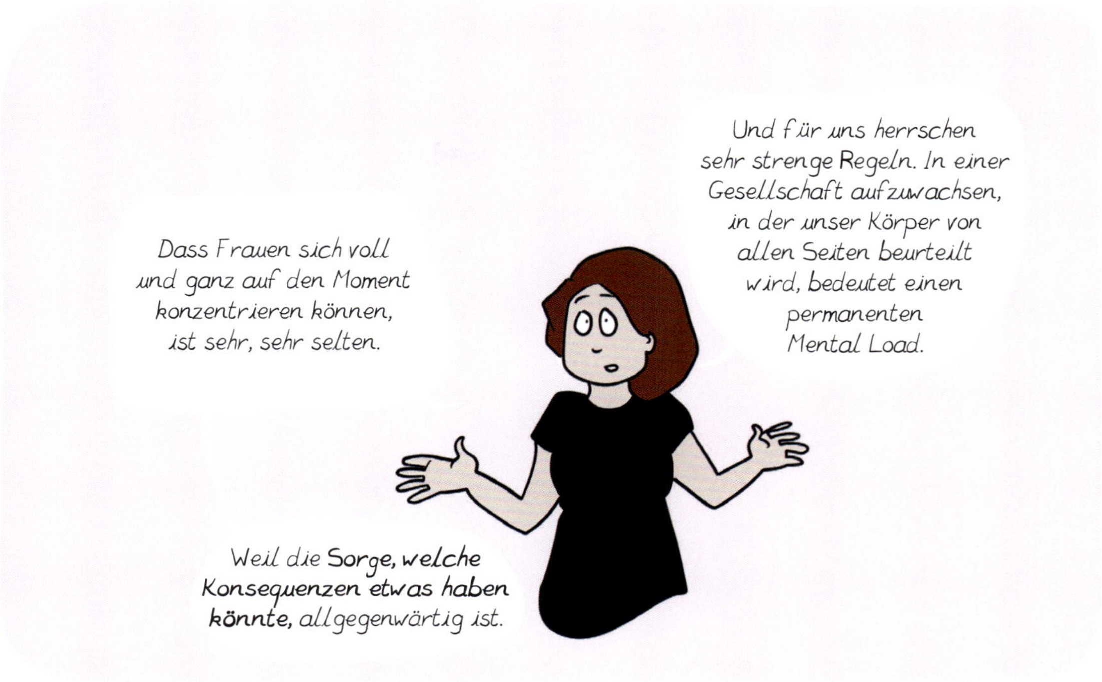
Dass Frauen sich voll und ganz auf den Moment konzentrieren können, ist sehr, sehr selten.
Und für uns herrschen sehr strenge Regeln. In einer Gesellschaft aufzuwachsen, in der unser Körper von allen Seiten beurteilt wird, bedeutet einen permanenten Mental Load.
Weil die **Sorge, welche Konsequenzen etwas haben könnte,** allgegenwärtig ist.

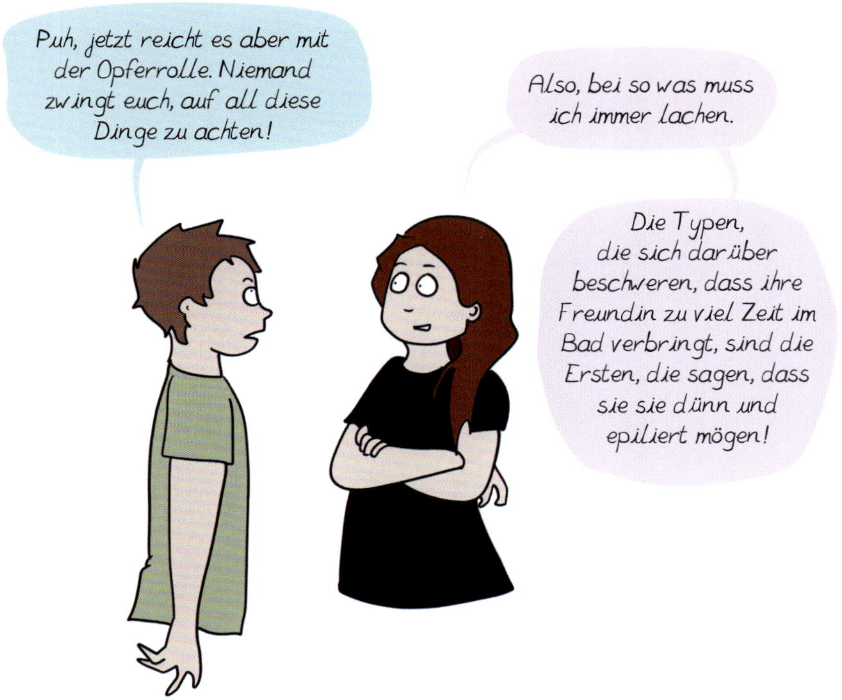
Puh, jetzt reicht es aber mit der Opferrolle. Niemand zwingt euch, auf all diese Dinge zu achten!
Also, bei so was muss ich immer lachen.
Die Typen, die sich darüber beschweren, dass ihre Freundin zu viel Zeit im Bad verbringt, sind die Ersten, die sagen, dass sie sie dünn und epiliert mögen!

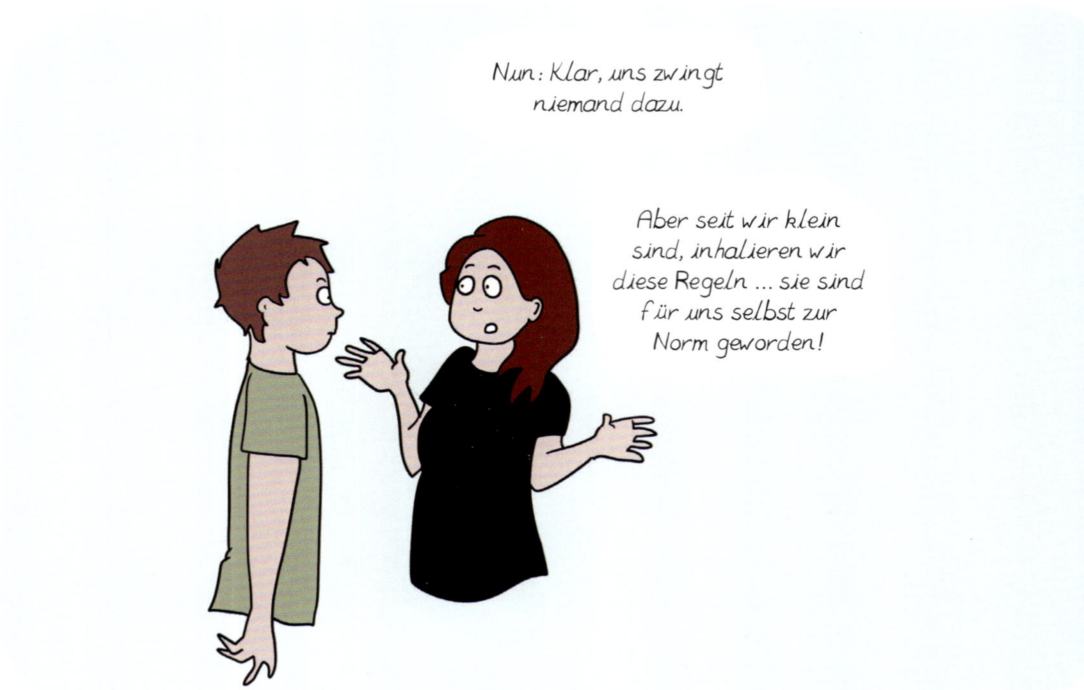
Nun: Klar, uns zwingt niemand dazu.
Aber seit wir klein sind, inhalieren wir diese Regeln … sie sind für uns selbst zur Norm geworden!

Sie kommen wieder hoch, sobald wir an einem Spiegel vorbeigehen, ob wir wollen oder nicht.

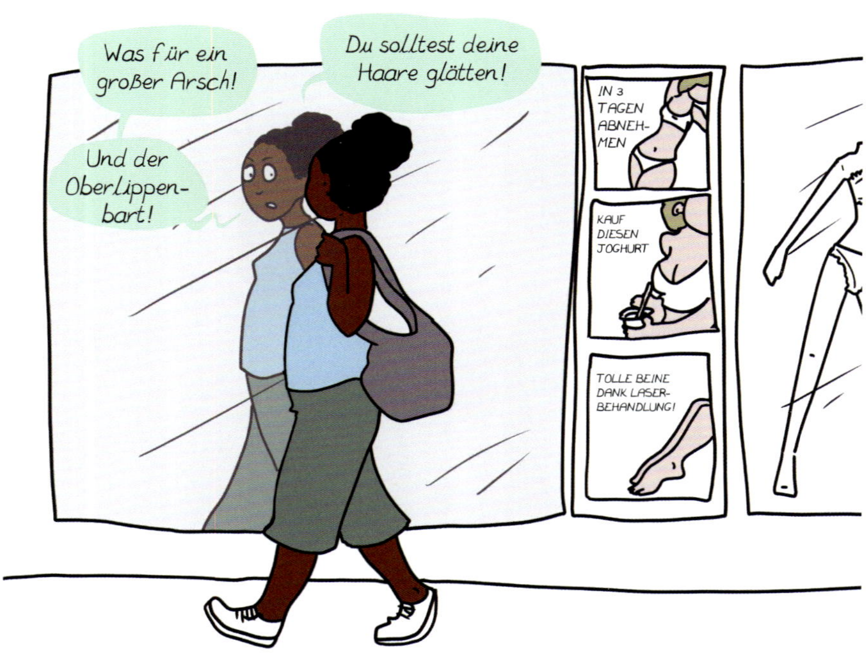
Was für ein großer Arsch!
Und der Oberlippen-bart!
Du solltest deine Haare glätten!
IN 3 TAGEN ABNEH-MEN
KAUF DIESEN JOGHURT
TOLLE BEINE DANK LASER-BEHANDLUNG!

Manche von uns entwickeln deshalb Strategien,
um nicht mit ihrem Aussehen konfrontiert zu werden,

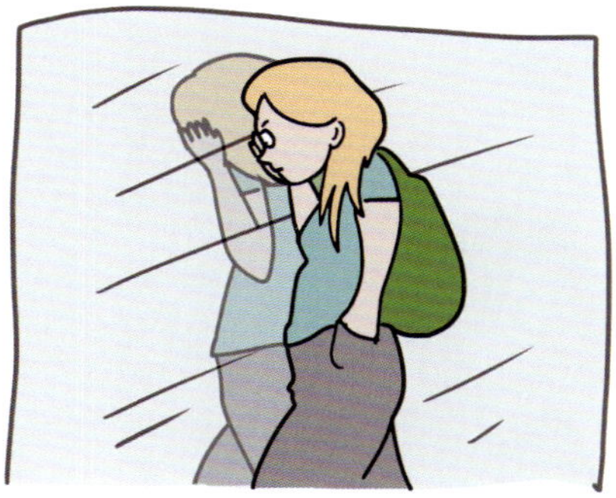

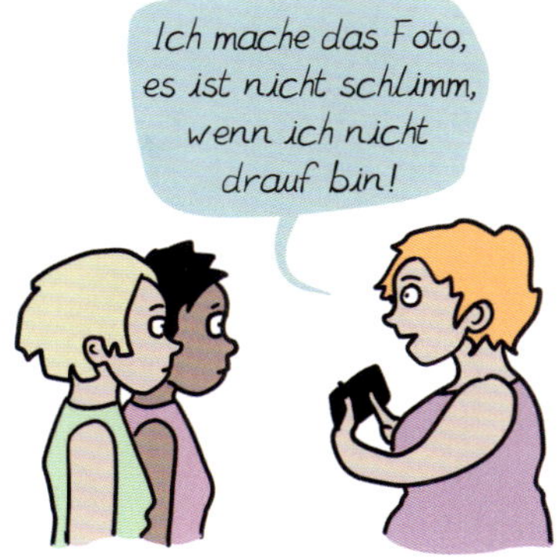
Ich mache das Foto, es ist nicht schlimm, wenn ich nicht drauf bin!

während es anderen gelingt, sich über die Regeln hinwegzusetzen.

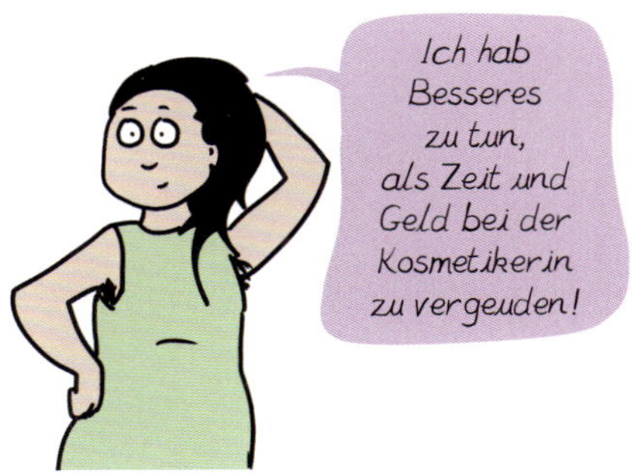
Ich hab Besseres zu tun, als Zeit und Geld bei der Kosmetikerin zu vergeuden!

Aber wenn einem das gelingt, grenzt man sich damit selbst aus.
Man muss die verächtlichen Blicke und Kommentare aushalten.

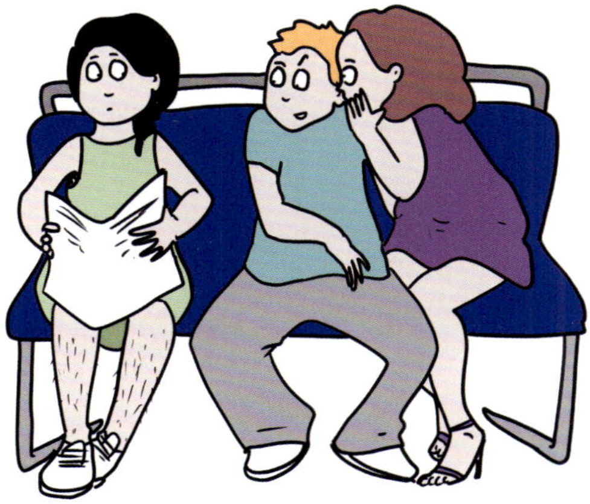

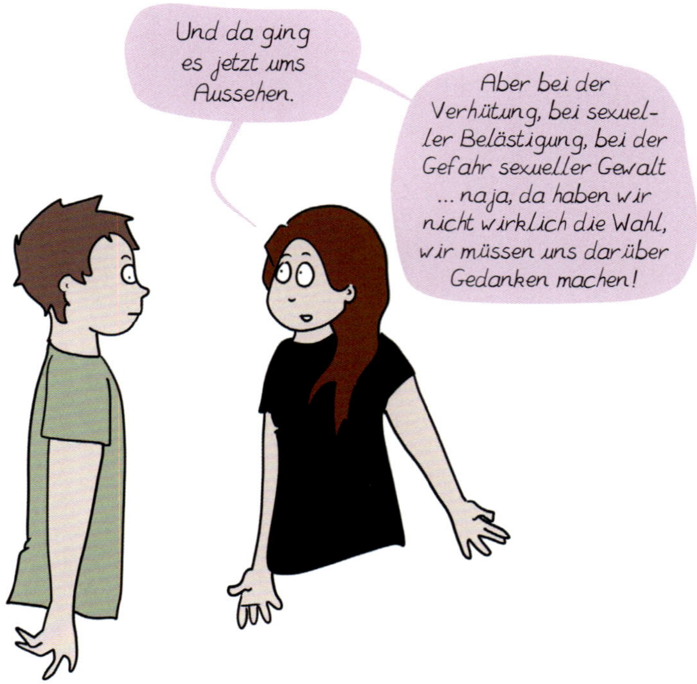
Und da ging es jetzt ums Aussehen.
Aber bei der Verhütung, bei sexueller Belästigung, bei der Gefahr sexueller Gewalt ... naja, da haben wir nicht wirklich die Wahl, wir müssen uns darüber Gedanken machen!

Ich persönlich träume von dem Tag, an dem die Männer sich für neue männliche Verhütungsmethoden einsetzen. Aber wenn ich daran denke, was Freund*innen mir so erzählen, ist das noch ein weiter Weg!

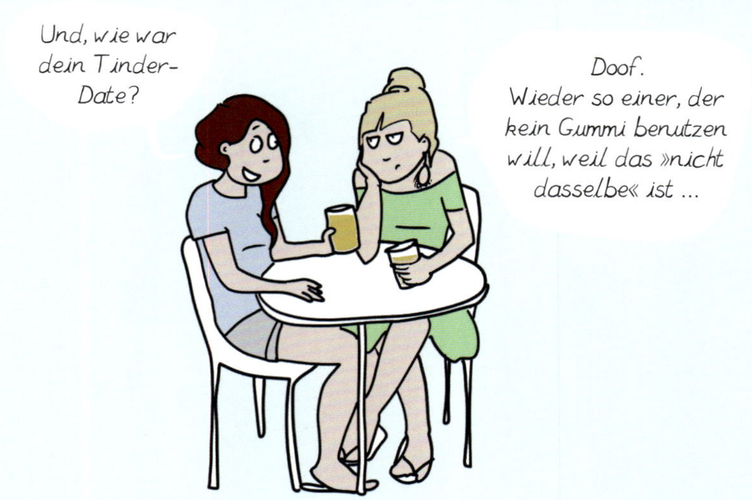
Und, wie war dein Tinder-Date?
Doof. Wieder so einer, der kein Gummi benutzen will, weil das »nicht dasselbe« ist ...

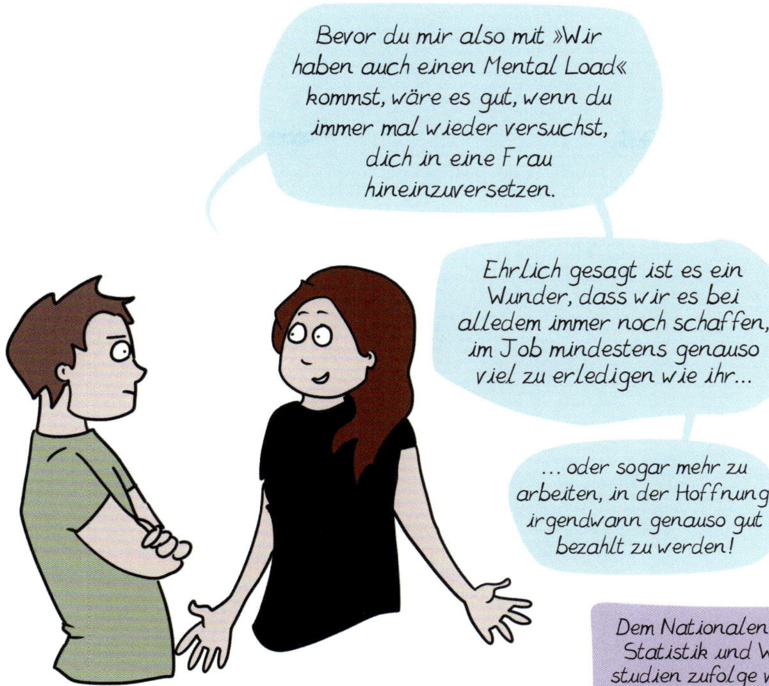
Bevor du mir also mit »Wir haben auch einen Mental Load« kommst, wäre es gut, wenn du immer mal wieder versuchst, dich in eine Frau hineinzuversetzen.
Ehrlich gesagt ist es ein Wunder, dass wir es bei alledem immer noch schaffen, im Job mindestens genauso viel zu erledigen wie ihr …
… oder sogar mehr zu arbeiten, in der Hoffnung, irgendwann genauso gut bezahlt zu werden!

Dem Nationalen Institut für Statistik und Wirtschaftsstudien zufolge verdienen die Französinnen in der gleichen beruflichen Position und bei gleicher Qualifikation 12,8 % weniger als die Franzosen.*

*In Deutschland verdienen Frauen dem Statistischen Bundesamt zufolge bei vergleichbarer Tätigkeit und Qualifikation 6 % weniger als Männer (2018) (Anm. d. Übersetzerin).

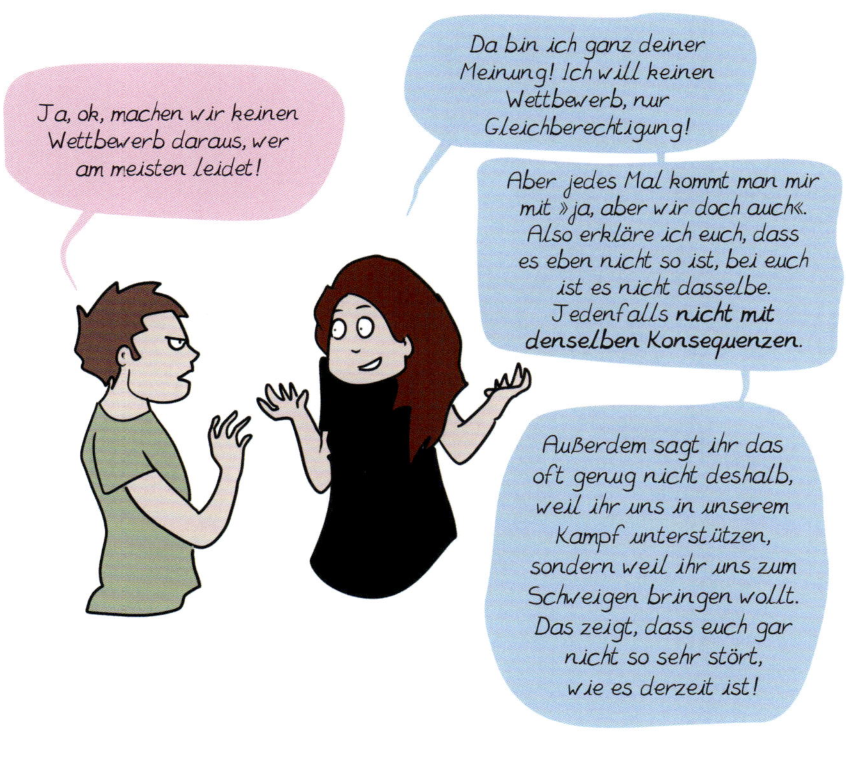
Ja, ok, machen wir keinen Wettbewerb daraus, wer am meisten leidet!
Da bin ich ganz deiner Meinung! Ich will keinen Wettbewerb, nur Gleichberechtigung!
Aber jedes Mal kommt man mir mit »ja, aber wir doch auch«. Also erkläre ich euch, dass es eben nicht so ist, bei euch ist es nicht dasselbe. Jedenfalls **nicht mit denselben Konsequenzen**.
Außerdem sagt ihr das oft genug nicht deshalb, weil ihr uns in unserem Kampf unterstützen, sondern weil ihr uns zum Schweigen bringen wollt. Das zeigt, dass euch gar nicht so sehr stört, wie es derzeit ist!

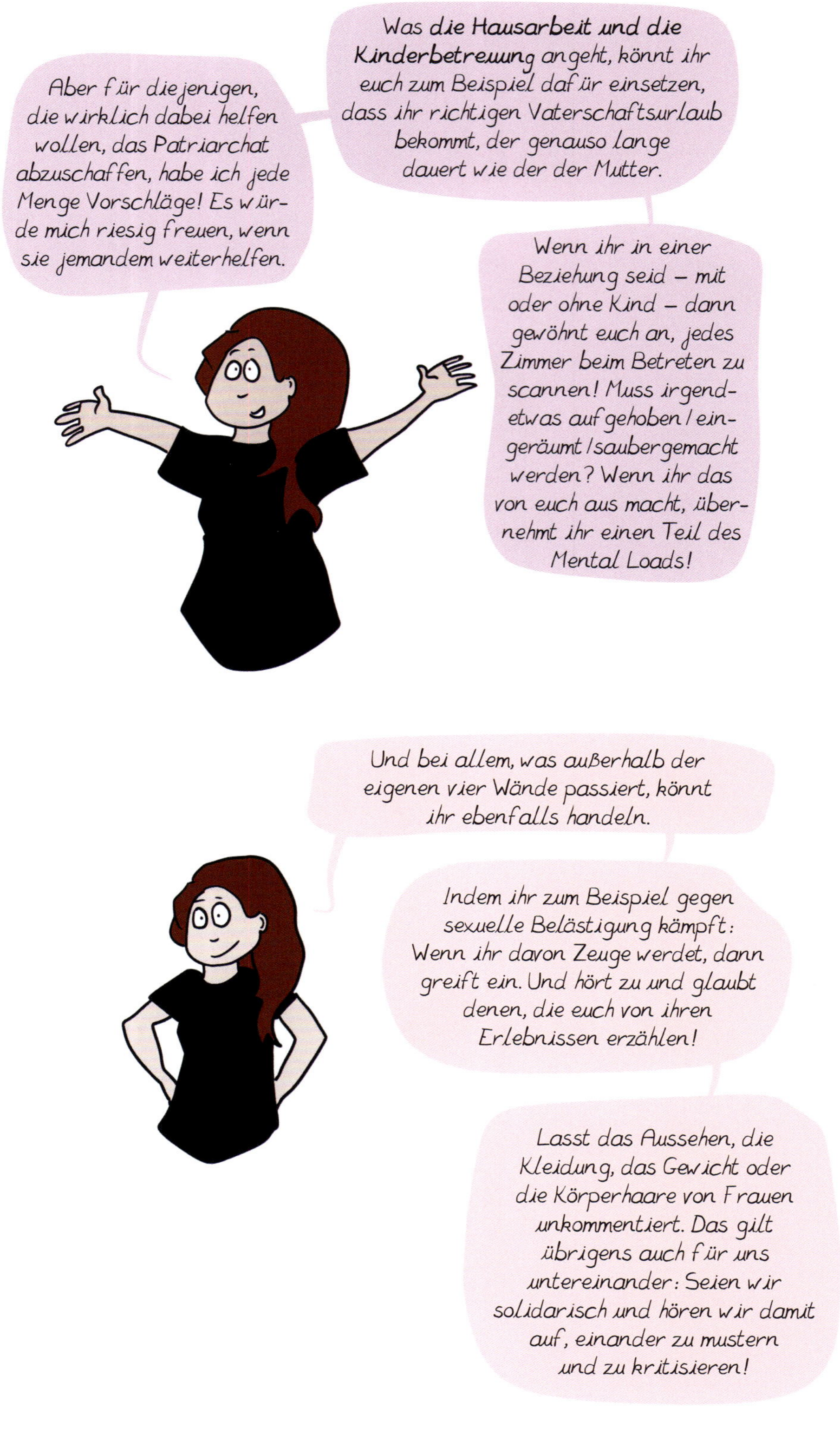
Aber für diejenigen, die wirklich dabei helfen wollen, das Patriarchat abzuschaffen, habe ich jede Menge Vorschläge! Es würde mich riesig freuen, wenn sie jemandem weiterhelfen.
Was die Hausarbeit und die Kinderbetreuung angeht, könnt ihr euch zum Beispiel dafür einsetzen, dass ihr richtigen Vaterschaftsurlaub bekommt, der genauso lange dauert wie der der Mutter.
Wenn ihr in einer Beziehung seid – mit oder ohne Kind – dann gewöhnt euch an, jedes Zimmer beim Betreten zu scannen! Muss irgendetwas aufgehoben / eingeräumt / saubergemacht werden? Wenn ihr das von euch aus macht, übernehmt ihr einen Teil des Mental Loads!
Und bei allem, was außerhalb der eigenen vier Wände passiert, könnt ihr ebenfalls handeln.
Indem ihr zum Beispiel gegen sexuelle Belästigung kämpft: Wenn ihr davon Zeuge werdet, dann greift ein. Und hört zu und glaubt denen, die euch von ihren Erlebnissen erzählen!
Lasst das Aussehen, die Kleidung, das Gewicht oder die Körperhaare von Frauen unkommentiert. Das gilt übrigens auch für uns untereinander: Seien wir solidarisch und hören wir damit auf, einander zu mustern und zu kritisieren!

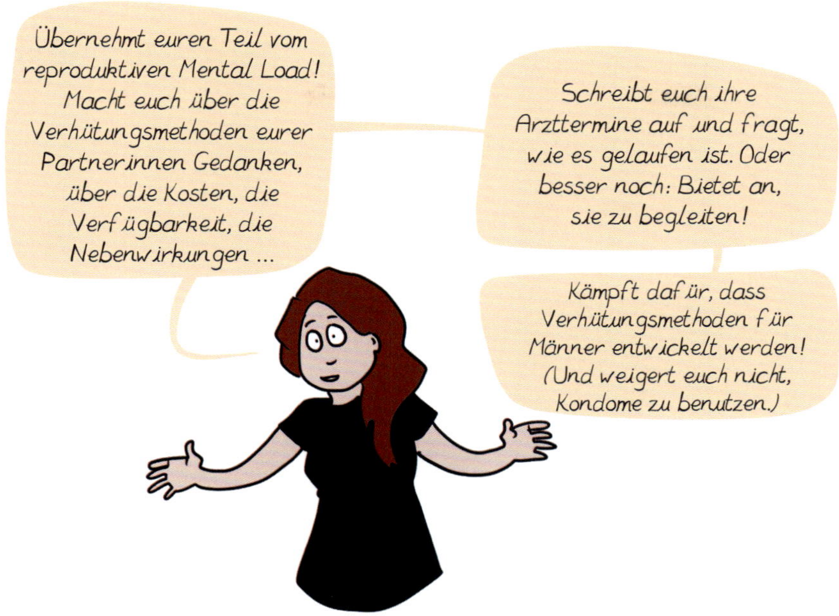
Übernehmt euren Teil vom reproduktiven Mental Load! Macht euch über die Verhütungsmethoden eurer Partnerinnen Gedanken, über die Kosten, die Verfügbarkeit, die Nebenwirkungen ...
Schreibt euch ihre Arzttermine auf und fragt, wie es gelaufen ist. Oder besser noch: Bietet an, sie zu begleiten!
Kämpft dafür, dass Verhütungsmethoden für Männer entwickelt werden! (Und weigert euch nicht, Kondome zu benutzen.)

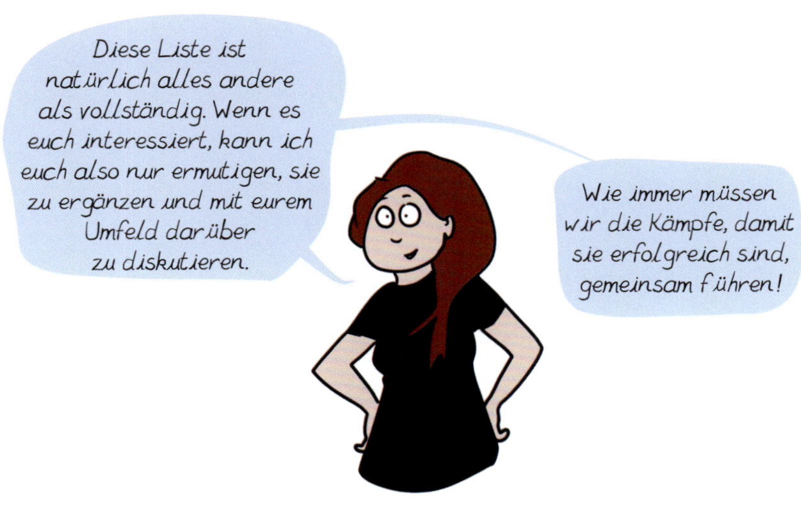
Diese Liste ist natürlich alles andere als vollständig. Wenn es euch interessiert, kann ich euch also nur ermutigen, sie zu ergänzen und mit eurem Umfeld darüber zu diskutieren.
Wie immer müssen wir die Kämpfe, damit sie erfolgreich sind, gemeinsam führen!

Emma.

6

Reine Kopfsache

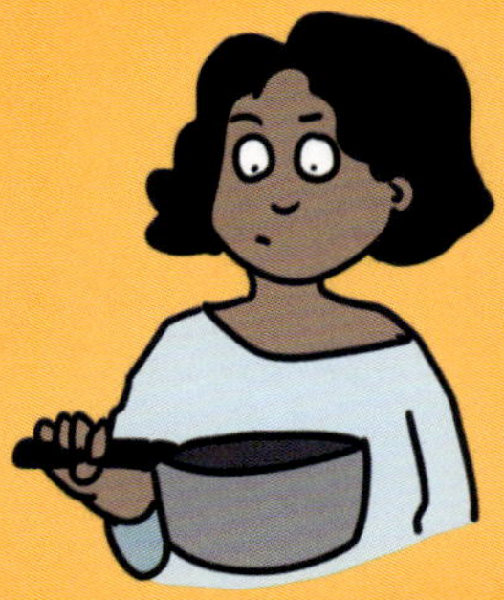

Wusstet ihr, dass sich bis Mitte des 20. Jahrhunderts niemand für die Aufgabenteilung im Haushalt interessierte?

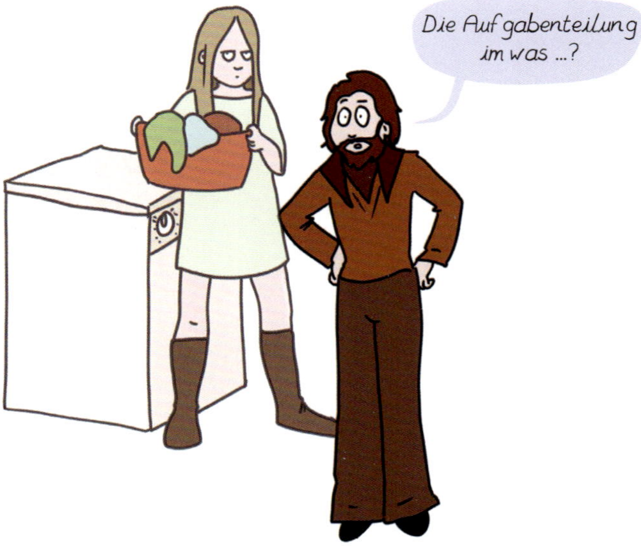
Die Aufgabenteilung im was ...?

Erst in den 70er Jahren haben feministische Bewegungen dafür gesorgt, dass anerkannt wird, wieviel Ungleichheit in diesem Bereich entsteht.

Die Bewegung war in Italien von radikalen Feministinnen wie Silvia Federici gegründet worden und 1975 fand sie auch in den USA Verbreitung. Die Feministinnen forderten »Lohn für Hausarbeit« und wollten damit erreichen, dass diese nicht mehr unsichtbar und kostenlos ist.

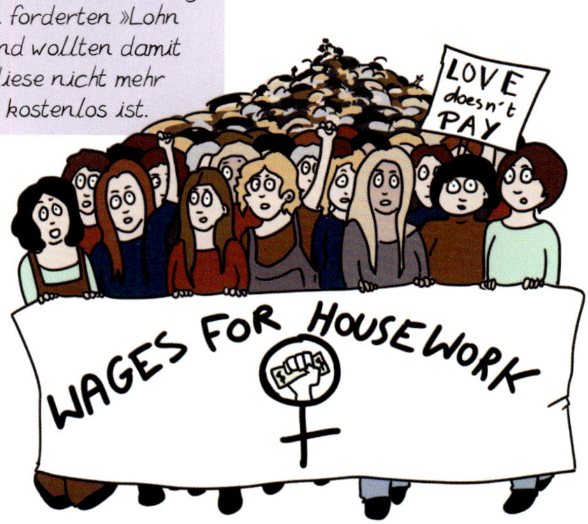
LOVE doesn't PAY
WAGES FOR HOUSEWORK

In dieser Zeit wurden erstmals Statistiken erstellt und das Konzept des **doppelten Arbeitstags** kam auf.

Die Frauen widmen der Hausarbeit fast 3-mal so viel Zeit wie die Männer.

Immer mehr von uns gehen arbeiten! Und wenn wir wieder nach Hause kommen, wartet dort ein zweiter Arbeitstag auf uns ...

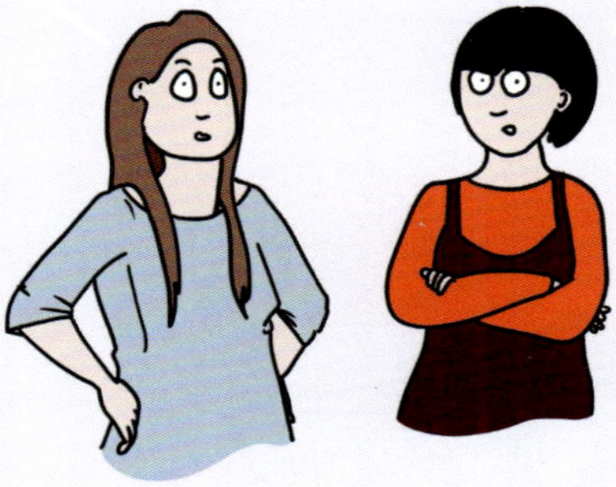

Dem Nationalen Institut für Statistik und Wirtschaftsstudien zufolge widmeten die Französinnen der Hausarbeit im Jahr 1974 jeden Tag fünfeinhalb Stunden, die Männer zwei Stunden. Zwischen 1970 und 1980 ist der Anteil der berufstätigen Frauen von 50 % auf 60 % gestiegen.

Wenn man aber von einem doppelten Arbeitstag spricht, dann erweckt das den Eindruck, dass die Arbeit im beruflichen und häuslichen Kontext **nacheinander** ausgeübt wird.

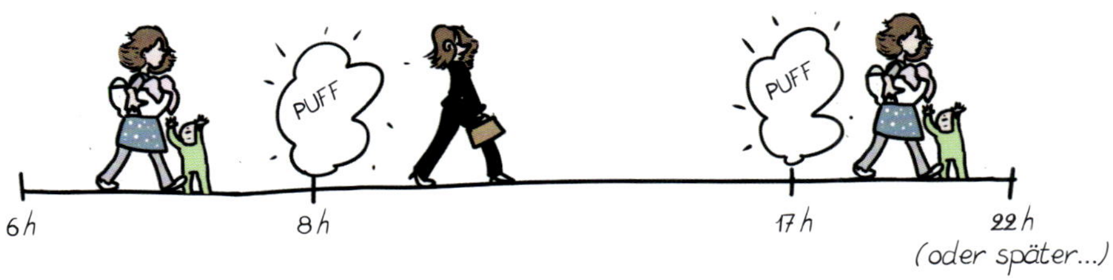

So wäre es, wenn man, während man die eine verrichtet, aufhören würde, an die andere zu denken. Aber wir wissen alle, dass das nicht der Fall ist …

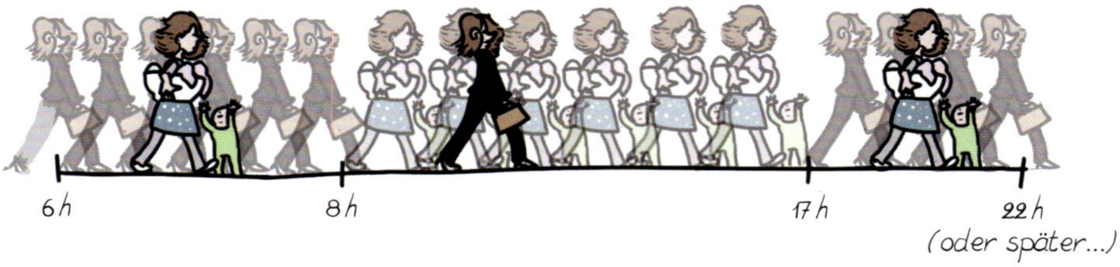
6 h
8 h
17 h
22 h
(oder später…)

Im Jahr 1984 hat die Soziologin Monique Haicault den Begriff **Mental Load für den Haushalt** vorgeschlagen, um diese zeitliche Überlappung zu benennen.

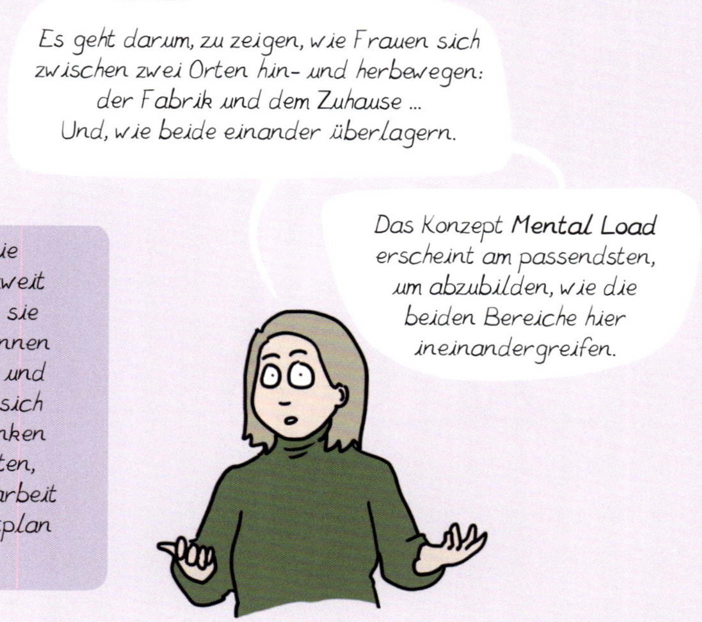
Es geht darum, zu zeigen, wie Frauen sich zwischen zwei Orten hin- und herbewegen: der Fabrik und dem Zuhause … Und, wie beide einander überlagern.
Das Konzept **Mental Load** erscheint am passendsten, um abzubilden, wie die beiden Bereiche hier ineinandergreifen.

In einem Essay über die Frage, wie das Leben zu zweit organisiert wird, erzählt sie davon, wie sie Elektrikerinnen in ihrem Alltag begleitet und festgestellt hat, dass sie sich permanent darüber Gedanken machen, wie sie die Fahrten, elterliche Pflichten, Hausarbeit und den Job in ihrem Zeitplan unterbekommen.

Vom Mental Load zu sprechen half, einen Aspekt der Ausbeutung der Frauen wertzuschätzen, der bis dahin unsichtbar geblieben war: all die Gedanken, die man sich in Bezug auf die Hausarbeit macht, bevor man sie ausführt.

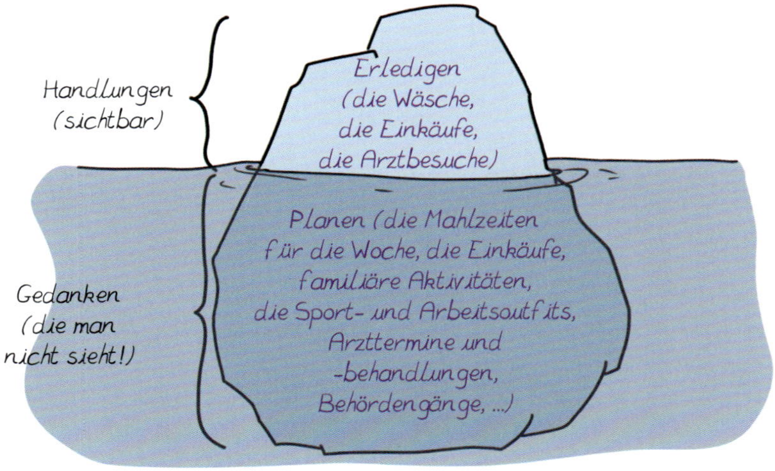
Handlungen (sichtbar)
Erledigen (die Wäsche, die Einkäufe, die Arztbesuche)
Gedanken (die man nicht sieht!)
Planen (die Mahlzeiten für die Woche, die Einkäufe, familiäre Aktivitäten, die Sport- und Arbeitsoutfits, Arzttermine und -behandlungen, Behördengänge, ...)

Mit diesem Konzept konnte Monique Haicault zeigen, wie Frauen sich in dem Versuch aufreiben, Raum und Zeit ein Schnippchen zu schlagen,

indem sie die Wege zwischen Wohn- und Arbeitsplatz anpassen,

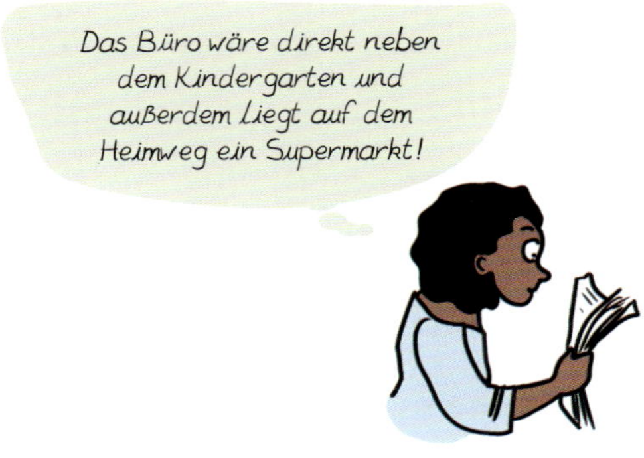
Das Büro wäre direkt neben dem Kindergarten und außerdem liegt auf dem Heimweg ein Supermarkt!

und indem sie ihre Planungen optimieren, um jede freie Minute zu nutzen.

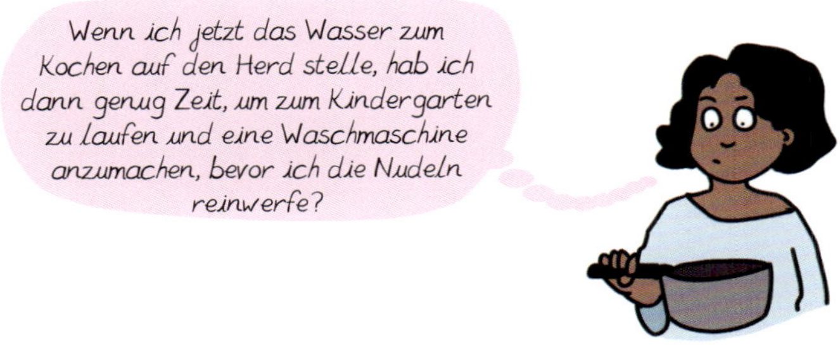
Wenn ich jetzt das Wasser zum Kochen auf den Herd stelle, hab ich dann genug Zeit, um zum Kindergarten zu laufen und eine Waschmaschine anzumachen, bevor ich die Nudeln reinwerfe?

30 Jahre später hatte ich grade nach der Geburt meines Sohns wieder zu arbeiten angefangen, als mir jemand einen Artikel mit dem Titel »Elternschaft und Mental Load« schickte.

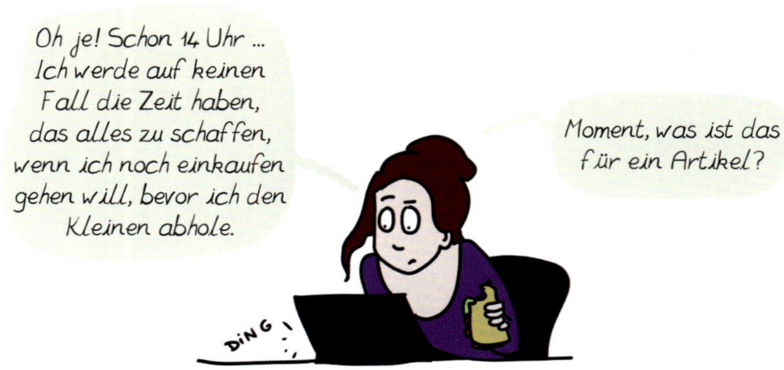
Oh je! Schon 14 Uhr … Ich werde auf keinen Fall die Zeit haben, das alles zu schaffen, wenn ich noch einkaufen gehen will, bevor ich den Kleinen abhole.
DING !
Moment, was ist das für ein Artikel?

Sagen wir einfach, dass er gerade wie gerufen kam.

Mit einem Mal wurde mir klar, dass ich, die berufstätige, unabhängige Frau, ohne es zu merken Projektleiterin in meinem Haushalt geworden war.

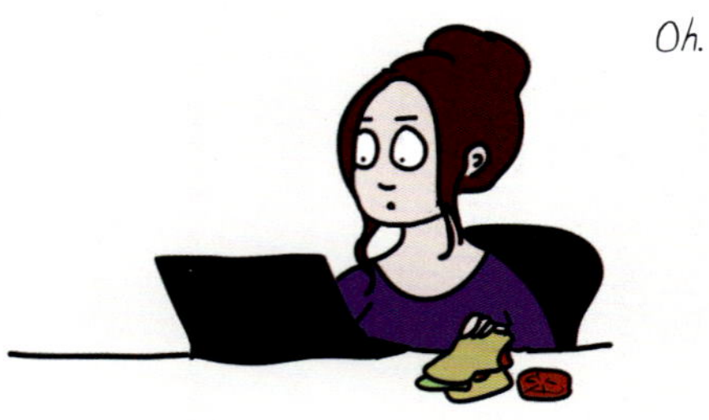
Oh.

Ich habe sofort mit anderen darüber gesprochen ...
und festgestellt, dass ich ganz und gar nicht die Einzige war.

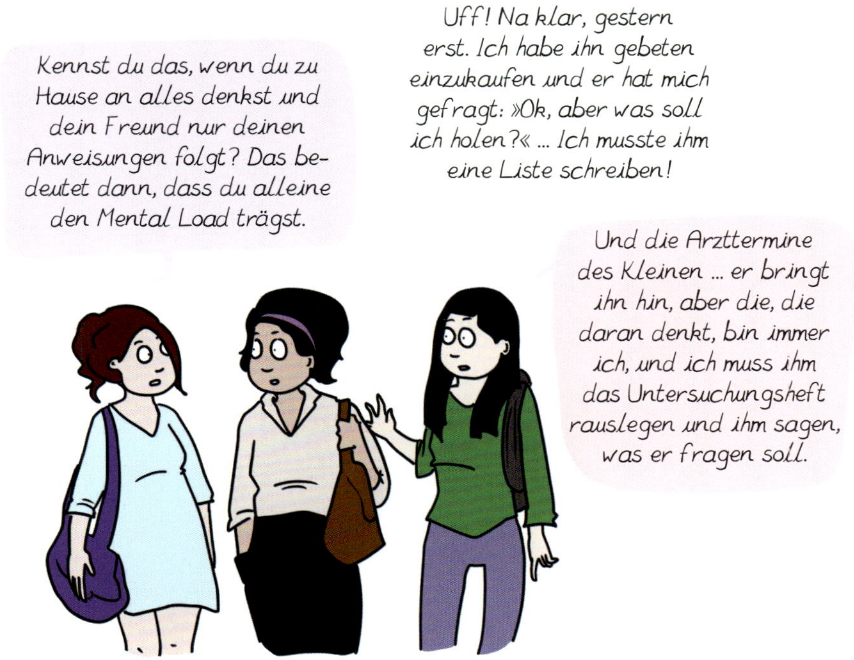
Kennst du das, wenn du zu Hause an alles denkst und dein Freund nur deinen Anweisungen folgt? Das bedeutet dann, dass du alleine den Mental Load trägst.
Uff! Na klar, gestern erst. Ich habe ihn gebeten einzukaufen und er hat mich gefragt: »Ok, aber was soll ich holen?« ... Ich musste ihm eine Liste schreiben!
Und die Arzttermine des Kleinen ... er bringt ihn hin, aber die, die daran denkt, bin immer ich, und ich muss ihm das Untersuchungsheft rauslegen und ihm sagen, was er fragen soll.

Am Anfang dachten wir, wenn wir uns dieses Phänomen bewusst machten, würden wir darüber diskutieren und die Dinge ins Gleichgewicht bringen können. Naja, das hat nicht bei allen geklappt.

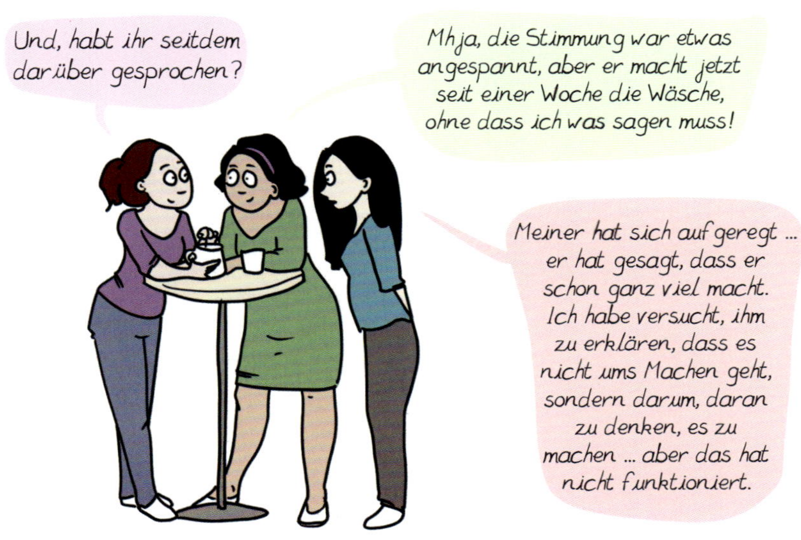
Und, habt ihr seitdem darüber gesprochen?
Mhja, die Stimmung war etwas angespannt, aber er macht jetzt seit einer Woche die Wäsche, ohne dass ich was sagen muss!
Meiner hat sich aufgeregt ... er hat gesagt, dass er schon ganz viel macht. Ich habe versucht, ihm zu erklären, dass es nicht ums Machen geht, sondern darum, daran zu denken, es zu machen ... aber das hat nicht funktioniert.

Und selbst bei den Freundinnen, bei denen sich etwas geändert hatte, war der Kampf noch lange nicht gewonnen.

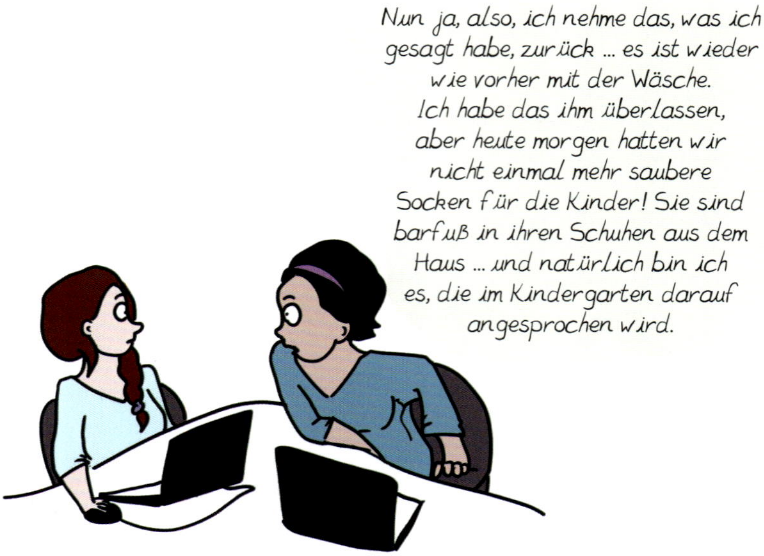

Nun ja, also, ich nehme das, was ich gesagt habe, zurück ... es ist wieder wie vorher mit der Wäsche. Ich habe das ihm überlassen, aber heute morgen hatten wir nicht einmal mehr saubere Socken für die Kinder! Sie sind barfuß in ihren Schuhen aus dem Haus ... und natürlich bin ich es, die im Kindergarten darauf angesprochen wird.

Wir steckten in einer Art »unendlicher Mental Load-Verteilungs-Kreislauf« fest.

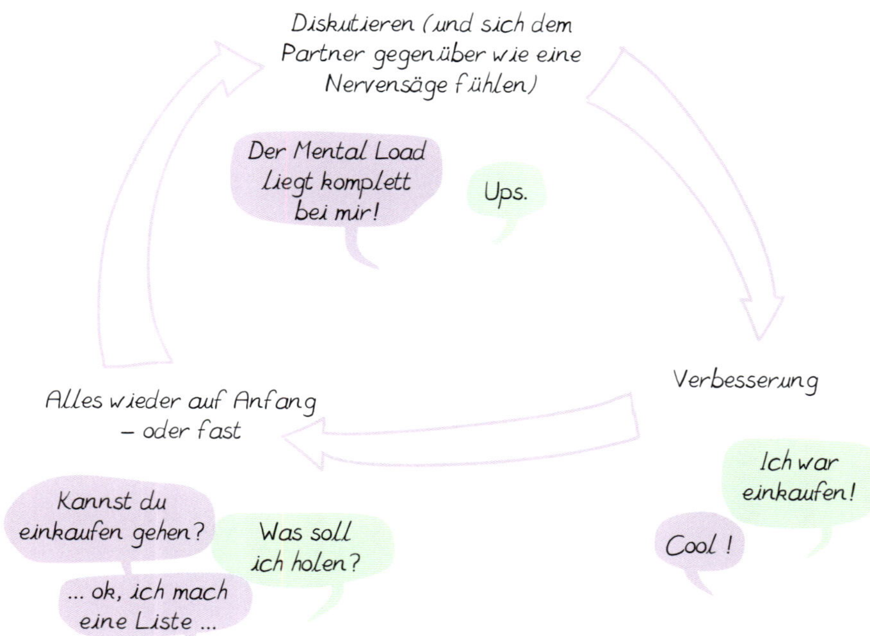

Diskutieren (und sich dem Partner gegenüber wie eine Nervensäge fühlen)
Der Mental Load liegt komplett bei mir!
Ups.
Verbesserung
Ich war einkaufen!
Cool!
Alles wieder auf Anfang – oder fast
Kannst du einkaufen gehen?
Was soll ich holen?
... ok, ich mach eine Liste ...

Man muss dazusagen, dass alles an unserer Lebensweise die Partner dazu verleitet, die Verantwortung abzugeben:

Die Verhaltensmuster der Eltern

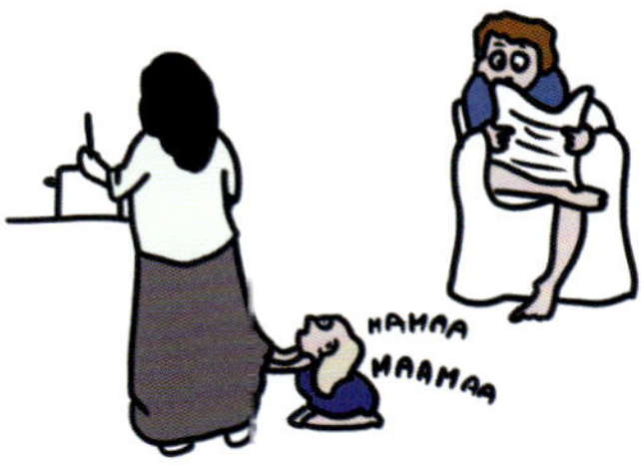

Unsere Kultur und unser soziales Umfeld

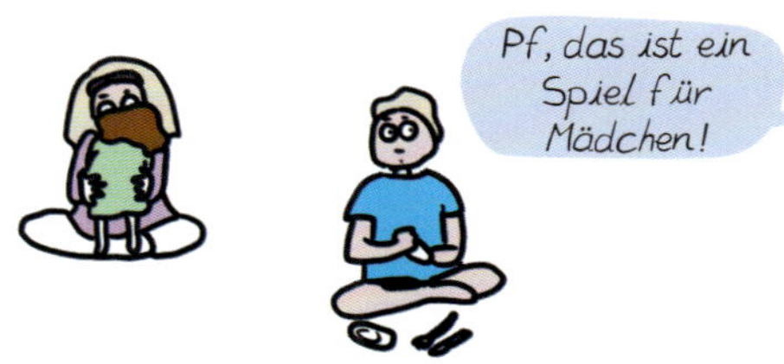
Pf, das ist ein Spiel für Mädchen!

Und die schlechten Angewohnheiten, die man während des Mutterschafts-urlaubs angenommen hat.

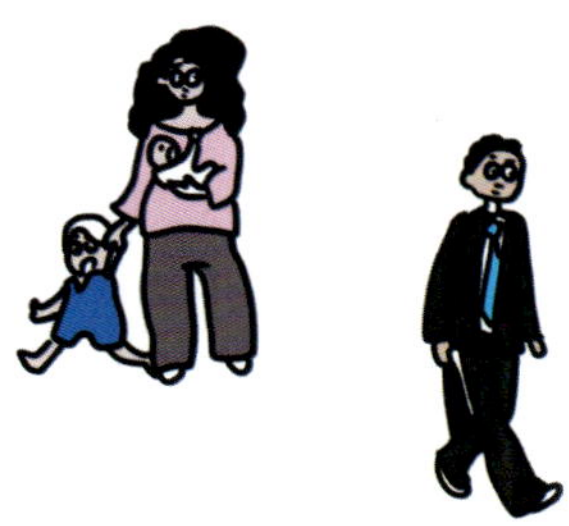

Die Ungerechtigkeiten, unter denen wir im Privaten leiden, sind nichts als ein Spiegelbild unserer Gesellschaft.

Eine Gesellschaft, die historisch gesehen von Männern erdacht worden ist ...

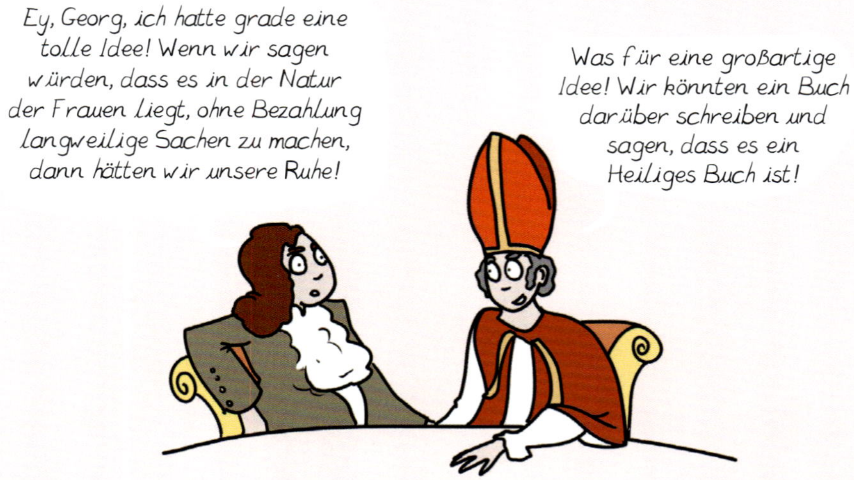
Ey, Georg, ich hatte grade eine tolle Idee! Wenn wir sagen würden, dass es in der Natur der Frauen liegt, ohne Bezahlung langweilige Sachen zu machen, dann hätten wir unsere Ruhe!
Was für eine großartige Idee! Wir könnten ein Buch darüber schreiben und sagen, dass es ein Heiliges Buch ist!

... und zwar zu ihrem Vorteil.

Sie profitieren noch heute davon und sind sich dessen manchmal nicht einmal bewusst.

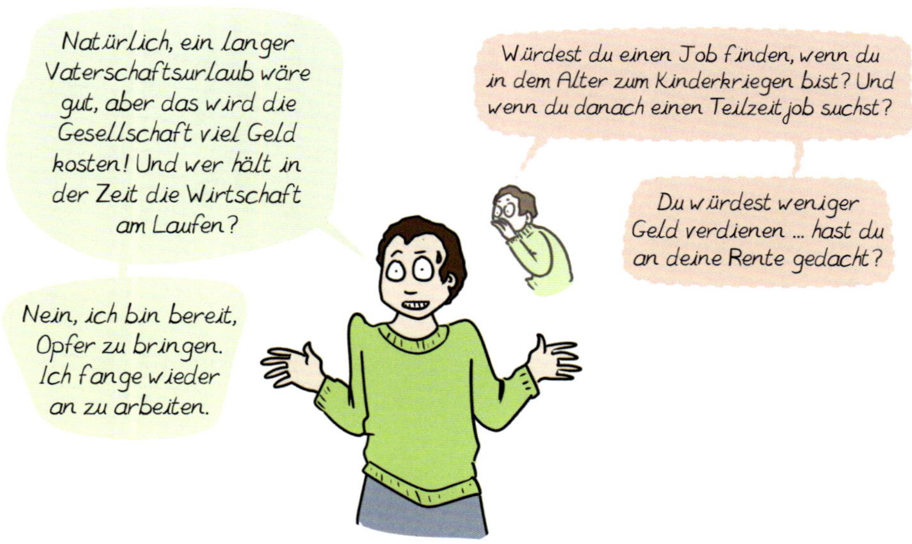
Natürlich, ein langer Vaterschaftsurlaub wäre gut, aber das wird die Gesellschaft viel Geld kosten! Und wer hält in der Zeit die Wirtschaft am Laufen?
Nein, ich bin bereit, Opfer zu bringen. Ich fange wieder an zu arbeiten.
Würdest du einen Job finden, wenn du in dem Alter zum Kinderkriegen bist? Und wenn du danach einen Teilzeitjob suchst?
Du würdest weniger Geld verdienen ... hast du an deine Rente gedacht?

Es hat sich seit dem Mittelalter schon ein bisschen was getan ... aber das haben wir nicht erreicht, indem wir zu Hause geblieben sind und diskutiert haben!

Die feministischen Kämpfe wurden immer kollektiv geführt:
Wir haben uns für gemeinsame Ziele zusammengetan.

1900

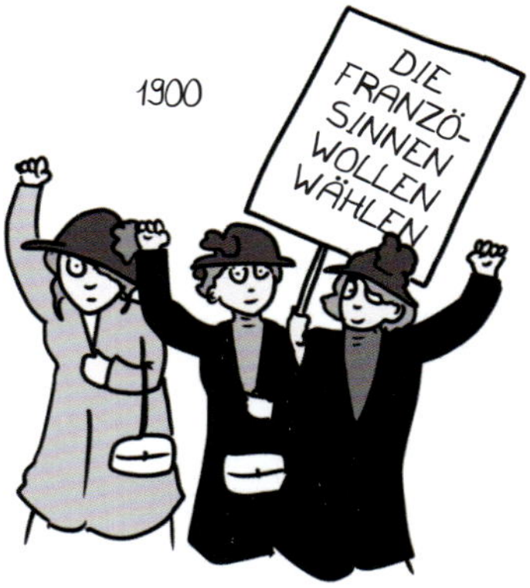
DIE FRANZÖSINNEN WOLLEN WÄHLEN

1970

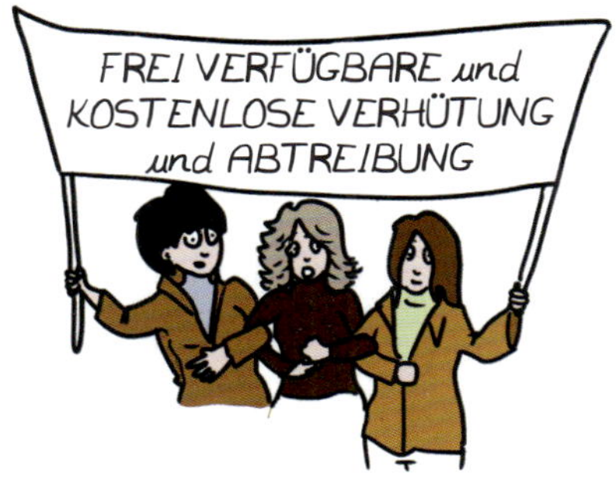
FREI VERFÜGBARE und KOSTENLOSE VERHÜTUNG und ABTREIBUNG

1980

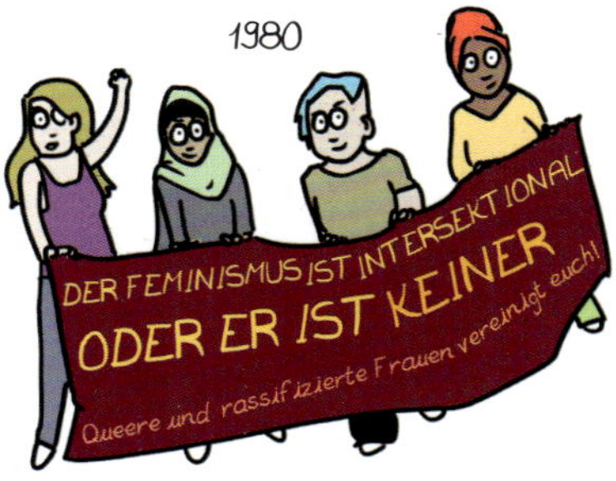
DER FEMINISMUS IST INTERSEKTIONAL
ODER ER IST KEINER
Queere und rassifizierte Frauen vereinigt euch!

2010

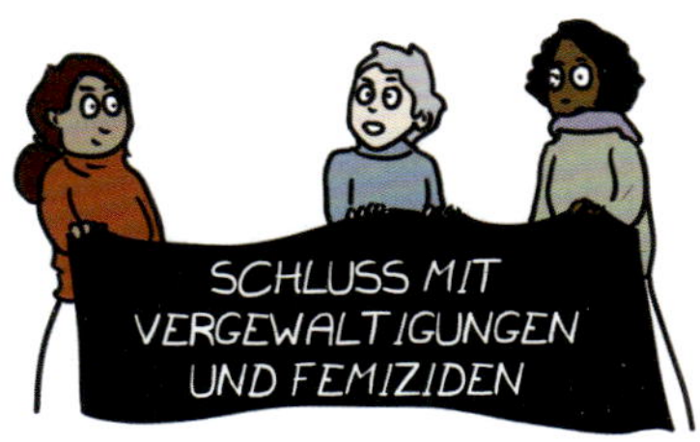
SCHLUSS MIT VERGEWALTIGUNGEN UND FEMIZIDEN

Die wichtigen und langfristigen Änderungen, die wir brauchen,

werden wir gemeinsam erreichen

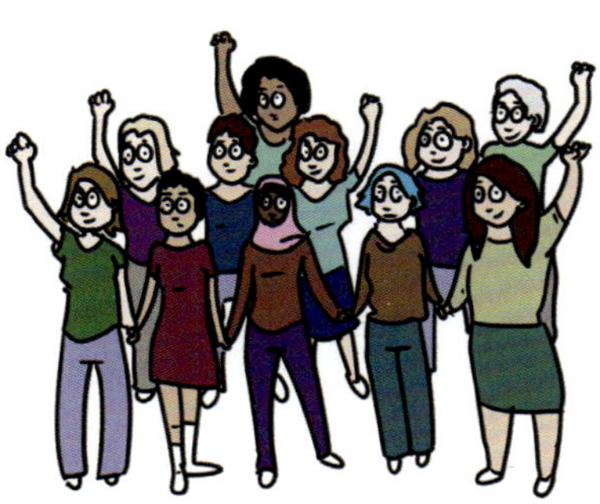

und nicht jede für sich allein.

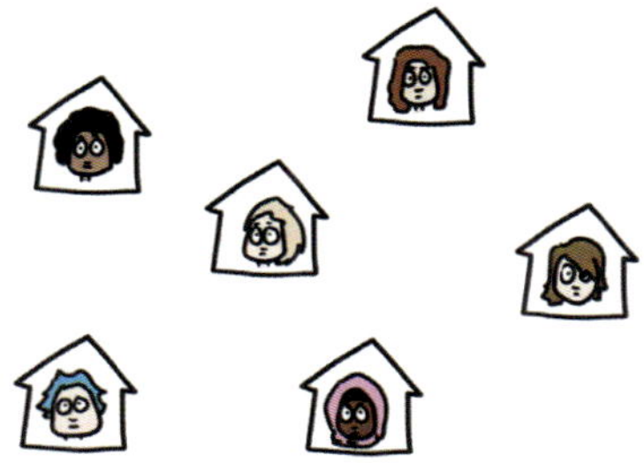

Es lohnt sich, sich zusammenzutun!
In Spanien sind 2018 beim feministischen Streik am 8. März mehr als 5 Millionen Menschen auf die Straße gegangen.

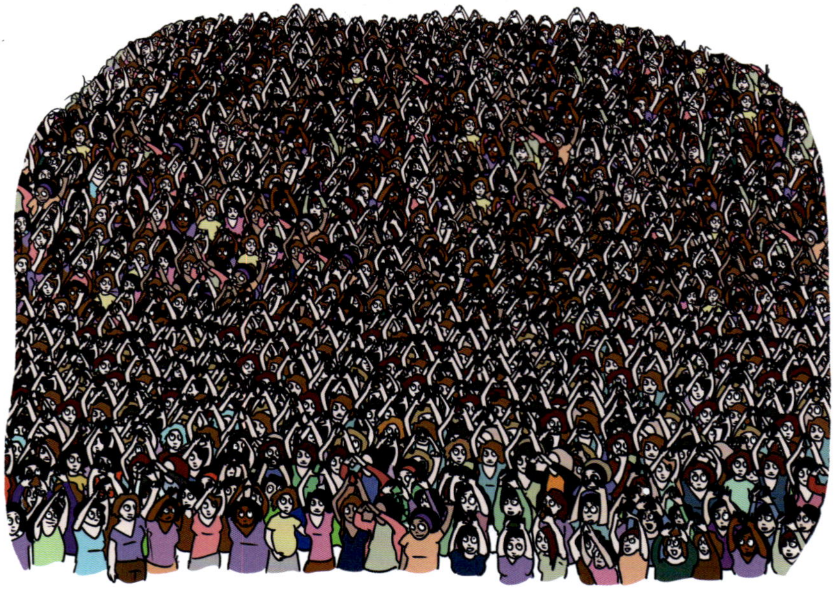

Ein Jahr später wurde der Vaterschaftsurlaub von 5 auf 8 Wochen verlängert, bei vollem Lohnausgleich, für ein Budget von 226 Millionen Euro.

Das Gesetz, das im Juni 2018 verabschiedet wurde, zielt darauf ab, dass ab 2021 beide Elternteile Anspruch auf dieselbe Elternzeit haben.

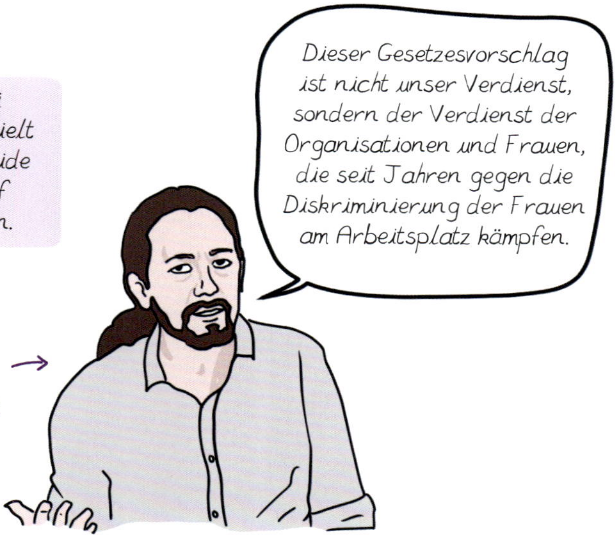
Dieser Gesetzesvorschlag ist nicht unser Verdienst, sondern der Verdienst der Organisationen und Frauen, die seit Jahren gegen die Diskriminierung der Frauen am Arbeitsplatz kämpfen.

Pablo Iglesias, Chef der Partei Podemos, die das Gesetz initiiert hat

Als ich das begriffen habe, habe ich beschlossen, meine Entdeckung in Form eines Comics mit anderen zu teilen.

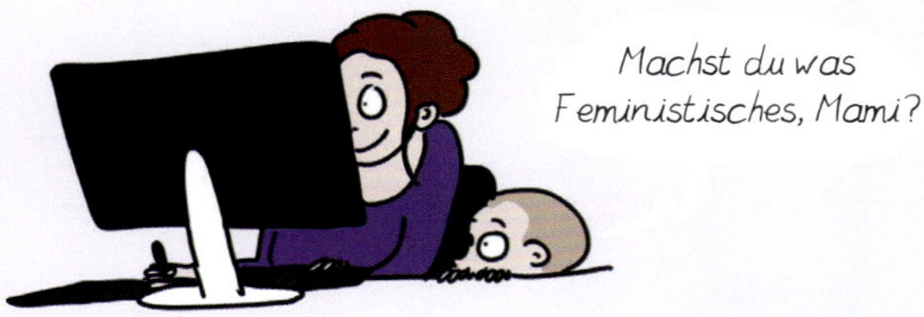
Machst du was Feministisches, Mami?

Allein konnte ich die Dinge nur in meiner Beziehung ändern. Aber zusammen konnten wir uns absprechen, um die Lage für alle zu verbessern.

Und es fing ganz gut an: Der Comic hatte großen Erfolg und seit 2017 haben Hunderttausende Frauen das Wort »Mental Load« in ihren aktiven Wortschatz aufgenommen.

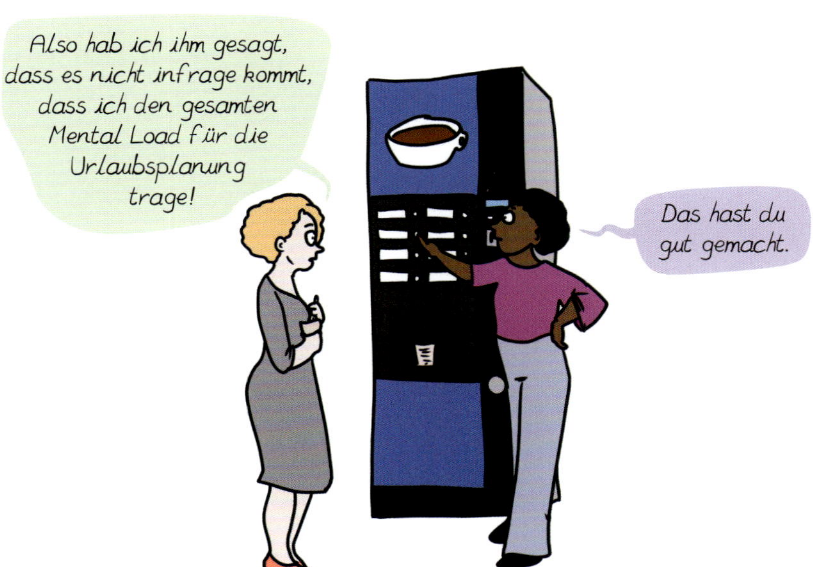
Also hab ich ihm gesagt, dass es nicht infrage kommt, dass ich den gesamten Mental Load für die Urlaubsplanung trage!
Das hast du gut gemacht.

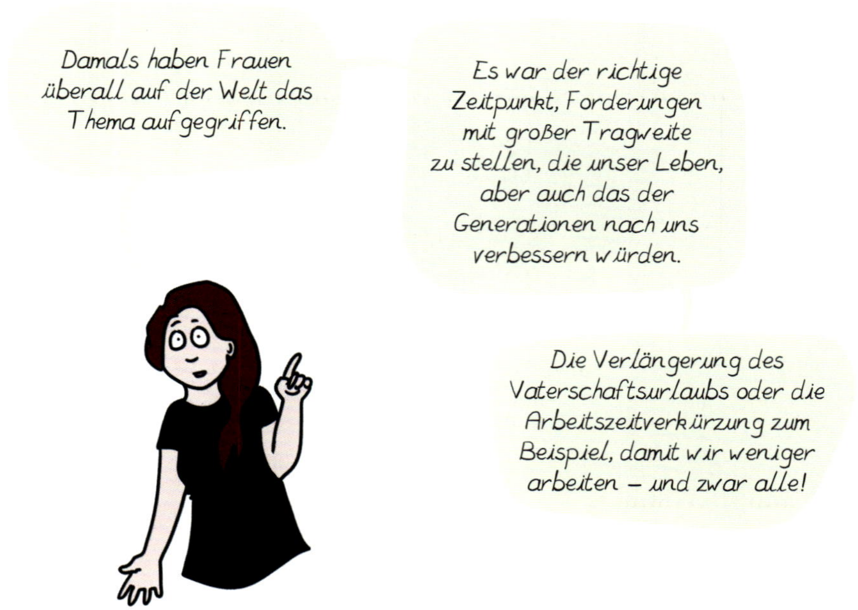
Damals haben Frauen überall auf der Welt das Thema aufgegriffen.
Es war der richtige Zeitpunkt, Forderungen mit großer Tragweite zu stellen, die unser Leben, aber auch das der Generationen nach uns verbessern würden.
Die Verlängerung des Vaterschaftsurlaubs oder die Arbeitszeitverkürzung zum Beispiel, damit wir weniger arbeiten – und zwar alle!

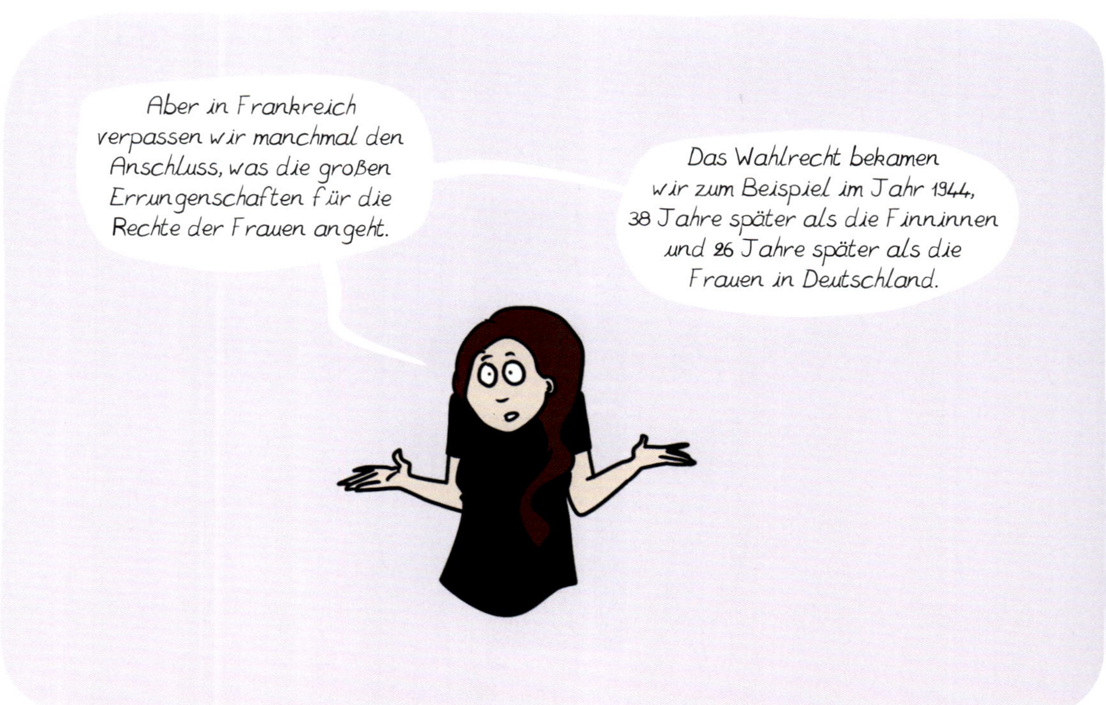
Aber in Frankreich verpassen wir manchmal den Anschluss, was die großen Errungenschaften für die Rechte der Frauen angeht.
Das Wahlrecht bekamen wir zum Beispiel im Jahr 1944, 38 Jahre später als die Finninnen und 26 Jahre später als die Frauen in Deutschland.

Und als die #MeToo-Bewegung in letzter Zeit weltweit immer mehr an Bedeutung gewann, bemühte man sich in Frankreich hastig darum, uns daran zu erinnern, wo unser Platz war.

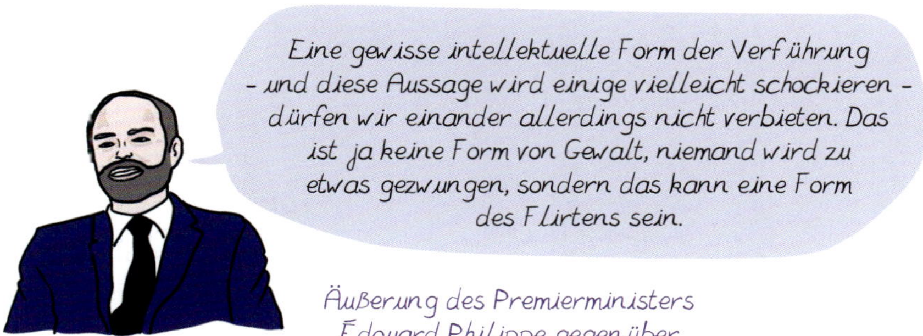
Eine gewisse intellektuelle Form der Verführung - und diese Aussage wird einige vielleicht schockieren - dürfen wir einander allerdings nicht verbieten. Das ist ja keine Form von Gewalt, niemand wird zu etwas gezwungen, sondern das kann eine Form des Flirtens sein.

Äußerung des Premierministers Édouard Philippe gegenüber dem Nachrichtenportal Mediapart vom 22. November 2017

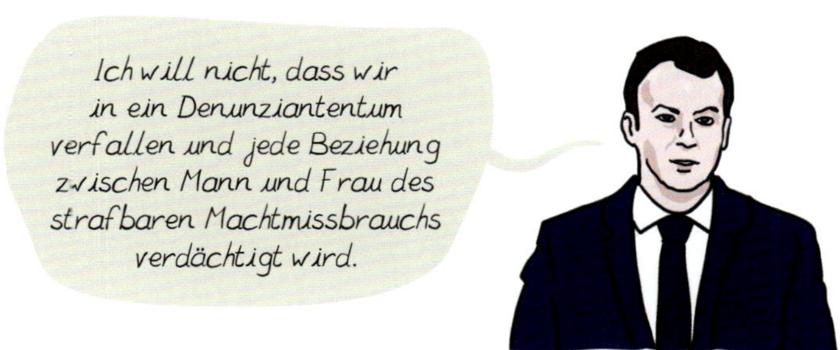
Ich will nicht, dass wir in ein Denunziantentum verfallen und jede Beziehung zwischen Mann und Frau des strafbaren Machtmissbrauchs verdächtigt wird.

Äußerung des Präsidenten Emmanuel Macron auf BFM TV vom 25. November 2017

Und während am nächsten 8. März in Europa Millionen von Frauen auf die Straßen gingen, waren wir in Frankreich nur einige Hundert.

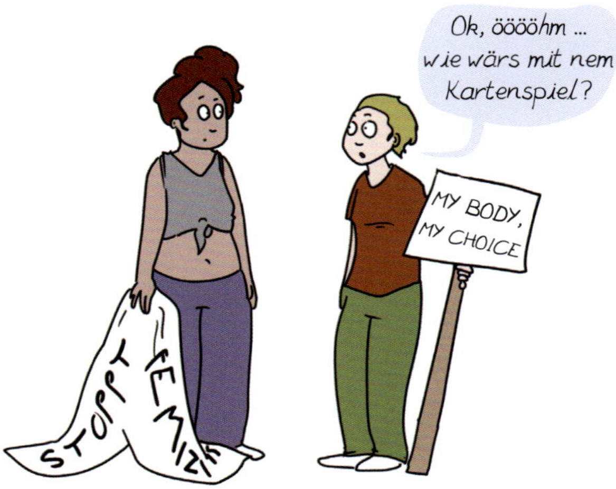
Ok, öööööhm ... wie wärs mit nem Kartenspiel?
MY BODY, MY CHOICE
STOPPT FEMIZI

Der Enthusiasmus rund um den Mental Load blieb auf die vier Wände unserer Haushalte beschränkt.

Man muss dazusagen, dass das Thema in den Medien nicht mal eine Woche nach der Veröffentlichung meines Comics bereits unter den Labeln »Beziehung« und »Kommunikationsprobleme« gehandhabt wurde.

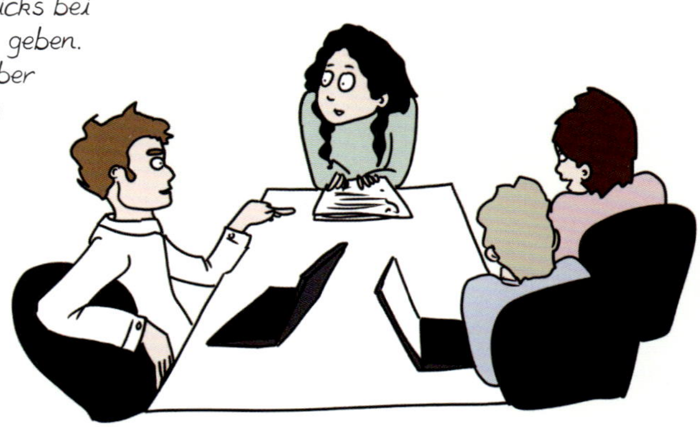
Ja, also ich dachte daran, einen Artikel über die Frage der Hausarbeit in den feministischen Kämpfen zu schreiben.
Pffff, aber das ist ja Politik! Das wird kaum Klicks bei unseren Leserinnen geben. Schreib mir was über Beziehungen. Mars und Venus und so.

Und damit nicht genug … aus »Beziehungsproblemen« wurden sehr schnell …

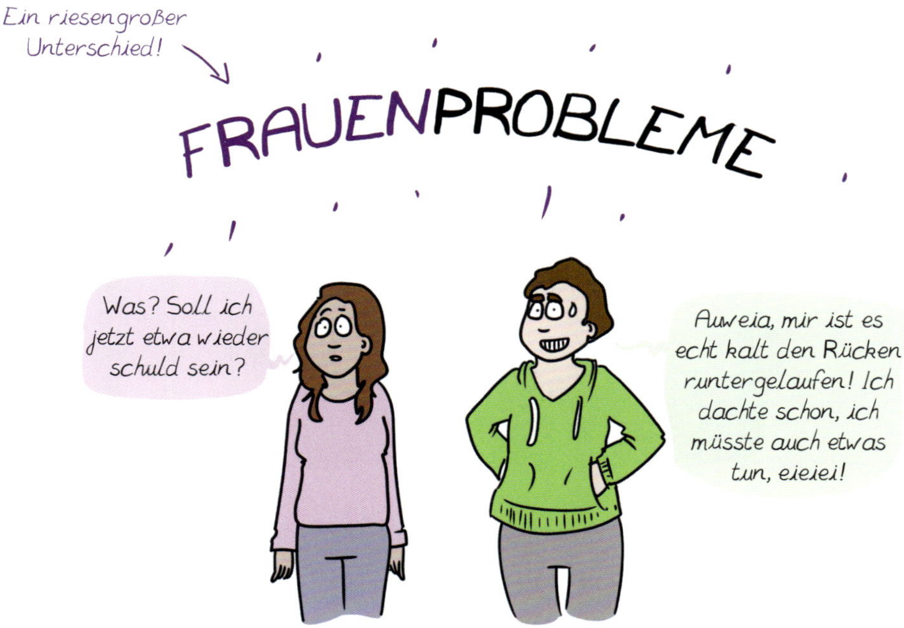
Ein riesengroßer Unterschied!
FRAUENPROBLEME
Was? Soll ich jetzt etwa wieder schuld sein?
Auweia, mir ist es echt kalt den Rücken runtergelaufen! Ich dachte schon, ich müsste auch etwas tun, eieiei!

Und so veröffentlicht eine bekannte Psychologiezeitschrift im Jahr 2018 einen Artikel mit dem Titel »Frauen nehmen zu viel Mental Load auf sich«.

Ja, er begann zwar mit einer relativ vollständigen Chronologie der feministischen Arbeiten zu dem Thema,

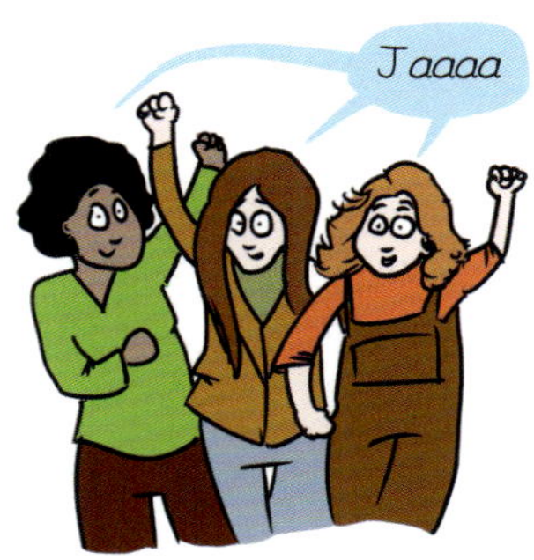
Jaaaa

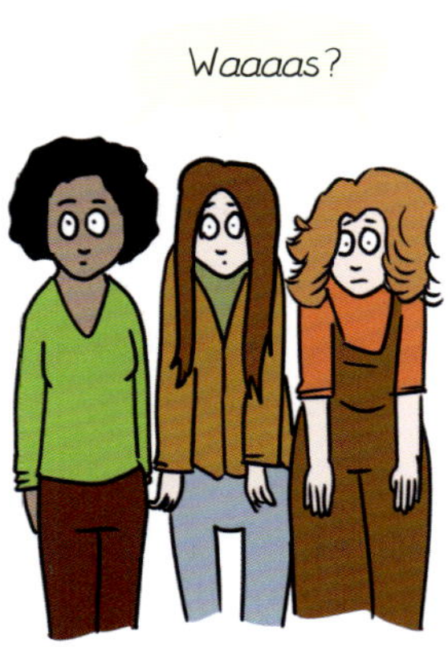
Waaaas?

nur um sich dann einer individualisierenden und entpolitisierten »Analyse« hinzugeben, dass »Frauen immer das Bedürfnis haben, alles zu kontrollieren«.

Kürzlich konnte man im Radio eine Sendung mit dem Titel »Mental Load: Praktische Lösungen, damit es Ihnen nicht zu viel wird« hören.

Hast du verstanden, Frau? Es ist deine Schuld, weil du zugelassen hast, dass es dir zu viel wird!

Im Studio saßen:

Eine Psychiaterin (weil das eine Kopfsache ist)

Ein Neurobiologe (weil ... das eine Kopfsache ist)

Und ... ein Journalist von einer bekannten Psychologiezeitschrift (sieh einer an ...)

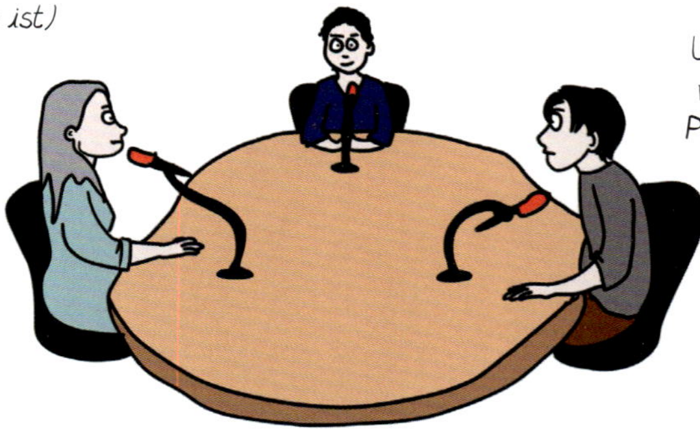

Die vorgeschlagenen »Lösungen« waren nicht überraschend: Weil die Frauen mit ihrer Kontrollsucht schuld sind, sollte das Problem auch von ihnen gelöst werden.

... sie sollten To-do-Listen machen und planen, wie viel Zeit sie für jede Aufgabe benötigen ...

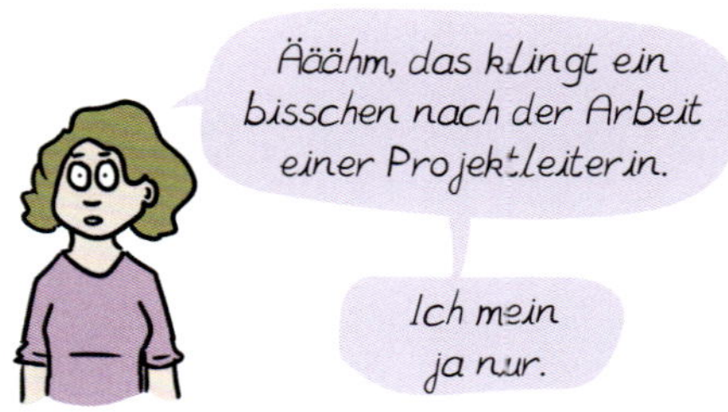
Äääähm, das klingt ein bisschen nach der Arbeit einer Projektleiterin.
Ich mein ja nur.

... sie sollten versuchen, nicht mehr so viel zu machen ...

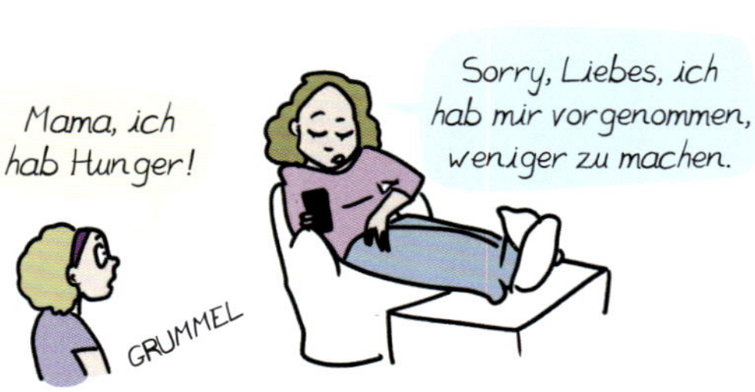
Mama, ich hab Hunger!
Sorry, Liebes, ich hab mir vorgenommen, weniger zu machen.
GRUMMEL

... und sie sollten Aufgaben abgeben an ... die Kinder.

den Partner?

Fail.

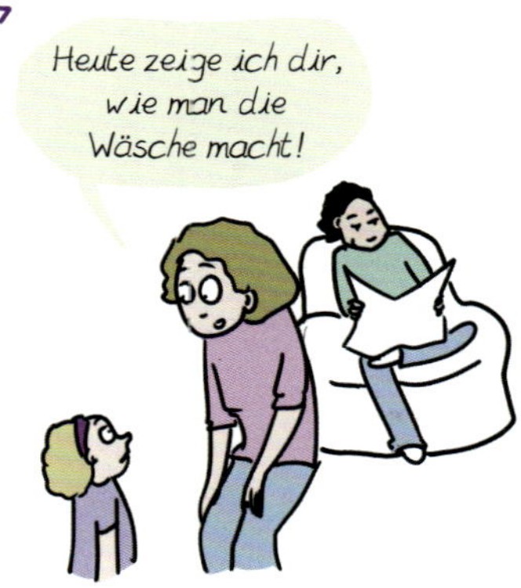
Heute zeige ich dir, wie man die Wäsche macht!

Ihr seht schon: Ursprünglich ein politisches Thema, mit dem sich Soziolog*innen beschäftigen, ist der Mental Load dann ein psychologisches Problem geworden, dem man mit To-do-Listen und Meditieren vorbeugen kann.

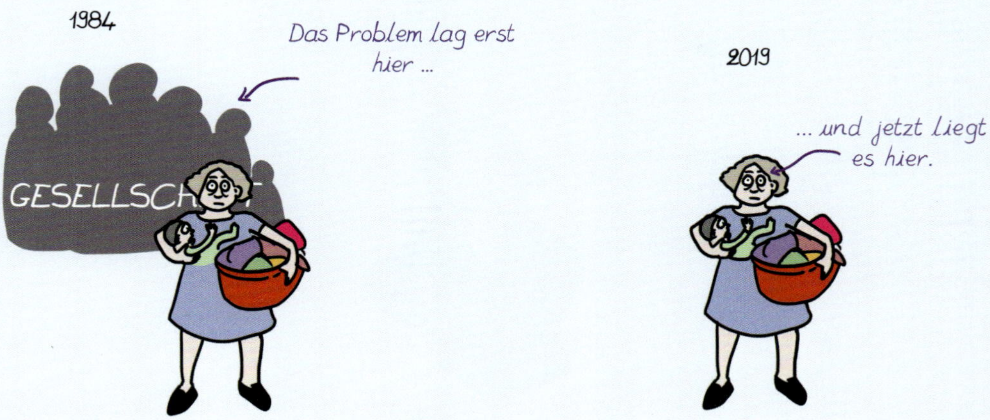

1984
Das Problem lag erst hier ...
GESELLSCH
2019
... und jetzt liegt es hier.

Und das Traurigste daran ist, dass wir uns bisweilen selbst sabotieren! Zum Beispiel mischte sich in einem Workshop über die Ungleichheit zwischen den Geschlechtern, den ich geleitet habe, die Bibliothekarin ein und sagte:

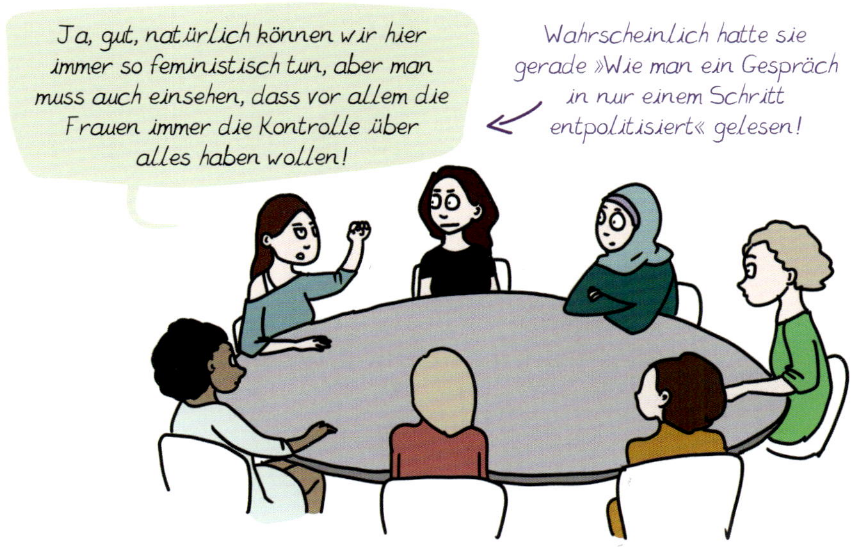

Ja, gut, natürlich können wir hier immer so feministisch tun, aber man muss auch einsehen, dass vor allem die Frauen immer die Kontrolle über alles haben wollen!
Wahrscheinlich hatte sie gerade »Wie man ein Gespräch in nur einem Schritt entpolitisiert« gelesen!

An diesem Punkt denkt ihr vielleicht, dass man nicht viel tiefer sinken kann. Und doch ... sah man im Jahr 2018 auf einmal überall in den Läden ein Buch, das Frauen versprach, sich vom Mental Load zu befreien ... mithilfe von **therapeutischen Maßnahmen**, innerhalb von **einer Woche**.

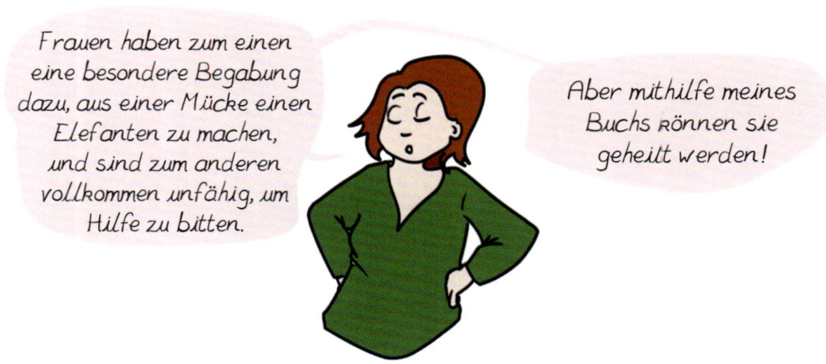
Frauen haben zum einen eine besondere Begabung dazu, aus einer Mücke einen Elefanten zu machen, und sind zum anderen vollkommen unfähig, um Hilfe zu bitten.
Aber mithilfe meines Buchs können sie geheilt werden!

In dieselbe Kerbe schlug eine Journalistin, als sie mich Anfang 2019 mit folgenden Worten kontaktiert hat:

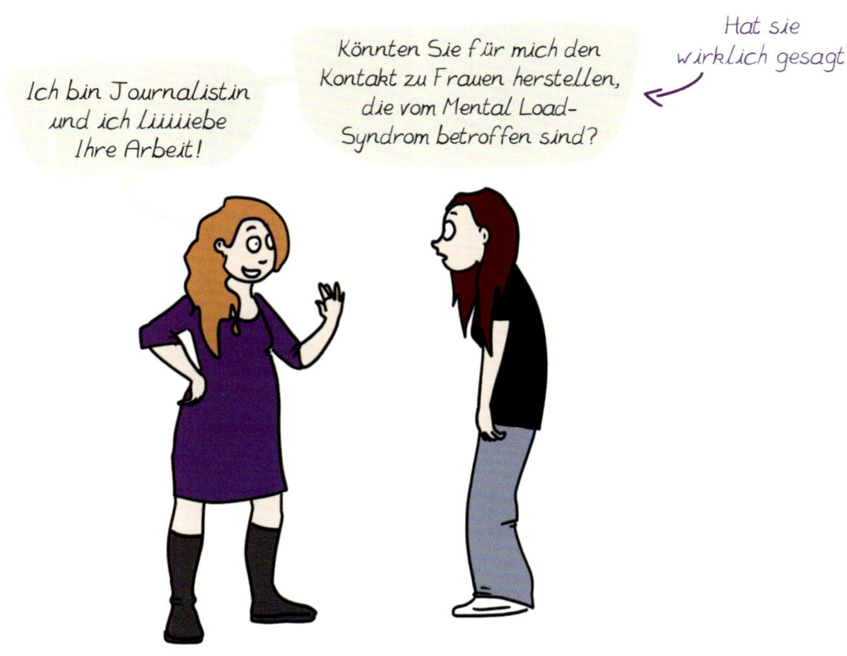
Ich bin Journalistin und ich liiiiiebe Ihre Arbeit!
Könnten Sie für mich den Kontakt zu Frauen herstellen, die vom Mental Load-Syndrom betroffen sind?
Hat sie wirklich gesagt

Da haben wir's.
Von einem feministischen Anliegen ist der Mental Load erst zu einem Beziehungs- und dann zu einem Frauenproblem geworden … und schließlich zu einer Krankheit!

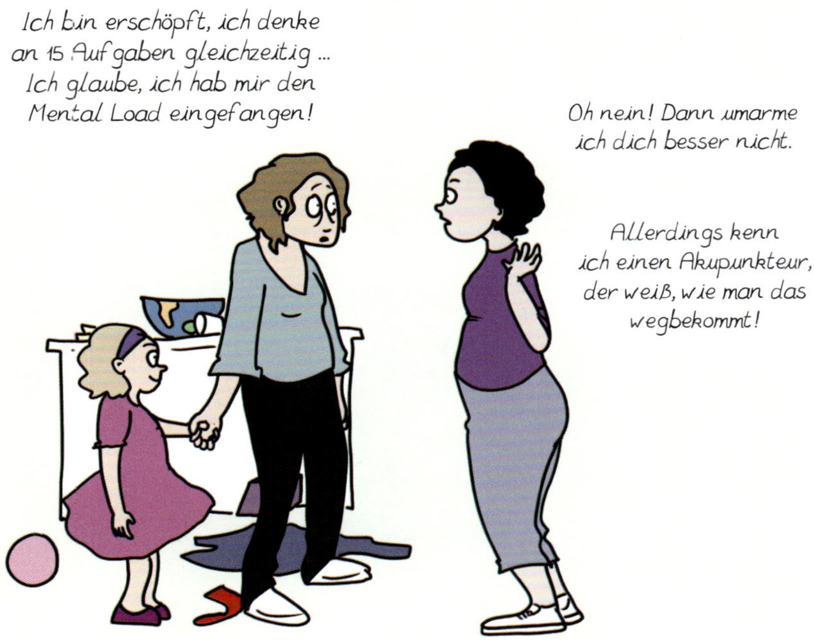
Ich bin erschöpft, ich denke an 15 Aufgaben gleichzeitig … Ich glaube, ich hab mir den Mental Load eingefangen!
Oh nein! Dann umarme ich dich besser nicht.
Allerdings kenn ich einen Akupunkteur, der weiß, wie man das wegbekommt!

Okay, ich tue überrascht, aber diese Psychologisierung eines feministischen Themas ist nichts Besonderes. In der Vergangenheit hat man immer verhindert, dass Frauen sich emanzipieren, indem man sie glauben ließ, das Problem läge bei ihnen.

Frauen, die das Wahlrecht forderten, wurden als frustriert dargestellt, weil sie keinen Ehemann hätten …

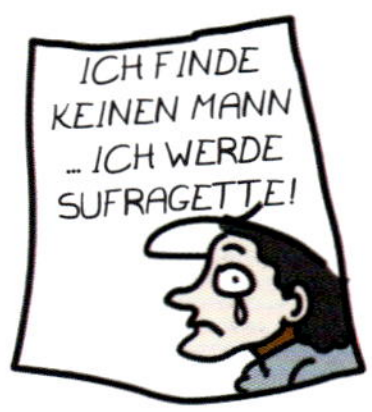
ICH FINDE KEINEN MANN … ICH WERDE SUFRAGETTE!

… und die, die sich ihren Ehemännern widersetzten, galten als Furien.

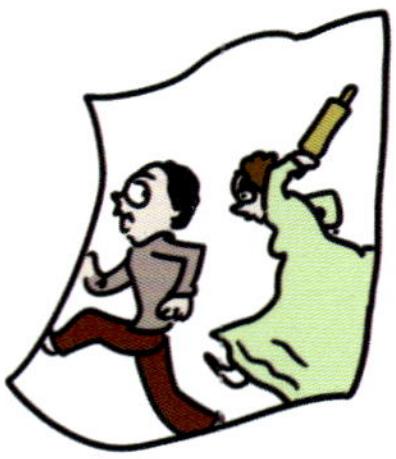

Zu Beginn des 20. Jahrhunderts bezichtigten Mediziner Frauen, die Vergewaltiger beschuldigten, der Hysterie …

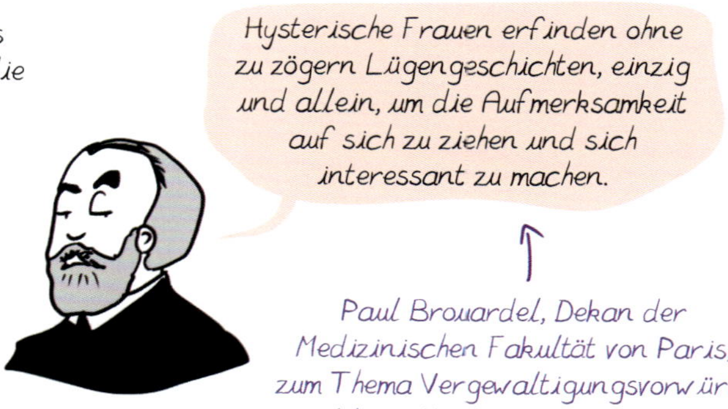
Hysterische Frauen erfinden ohne zu zögern Lügengeschichten, einzig und allein, um die Aufmerksamkeit auf sich zu ziehen und sich interessant zu machen.

Paul Brouardel, Dekan der Medizinischen Fakultät von Paris, zum Thema Vergewaltigungsvorwürfe (»Les attentats aux moeurs«*, posthum erschienen, 1909)

*dt.: »Angriffe auf die Moral«

… und noch heute zielt der Spott gegenüber Frauen, die ihren Ärger äußern, darauf ab, sie in die Schranken zu weisen.

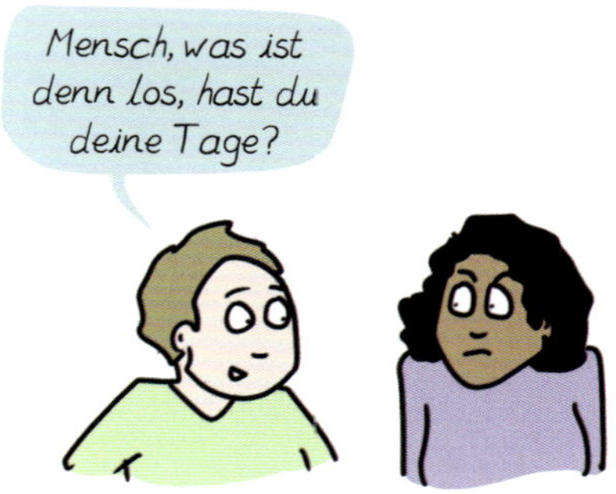
Mensch, was ist denn los, hast du deine Tage?

Das ist alles sehr praktisch, um das Patriarchat und den Kapitalismus zu stärken.

So kann man so tun, als würde man sich für unsere Lage interessieren ...

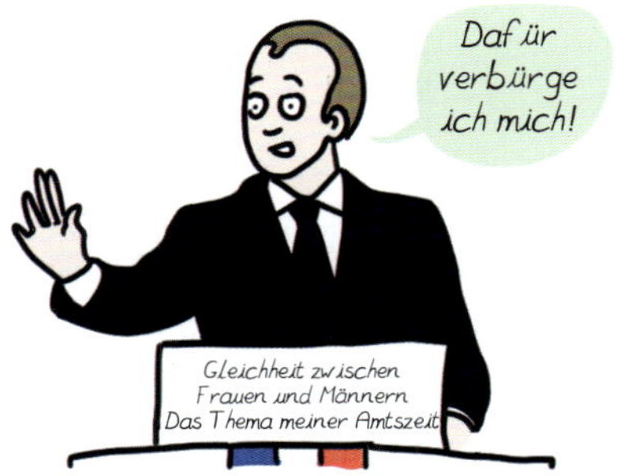
Dafür verbürge ich mich!
Gleichheit zwischen Frauen und Männern
Das Thema meiner Amtszeit

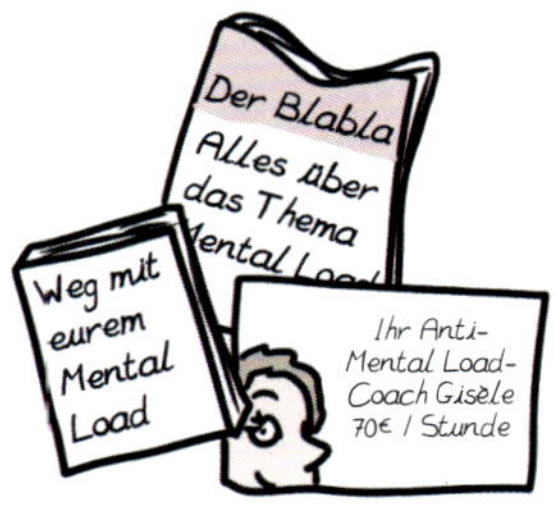
Der Blabla
Alles über das Thema
Weg mit eurem Mental Load
Ihr Anti-Mental Load-Coach Gisèle 70€ / Stunde

... und uns eine Menge Geschichten erzählen ...

... ohne irgendetwas an den gesellschaftlichen Strukturen konkret zu ändern.

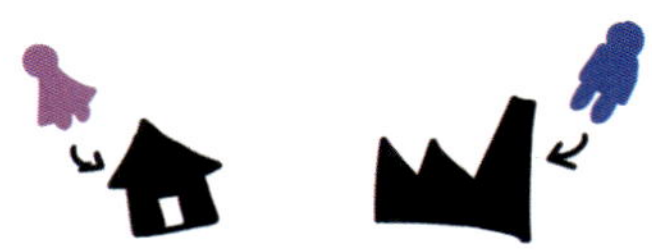

Mit anderen Worten: So kann man dafür sorgen, die derzeitige Ordnung aufrechtzuerhalten.

Solange diese Ordnung besteht, können sich die Männer voll und ganz auf die Sphäre der Politik, Wirtschaft und Medien konzentrieren,

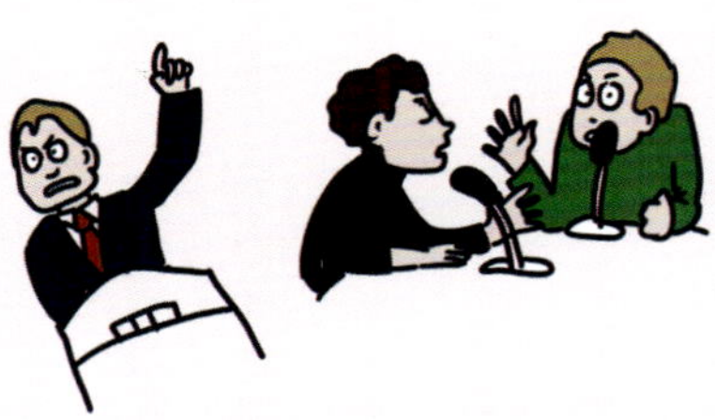

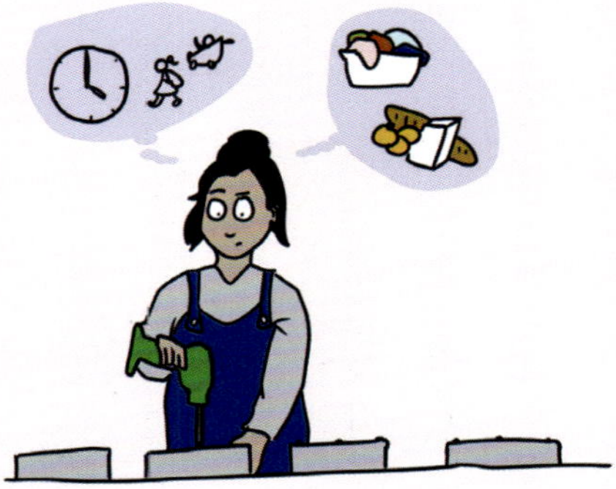

während die Frauen zwar arbeiten gehen, aber sich weiter unbemerkt und unbezahlt um das Private kümmern.

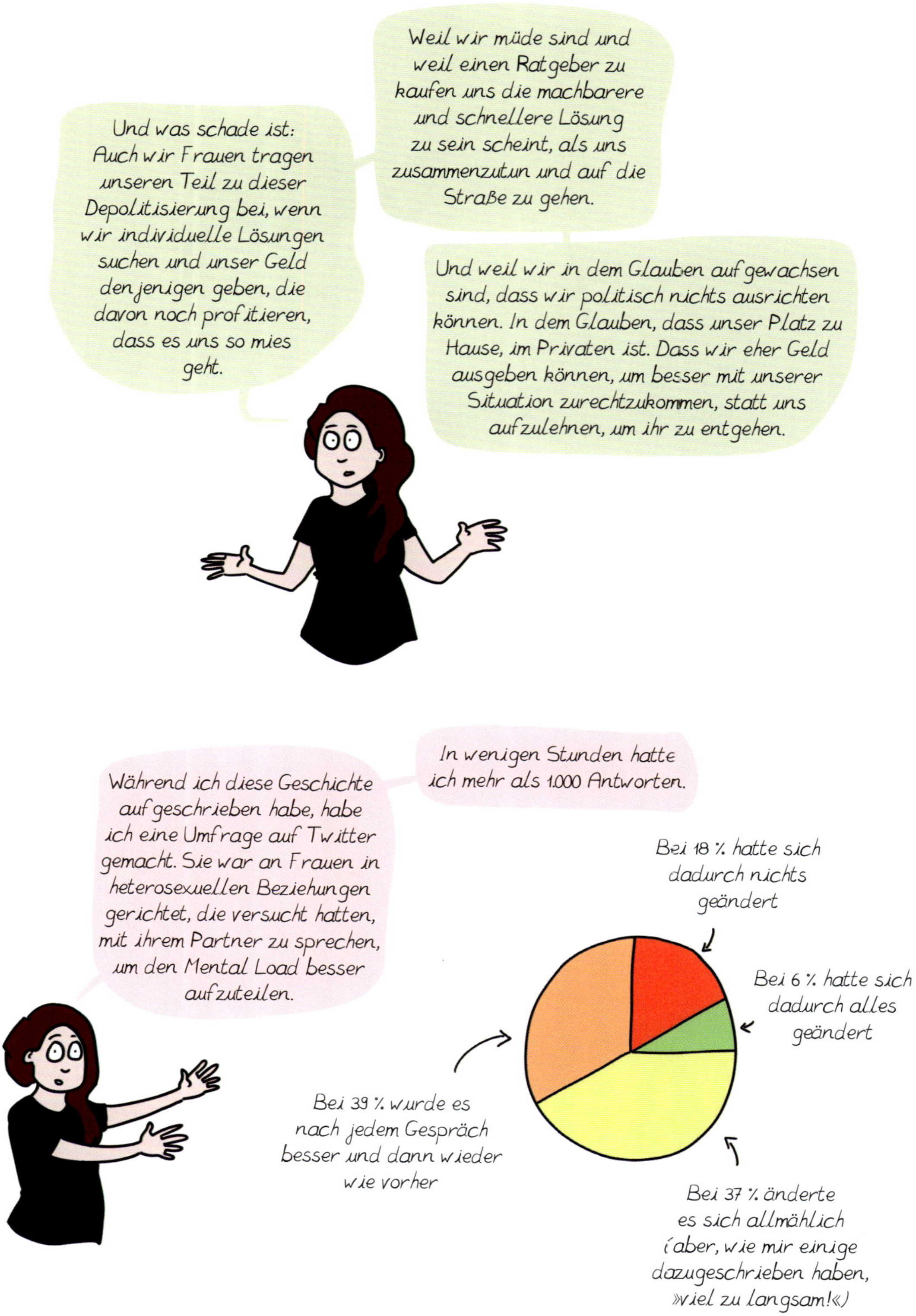
Und was schade ist: Auch wir Frauen tragen unseren Teil zu dieser Depolitisierung bei, wenn wir individuelle Lösungen suchen und unser Geld denjenigen geben, die davon noch profitieren, dass es uns so mies geht.
Weil wir müde sind und weil einen Ratgeber zu kaufen uns die machbarere und schnellere Lösung zu sein scheint, als uns zusammenzutun und auf die Straße zu gehen.
Und weil wir in dem Glauben aufgewachsen sind, dass wir politisch nichts ausrichten können. In dem Glauben, dass unser Platz zu Hause, im Privaten ist. Dass wir eher Geld ausgeben können, um besser mit unserer Situation zurechtzukommen, statt uns aufzulehnen, um ihr zu entgehen.
Während ich diese Geschichte aufgeschrieben habe, habe ich eine Umfrage auf Twitter gemacht. Sie war an Frauen in heterosexuellen Beziehungen gerichtet, die versucht hatten, mit ihrem Partner zu sprechen, um den Mental Load besser aufzuteilen.
In wenigen Stunden hatte ich mehr als 1.000 Antworten.
Bei 18 % hatte sich dadurch nichts geändert
Bei 6 % hatte sich dadurch alles geändert
Bei 39 % wurde es nach jedem Gespräch besser und dann wieder wie vorher
Bei 37 % änderte es sich allmählich (aber, wie mir einige dazugeschrieben haben, »viel zu langsam!«)

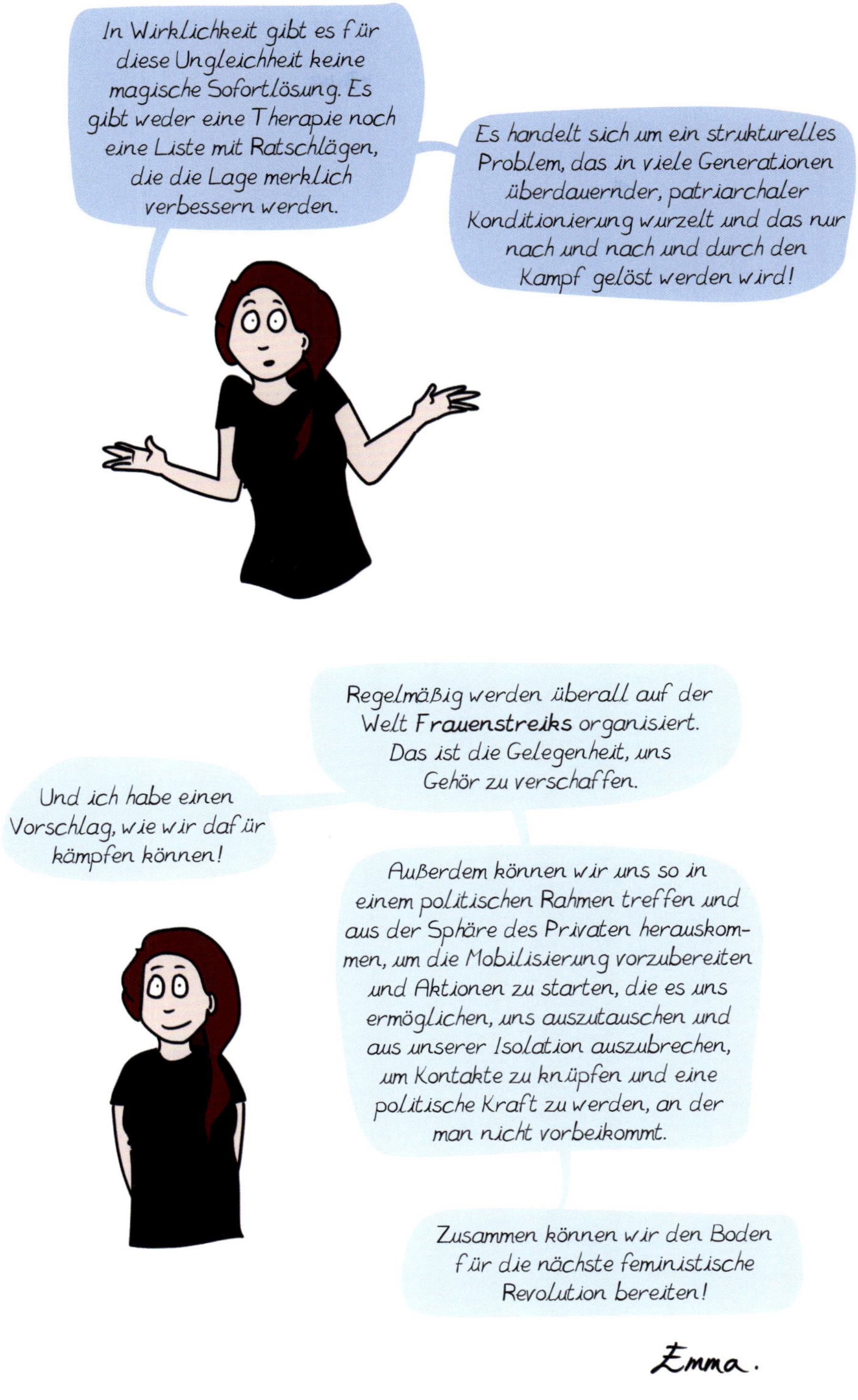
In Wirklichkeit gibt es für diese Ungleichheit keine magische Sofortlösung. Es gibt weder eine Therapie noch eine Liste mit Ratschlägen, die die Lage merklich verbessern werden.
Es handelt sich um ein strukturelles Problem, das in viele Generationen überdauernder, patriarchaler Konditionierung wurzelt und das nur nach und nach und durch den Kampf gelöst werden wird!
Und ich habe einen Vorschlag, wie wir dafür kämpfen können!
Regelmäßig werden überall auf der Welt **Frauenstreiks** organisiert. Das ist die Gelegenheit, uns Gehör zu verschaffen.
Außerdem können wir uns so in einem politischen Rahmen treffen und aus der Sphäre des Privaten herauskommen, um die Mobilisierung vorzubereiten und Aktionen zu starten, die es uns ermöglichen, uns auszutauschen und aus unserer Isolation auszubrechen, um Kontakte zu knüpfen und eine politische Kraft zu werden, an der man nicht vorbeikommt.
Zusammen können wir den Boden für die nächste feministische Revolution bereiten!
Emma.

7

Sonntag-abend

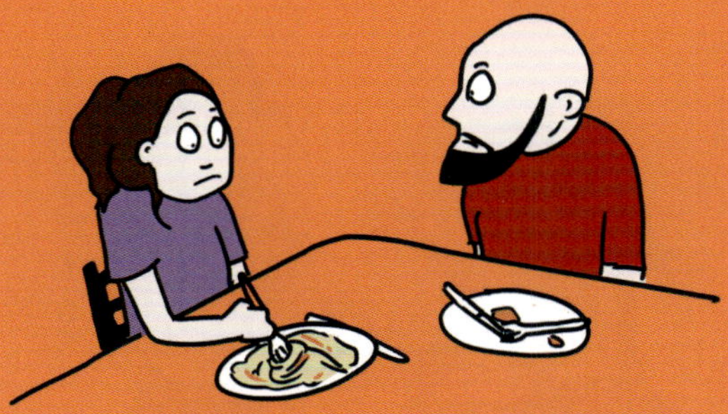

Während meines Studiums in den 2000ern habe ich in den Sommerferien gearbeitet. In meinem ersten Job war ich Kelinerin.

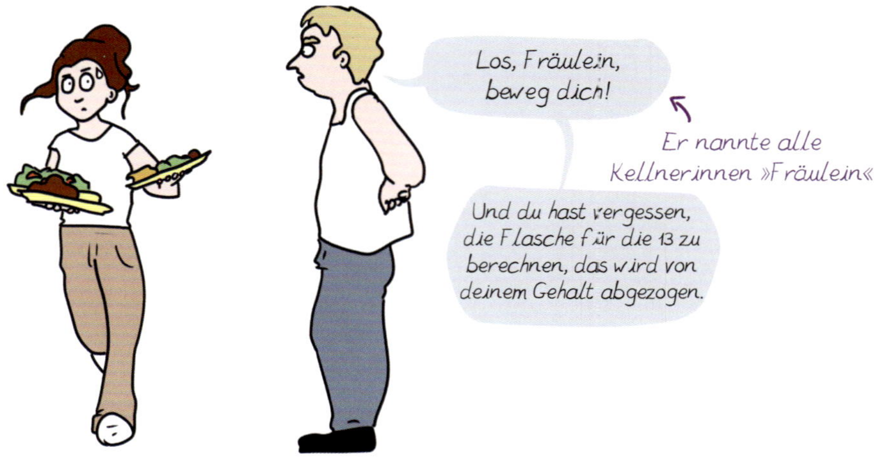
Los, Fräulein, beweg dich!
Er nannte alle Kellnerinnen »Fräulein«
Und du hast vergessen, die Flasche für die 13 zu berechnen, das wird von deinem Gehalt abgezogen.

Ich wurde von meinem Chef und von den Kund*innen so fertiggemacht, dass ich jeden zweiten Abend weinend nach Hause kam.

Im nächsten Jahr war ich als »Servicekraft« in einem Altersheim angestellt. Ich musste vor zwölf Uhr das Frühstück servieren, Medikamente geben, die Betten neu beziehen und die Zimmer reinigen.

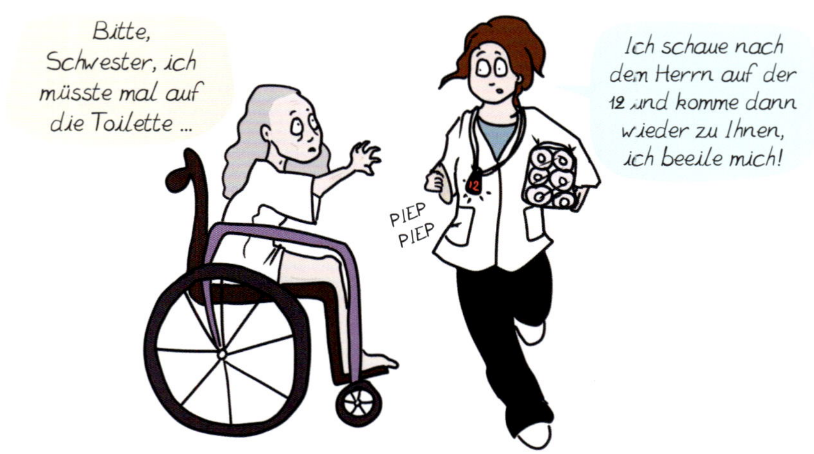
Bitte, Schwester, ich müsste mal auf die Toilette ...
PIEP PIEP
Ich schaue nach dem Herrn auf der 12 und komme dann wieder zu Ihnen, ich beeile mich!

Von dort kam ich fast jeden Tag weinend nach Hause.

Ein Jahr später war ich Haushaltshilfe in einem Gasthof.
Diesmal wurde nicht so viel mit mir gemeckert.

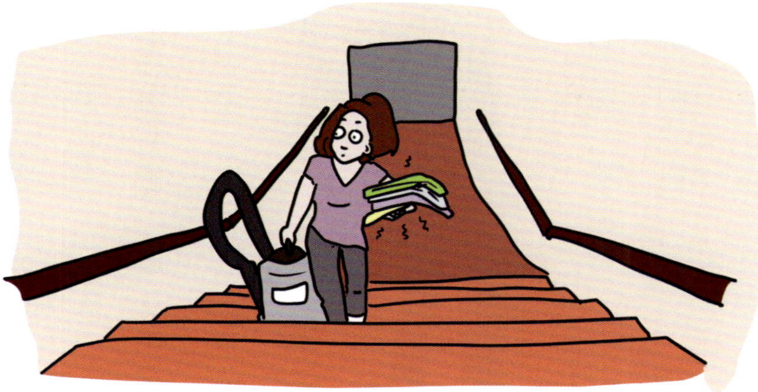

Aber ich bekam eine Sehnenentzündung.

Im letzten Jahr landete ich dann in einer Bank.
Mein Job war es, Kontenblätter zu ordnen.

Ich war in einem Kellergeschoss voller Schränke und sortierte Zahlen mit 13 Ziffern.

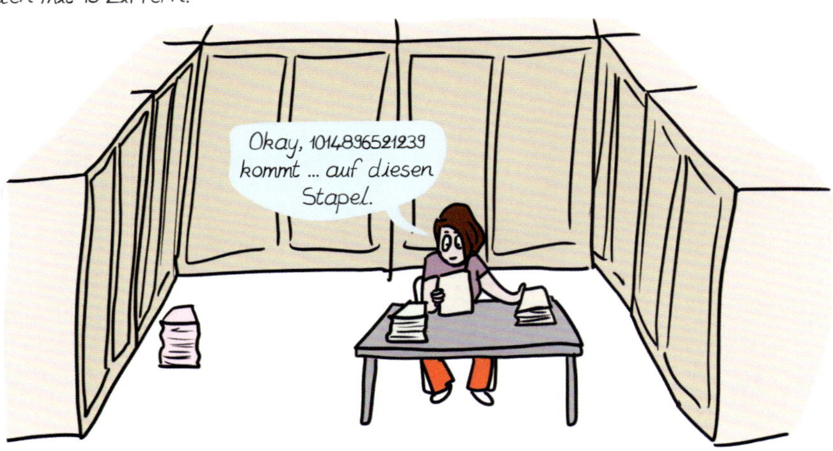
Okay, 1014896521239 kommt ... auf diesen Stapel.

Der Bereich wurde wenig später digitalisiert und alle Kontenblätter wurden in den Müll geworfen.

2005 hatte ich mein Diplom in Ingenieurinformatik in der Tasche und fing bei einem IT-Unternehmen an.

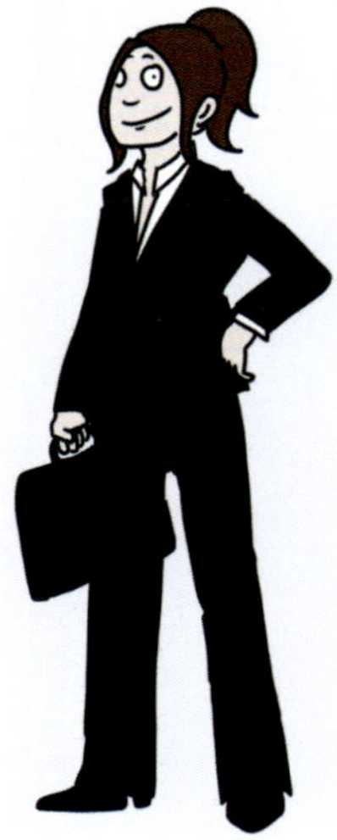

Dieses Unternehmen stellte Berater*innen ein, um sie als Dienstleister*innen für zeitlich begrenzte Projekte an andere Unternehmen zu »vermieten«.

Mit meinem neuen Aktenkoffer und Kostüm war ich davon überzeugt, endlich meinen Platz in der Gesellschaft gefunden zu haben.

In den ersten Jahren war es großartig.
Ich wachte morgens auf und war hochmotiviert.

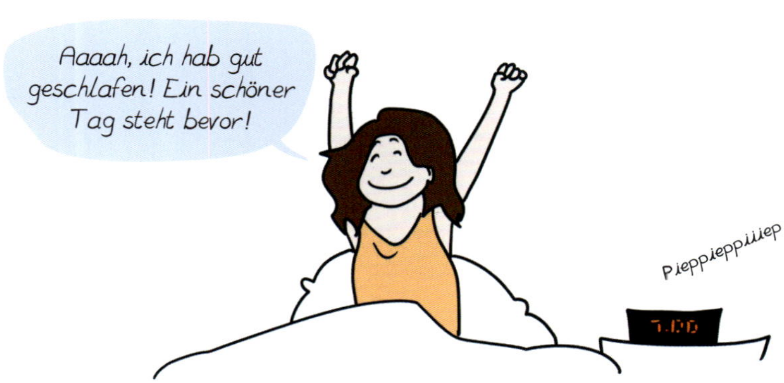
Aaaah, ich hab gut geschlafen! Ein schöner Tag steht bevor!
Pieppieppiiiep

Ich war stolz darauf, so Dinge sagen zu können wie …

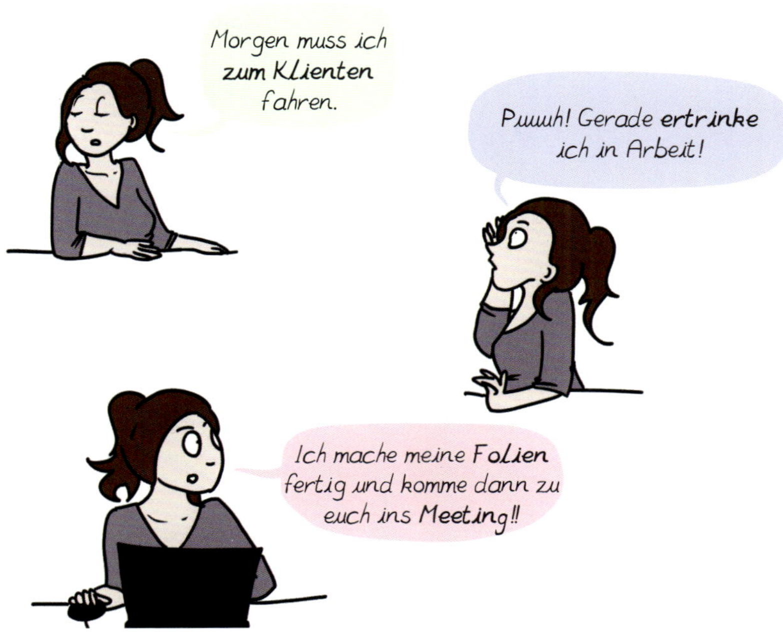
Morgen muss ich **zum Klienten** fahren.
Puuuh! Gerade **ertrinke** ich in Arbeit!
Ich mache meine **Folien** fertig und komme dann zu euch ins **Meeting**!!

In meinem Team halfen wir einander und wir wurden von unseren direkten Vorgesetzten unterstützt.

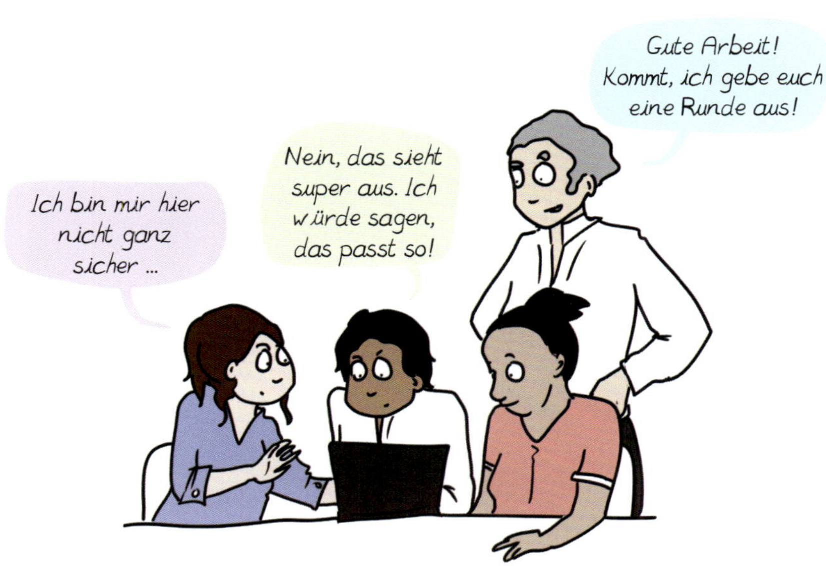
Ich bin mir hier nicht ganz sicher …
Nein, das sieht super aus. Ich würde sagen, das passt so!
Gute Arbeit! Kommt, ich gebe euch eine Runde aus!

Aber im Jahr 2009 wurde meine Abteilung nach einer Umstrukturierung geschlossen. Mein Arbeitgeber übertrug mir zusammen mit einer anderen Kollegin eine neue Aufgabe.

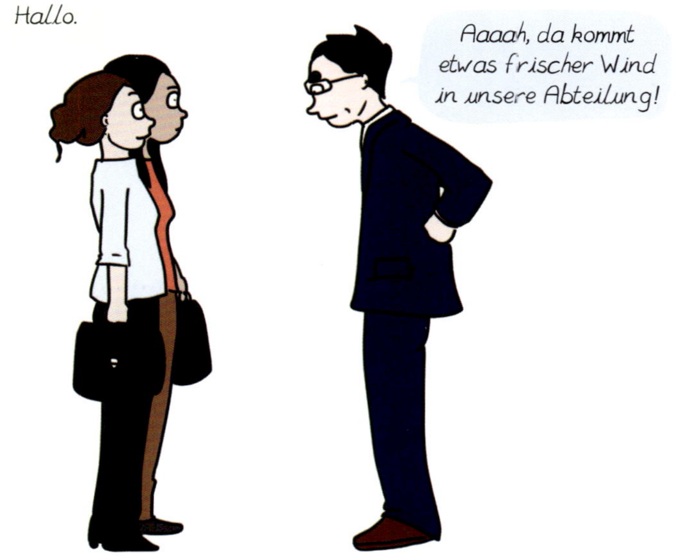
Hallo.
Aaaah, da kommt etwas frischer Wind in unsere Abteilung!

Das Büro war eineinhalb Stunden von meinem Zuhause entfernt.

Der Klient wollte, dass immer eine von uns beiden vor Ort war. Also mussten wir die Zeit von 8 Uhr bis 20 Uhr unter uns aufteilen.

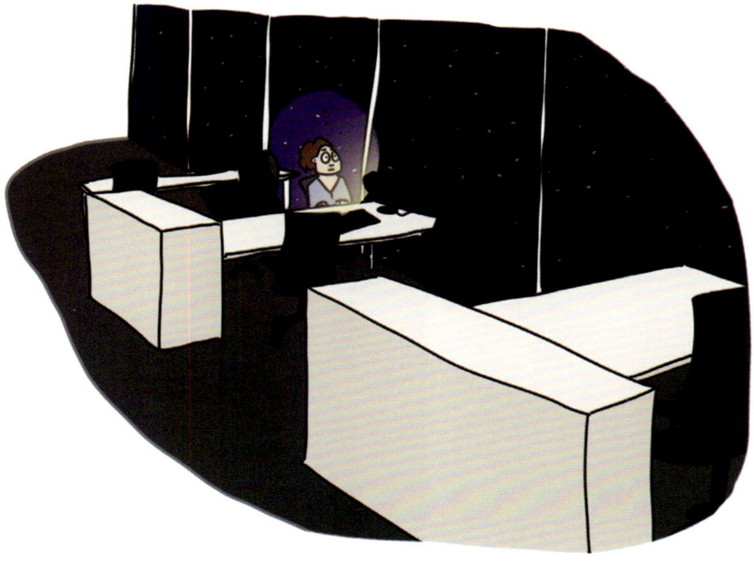

Meine Kollegin und ich durften nicht zusammen essen.
Während der Mittagspause musste immer eine von uns erreichbar sein.

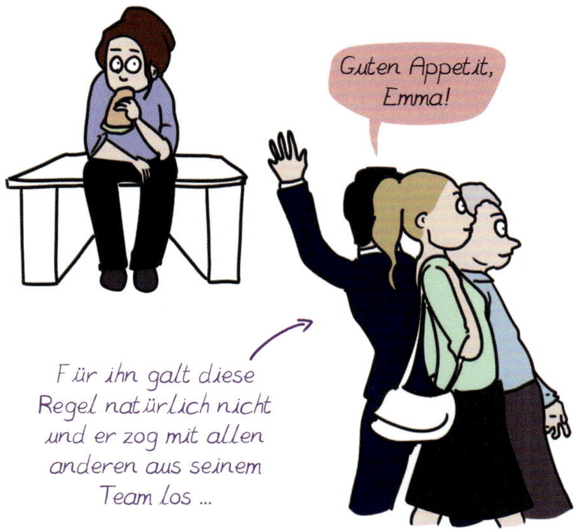
Guten Appetit, Emma!
Für ihn galt diese Regel natürlich nicht und er zog mit allen anderen aus seinem Team los ...

Was die Arbeit anging, waren die Anweisungen immer vage
– wenn es überhaupt welche gab.

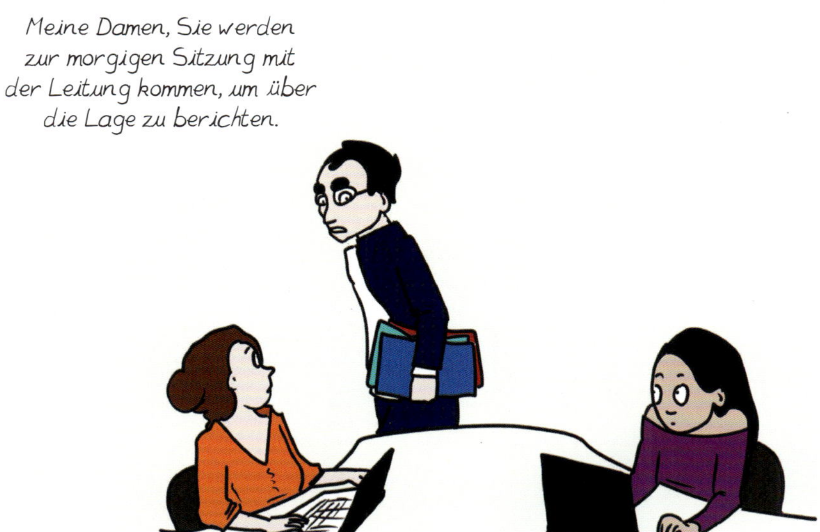
Meine Damen, Sie werden zur morgigen Sitzung mit der Leitung kommen, um über die Lage zu berichten.

Wenn wir um genauere Infos baten, reagierte der Klient genervt, sodass wir uns dermaßen dumm fühlten …

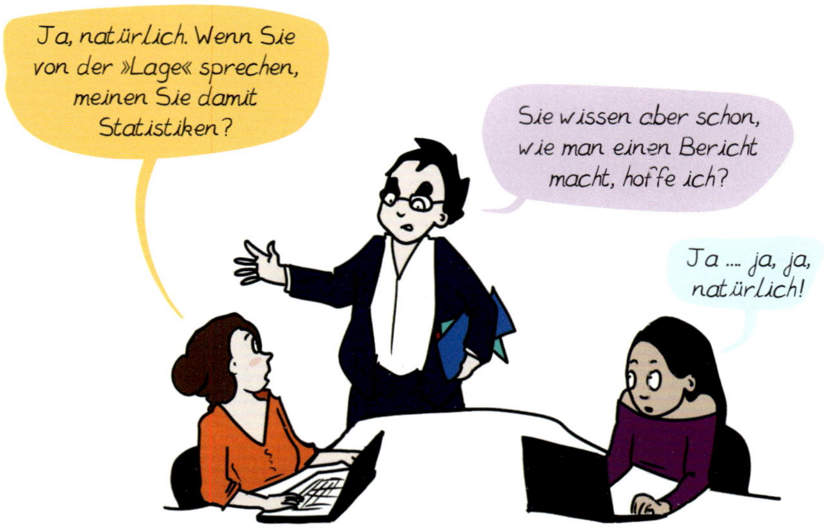
Ja, natürlich. Wenn Sie von der »Lage« sprechen, meinen Sie damit Statistiken?
Sie wissen aber schon, wie man einen Bericht macht, hoffe ich?
Ja .... ja, ja, natürlich!

… dass wir uns nicht trauten, weiter nachzufragen.

Aber was auch immer wir machten – nie war es das Richtige.

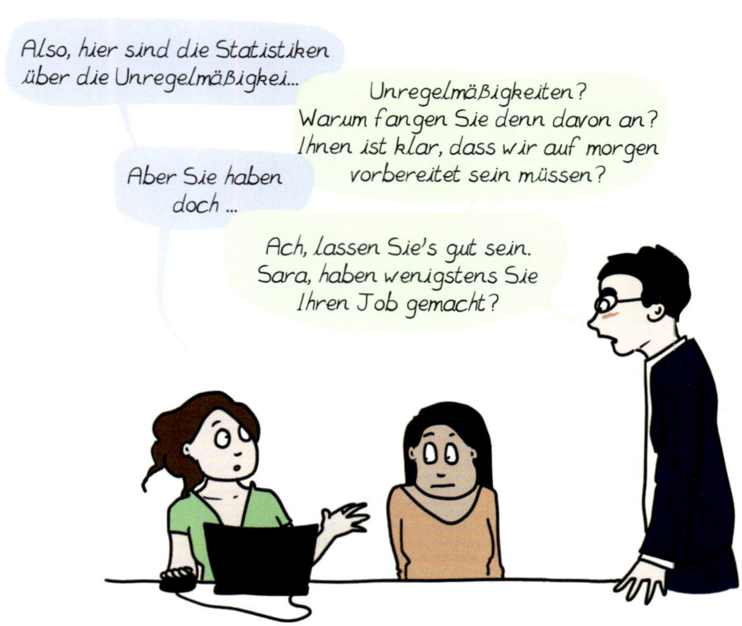
Also, hier sind die Statistiken über die Unregelmäßigkei...
Unregelmäßigkeiten? Warum fangen Sie denn davon an? Ihnen ist klar, dass wir auf morgen vorbereitet sein müssen?
Aber Sie haben doch ...
Ach, lassen Sie's gut sein. Sara, haben wenigstens Sie Ihren Job gemacht?

Nach einigen Monaten in dieser Abteilung hatte ich völlig das Vertrauen in meine Fähigkeiten verloren.

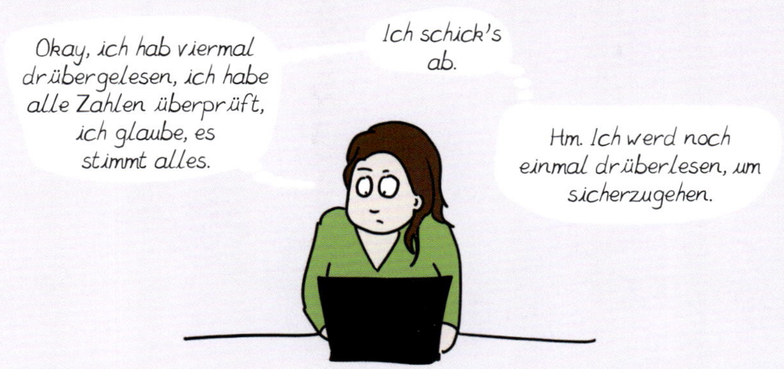
Okay, ich hab viermal drübergelesen, ich habe alle Zahlen überprüft, ich glaube, es stimmt alles.
Ich schick's ab.
Hm. Ich werd noch einmal drüberlesen, um sicherzugehen.

Mein Klient schätzte es, wenn wir Überstunden machten.
Und er machte mir oft Komplimente für mein Aussehen.
Je mehr er meine Arbeit kritisierte, desto mehr versuchte ich, einen guten Eindruck zu schinden, indem ich lange blieb und mich schick machte.

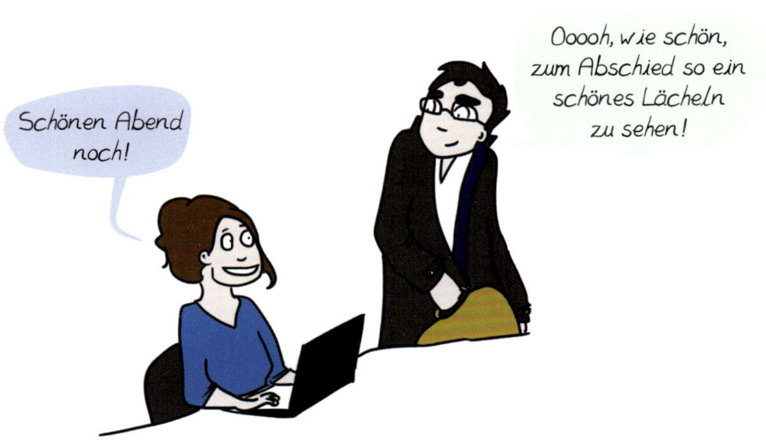
Schönen Abend noch!
Ooooh, wie schön, zum Abschied so ein schönes Lächeln zu sehen!

Aber je mehr ich in diese Handlungsmuster verfiel, desto erbärmlicher fühlte ich mich. Und jeden Abend wurde mir bei dem Gedanken, am nächsten Tag wieder dorthin zu gehen, ganz flau vor Angst.

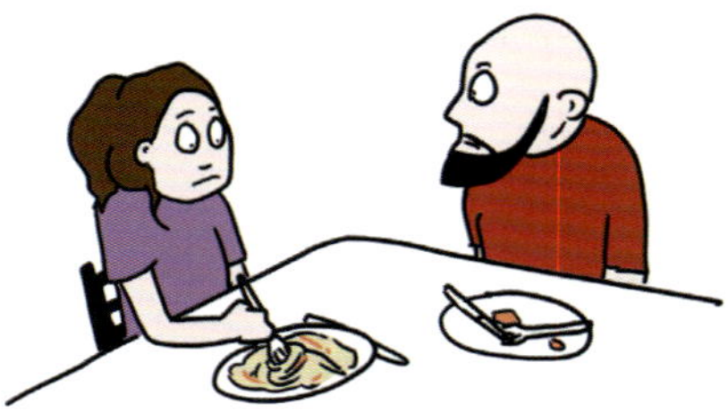

Ich bekam Schlafprobleme.

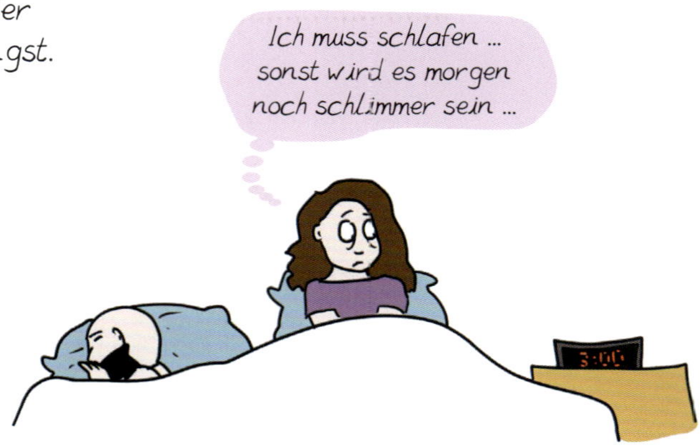
Ich muss schlafen ... sonst wird es morgen noch schlimmer sein ...
3:00

Meine Müdigkeit machte die Situation noch schlimmer. Ich fühlte mich so inkompetent, dass ich wirklich inkompetent wurde.

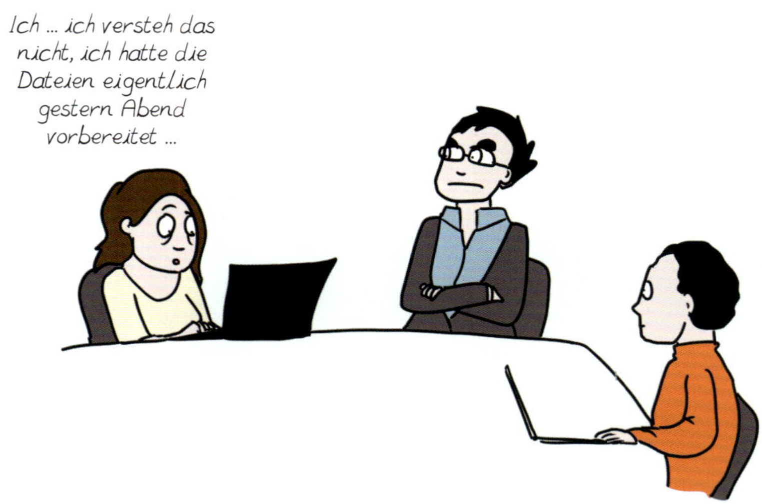
Ich ... ich versteh das nicht, ich hatte die Dateien eigentlich gestern Abend vorbereitet ...

Ich wusste nicht, wie ich mich aus dieser Lage befreien sollte und wie es weitergehen könnte.

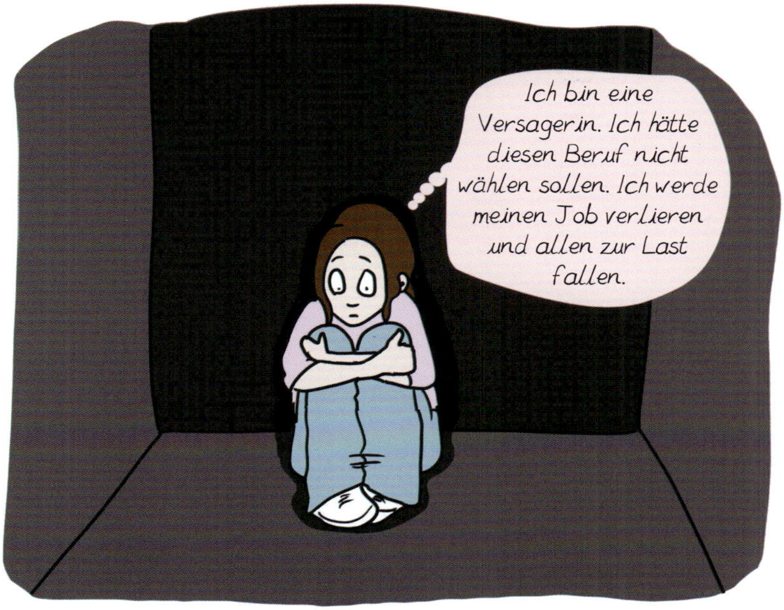
Ich bin eine Versagerin. Ich hätte diesen Beruf nicht wählen sollen. Ich werde meinen Job verlieren und allen zur Last fallen.

Eines Morgens in der Metro dann knickten meine Beine unter mir weg.

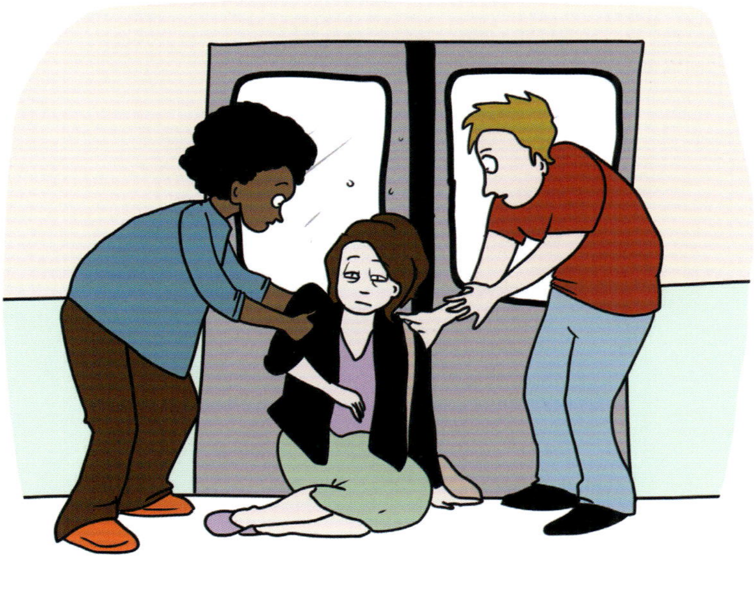

Anstatt zur Arbeit zu gehen, bin ich zum Arzt gegangen.
Als ich ihm sagte, dass ich zusammengebrochen war,
war das erste, das er mich fragte …

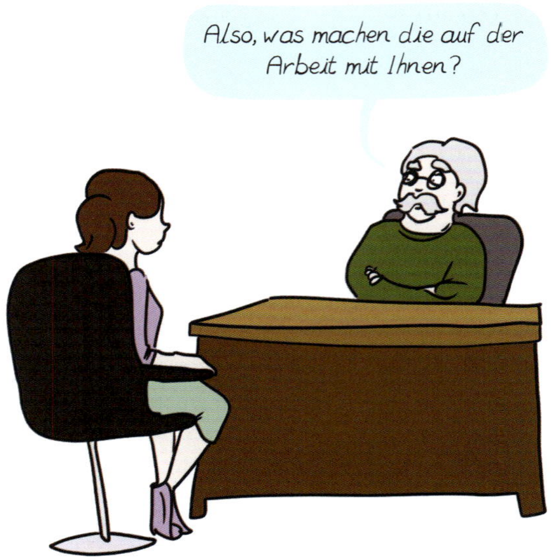
Also, was machen die auf der Arbeit mit Ihnen?

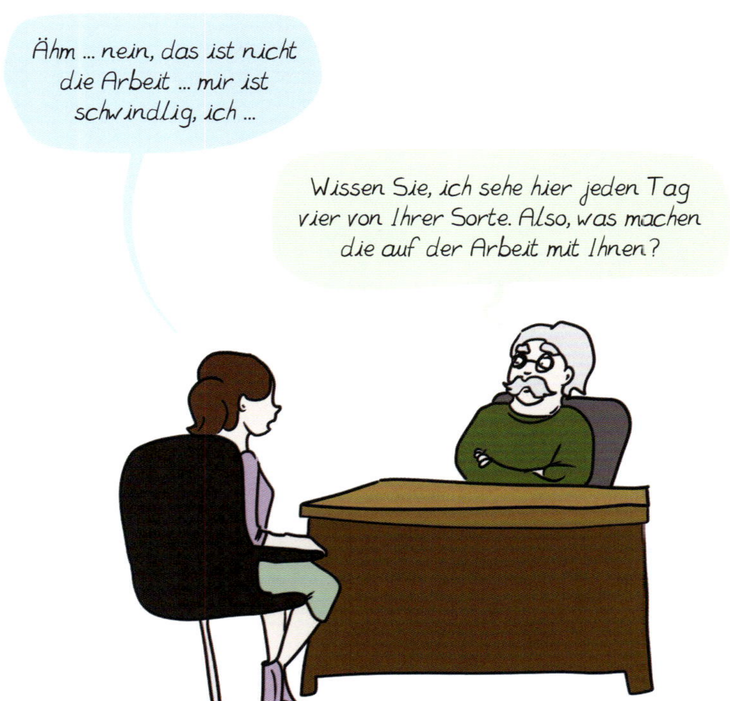
Ähm … nein, das ist nicht die Arbeit … mir ist schwindlig, ich …
Wissen Sie, ich sehe hier jeden Tag vier von Ihrer Sorte. Also, was machen die auf der Arbeit mit Ihnen?

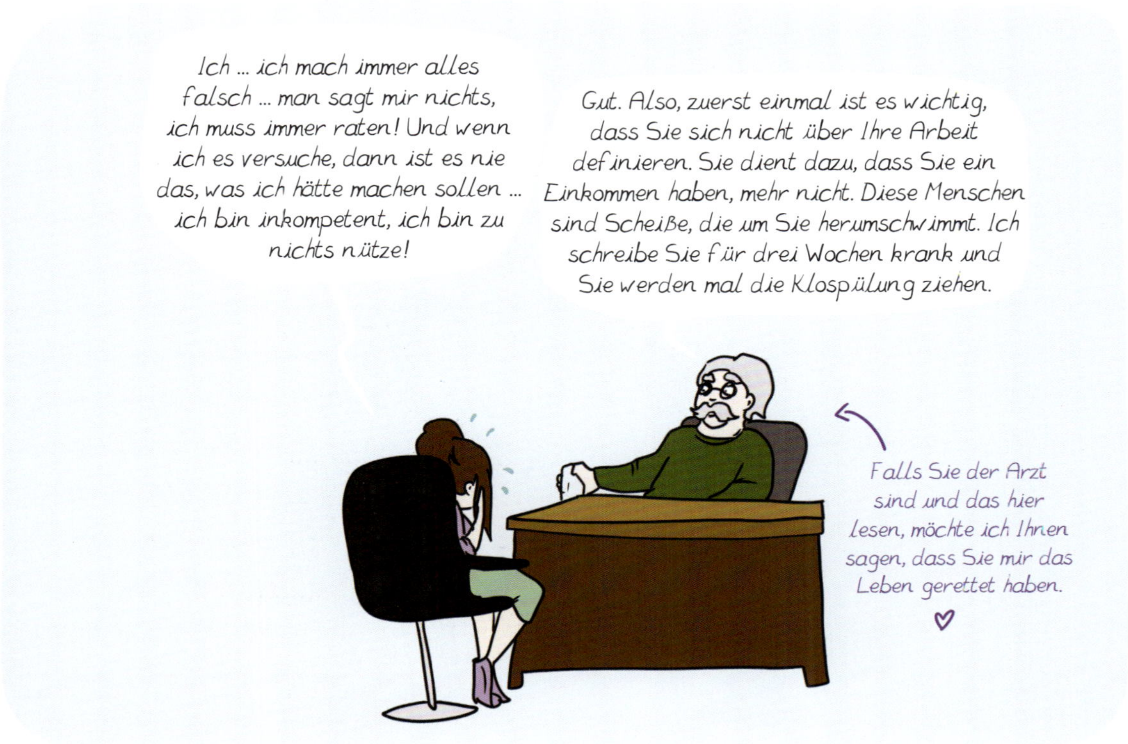
Ich ... ich mach immer alles falsch ... man sagt mir nichts, ich muss immer raten! Und wenn ich es versuche, dann ist es nie das, was ich hätte machen sollen ... ich bin inkompetent, ich bin zu nichts nütze!
Gut. Also, zuerst einmal ist es wichtig, dass Sie sich nicht über Ihre Arbeit definieren. Sie dient dazu, dass Sie ein Einkommen haben, mehr nicht. Diese Menschen sind Scheiße, die um Sie herumschwimmt. Ich schreibe Sie für drei Wochen krank und Sie werden mal die Klospülung ziehen.
Falls Sie der Arzt sind und das hier lesen, möchte ich Ihnen sagen, dass Sie mir das Leben gerettet haben.

Ich hatte Glück und konnte das Unternehmen wechseln.
Aber diese Erfahrung hat bei mir Spuren hinterlassen.

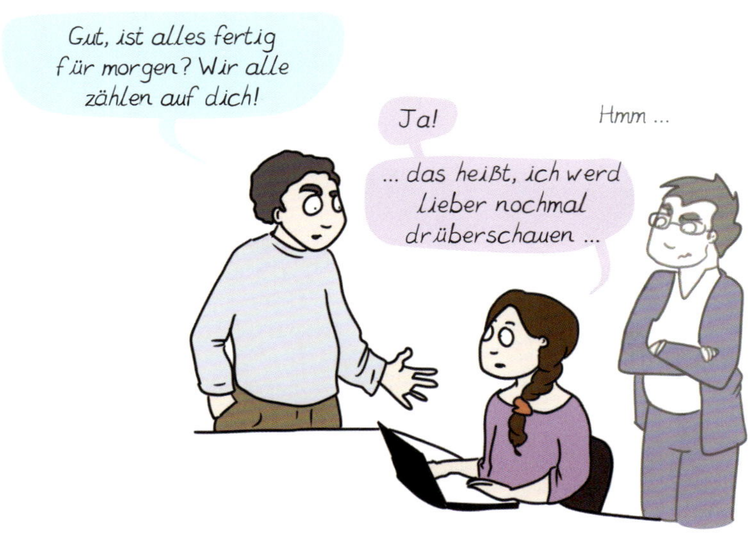
Gut, ist alles fertig für morgen? Wir alle zählen auf dich!
Ja!
Hmm ...
... das heißt, ich werd lieber nochmal drüberschauen ...

Mich beschleicht oft das Gefühl, mich bei einfachen Aufgaben zu verzetteln und der Arbeit nicht gewachsen zu sein.

Und selbst wenn die Unternehmen, bei denen ich danach gearbeitet habe, weniger toxisch waren, hatte ich dort ebenso das Gefühl, wie ein Kind behandelt und meiner Freiheit beraubt zu werden – meinen Arbeitgeber*innen mit Leib und Seele gehören zu müssen.

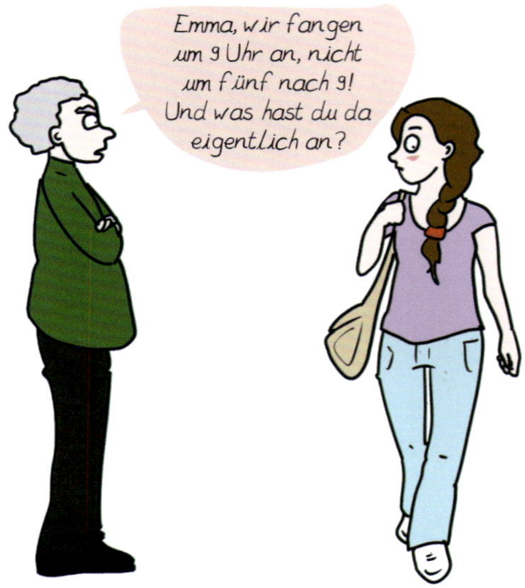
Emma, wir fangen um 9 Uhr an, nicht um fünf nach 9! Und was hast du da eigentlich an?

Wenn mein heutiges »Ich« meinem »Ich« von 2005 diese Geschichte erzählt hätte, hätte ich damals Folgendes geantwortet:

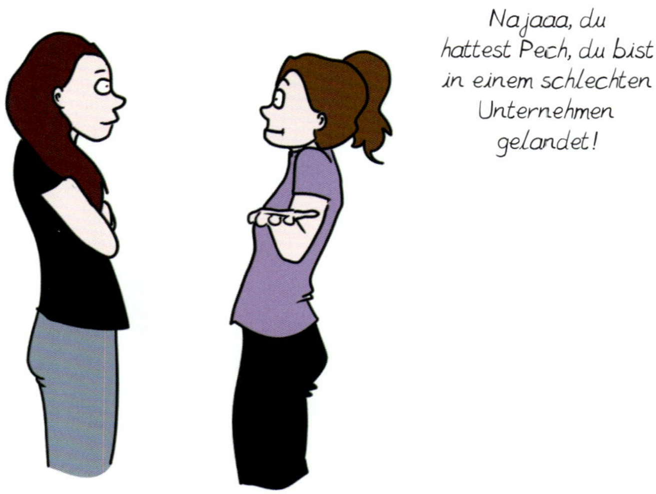
Najaaa, du hattest Pech, du bist in einem schlechten Unternehmen gelandet!

Aber ist die Lösung wirklich, nach den »guten Unternehmen« zu suchen?

In meiner Karriere gab es gute Arbeitsumgebungen, wo man weder bloßgestellt noch geringgeschätzt wurde. Aber das war nicht die Regel und vor allem … bei der ersten Krise, der ersten Umstrukturierung bricht alles in sich zusammen und die Stimmung verkehrt sich ins Toxische.

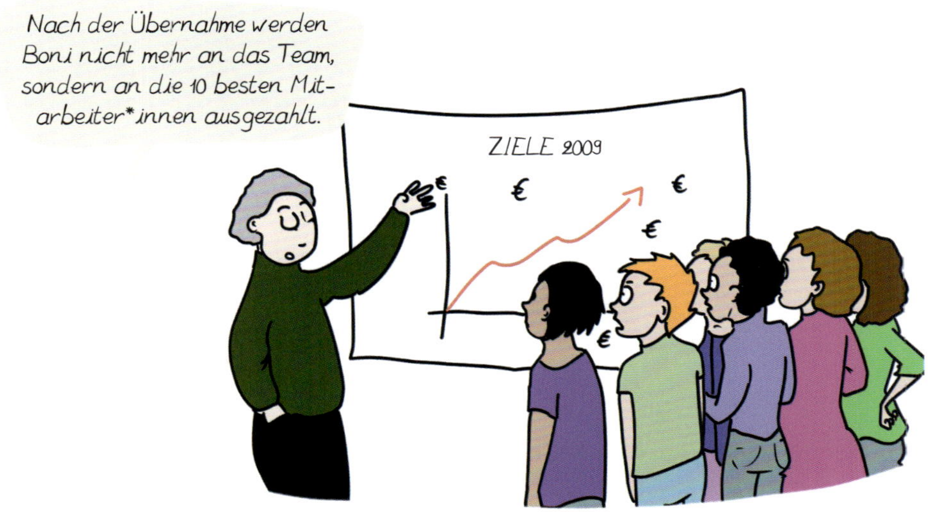
Nach der Übernahme werden Boni nicht mehr an das Team, sondern an die 10 besten Mitarbeiter*innen ausgezahlt.
ZIELE 2009

Die Öffnung von France Télécom für den Wettbewerb ist ein Paradebeispiel für derartige Kehrtwendungen. 2004 werden Umstrukturierungsmaßnahmen eingeleitet: Die Mitarbeiter*innen werden zwangsversetzt oder mit Arbeit überhäuft oder zum Nichtstun gezwungen, um sie zum Weggehen zu bewegen.

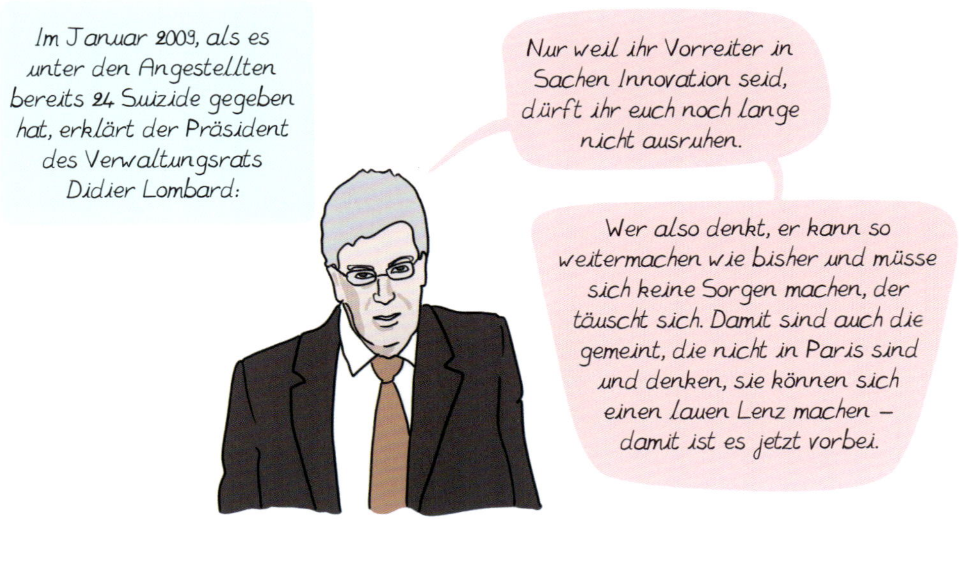
Im Januar 2009, als es unter den Angestellten bereits 24 Suizide gegeben hat, erklärt der Präsident des Verwaltungsrats Didier Lombard:
Nur weil ihr Vorreiter in Sachen Innovation seid, dürft ihr euch noch lange nicht ausruhen.
Wer also denkt, er kann so weitermachen wie bisher und müsse sich keine Sorgen machen, der täuscht sich. Damit sind auch die gemeint, die nicht in Paris sind und denken, sie können sich einen lauen Lenz machen – damit ist es jetzt vorbei.

Einige Monate später ersticht sich ein Mitarbeiter während eines Meetings – und zwei Tage später stürzt sich ein Angestellter aus dem Fenster.

Didier Lombard kommentiert das direkt mit den folgenden Worten:

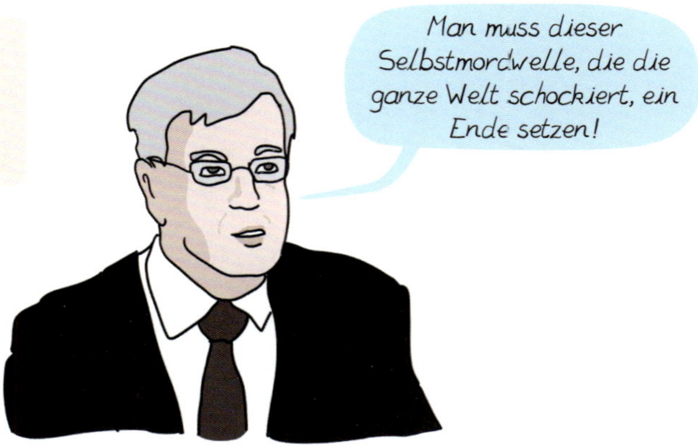
Man muss dieser Selbstmordwelle, die die ganze Welt schockiert, ein Ende setzen!

Zwischen 2004 und 2009 haben sich 60 Angestellte des Unternehmens das Leben genommen.

Bei jeder Privatisierung spielt sich das gleiche Szenario ab. Seit 20 Jahren sieht sich das Personal des Postunternehmens La Poste mit ständigen Umstrukturierungen im Namen der Produktivität und mit unhaltbaren Arbeitsaufteilungen und -abläufen konfrontiert.

Im Juli 2016 nimmt sich Charles Griffond, der dort seit 34 Jahren als Postbote angestellt ist, das Leben. In einem Brief hinterlässt er folgende Erklärungen:

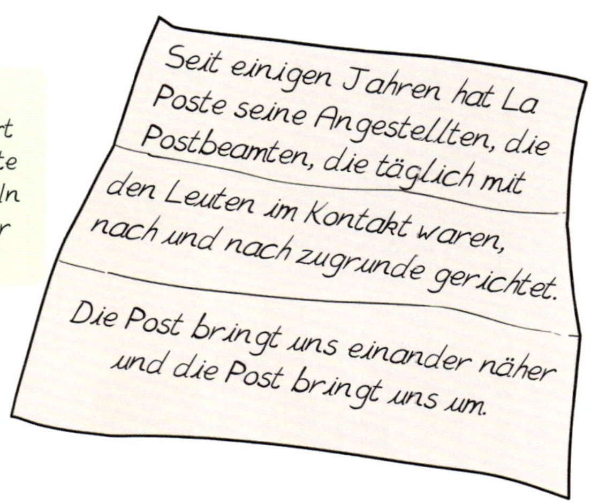
Seit einigen Jahren hat La Poste seine Angestellten, die Postbeamten, die täglich mit den Leuten im Kontakt waren, nach und nach zugrunde gerichtet.
Die Post bringt uns einander näher und die Post bringt uns um.

Die Gewerkschaften schätzen die Zahl der Suizide und Selbstmordversuche seit 2007 auf 150.

In den Krankenhäusern ist es genau dasselbe.
Einer Studie zufolge, die der Verein SPS* im Jahr 2015 durchgeführt hat, hatte ein Viertel der Pflegekräfte schon Suizidgedanken wegen der Arbeit.

2018, als der Krankenhausverbund AP-HP** den fünften Suizid in diesem Jahr unter seinen Pflegekräften beklagte, erklärte Generaldirektor Martin Hirsch:

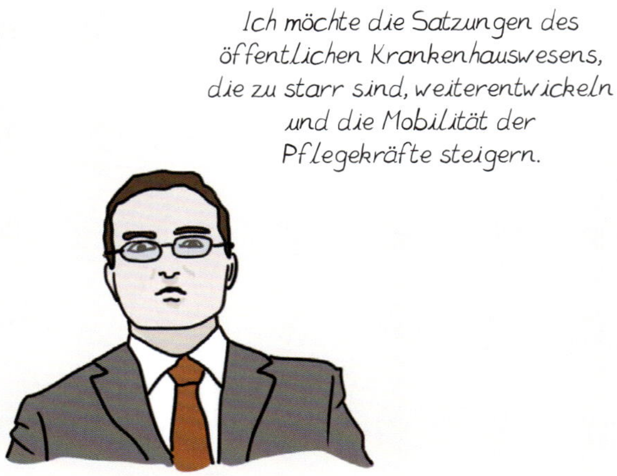
Ich möchte die Satzungen des öffentlichen Krankenhauswesens, die zu starr sind, weiterentwickeln und die Mobilität der Pflegekräfte steigern.

Auch bei der SNCF*** schlagen die Gewerkschaften Alarm.
Sie zählen 100 Suizide innerhalb von drei Jahren.

Im Oktober 2018 nimmt sich eine Führungskraft an ihrem Arbeitsplatz in Lyon das Leben. Zur selben Zeit verkündete der Präsident der SNCF Guillaume Pepy öffentlich:

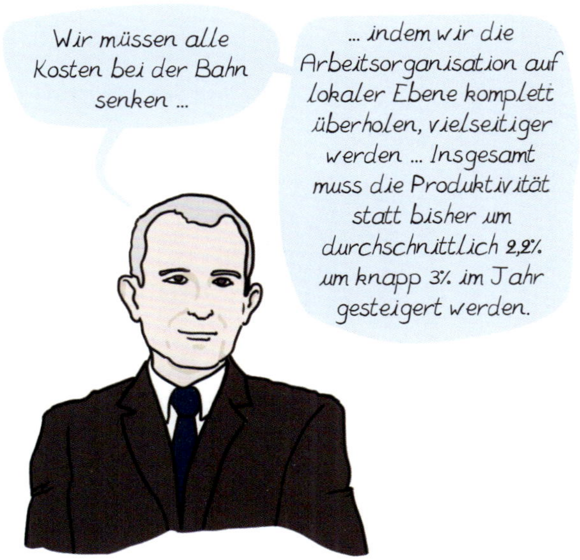
Wir müssen alle Kosten bei der Bahn senken ...
... indem wir die Arbeitsorganisation auf lokaler Ebene komplett überholen, vielseitiger werden ... Insgesamt muss die Produktivität statt bisher um durchschnittlich 2,2% um knapp 3% im Jahr gesteigert werden.

Seit Januar 2019 gab es 20 weitere Suizide.

*Soins aux professionnels en santé, dt. Hilfe für das Gesundheitspersonal
**Assistance publique - Hôpitaux de Paris, öffentliche Gesundheitseinrichtung im Großraum Paris mit 37 Krankenhäusern und mehr als 90.000 Angestellten
*** Staatliche Eisenbahngesellschaft Frankreichs (Anm. d. Übersetzerin).

Diese Beispiele sind prägnant, weil dem Personal die Gewinnlogik in sehr kurzer Zeit aufgedrückt worden ist, was die Maßnahmen noch brutaler gemacht hat. Aber wie es ist, sich wegen der Arbeit schlecht zu fühlen, wissen wir fast alle.

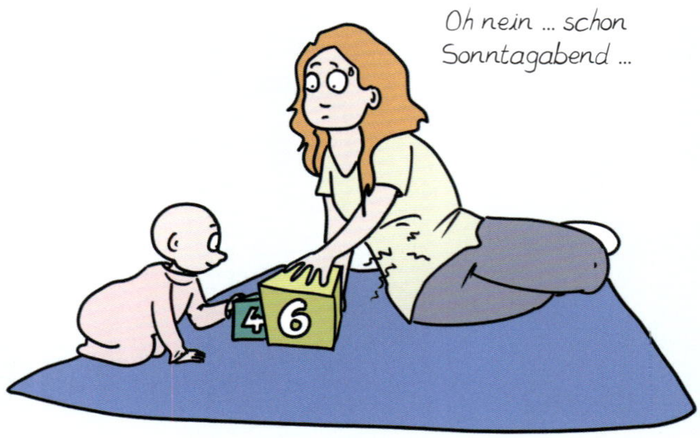
Oh nein ... schon Sonntagabend ...

Es ist doch so, dass die meisten von uns den Weg zu ihrer Arbeit mit Bauchschmerzen antreten.

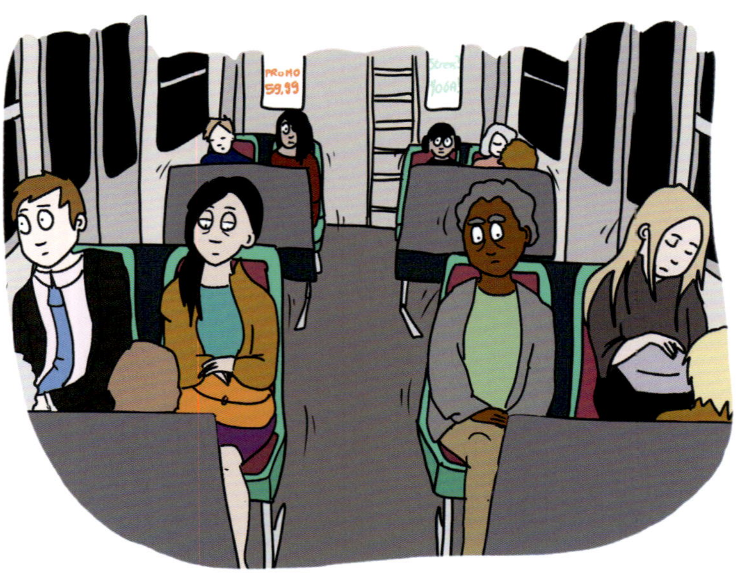
PROMO
59,99

Im Jahr 2017 wurden in Frankreich für eine Studie mehr als 30.000 Angestellte befragt und es zeigte sich, dass 52 % ein erhöhtes Angstlevel – und 29 % vermehrt Depressionen – aufwiesen.

Wenn man sich diese 52 % einmal genauer anschaut, fällt auf, dass die Frauen deutlich öfter betroffen sind als die Männer.

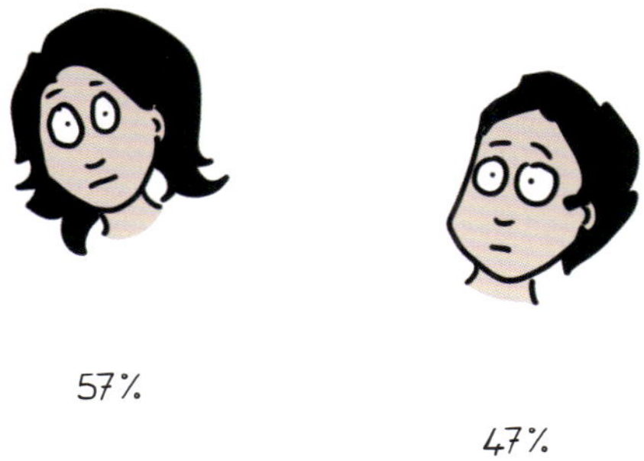

Es fällt außerdem auf, dass die Angestellten umso depressiver sind, je älter sie sind und je länger sie im Unternehmen tätig sind.

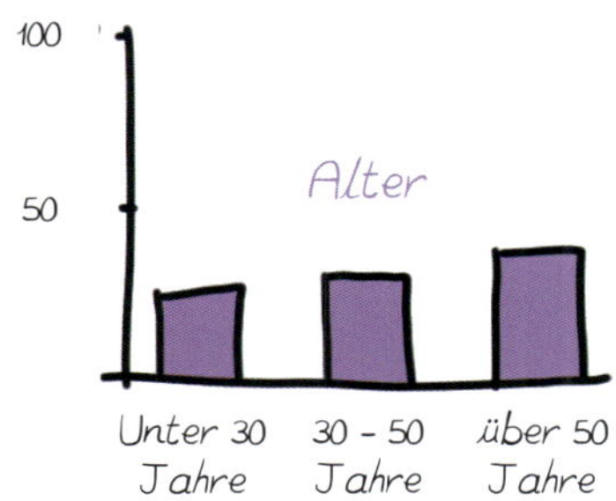

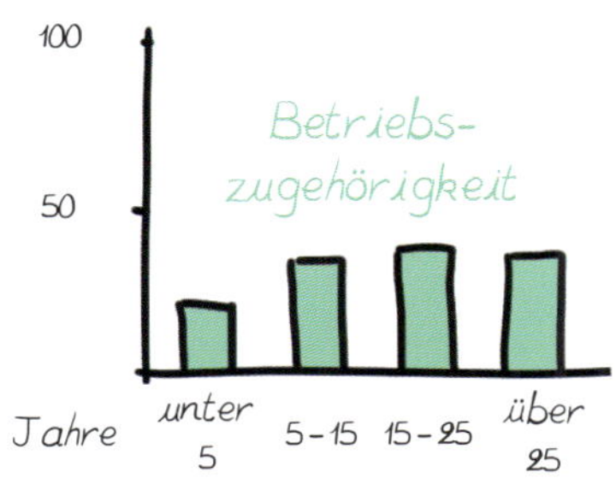

Und die psychische Belastung ist nur ein Teil des Problems. Denn die Arbeit macht auch körperlich kaputt. Man werfe nur einmal einen Blick darauf, was man in den Medien unter der Kategorie »Vermischtes« lesen kann, während ich diese Zeilen schreibe:

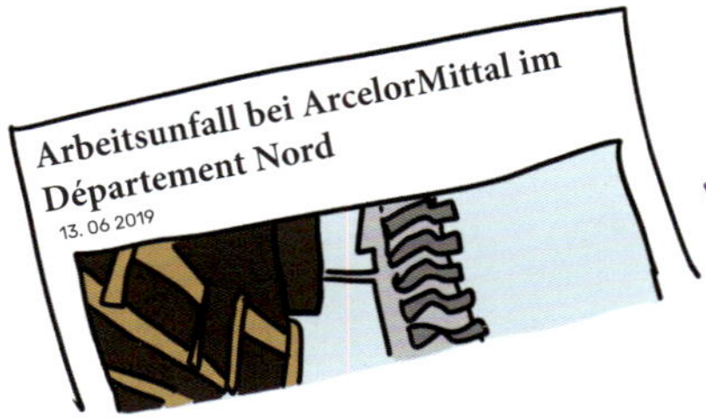
Arbeitsunfall bei ArcelorMittal im Département Nord
13.06.2019

Einem Arbeiter fällt ein Gerüstteil auf den Kopf

Ein Supermarktangestellter verliert seine Hand in einem Fleischwolf

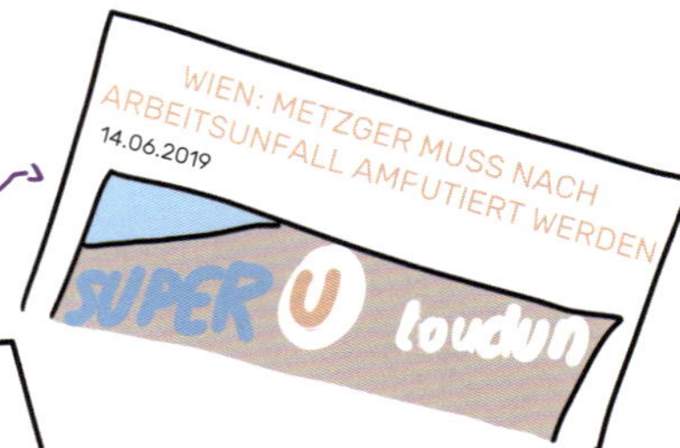
WIEN: METZGER MUSS NACH ARBEITSUNFALL AMPUTIERT WERDEN
14.06.2019
SUPER U loudun

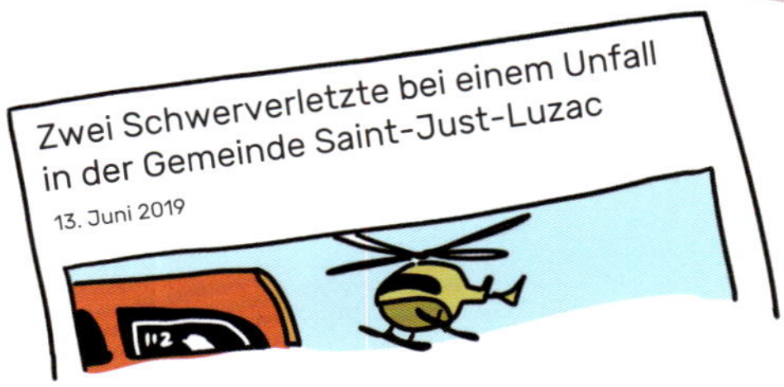
Zwei Schwerverletzte bei einem Unfall in der Gemeinde Saint-Just-Luzac
13. Juni 2019

Ein Fahrer schläft auf dem Weg zur Arbeit am Steuer ein

Unfälle, die jeden Tag passieren und manchmal tödlich enden.

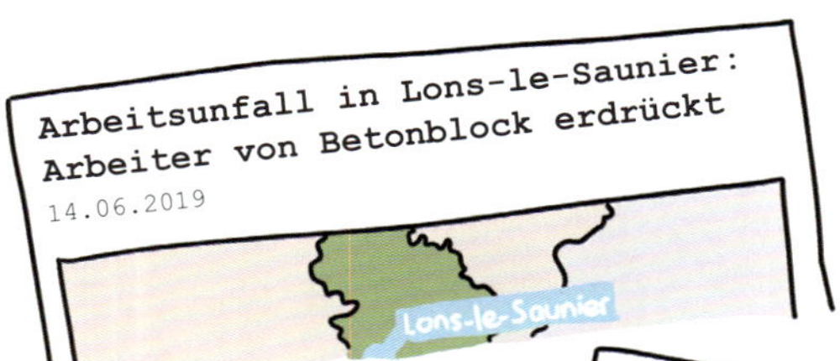
Arbeitsunfall in Lons-le-Saunier: Arbeiter von Betonblock erdrückt
14.06.2019
Lons-le-Saunier

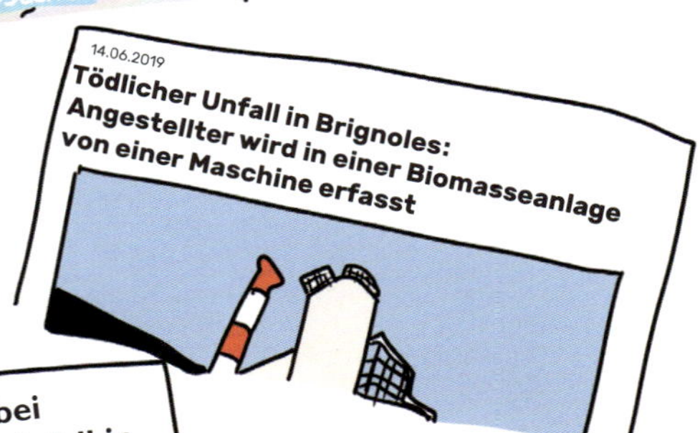
14.06.2019
Tödlicher Unfall in Brignoles: Angestellter wird in einer Biomasseanlage von einer Maschine erfasst

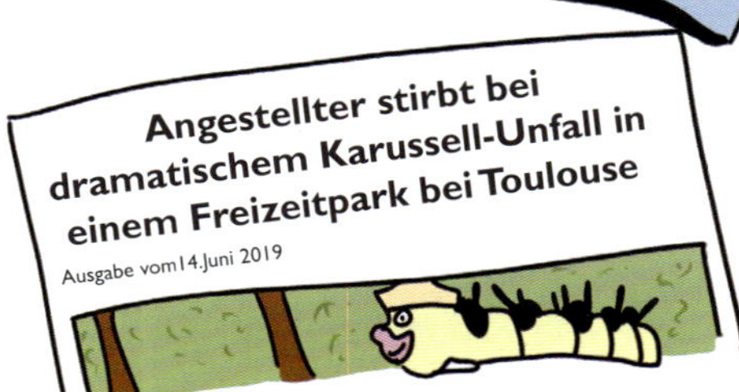
Angestellter stirbt bei dramatischem Karussell-Unfall in einem Freizeitpark bei Toulouse
Ausgabe vom 14. Juni 2019

Im Jahr 2017 haben sich in Frankreich 632.918 Arbeitnehmer*innen bei der Arbeit verletzt und 530 sind dabei gestorben. Addiert man die Unfälle, die sich auf dem Weg zur Arbeit ereignet haben, und die Berufskrankheiten, kommt man auf 766.819 Verletzte und 1.125 Tote.

Im Bau-, Verkehrs- und Metallsektor sterben die meisten Arbeiter*innen.

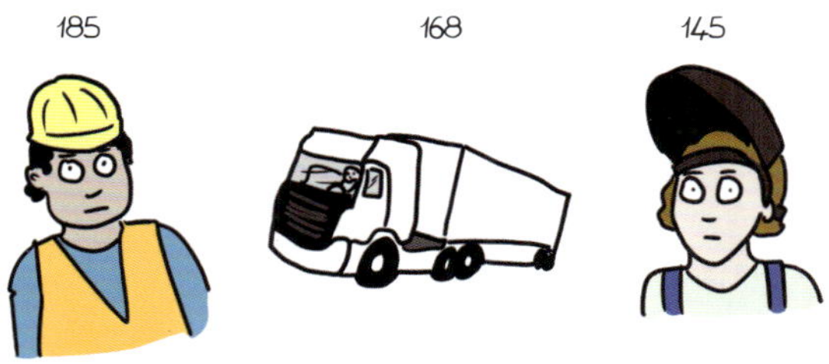

Zum Vergleich: Im selben Jahr zählt man bei der Polizei 7 Tote (davon 4 während eines Einsatzes) und 8 bei der Gendarmerie.

Die Frauen bleiben auch nicht verschont. Der Agentur Anact* zufolge ist das Risiko einer Berufskrankheit für sie seit 2001 um 145,2 % gestiegen, für die Männer hingegen nur um 71,5 %.

Das betrifft insbesondere das Reinigungspersonal: In vielen Reinigungsmitteln finden sich giftige Substanzen wie Glycol, das Atemwegserkrankungen und neurologische Störungen verursachen kann, oder Formaldehyd, das von der IARC** als krebserregend einstuft worden ist.

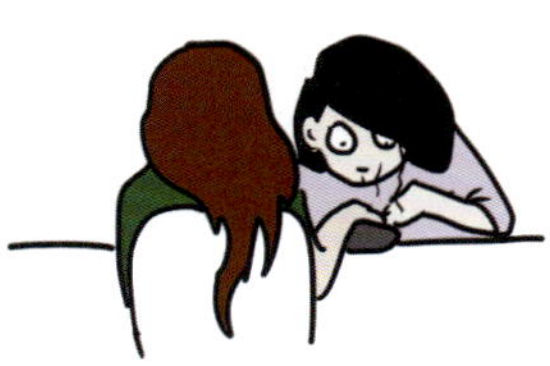

Und ebenso die Angestellten in Nagelstudios: Der ANSES*** zufolge enthält der zurzeit sehr angesagte semipermanente Nagellack Substanzen wie Acetaldehyd, das als krebserregend eingestuft wird, und Toluol, das für Schwangere gefährlich ist.

* Agence nationale pour l'amélioration des conditions de travail, dt.: Nationale Agentur für die Verbesserung der Arbeitsbedingungen

** Internationale Agentur für Krebsforschung

*** Agence nationale de sécurité sanitaire de l'alimentation, de l'environnement et du travail, französische Behörde für Lebensmittelsicherheit, Umwelt- und Arbeitsschutz.

Wir müssen also den Tatsachen ins Auge sehen:
Anders als uns manche einzubläuen versuchen …

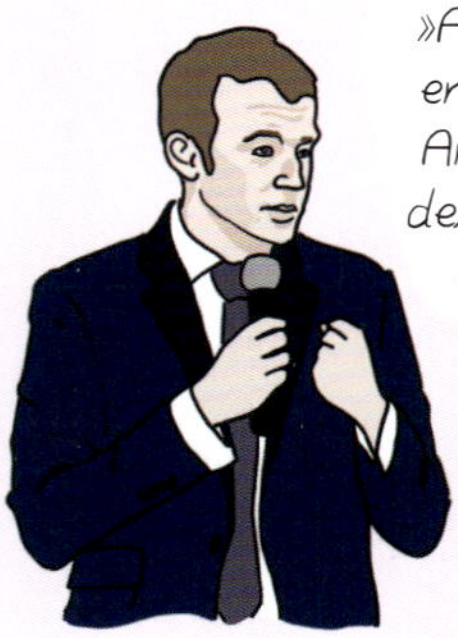

Ich mag den Begriff »Arbeitsbelastung« nicht, weil er die Assoziation weckt, dass Arbeit Schmerz ist. Arbeit bedeutet Unabhängigkeit, sie gibt euch einen Platz im Leben.

Emmanuel Macron am 28. März 2017 vor dem Arbeitgeberverband MEDEF

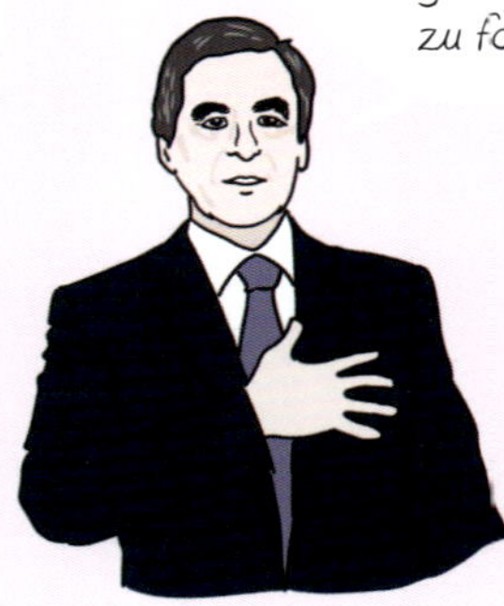

Arbeit gibt dir Freiheiten, sie macht es möglich, Träumen zu folgen.

François Fillon vor Ausgewanderten in New York am 9. September 2016

… bedeutet Arbeit nicht Gesundheit.
Nein, sie macht sogar krank und tötet.

Als Ursache für all das Leid nennen die meisten Studien eine schlechte **Arbeitsorganisation**.

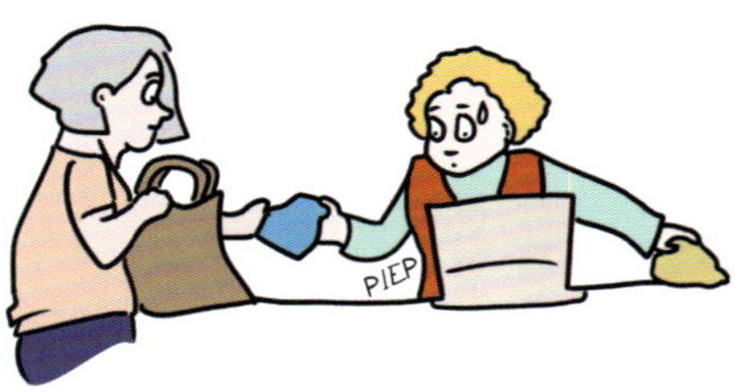
PIEP

Zu hohe Anforderungen: Komplexität, Zeitmangel, schwer zu erreichende Ziele …

Häufige Veränderungen

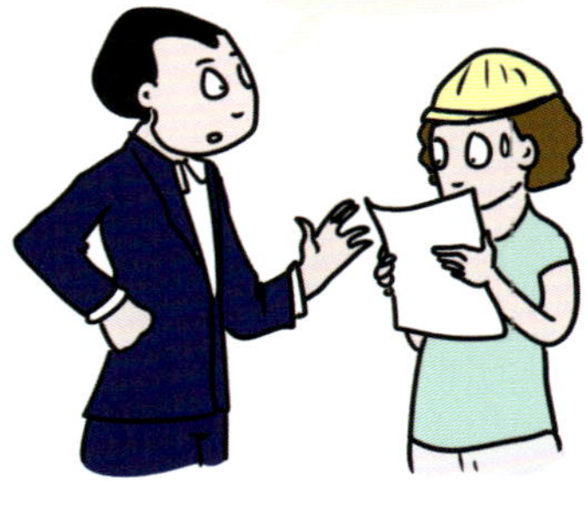
Montag arbeitest du in Melun am neuen Standort.

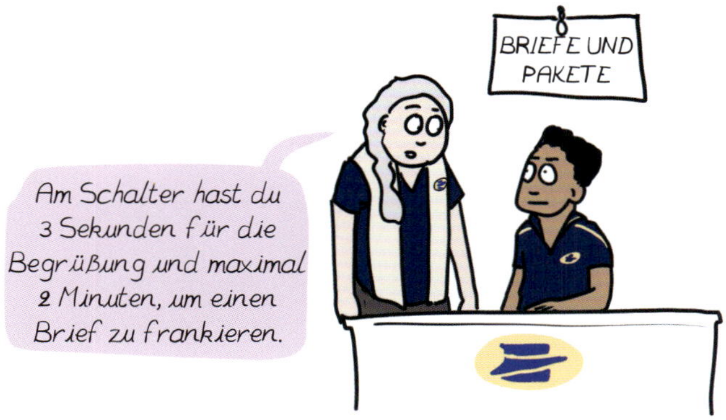
BRIEFE UND PAKETE
Am Schalter hast du 3 Sekunden für die Begrüßung und maximal 2 Minuten, um einen Brief zu frankieren.

Zu wenig Autonomie

Schlechtes Management

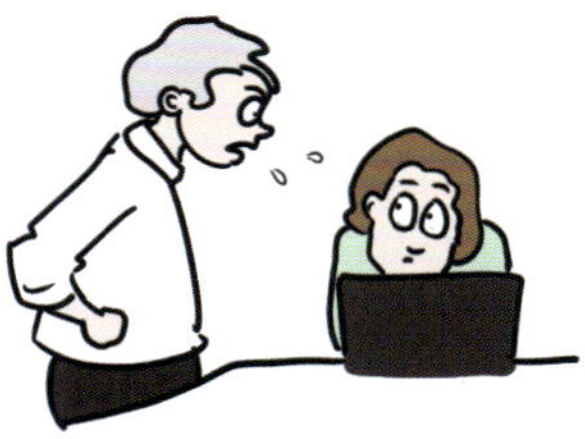

Schlecht organisierte Fusionen und Umstrukturierungen

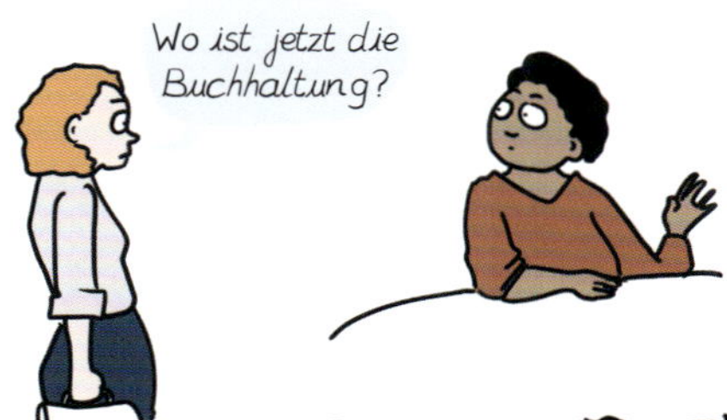
Wo ist jetzt die Buchhaltung?

Oder unterschwellige Konflikte zwischen Angestellten oder Abteilungen

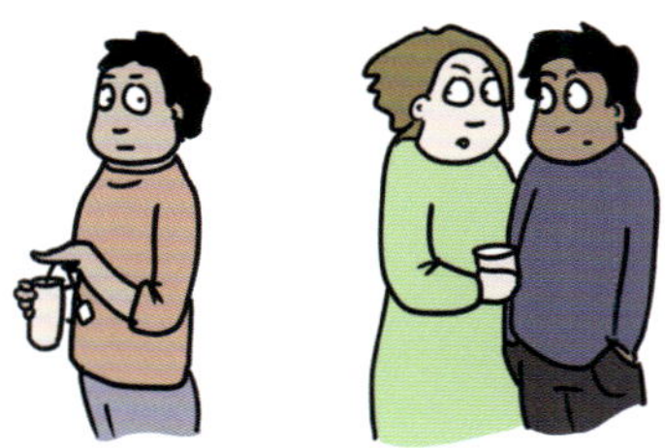

Die Lösung wäre also eine bessere Organisation in den Unternehmen.

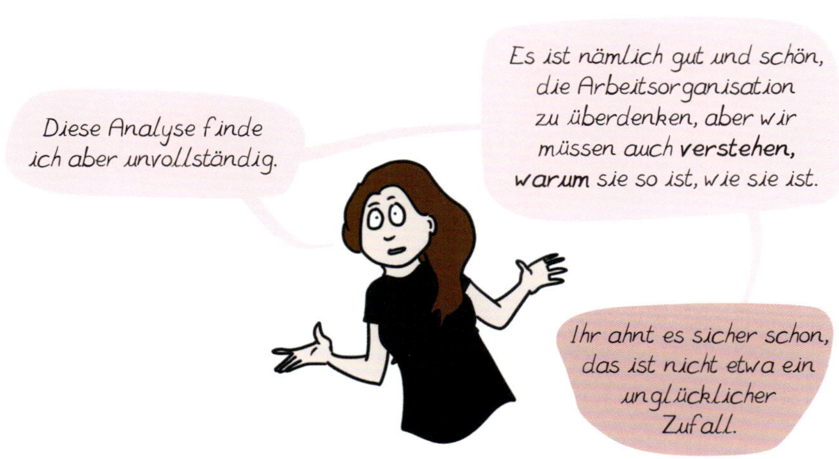
Diese Analyse finde ich aber unvollständig.
Es ist nämlich gut und schön, die Arbeitsorganisation zu überdenken, aber wir müssen auch **verstehen, warum** sie so ist, wie sie ist.
Ihr ahnt es sicher schon, das ist nicht etwa ein unglücklicher Zufall.

In urzeitlichen Gemeinschaften wurde langsam und mit vielen Pausen gearbeitet. Jede und jeder beteiligte sich an der Produktion lebensnotwendiger Güter, die anschließend mit allen geteilt wurden.

Bei den Yanomami aus dem Amazonas-Gebiet arbeitete man im Schnitt 40 Stunden die Woche, wobei die Hausarbeit miteingerechnet ist.

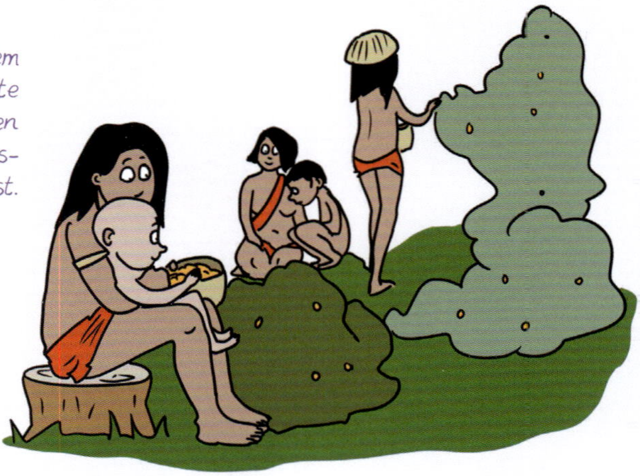

Konzepte wie **Profit** oder **Privateigentum** gab es nicht.

Vor 10.000 Jahren konnten die Menschen dank der Landwirtschaft und der Viehzucht sesshaft werden. Es wurde möglich, das Lebensnotwendige ohne die Hilfe der gesamten Gemeinschaft zu produzieren.

Durch die Produktivitätssteigerung konnte man einen Überschuss an Nahrung produzieren, diesen **lagern** und gegen andere Dinge **tauschen**. Weil sie nicht mehr für das »Lebensnotwendige« arbeiten mussten, spezialisierten sich manche Gemeinschaften auf andere Tätigkeiten wie das Kunsthandwerk.

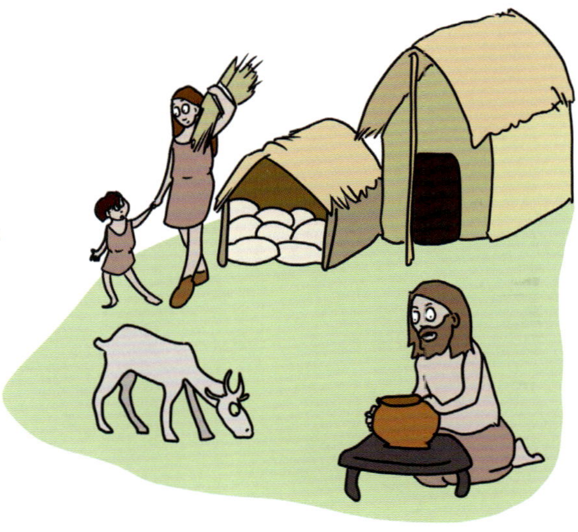

Das Vieh, die Gebäude und dann auch der Boden wurden **vom Gemeinschafts- zum Privateigentum**. Die Gesellschaft teilte sich in **Gruppen mit unterschiedlichen Spezialisierungen und Interessen**.

Recht schnell organisierten sich einige Gruppen wie die Ortsvorsteher*innen, die Krieger*innen oder die Priester*innen, um einen Großteil des Eigentums für sich zu beanspruchen.

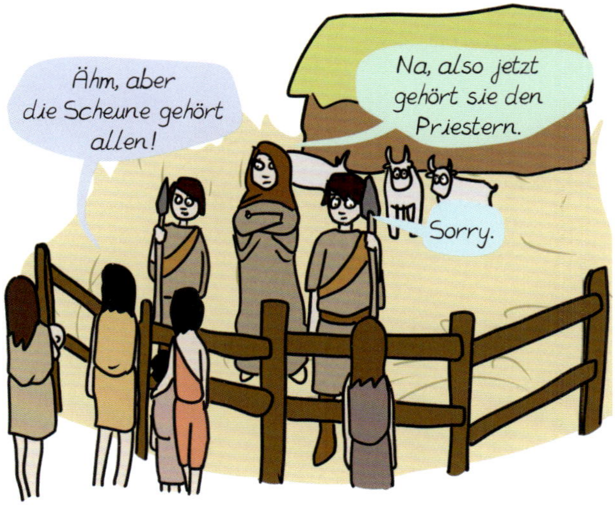
Ähm, aber die Scheune gehört allen!
Na, also jetzt gehört sie den Priestern.
Sorry.

Die Gesellschaft **teilte sich in Klassen auf**.

Im Feudalismus, vom 9. bis ins 13. Jahrhundert, gab es im Grunde genommen zwei Klassen, den Adel und die Leibeigenen.

Der Adel besaß Land und die Leibeigenen mussten mit Abgaben in Naturalien oder Geld dafür bezahlen, dass sie es »nutzten«.

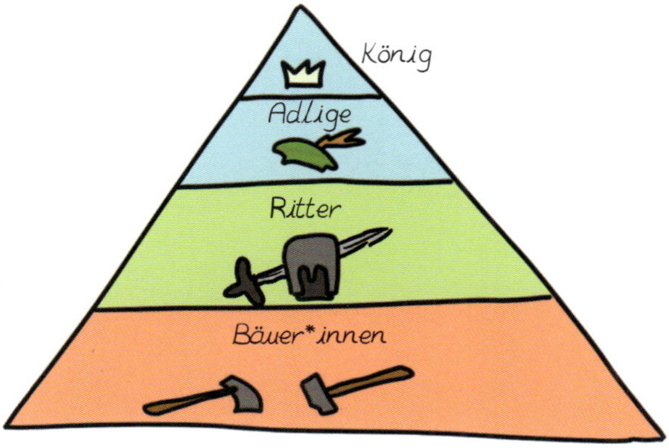
König
Adlige
Ritter
Bäuer*innen

Dieses System fußte bereits auf der Ausbeutung der Arbeitskraft der einen Klasse durch eine andere. Jedoch konnten die Leibeigenen »frei« entscheiden, in welchem Rhythmus und auf welche Weise sie das Land nutzten.

Gegen Ende des Mittelalters bringt die weltweite Schifffahrt die feudale Ordnung durcheinander.

Einige Familien können nun Kapital in Form von Gold anhäufen und sich an der Sklaverei und dem Kolonialhandel bereichern.

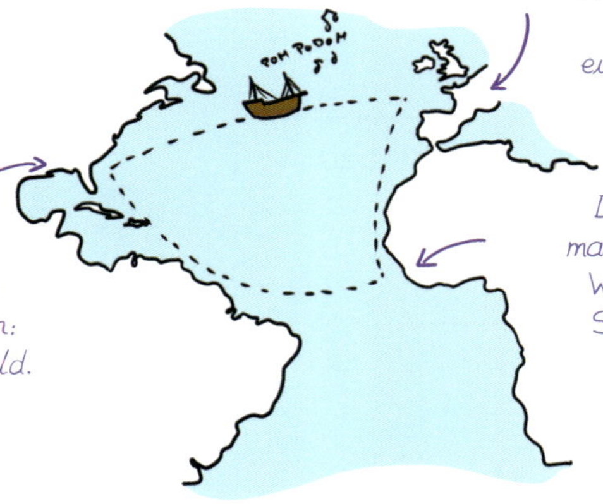
Hier lagert man Gold, verkauft die amerikanischen Produkte und belädt das Schiff mit europäischen Waren
Hier tauscht man Sklav*innen gegen amerikanische Waren: Kaffee, Baumwolle, Gold.
Dort tauscht man europäische Waren gegen Sklav*innen

Eine neue Klasse bildet sich heraus: die **Handelsbourgoisie**.

Das Bürgertum entdeckt neue Märkte und kämpft um seinen Anteil. Aber die feudale Produktionsweise bremst diese Expansion.

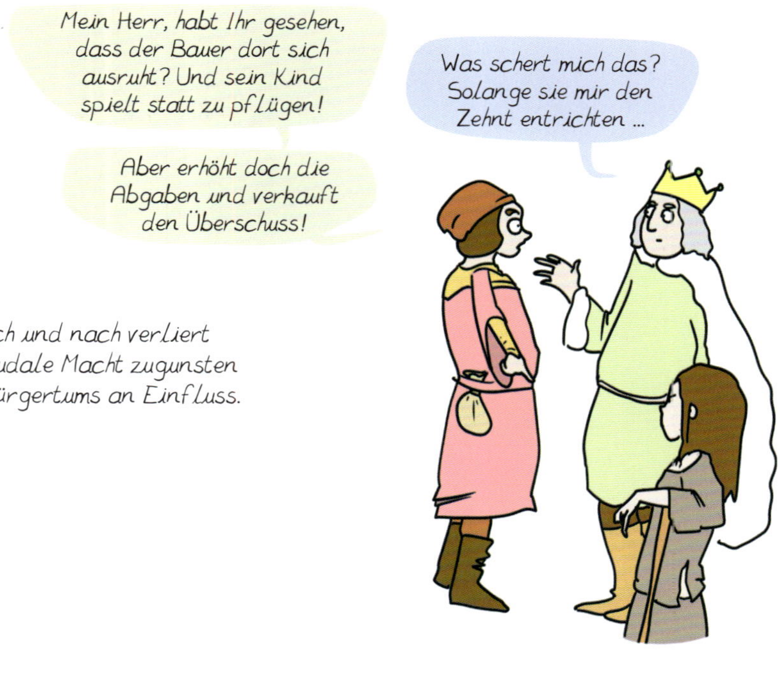
Mein Herr, habt Ihr gesehen, dass der Bauer dort sich ausruht? Und sein Kind spielt statt zu pflügen!
Was schert mich das? Solange sie mir den Zehnt entrichten ...
Aber erhöht doch die Abgaben und verkauft den Überschuss!

Nach und nach verliert die feudale Macht zugunsten des Bürgertums an Einfluss.

Mit dem Gold aus den Plünderungen neuer Gebiete baut das Bürgertum seine ersten Manufakturen. So kann es die Produktion optimieren und seinen Profit maximieren. Die **Arbeitszeit** wird ein wichtiger Faktor.

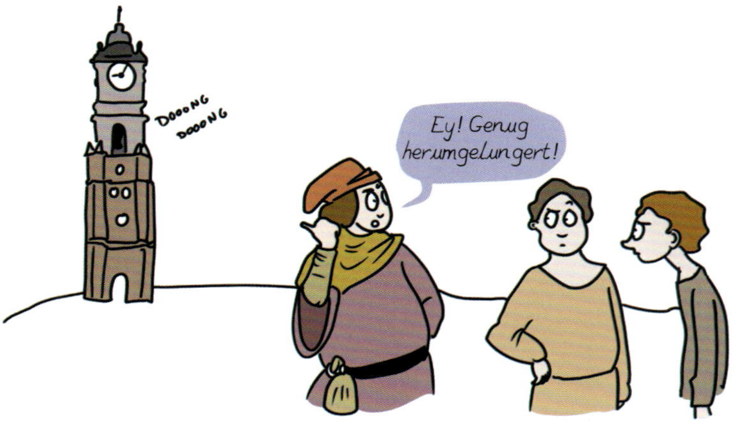
DOOONG
DOOONG
Ey! Genug herumgelungert!

Das Läuten des Glockenturms dient dazu, die Arbeiter*innen zu kontrollieren (aber ebenso Letzteren für den Kampf, wenn sie versuchen, ihn einzunehmen und mit dem Läuten zur Revolte aufzurufen!)

In Frankreich ergreift das Bürgertum mit der Revolution von 1789 endgültig die Macht.

Nachdem es der feudalen Macht den Garaus gemacht hat, baut es immer weitere Manufakturen … **aber arbeitet nicht in ihnen!** Die Waren werden im Tausch für ein Gehalt von der **Arbeiter*innenklasse** produziert und **bleiben im Besitz des Bürgertums,** das sie weiter verkauft, um damit Profit zu machen.

Danke fürs Helfen! Jetzt, da wir den König verjagt haben, ist das Privateigentum gesetzlich verankert! Und wir alle können welches erwerben!

Okay, aber … wie denn, wenn man kein Geld hat?

Ach, wie blöd … aber ihr könnt in meiner Manufaktur arbeiten!

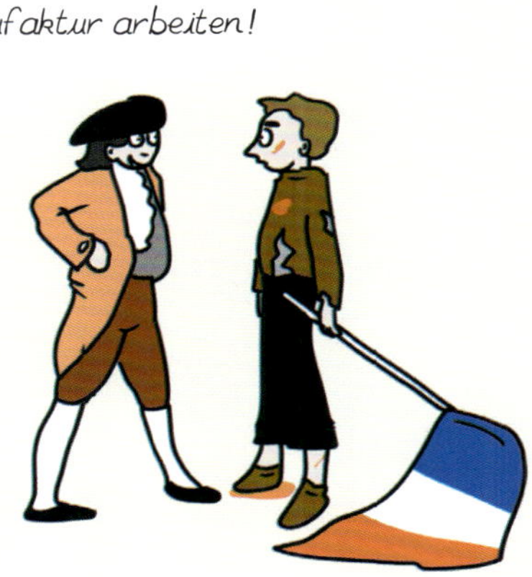

Als die Landflucht einen Höhepunkt erreicht und der Hunger massenhaft Arbeitskräfte in die Städte treibt, können die Eigentümer*innen den Angestellten ihre Arbeitsbedingungen aufdrücken.

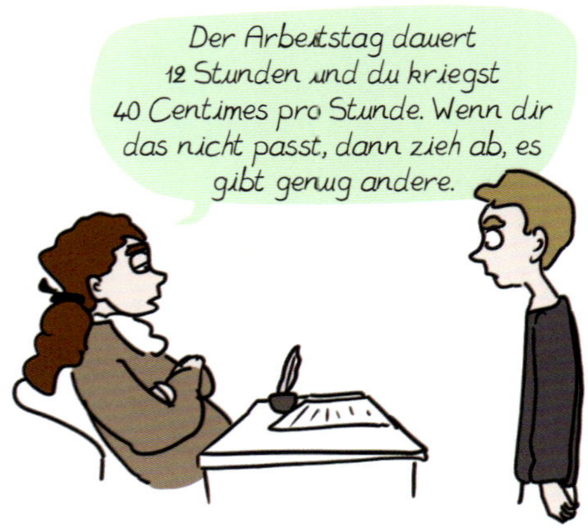
Der Arbeitstag dauert 12 Stunden und du kriegst 40 Centimes pro Stunde. Wenn dir das nicht passt, dann zieh ab, es gibt genug andere.

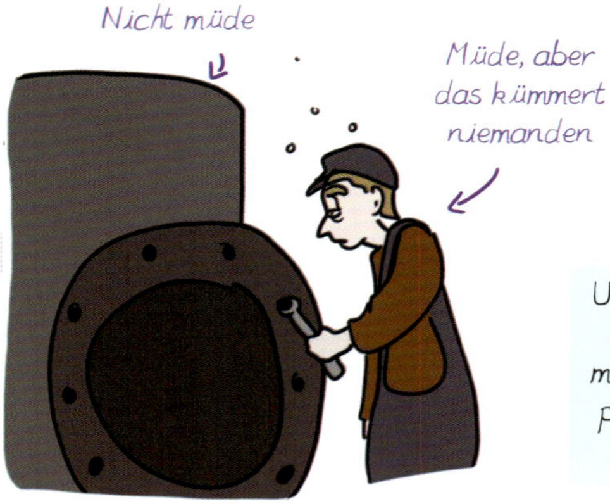
Nicht müde
Müde, aber das kümmert niemanden

Und die technologischen Fortschritte – wie insbesondere die Erfindung der Dampfmaschine – ermöglichen es, unaufhörlich zu produzieren, ohne sich nach der Länge der Tage oder dem Wetter zu richten.

Es ist der Beginn einer Ära, in der **sich die Menschen nach Maschinen und Gewinnstreben richten müssen.**

Am Anfang des 20. Jahrhunderts entstehen neue Formen der Arbeitsorganisation. Der Taylorismus und später der Fordismus zielen darauf ab, dass die Arbeiter*innen nicht mehr über eine Expertise verfügen, sondern einfache, repetitive Aufgaben ausführen.

Vertikale Aufteilung zwischen Planung und Umsetzung

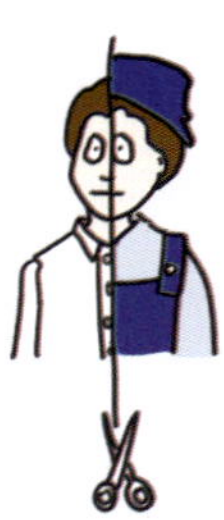

Und horizontale zwischen den verschiedenen Arbeitsschritten

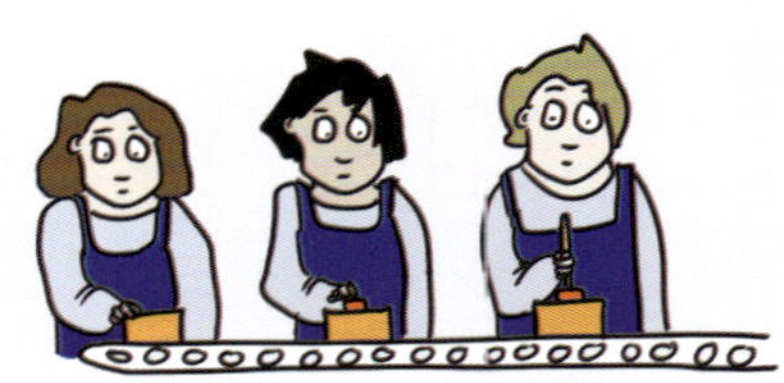

So hängt man nicht von ihrem Können ab und macht sie damit austauschbar. Man schafft Machtverhältnisse, die den Arbeitgeber*innen nutzen.

Nach demselben Prinzip handelt die imperialistische Politik des Westens: Sie schafft ungleiche Machtverhältnisse, um die ausländischen Arbeiter*innen besser ausbeuten zu können.

So war es mit der Sklaverei.

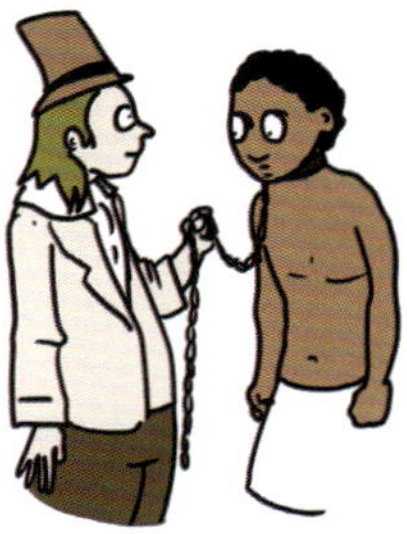

So ist es noch heute, wenn Migrant*innen aus dem Meer gefischt werden, um dann auf Fischfangschiffen ausgebeutet und, wenn sie erst einmal zu krank zum Arbeiten sind, wieder ins Wasser geworfen zu werden.

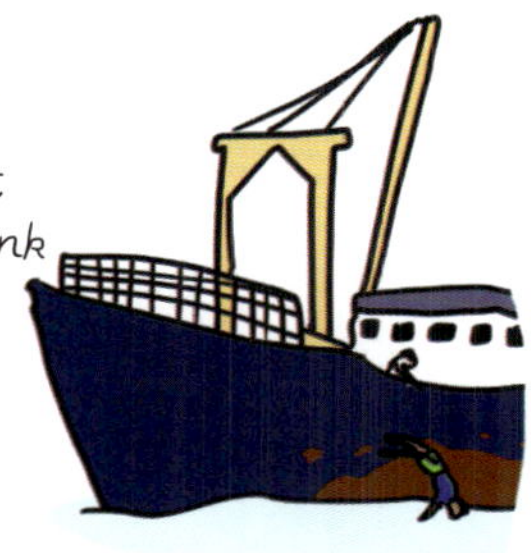

Oder wenn die Arbeiterinnen auf den Zuckerrohrplantagen in Indien gezwungen werden, sich den Uterus entfernen zu lassen, damit ihre Menstruation nicht die Produktivität beeinträchtigt.

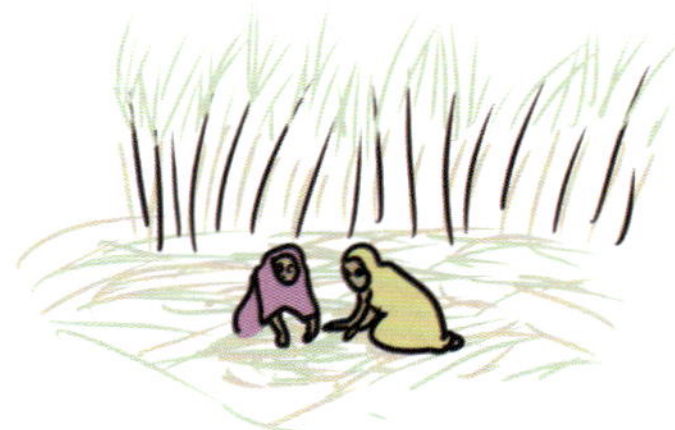

Zwar haben es unsere Vorfahr*innen im Laufe der Zeit geschafft, sich zu organisieren und einige Maßnahmen zu ergreifen, um sich zu schützen …

Die 1892 gegründete französische Arbeitsaufsicht

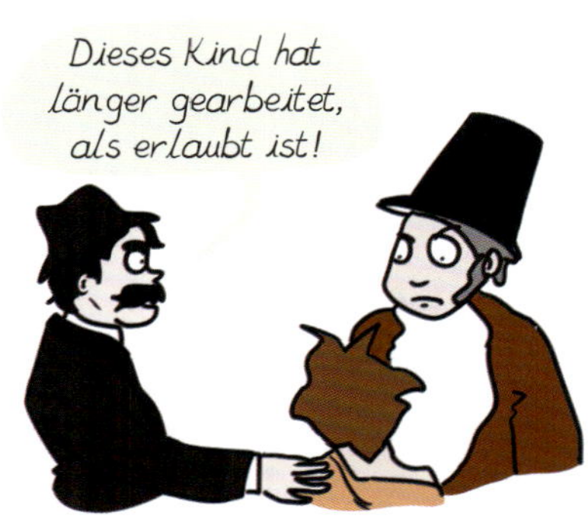
Dieses Kind hat länger gearbeitet, als erlaubt ist!

Die gesetzliche Krankenversicherung im Jahr 1945

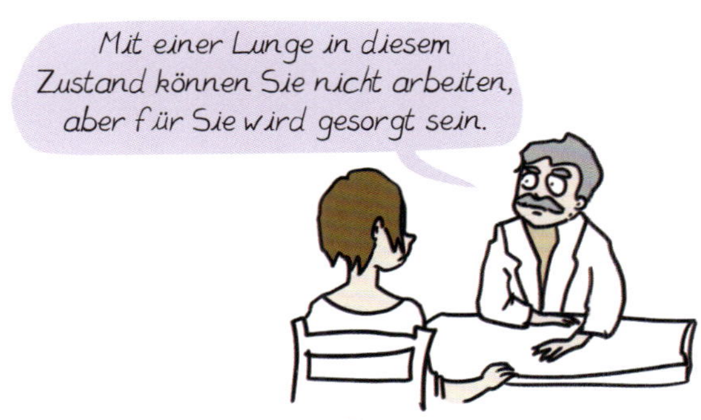
Mit einer Lunge in diesem Zustand können Sie nicht arbeiten, aber für Sie wird gesorgt sein.

Die Ausschüsse für Hygiene, Sicherheit und Arbeitsbedingungen in französischen Unternehmen im Jahr 1982

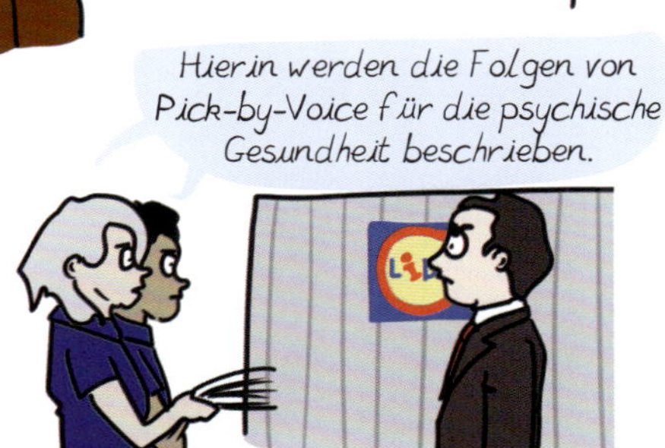
Hierin werden die Folgen von Pick-by-Voice für die psychische Gesundheit beschrieben.

... aber das Bürgertum und sein langer Arm, die Regierungen, demontieren gewissenhaft, eine nach der anderen, jede dieser Errungenschaften.

Im Jahr 2016 wird das Recht auf medizinische Untersuchungen durch ein Recht darauf ersetzt, von Ärzt*innen »informiert zu werden«.

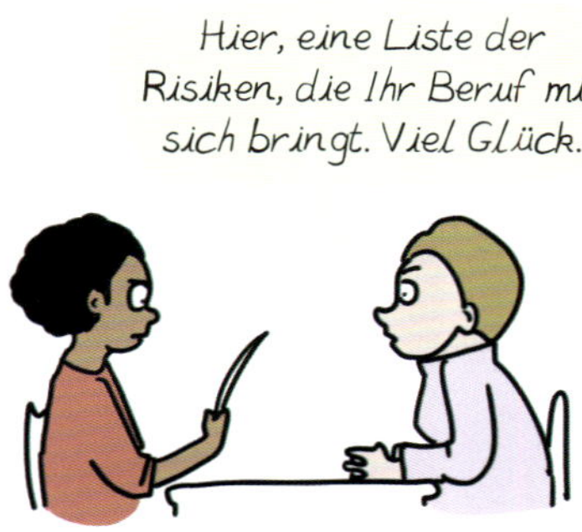
Hier, eine Liste der Risiken, die Ihr Beruf mit sich bringt. Viel Glück.

2014 wird als Reaktion auf den Anstieg des Rentenalters ein eigenes Rentenkonto für Arbeitnehmer*innen mit besonders schweren Arbeitsbedingungen eingeführt .... und dann 2017 wieder abgeschafft.

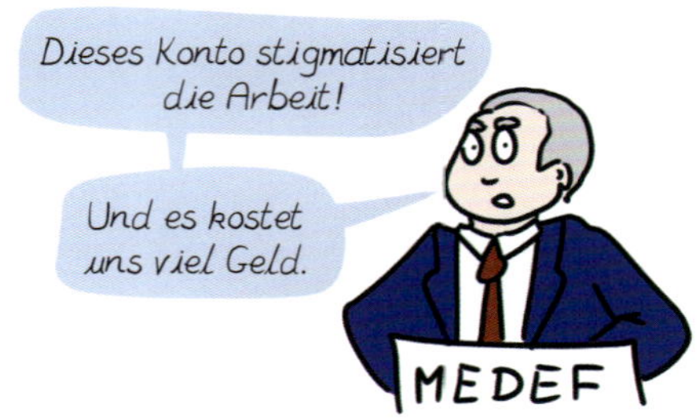
Dieses Konto stigmatisiert die Arbeit!
Und es kostet uns viel Geld.
MEDEF

2018 werden in Frankreich der Ausschuss für Hygiene, Sicherheit und Arbeitsbedingungen, der Betriebsrat und die Personalvertreter*innen in einem Ausschuss zusammengefasst, der die drei Aufgabenbereiche mit weniger Mitgliedern und weniger Geld abdecken soll.

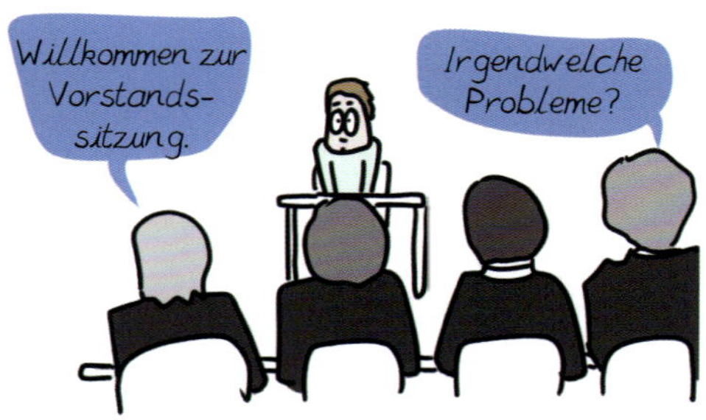
Willkommen zur Vorstandssitzung.
Irgendwelche Probleme?

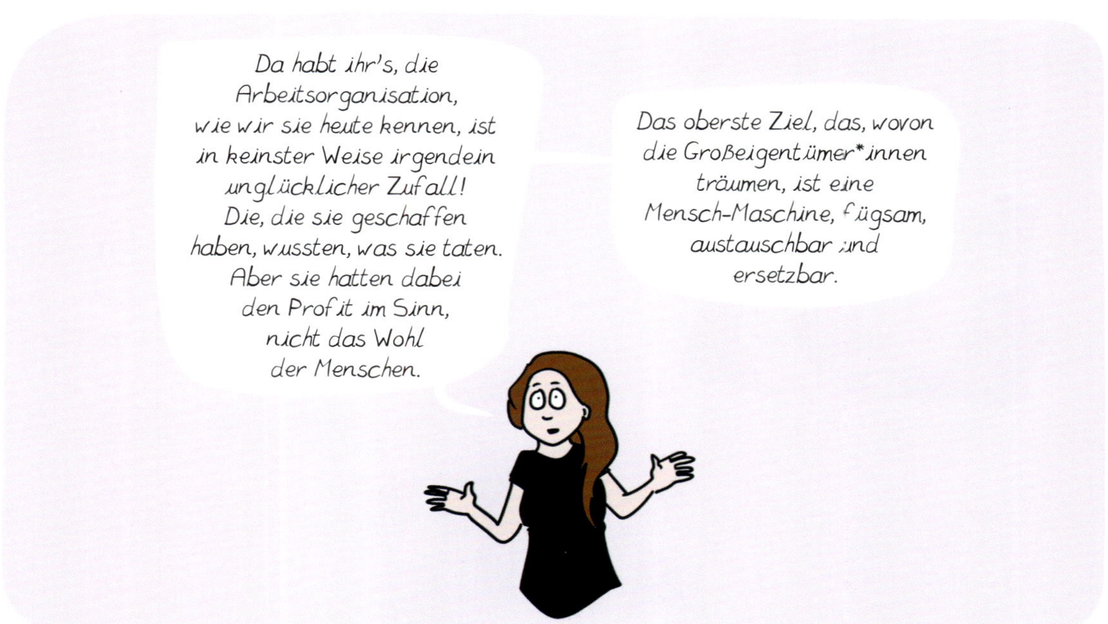
Da habt ihr's, die Arbeitsorganisation, wie wir sie heute kennen, ist in keinster Weise irgendein unglücklicher Zufall! Die, die sie geschaffen haben, wussten, was sie taten. Aber sie hatten dabei den Profit im Sinn, nicht das Wohl der Menschen.
Das oberste Ziel, das, wovon die Großeigentümer*innen träumen, ist eine Mensch-Maschine, fügsam, austauschbar und ersetzbar.

Das geschieht nicht ohne Widerstand, aber die Machtverhältnisse sind sehr ungleich. Das Bürgertum ist zwar in der Minderheit, verfügt aber über effektive Waffen, mit denen es seine Interessen durchsetzen kann.

Etwa die **Arbeitsmoral,**

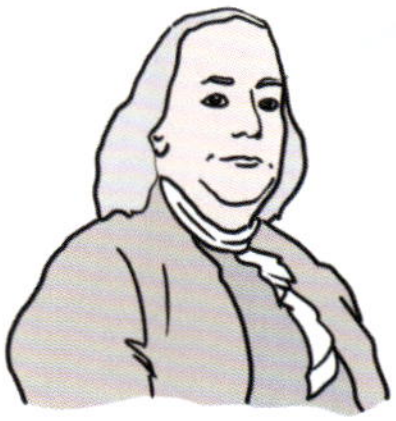

Vergiss nicht, dass Zeit Geld ist.
Wer durch seine Arbeit zehn Schilling am Tag verdienen kann und die Hälfte des Tages spazieren geht oder untätig herumsitzt, hat fünf Schilling ausgegeben – oder besser gesagt weggeworfen.

Benjamin Franklin in »Guter Rat an einen jungen Handwerker« (1748)

die **Religion,**

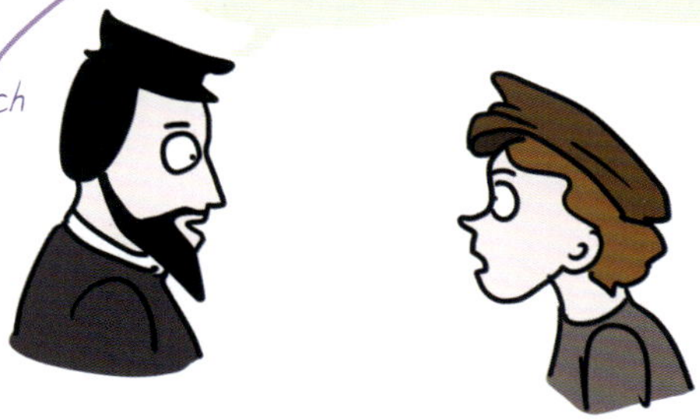
Gott hat bereits entschieden, ob du ins Paradies oder in die Hölle kommst.
Du musst wissen, dass nur wer auserwählt ist, ins Paradies zu kommen, zu Reichtum gelangt. Wenn du erfolgreich bist, dann bist du auserwählt.
Superpraktisch
Ah. Dann kann ich mich ja ausruhen.

drohende Arbeitslosigkeit und Armut,

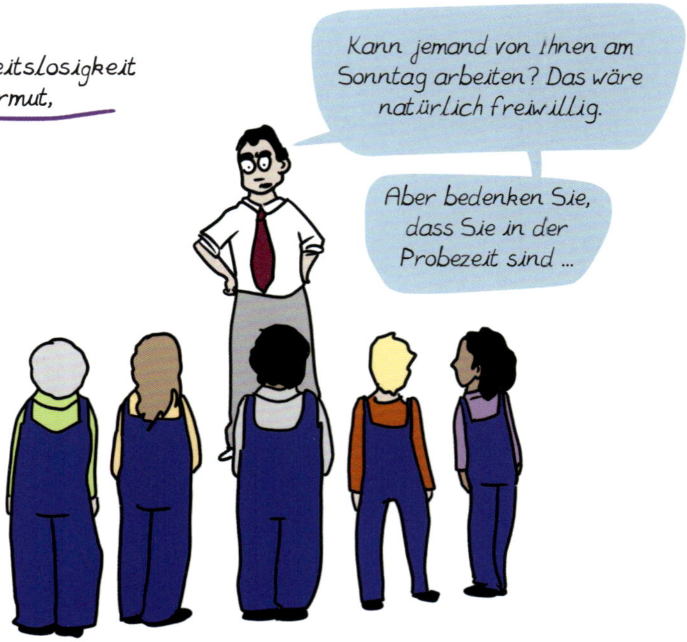
Kann jemand von Ihnen am Sonntag arbeiten? Das wäre natürlich freiwillig.
Aber bedenken Sie, dass Sie in der Probezeit sind …

und, wenn nötig, Gewalt.

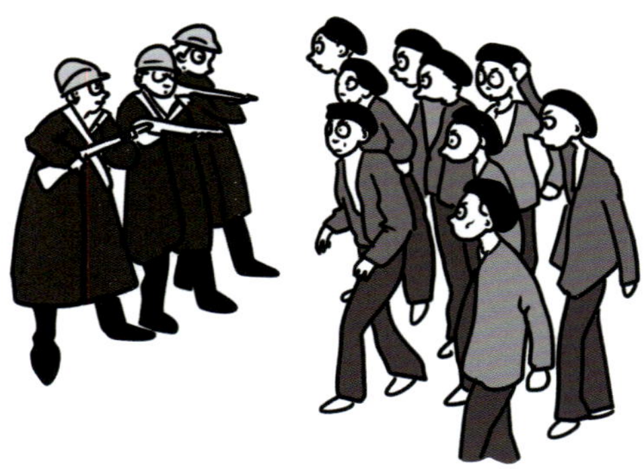

In Frankreich streikten 1948 zahlreiche Bergarbeiter, um zu verhindern, dass unter anderem per Dekret die Lohnfortzahlungen abgeschafft wurden. Der Innenminister Jules Moch hatte zunächst vorgegeben, den Dialog zu suchen und »die Sicherheit und Freiheit der Arbeit gewährleisten« zu wollen. Als er damit scheiterte, hat er daraufhin den Polizisten befohlen, auf die Streikenden zu schießen. 100 Bergarbeiter sind gestorben.

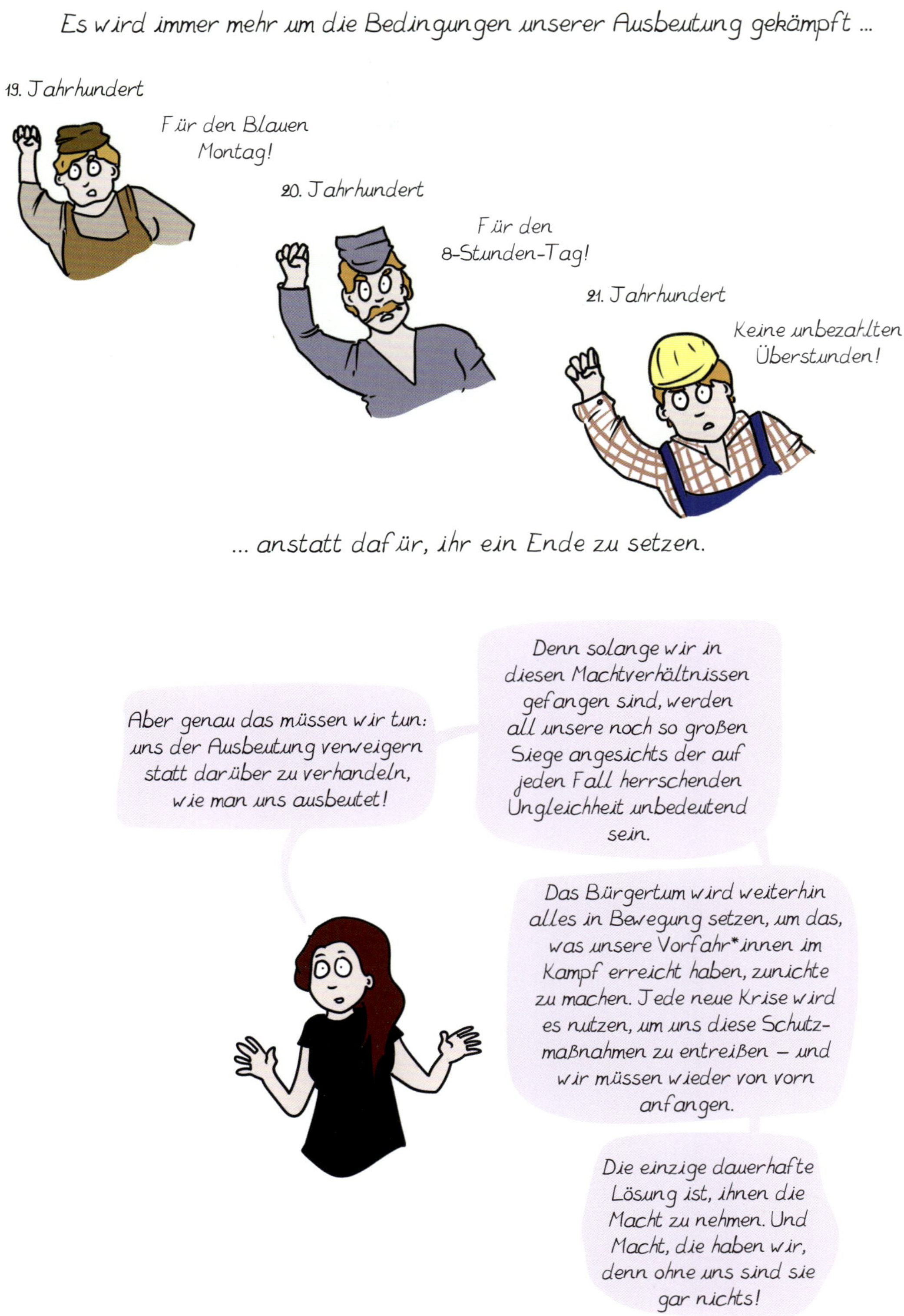
Es wird immer mehr um die Bedingungen unserer Ausbeutung gekämpft …
19. Jahrhundert
Für den Blauen Montag!
20. Jahrhundert
Für den 8-Stunden-Tag!
21. Jahrhundert
Keine unbezahlten Überstunden!
… anstatt dafür, ihr ein Ende zu setzen.
Aber genau das müssen wir tun: uns der Ausbeutung verweigern statt darüber zu verhandeln, wie man uns ausbeutet!
Denn solange wir in diesen Machtverhältnissen gefangen sind, werden all unsere noch so großen Siege angesichts der auf jeden Fall herrschenden Ungleichheit unbedeutend sein.
Das Bürgertum wird weiterhin alles in Bewegung setzen, um das, was unsere Vorfahr*innen im Kampf erreicht haben, zunichte zu machen. Jede neue Krise wird es nutzen, um uns diese Schutzmaßnahmen zu entreißen – und wir müssen wieder von vorn anfangen.
Die einzige dauerhafte Lösung ist, ihnen die Macht zu nehmen. Und Macht, die haben wir, denn ohne uns sind sie gar nichts!

Diejenigen, die produzieren, sind nicht die Arbeitgeber*innen ... sondern wir!

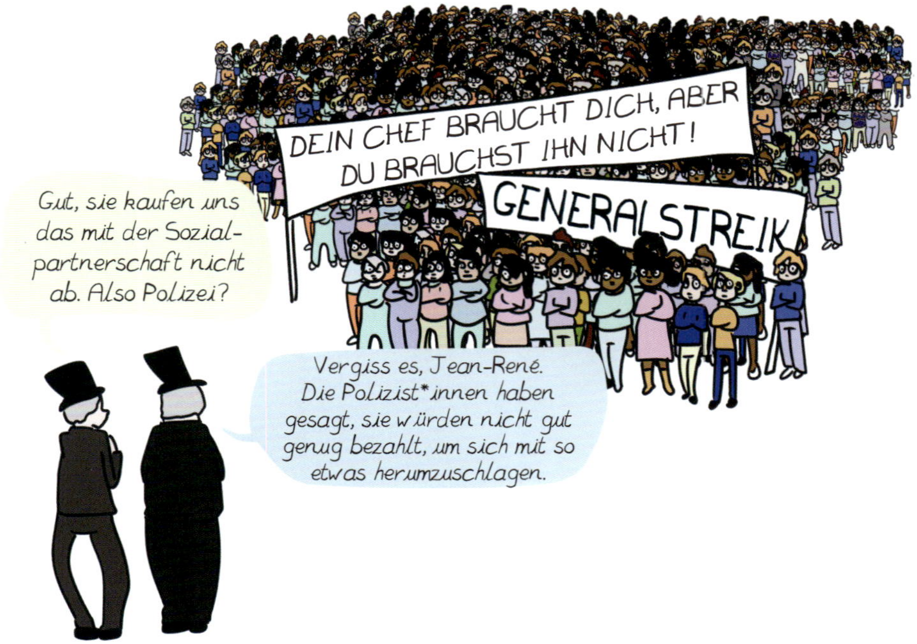
DEIN CHEF BRAUCHT DICH, ABER DU BRAUCHST IHN NICHT!
GENERALSTREIK
Gut, sie kaufen uns das mit der Sozialpartnerschaft nicht ab. Also Polizei?
Vergiss es, Jean-René. Die Polizist*innen haben gesagt, sie würden nicht gut genug bezahlt, um sich mit so etwas herumzuschlagen.

Darin liegt unsere Macht: in unserem Klassenbewusstsein.

Ich würde wirklich gerne über all das mit meinem »Ich« von 2009 reden können, das sich so unbedeutend fühlte, weil es wie ein Roboter von Projekt zu Projekt weitergereicht wurde.

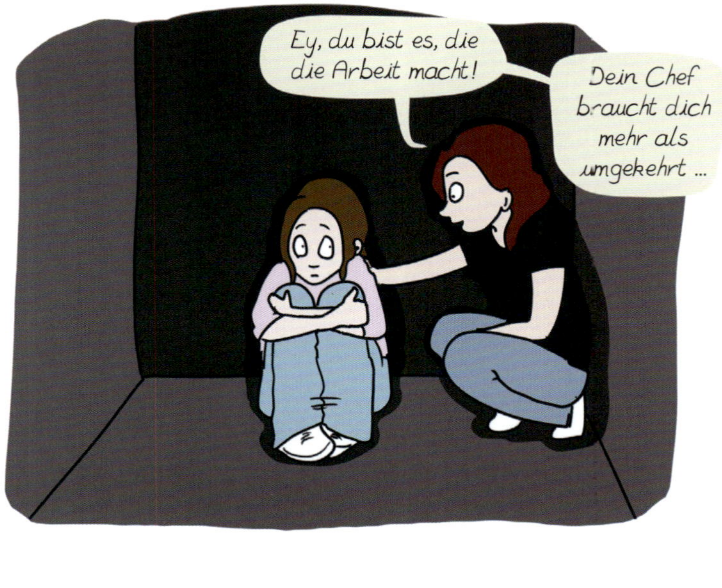
Ey, du bist es, die die Arbeit macht!
Dein Chef braucht dich mehr als umgekehrt ...

Aber ich glaube, ich wäre noch nicht dazu bereit gewesen, so etwas zu hören.

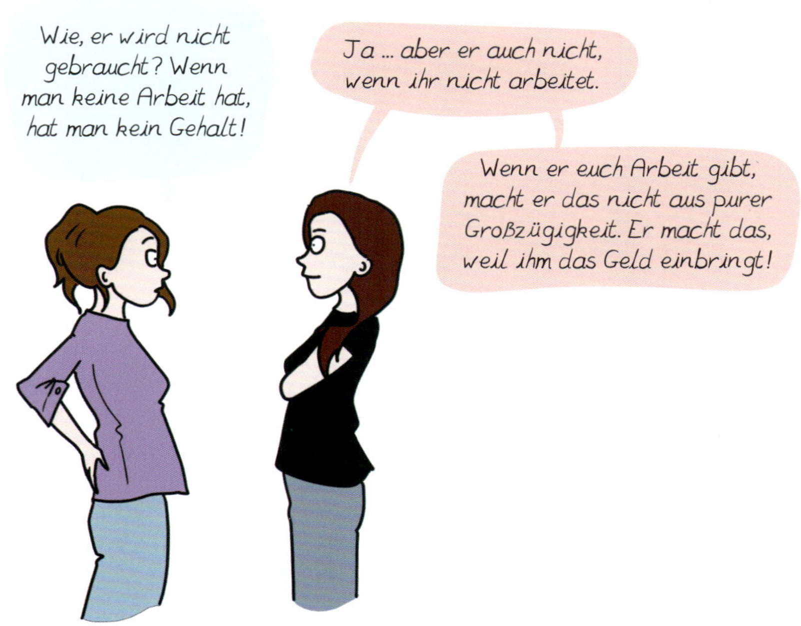
Wie, er wird nicht gebraucht? Wenn man keine Arbeit hat, hat man kein Gehalt!
Ja ... aber er auch nicht, wenn ihr nicht arbeitet.
Wenn er euch Arbeit gibt, macht er das nicht aus purer Großzügigkeit. Er macht das, weil ihm das Geld einbringt!

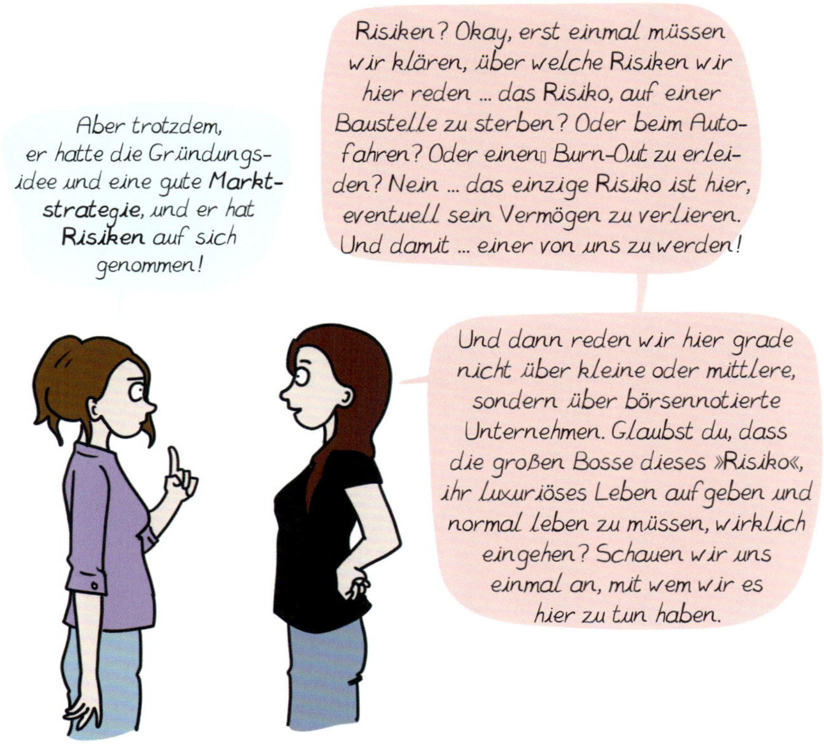
Aber trotzdem, er hatte die Gründungsidee und eine gute **Marktstrategie**, und er hat **Risiken** auf sich genommen!
Risiken? Okay, erst einmal müssen wir klären, über welche Risiken wir hier reden ... das Risiko, auf einer Baustelle zu sterben? Oder beim Autofahren? Oder einen Burn-Out zu erleiden? Nein ... das einzige Risiko ist hier, eventuell sein Vermögen zu verlieren. Und damit ... einer von uns zu werden!
Und dann reden wir hier grade nicht über kleine oder mittlere, sondern über börsennotierte Unternehmen. Glaubst du, dass die großen Bosse dieses »Risiko«, ihr luxuriöses Leben aufgeben und normal leben zu müssen, wirklich eingehen? Schauen wir uns einmal an, mit wem wir es hier zu tun haben.

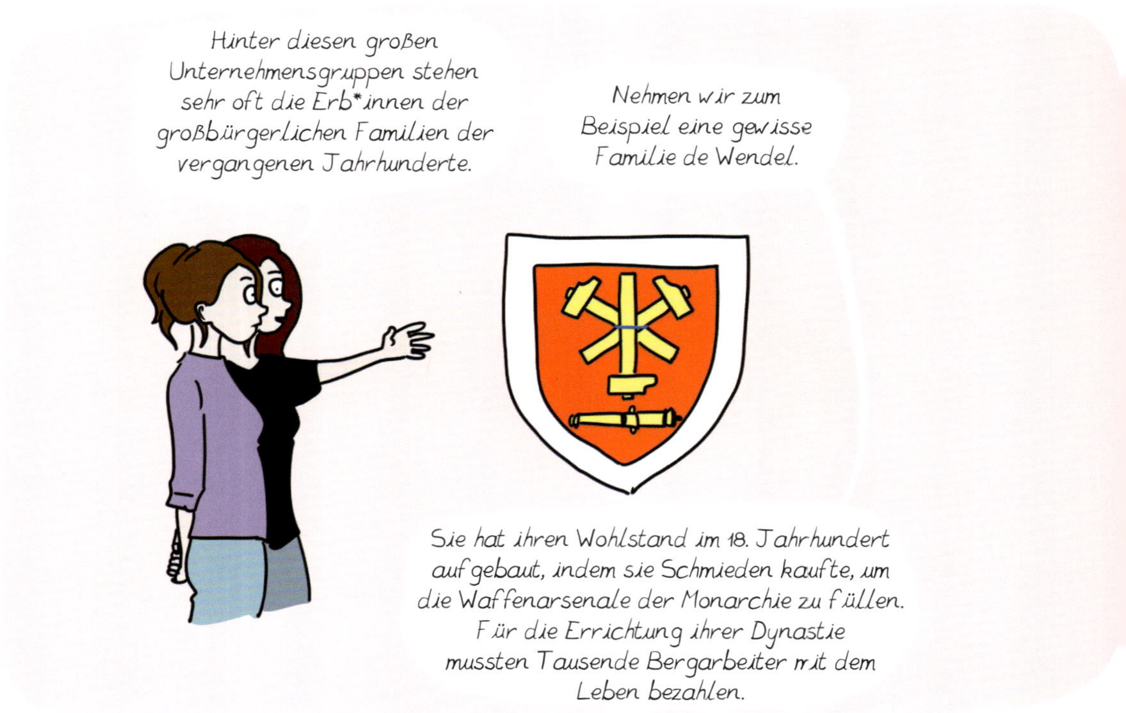
Hinter diesen großen Unternehmensgruppen stehen sehr oft die Erb*innen der großbürgerlichen Familien der vergangenen Jahrhunderte.
Nehmen wir zum Beispiel eine gewisse Familie de Wendel.
Sie hat ihren Wohlstand im 18. Jahrhundert aufgebaut, indem sie Schmieden kaufte, um die Waffenarsenale der Monarchie zu füllen. Für die Errichtung ihrer Dynastie mussten Tausende Bergarbeiter mit dem Leben bezahlen.

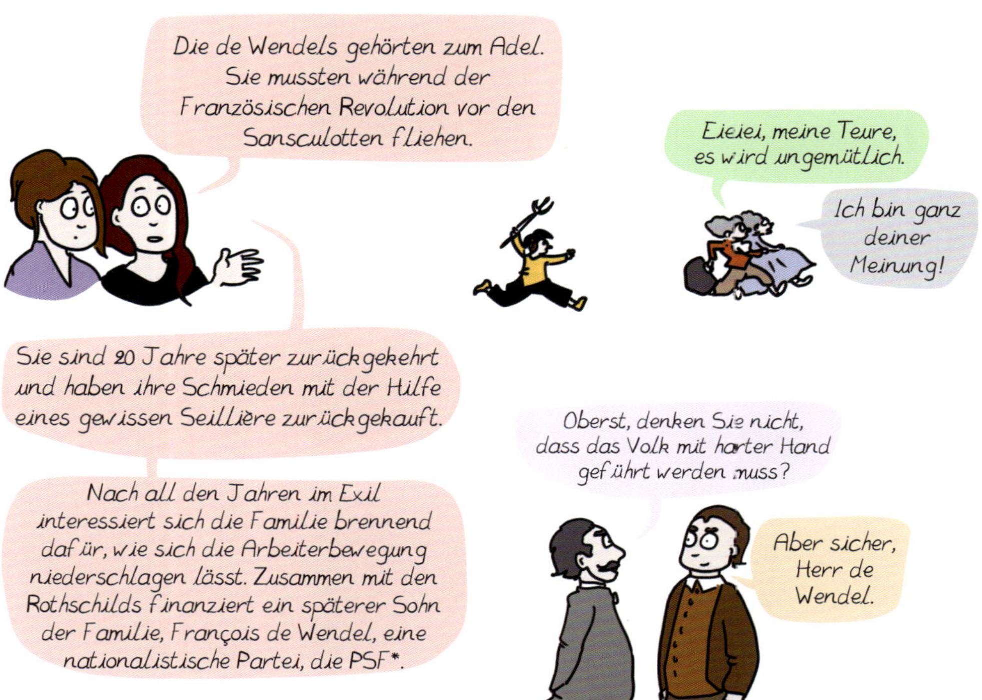
Die de Wendels gehörten zum Adel. Sie mussten während der Französischen Revolution vor den Sansculotten fliehen.
Eieiei, meine Teure, es wird ungemütlich.
Ich bin ganz deiner Meinung!
Sie sind 20 Jahre später zurückgekehrt und haben ihre Schmieden mit der Hilfe eines gewissen Seillière zurückgekauft.
Nach all den Jahren im Exil interessiert sich die Familie brennend dafür, wie sich die Arbeiterbewegung niederschlagen lässt. Zusammen mit den Rothschilds finanziert ein späterer Sohn der Familie, François de Wendel, eine nationalistische Partei, die PSF*.
Oberst, denken Sie nicht, dass das Volk mit harter Hand geführt werden muss?
Aber sicher, Herr de Wendel.

*Die Parti social français wird im Jahr 1936 durch den Oberst François de La Rocque gegründet. Die Partei ist rechtskonservativ und nationalistisch.

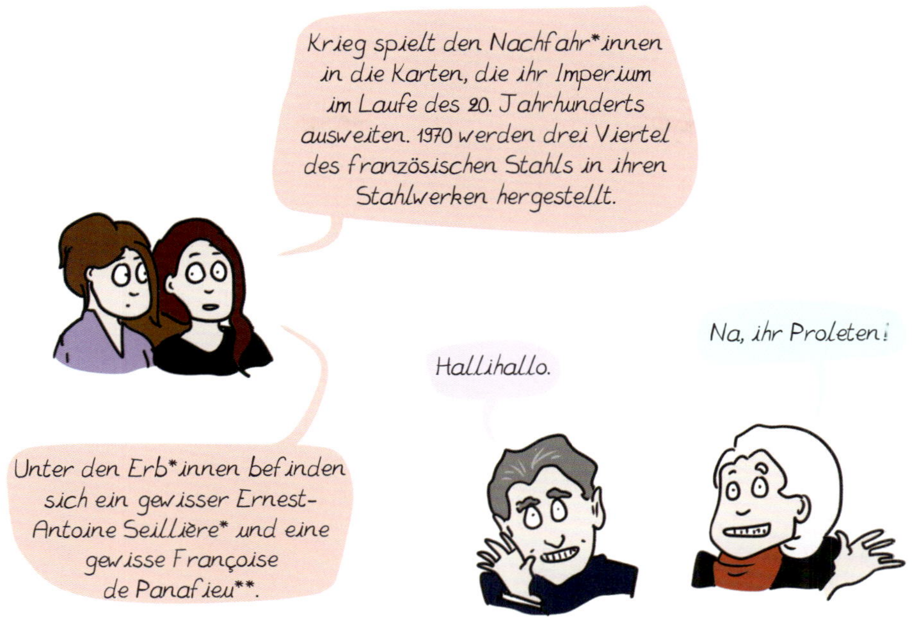
Krieg spielt den Nachfahr*innen in die Karten, die ihr Imperium im Laufe des 20. Jahrhunderts ausweiten. 1970 werden drei Viertel des französischen Stahls in ihren Stahlwerken hergestellt.
Unter den Erb*innen befinden sich ein gewisser Ernest-Antoine Seillière* und eine gewisse Françoise de Panafieu**.
Hallihallo.
Na, ihr Proleten!

* Ehemaliger Präsident der Arbeitgebervereinigung MEDEF (Anm. d. Übersetzerin).
** Konservative französische Politikerin (Anm. d Übersetzerin).

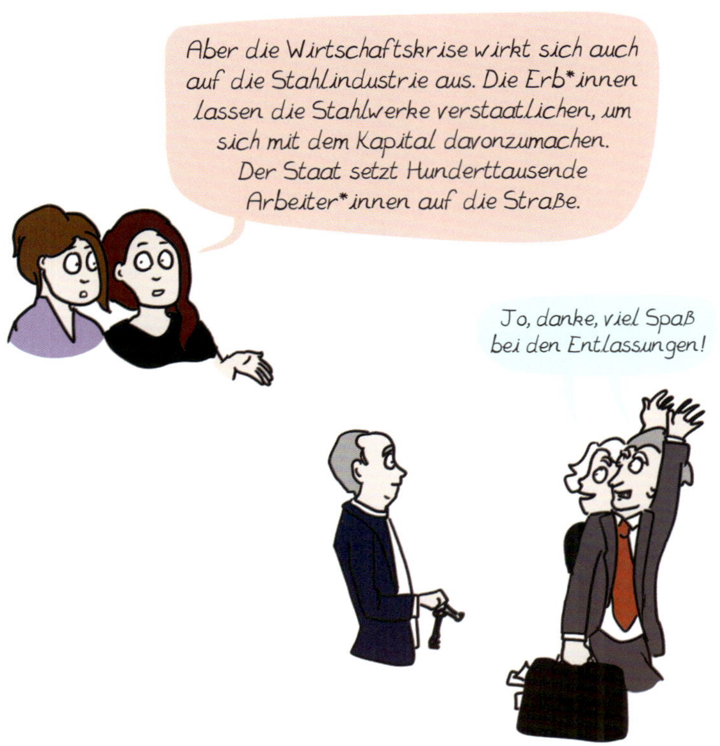
Aber die Wirtschaftskrise wirkt sich auch auf die Stahlindustrie aus. Die Erb*innen lassen die Stahlwerke verstaatlichen, um sich mit dem Kapital davonzumachen. Der Staat setzt Hunderttausende Arbeiter*innen auf die Straße.
Jo, danke, viel Spaß bei den Entlassungen!

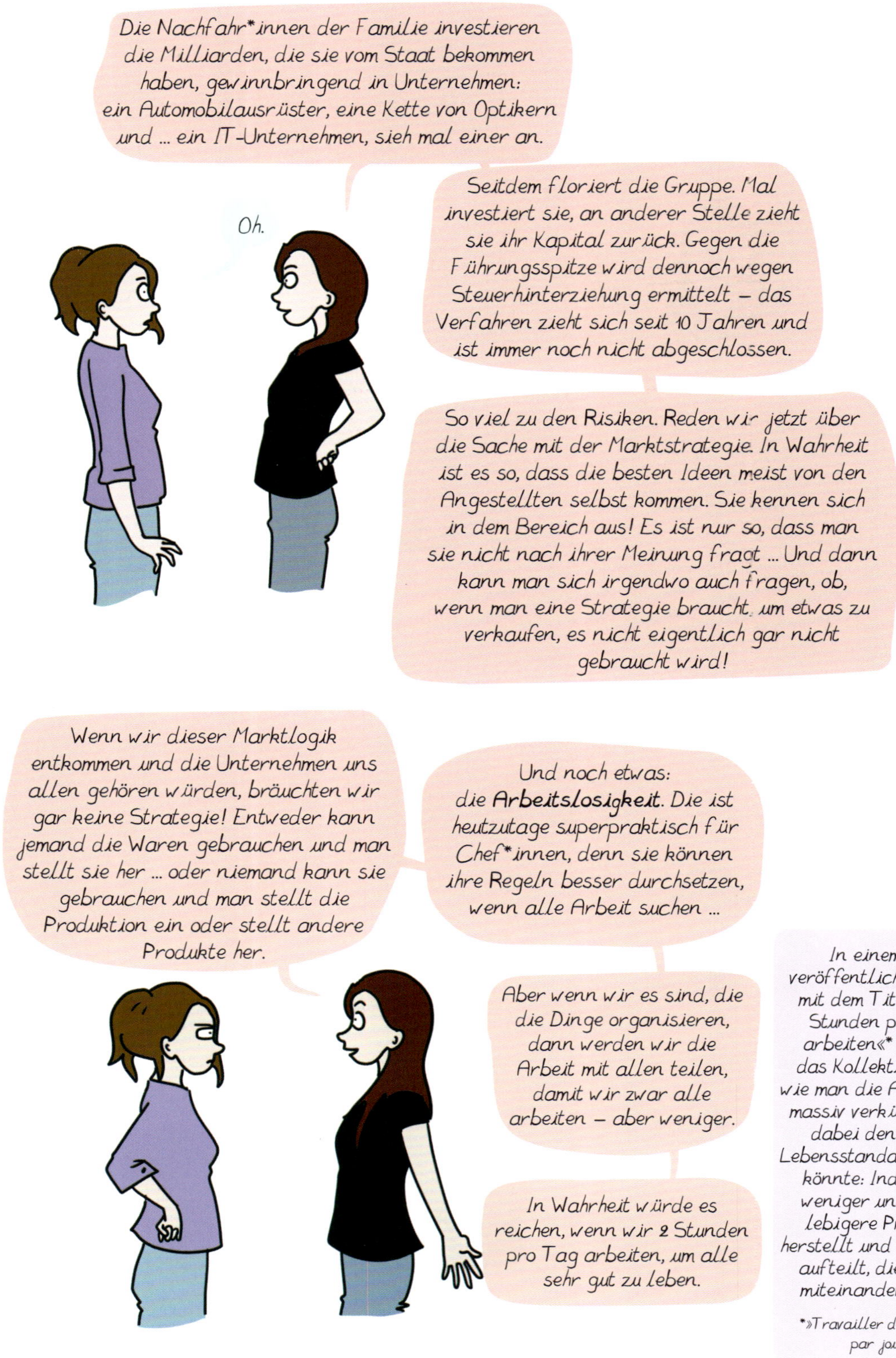
Die Nachfahr*innen der Familie investieren die Milliarden, die sie vom Staat bekommen haben, gewinnbringend in Unternehmen: ein Automobilausrüster, eine Kette von Optikern und ... ein IT-Unternehmen, sieh mal einer an.
Oh.
Seitdem floriert die Gruppe. Mal investiert sie, an anderer Stelle zieht sie ihr Kapital zurück. Gegen die Führungsspitze wird dennoch wegen Steuerhinterziehung ermittelt – das Verfahren zieht sich seit 10 Jahren und ist immer noch nicht abgeschlossen.
So viel zu den Risiken. Reden wir jetzt über die Sache mit der Marktstrategie. In Wahrheit ist es so, dass die besten Ideen meist von den Angestellten selbst kommen. Sie kennen sich in dem Bereich aus! Es ist nur so, dass man sie nicht nach ihrer Meinung fragt ... Und dann kann man sich irgendwo auch fragen, ob, wenn man eine Strategie braucht, um etwas zu verkaufen, es nicht eigentlich gar nicht gebraucht wird!
Wenn wir dieser Marktlogik entkommen und die Unternehmen uns allen gehören würden, bräuchten wir gar keine Strategie! Entweder kann jemand die Waren gebrauchen und man stellt sie her ... oder niemand kann sie gebrauchen und man stellt die Produktion ein oder stellt andere Produkte her.
Und noch etwas: die **Arbeitslosigkeit**. Die ist heutzutage superpraktisch für Chef*innen, denn sie können ihre Regeln besser durchsetzen, wenn alle Arbeit suchen ...
Aber wenn wir es sind, die die Dinge organisieren, dann werden wir die Arbeit mit allen teilen, damit wir zwar alle arbeiten – aber weniger.
In Wahrheit würde es reichen, wenn wir 2 Stunden pro Tag arbeiten, um alle sehr gut zu leben.

In einem 1977 veröffentlichten Buch mit dem Titel »Zwei Stunden pro Tag arbeiten«* erklärt das Kollektiv Adret, wie man die Arbeitszeit massiv verkürzen und dabei denselben Lebensstandard wahren könnte: Indem man weniger und langlebigere Produkte herstellt und sie besser aufteilt, die Arbeit miteinander teilt ...

*»Travailler deux heures par jour«

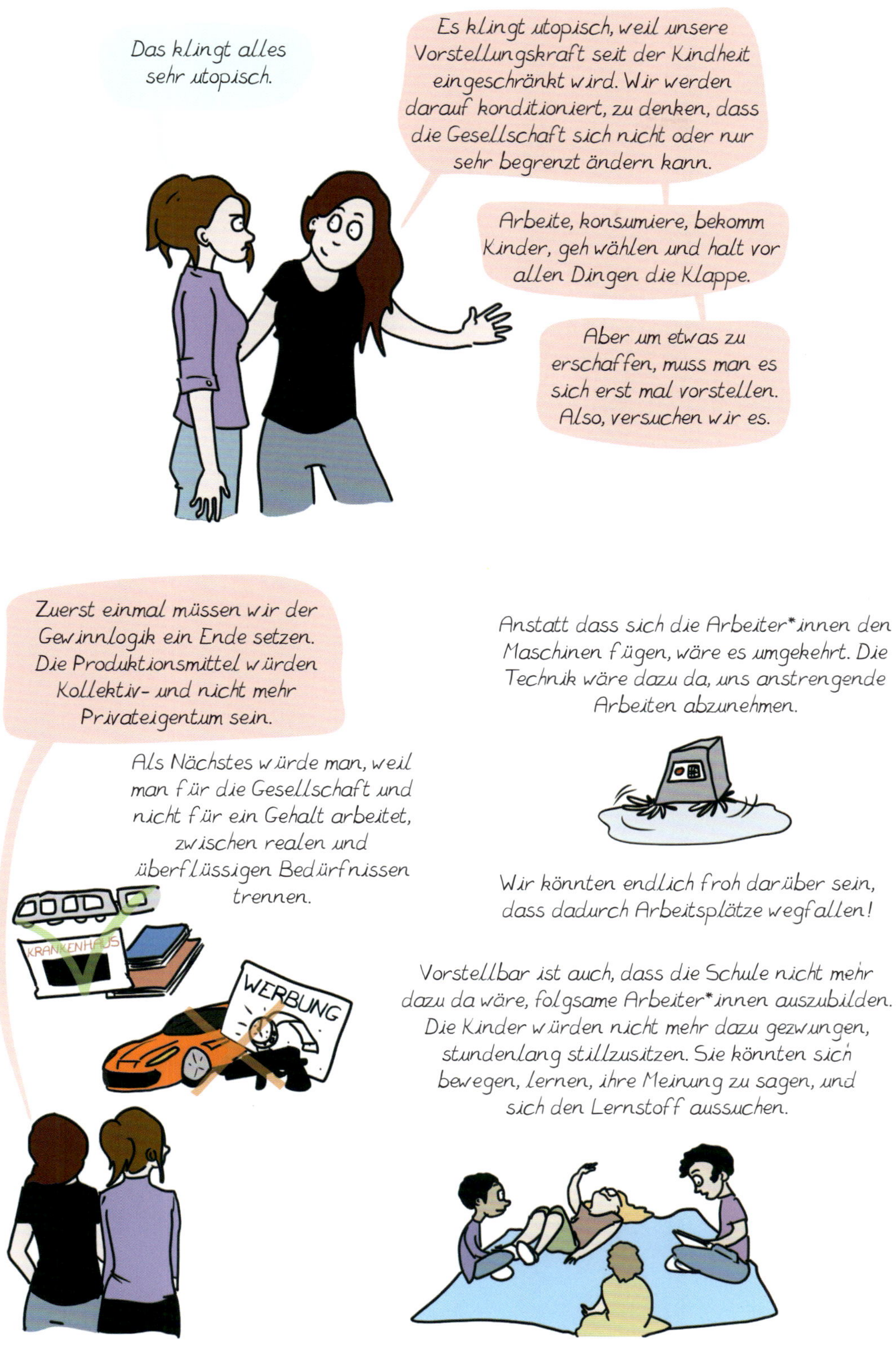
Das klingt alles sehr utopisch.
Es klingt utopisch, weil unsere Vorstellungskraft seit der Kindheit eingeschränkt wird. Wir werden darauf konditioniert, zu denken, dass die Gesellschaft sich nicht oder nur sehr begrenzt ändern kann.
Arbeite, konsumiere, bekomm Kinder, geh wählen und halt vor allen Dingen die Klappe.
Aber um etwas zu erschaffen, muss man es sich erst mal vorstellen. Also, versuchen wir es.
Zuerst einmal müssen wir der Gewinnlogik ein Ende setzen. Die Produktionsmittel würden Kollektiv- und nicht mehr Privateigentum sein.
Als Nächstes würde man, weil man für die Gesellschaft und nicht für ein Gehalt arbeitet, zwischen realen und überflüssigen Bedürfnissen trennen.
KRANKENHAUS
WERBUNG
Anstatt dass sich die Arbeiter*innen den Maschinen fügen, wäre es umgekehrt. Die Technik wäre dazu da, uns anstrengende Arbeiten abzunehmen.
Wir könnten endlich froh darüber sein, dass dadurch Arbeitsplätze wegfallen!
Vorstellbar ist auch, dass die Schule nicht mehr dazu da wäre, folgsame Arbeiter*innen auszubilden. Die Kinder würden nicht mehr dazu gezwungen, stundenlang stillzusitzen. Sie könnten sich bewegen, lernen, ihre Meinung zu sagen, und sich den Lernstoff aussuchen.

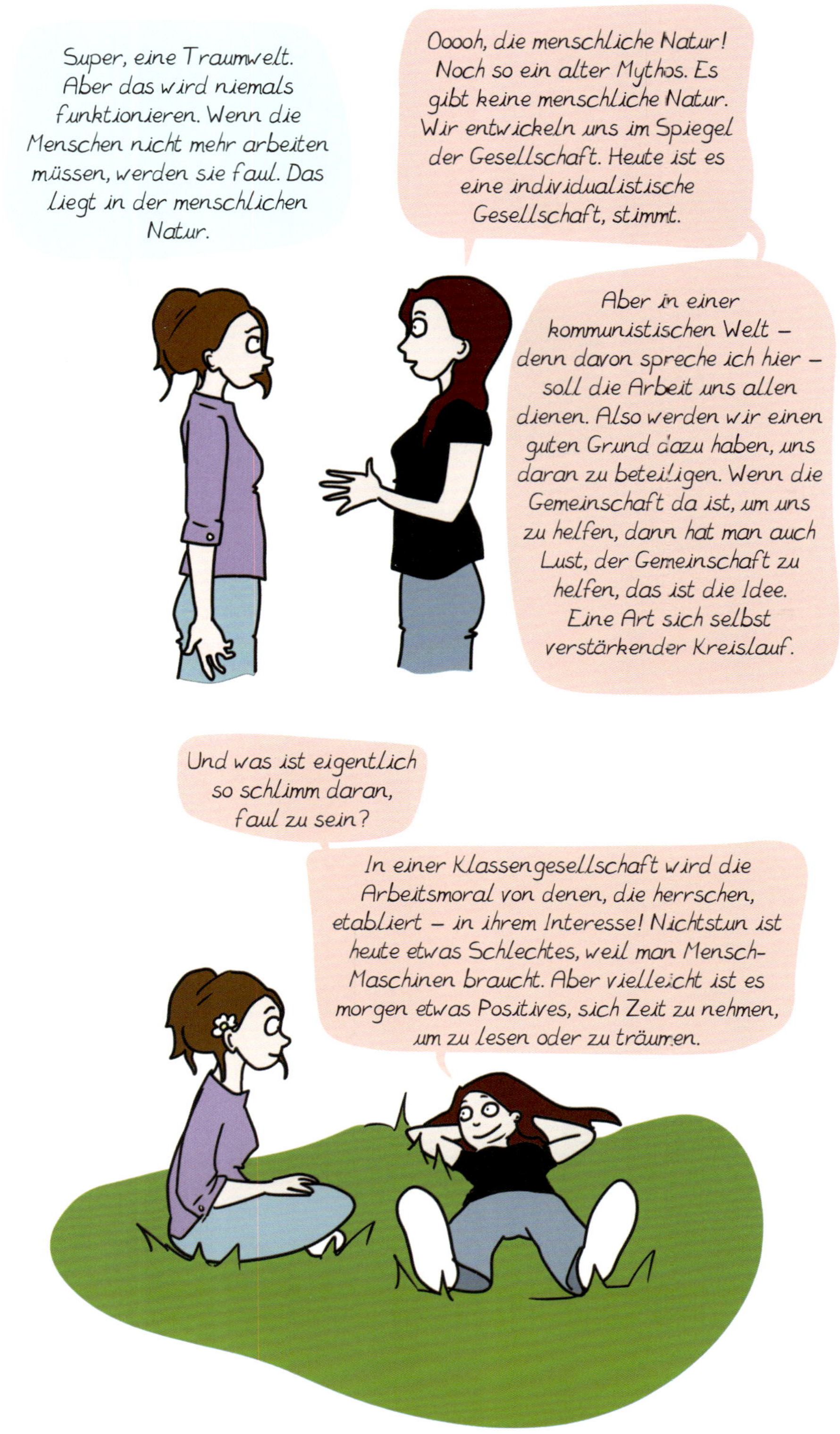
Super, eine Traumwelt. Aber das wird niemals funktionieren. Wenn die Menschen nicht mehr arbeiten müssen, werden sie faul. Das liegt in der menschlichen Natur.
Ooooh, die menschliche Natur! Noch so ein alter Mythos. Es gibt keine menschliche Natur. Wir entwickeln uns im Spiegel der Gesellschaft. Heute ist es eine individualistische Gesellschaft, stimmt.
Aber in einer kommunistischen Welt – denn davon spreche ich hier – soll die Arbeit uns allen dienen. Also werden wir einen guten Grund dazu haben, uns daran zu beteiligen. Wenn die Gemeinschaft da ist, um uns zu helfen, dann hat man auch Lust, der Gemeinschaft zu helfen, das ist die Idee. Eine Art sich selbst verstärkender Kreislauf.
Und was ist eigentlich so schlimm daran, faul zu sein?
In einer Klassengesellschaft wird die Arbeitsmoral von denen, die herrschen, etabliert – in ihrem Interesse! Nichtstun ist heute etwas Schlechtes, weil man Mensch-Maschinen braucht. Aber vielleicht ist es morgen etwas Positives, sich Zeit zu nehmen, um zu lesen oder zu träumen.

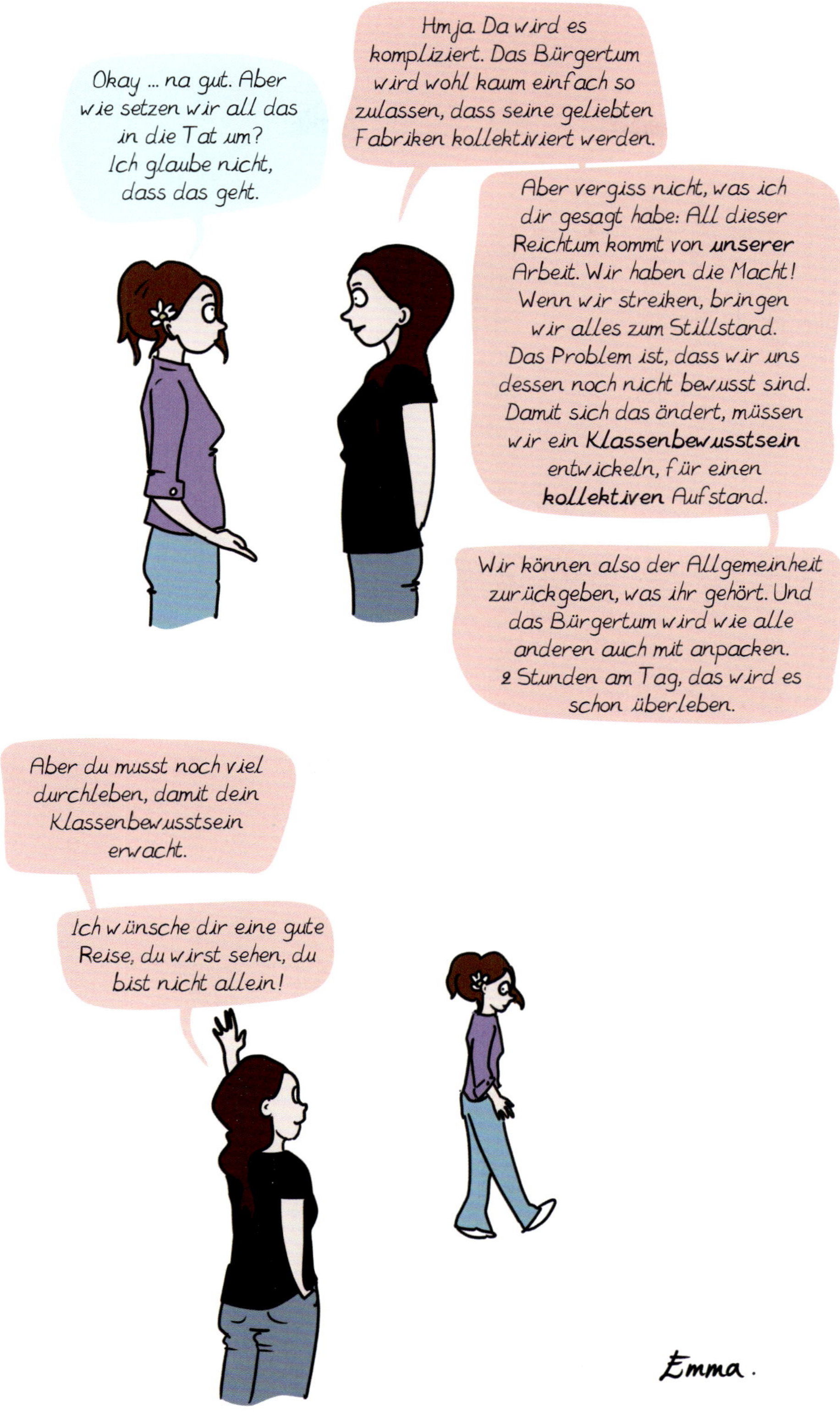
Okay … na gut. Aber wie setzen wir all das in die Tat um? Ich glaube nicht, dass das geht.
Hmja. Da wird es kompliziert. Das Bürgertum wird wohl kaum einfach so zulassen, dass seine geliebten Fabriken kollektiviert werden.
Aber vergiss nicht, was ich dir gesagt habe: All dieser Reichtum kommt von **unserer** Arbeit. Wir haben die Macht! Wenn wir streiken, bringen wir alles zum Stillstand. Das Problem ist, dass wir uns dessen noch nicht bewusst sind. Damit sich das ändert, müssen wir ein **Klassenbewusstsein** entwickeln, für einen **kollektiven** Aufstand.
Wir können also der Allgemeinheit zurückgeben, was ihr gehört. Und das Bürgertum wird wie alle anderen auch mit anpacken. 2 Stunden am Tag, das wird es schon überleben.
Aber du musst noch viel durchleben, damit dein Klassenbewusstsein erwacht.
Ich wünsche dir eine gute Reise, du wirst sehen, du bist nicht allein!
Emma.

8

Die Geschichte eines Freund und Helfers

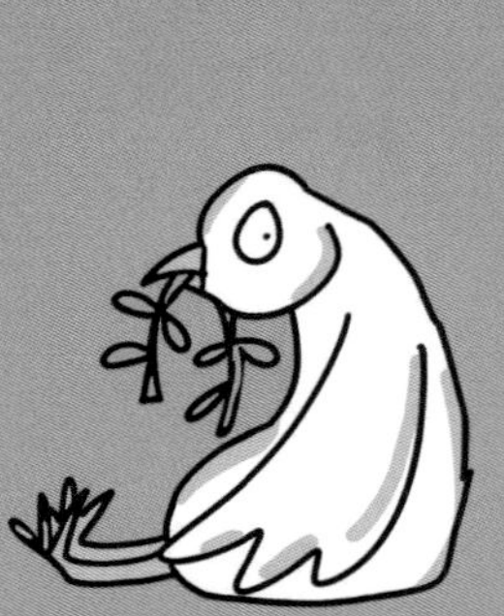

Auf Ériks Geschichte bin ich letztes Jahr durch einen Podcast des Senders France Culture aufmerksam geworden.

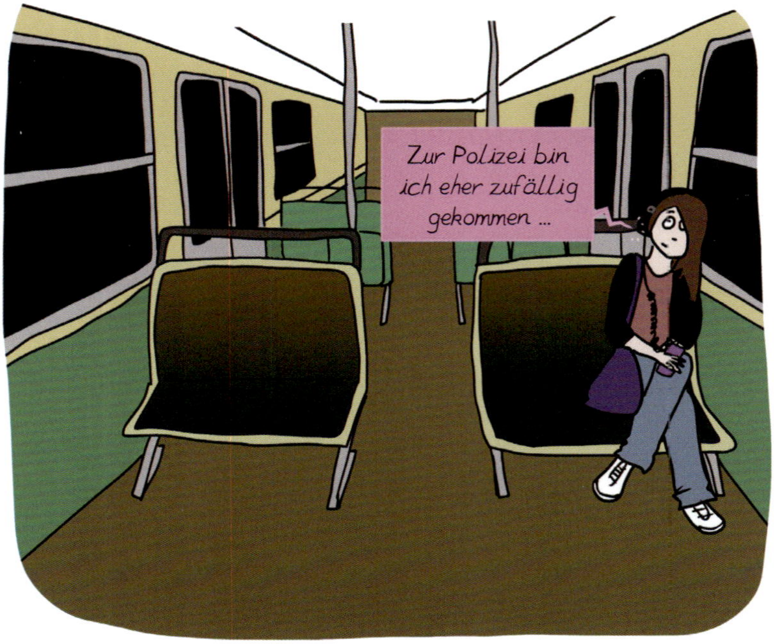
Zur Polizei bin ich eher zufällig gekommen ...

Ich hatte direkt Lust, sie in einem Comic zu verarbeiten. Also habe ich Érik kontaktiert, um ihn zu fragen, ob wir uns treffen könnten.

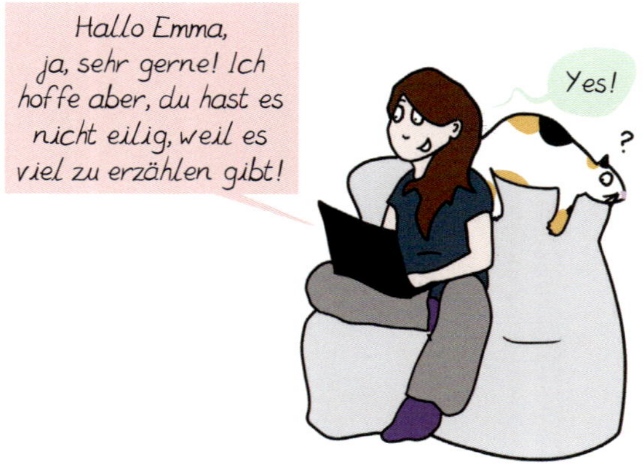
Hallo Emma, ja, sehr gerne! Ich hoffe aber, du hast es nicht eilig, weil es viel zu erzählen gibt!
Yes!
?

Das Treffen fand in der Gegend des Quartier du Montparnasse statt, und ich war wie gewohnt früh dran. Jedoch ...

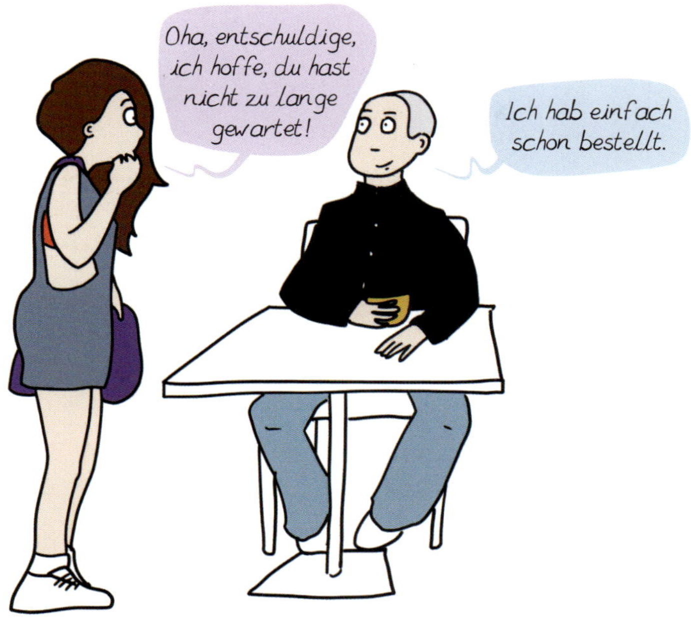
Oha, entschuldige, ich hoffe, du hast nicht zu lange gewartet!
Ich hab einfach schon bestellt.

Und Érik hat mir seine Geschichte erzählt.

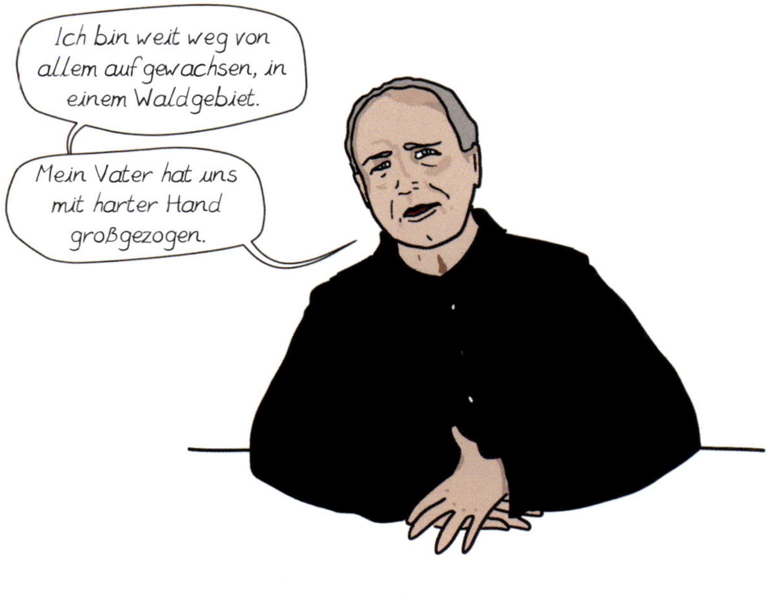
Ich bin weit weg von allem aufgewachsen, in einem Waldgebiet.
Mein Vater hat uns mit harter Hand großgezogen.

Mit harter Hand heißt: Er und seine Brüder und Schwestern wurden mit sechs Monaten ins Wasser geworfen, damit sie schwimmen lernten …

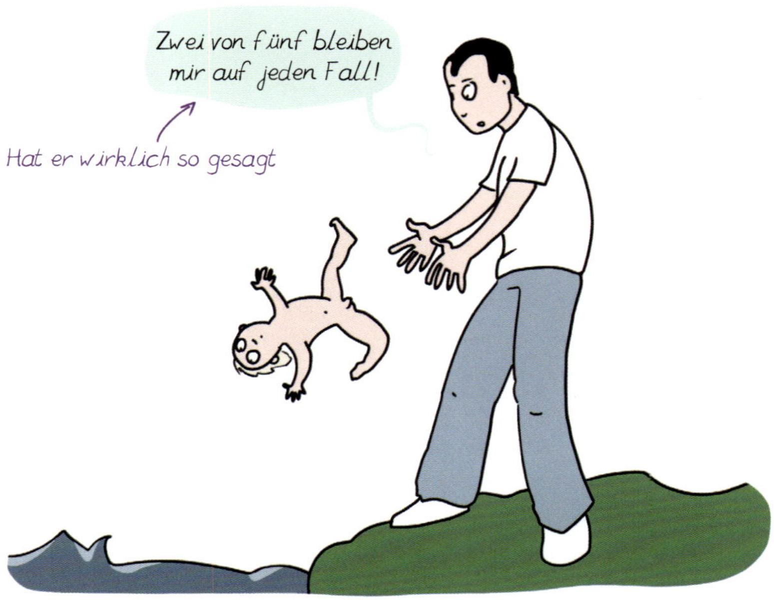
Zwei von fünf bleiben mir auf jeden Fall!
Hat er wirklich so gesagt

… und als sportliche Übung mussten sie sich an einer Stange festhalten, ohne Sicherung.

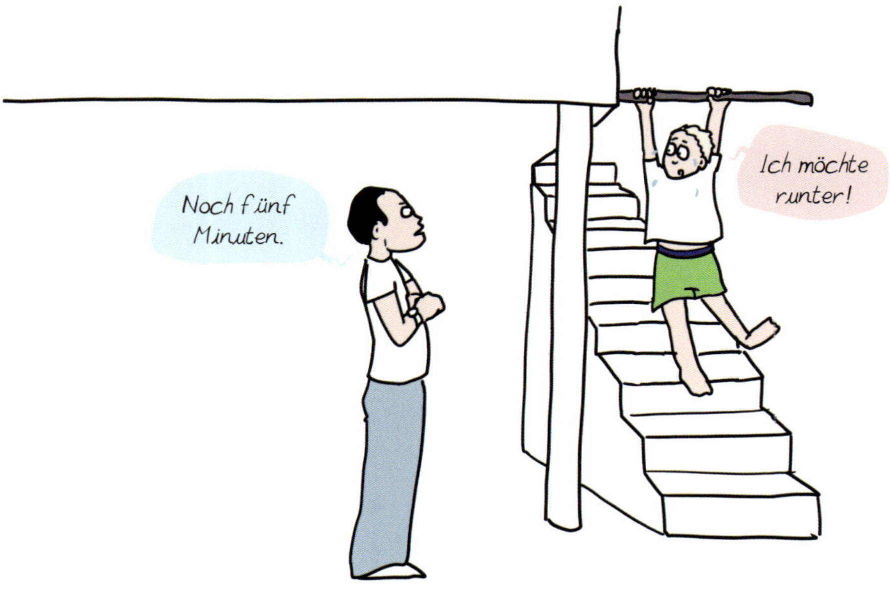
Noch fünf Minuten.
Ich möchte runter!

Wenn er handgreiflich wurde, stellte sich ihre Mutter ihm entgegen und ließ die Schläge über sich ergehen.

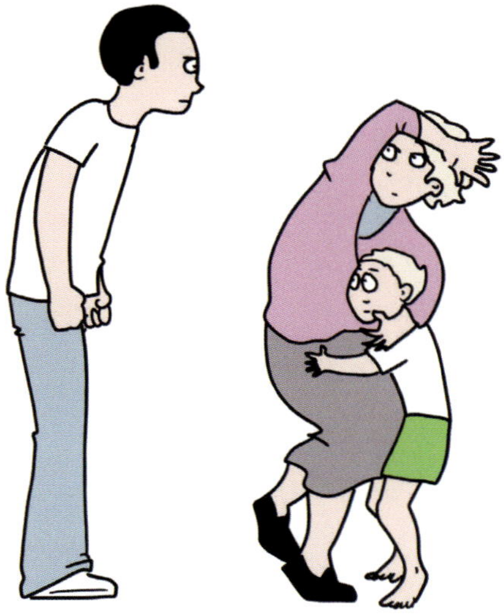

Érik beschreibt mir seinen Vater. Obwohl er selbst braune Haare und dunkle Augen hatte, bevorzugte er arisches Aussehen.

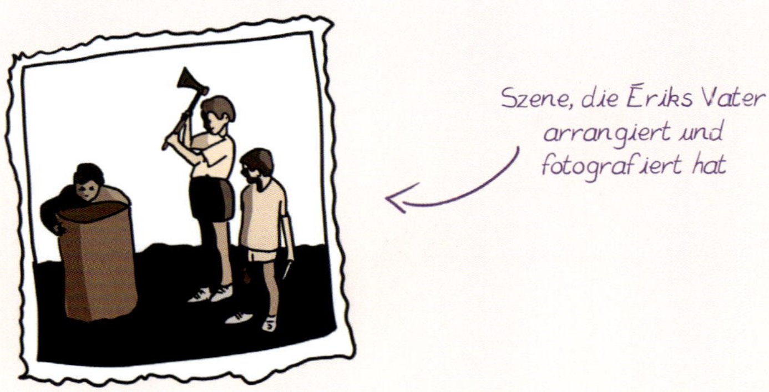
Szene, die Ériks Vater arrangiert und fotografiert hat

Unter seinen ältesten Söhnen ermutigte er den blonden mit den blauen Augen dazu, den anderen zu verprügeln, der wie er braune Haare und Augen hatte.

Érik ist 7, als seine Mutter – obwohl zu der Zeit arbeitslos – sich entschließt zu gehen.

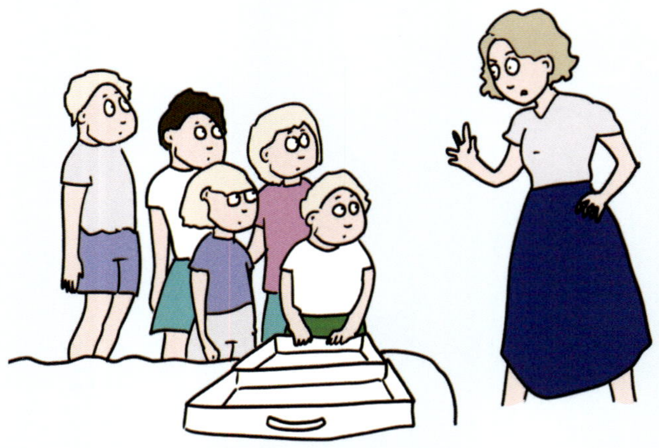
Packt eure Koffer!

Sie reicht die Scheidung ein und fängt an, als Versicherungsvertreterin zu arbeiten, um ihren Lebensunterhalt zu bestreiten.

Sie ziehen in einen Vorort von Marseille, wo sie die meiste Zeit auf sich allein gestellt sind. Ihre Mutter ist oft auf Geschäftsreisen.

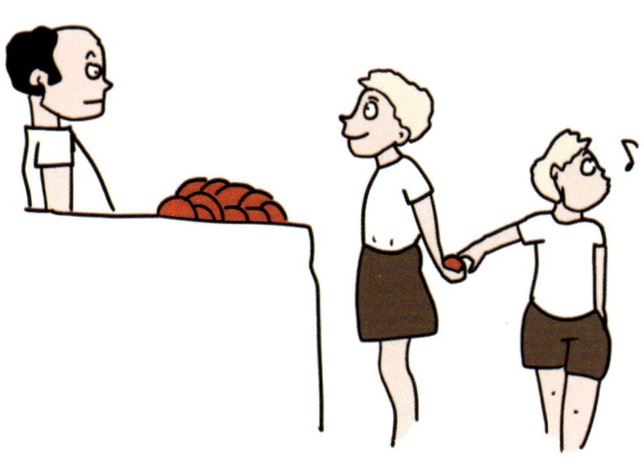

Mit dem Geld, das sie ihnen für das Essen dalässt, kaufen sie sich Süßigkeiten. Dann klauen sie ihr Essen an der Auslage.

In der Schule kommen Érik und seine Geschwister nicht mit den strengen Regeln klar. Sie fliegen regelmäßig für ihr schlechtes Benehmen aus dem Unterricht.

Zu der Zeit ziehen sie oft um – zuerst innerhalb von Marseille, dann nach Nizza.

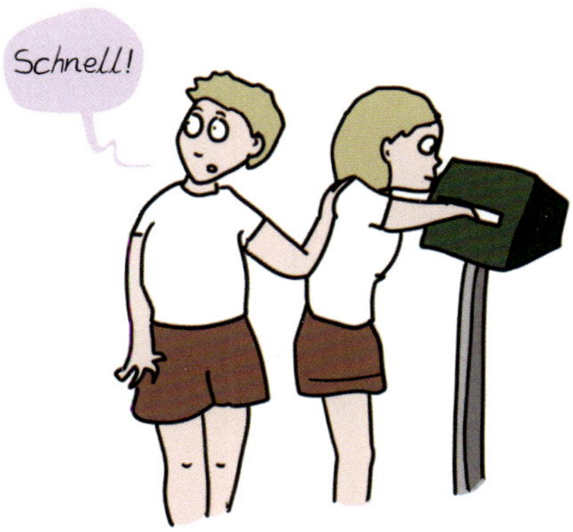
Schnell!

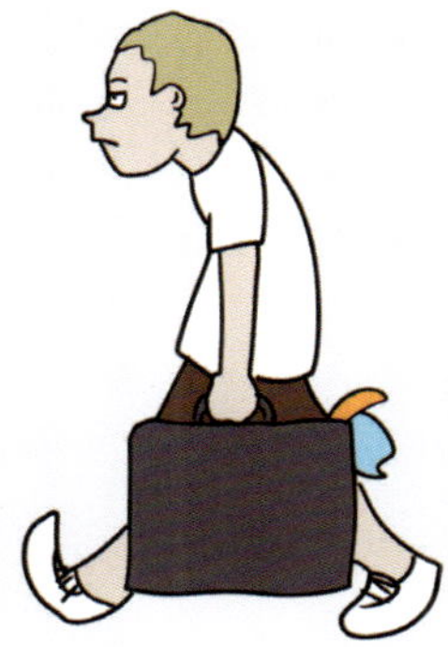

Seine Mutter bekommt von alledem nichts mit. Sie fälschen Unterschriften und klauen die Schulbriefe aus dem Briefkasten.

Da ist es schwierig, sich an eine Schule zu gewöhnen. Érik erhält mehrere Verweise, bis er schließlich vor Ende der 9. Klasse von der Schule fliegt.

Er geht zunächst nach Monaco, wo er ein Praktikum in einer Autowerkstatt bekommt.

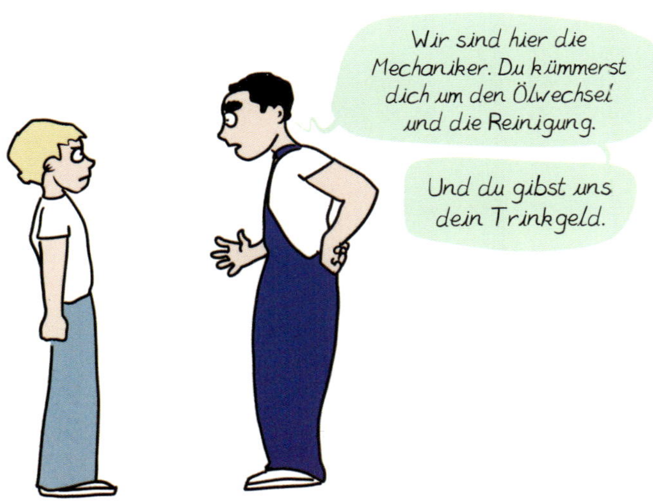
Wir sind hier die Mechaniker. Du kümmerst dich um den Ölwechsel und die Reinigung.
Und du gibst uns dein Trinkgeld.

Aber er wird nicht gut behandelt, also hört er dort auf. Und nimmt den Inhalt der Trinkgeldbox mit.

Daraufhin besteht er die Aufnahmeprüfungen für die Ausbildung zum Flugzeugmechaniker bei der Armee.

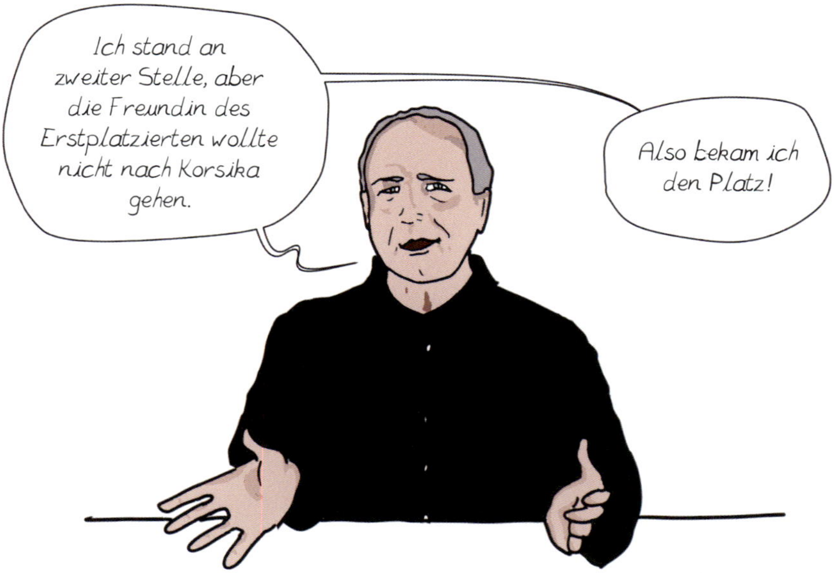
Ich stand an zweiter Stelle, aber die Freundin des Erstplatzierten wollte nicht nach Korsika gehen.
Also bekam ich den Platz!

Er nimmt mit einem Team, das er sehr schätzt, an Rettungsaktionen teil.

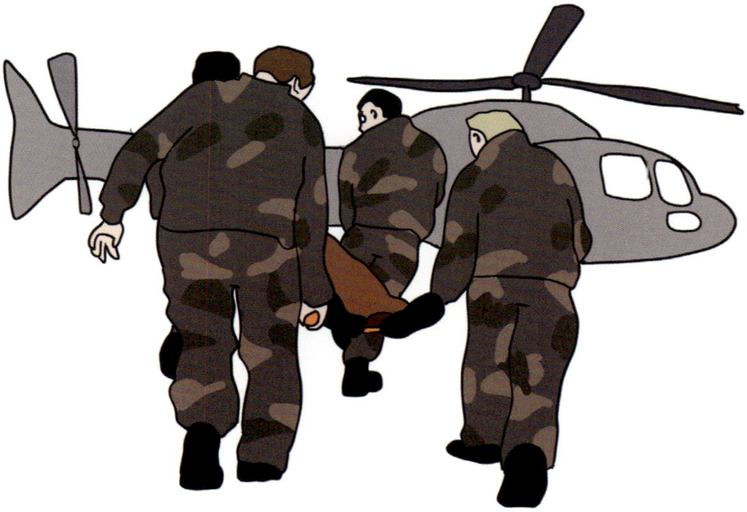

Aber es wird zu viel gefeiert und durch den Alkohol und die kurzen Nächte verschlechtert sich seine Gesundheit. Als ihm bei einem Fußballspiel mit seinen Kolleg*innen schlecht wird, beschließt er, zu gehen.

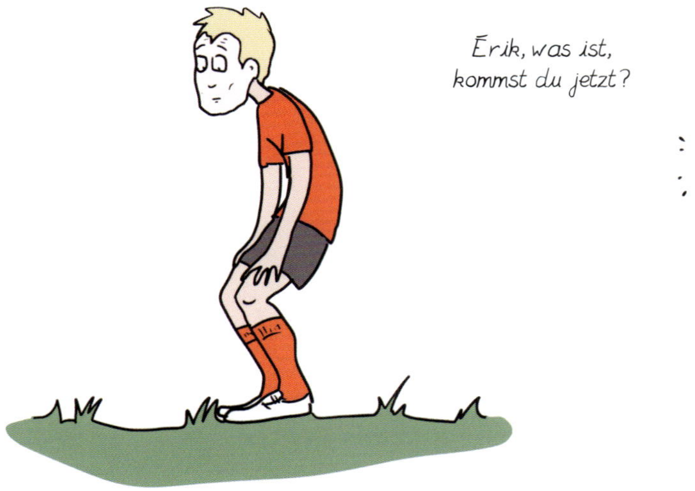
Erik, was ist, kommst du jetzt?
...

Zu jener Zeit wiegt er 56 kg.

Er hält sich mit immer neuen Gelegenheitsjobs über Wasser, bis sein Schwager ihm eine Lösung vorschlägt.

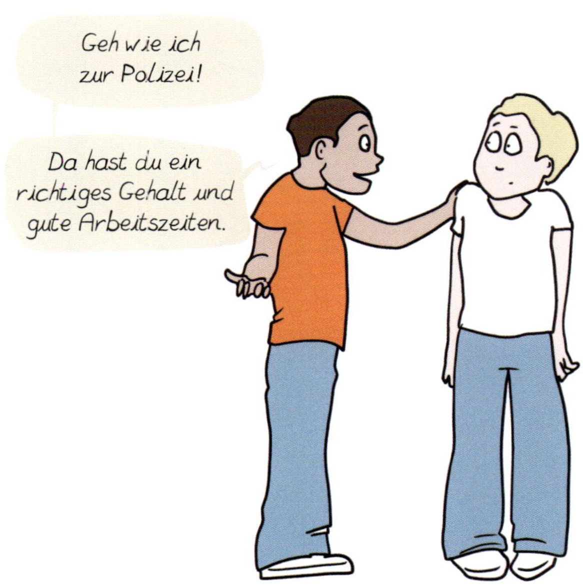
Geh wie ich zur Polizei!
Da hast du ein richtiges Gehalt und gute Arbeitszeiten.

In seinen Phasen als Kleinkrimineller hat Érik oft mit der Polizei zu tun gehabt und sie in guter Erinnerung behalten.

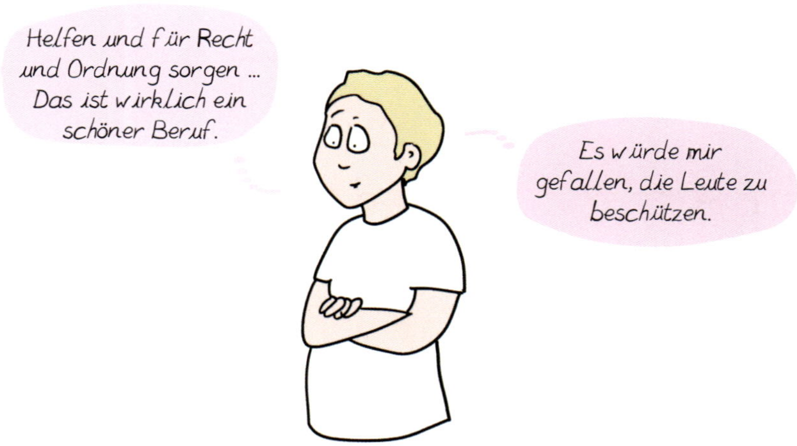
Helfen und für Recht und Ordnung sorgen ... Das ist wirklich ein schöner Beruf.
Es würde mir gefallen, die Leute zu beschützen.

Nachdem er die Aufnahmeprüfung als Erstplatzierter bestanden hat, wird er 1983 Polizist. Obwohl er beantragt hatte, nach Korsika geschickt zu werden, muss er seinen Dienst in Paris antreten.

Er geht zur Spezialeinheit BAC*, deren Leiter André Le Bars streng darauf achtet, dass der polizeiliche Verhaltenskodex befolgt wird.

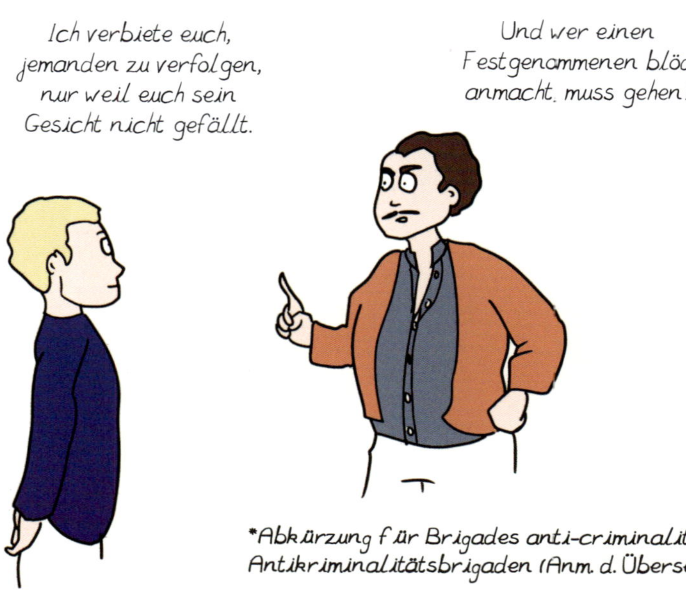
Ich verbiete euch, jemanden zu verfolgen, nur weil euch sein Gesicht nicht gefällt.
Und wer einen Festgenommenen blöd anmacht, muss gehen!

*Abkürzung für Brigades anti-criminalité, Antikriminalitätsbrigaden (Anm. d. Übersetzerin).

Alles ist darauf ausgerichtet, dass die Festnahmen ruhig ablaufen. Die meiste Zeit verbringen sie mit Überwachungen und damit, auf den richtigen Moment zu warten, um einzugreifen – manchmal ganze Tage lang.

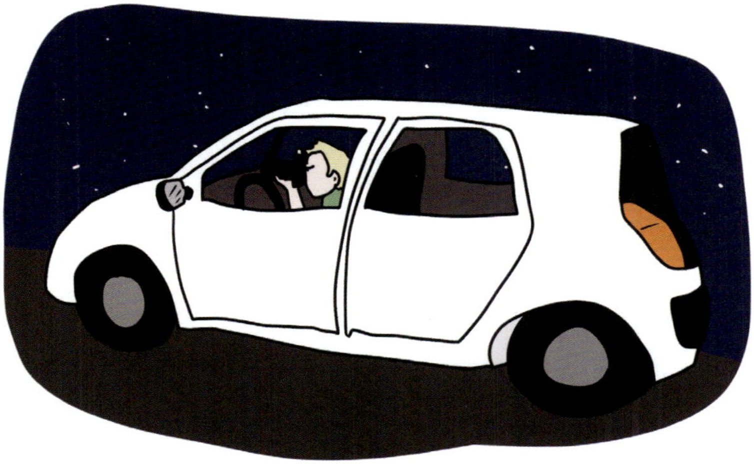

Er liebt seinen Beruf.

Aber 1987 wird sein Antrag auf Versetzung nach Korsika angenommen und er muss die BAC verlassen. Nun geht man die Dinge ruhiger an …

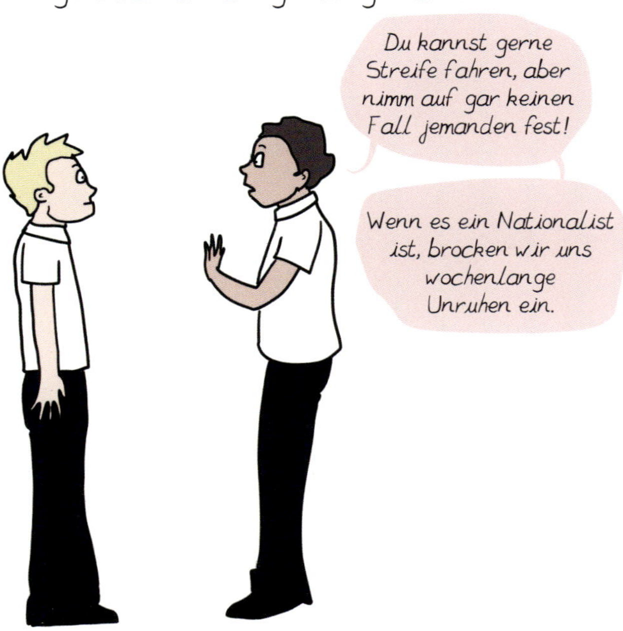
Du kannst gerne Streife fahren, aber nimm auf gar keinen Fall jemanden fest!
Wenn es ein Nationalist ist, brocken wir uns wochenlange Unruhen ein.

Um zu provozieren, kommt er in Pantoffeln zur Arbeit. Aber niemand sagt etwas.

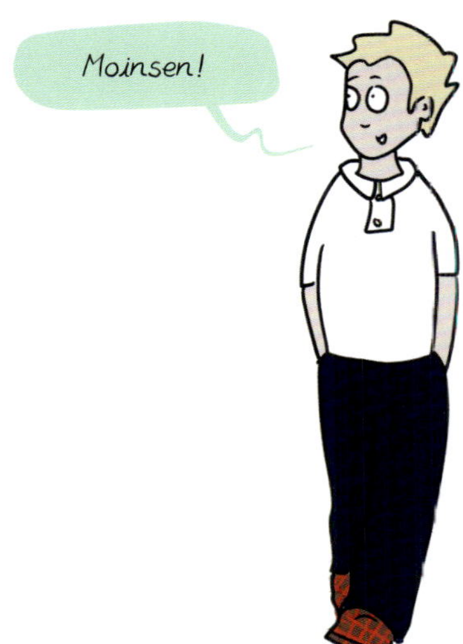
Moinsen!

Also macht er blau und nutzt seine Zeit, um einen verwilderten Tennisplatz vom Gestrüpp zu befreien und wieder zu eröffnen.

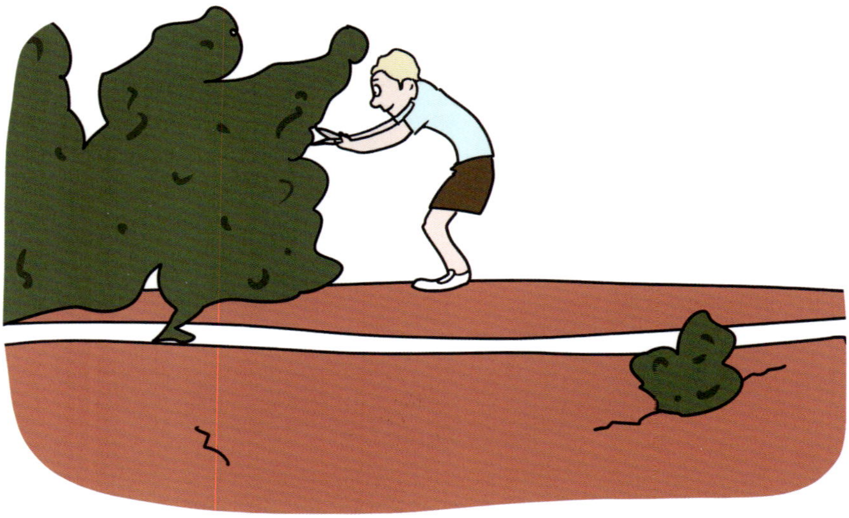

Schließlich überzeugt er seine Frau davon, zurück nach Paris zu gehen, wo er einer Einheit für Nachtstreifen unter der Leitung von Paolo beitritt.

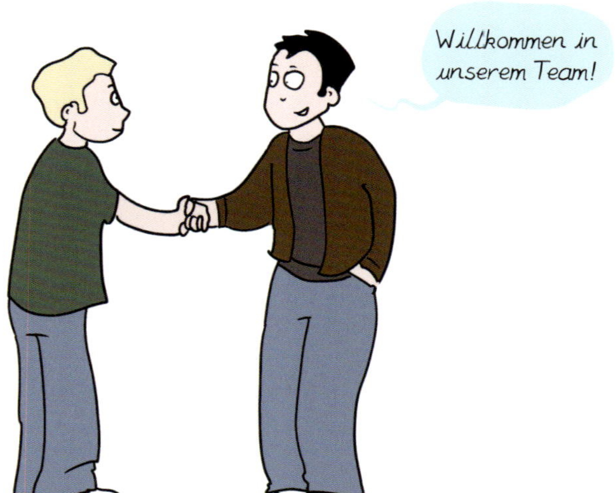
Willkommen in unserem Team!

Paolo ist Italiener, hat einen schwarzen Gürtel im Jiu Jitsu und den Ruf, sehr mutig zu sein.

Aber bald schon verliert Erik seine Illusionen.

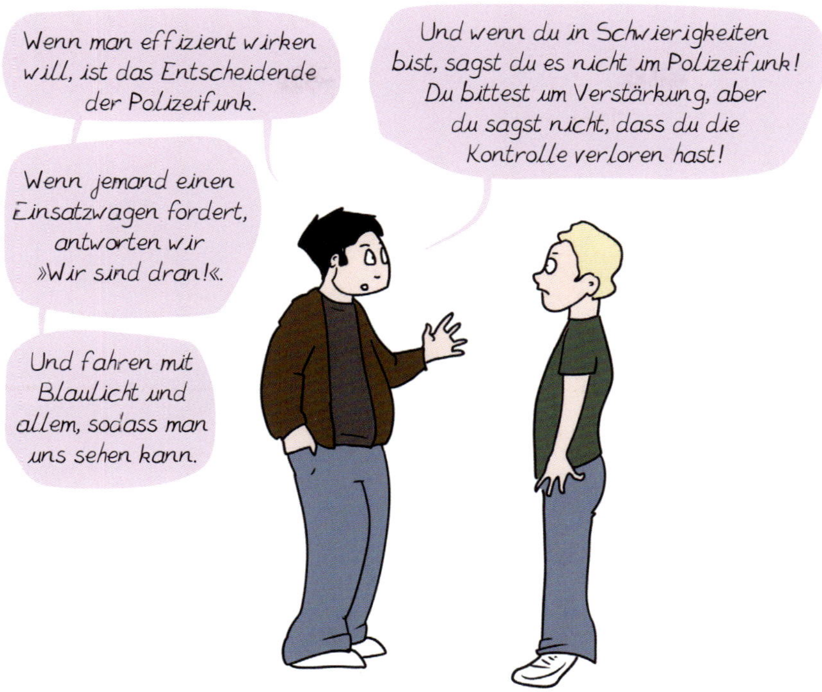
Wenn man effizient wirken will, ist das Entscheidende der Polizeifunk.
Wenn jemand einen Einsatzwagen fordert, antworten wir »Wir sind dran!«.
Und fahren mit Blaulicht und allem, sodass man uns sehen kann.
Und wenn du in Schwierigkeiten bist, sagst du es nicht im Polizeifunk! Du bittest um Verstärkung, aber du sagst nicht, dass du die Kontrolle verloren hast!

Ihm wird klar, dass das gute Image der Einheit reine Fassade ist.

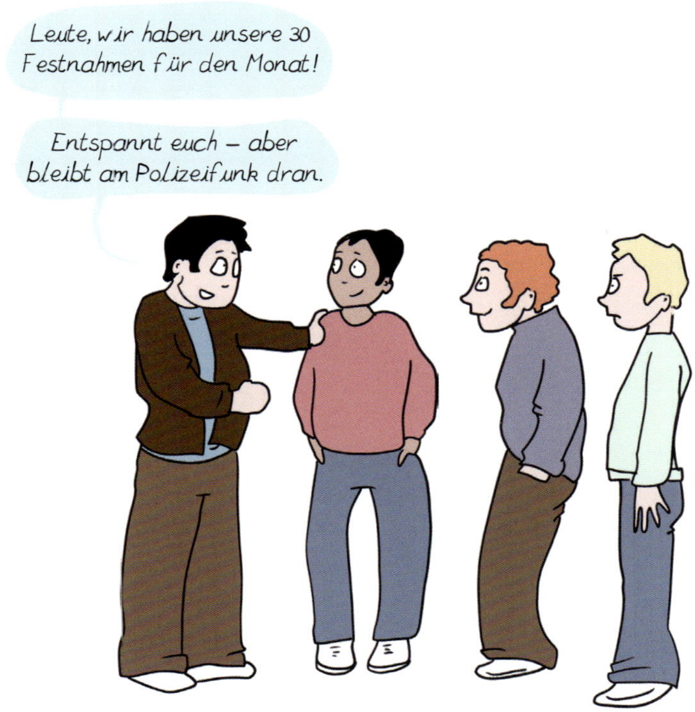
Leute, wir haben unsere 30 Festnahmen für den Monat!
Entspannt euch – aber bleibt am Polizeifunk dran.

Dahinter verbergen sich sinnlose und gefährliche Verfolgungsjagden ...

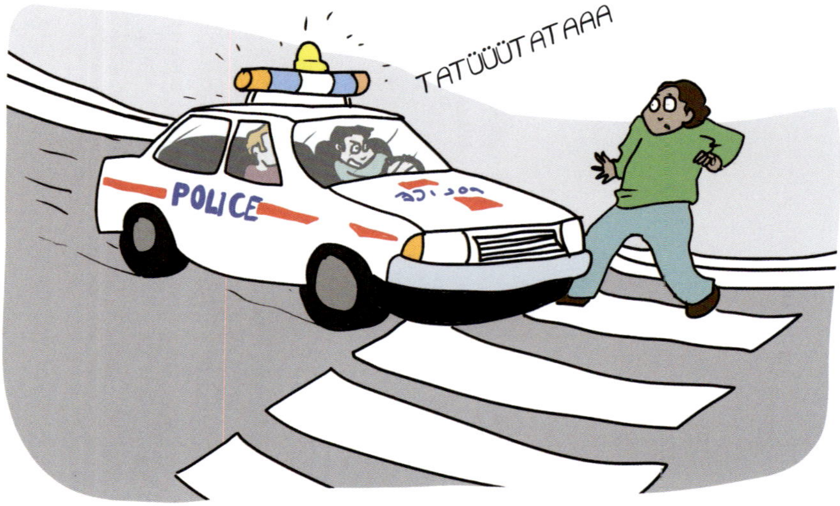

... erbitterte und waghalsige Hetzjagden über die Dächer ...

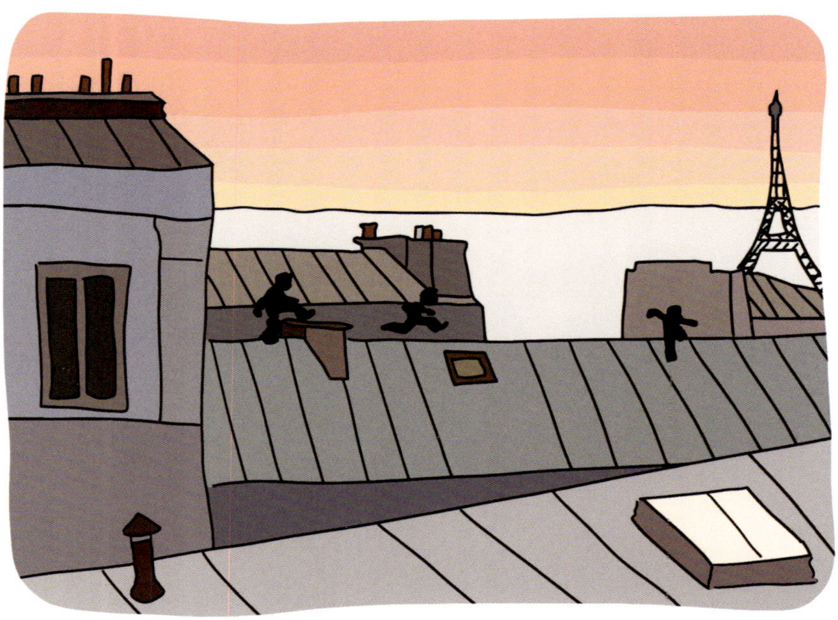

… zweifelhafte Beziehungen zu Sexarbeiterinnen …

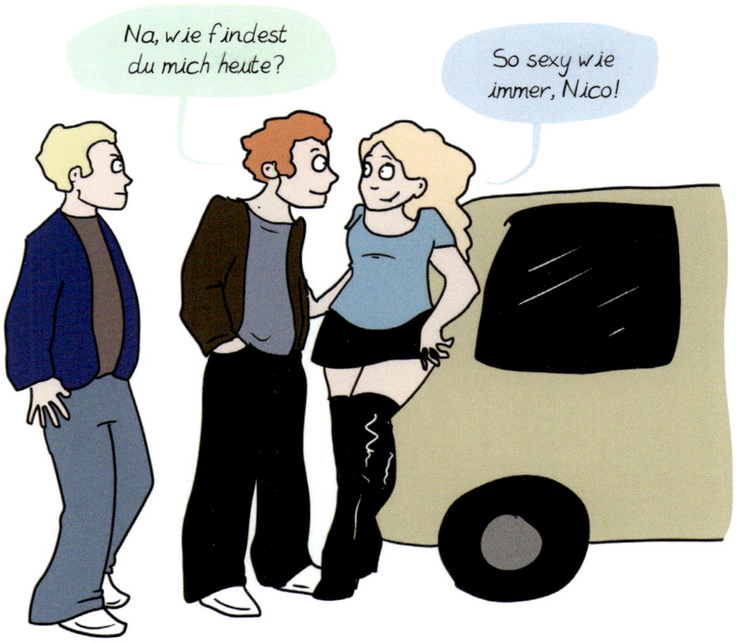
Na, wie findest du mich heute?
So sexy wie immer, Nico!

… und gewalttätiges und rassistisches Verhalten.

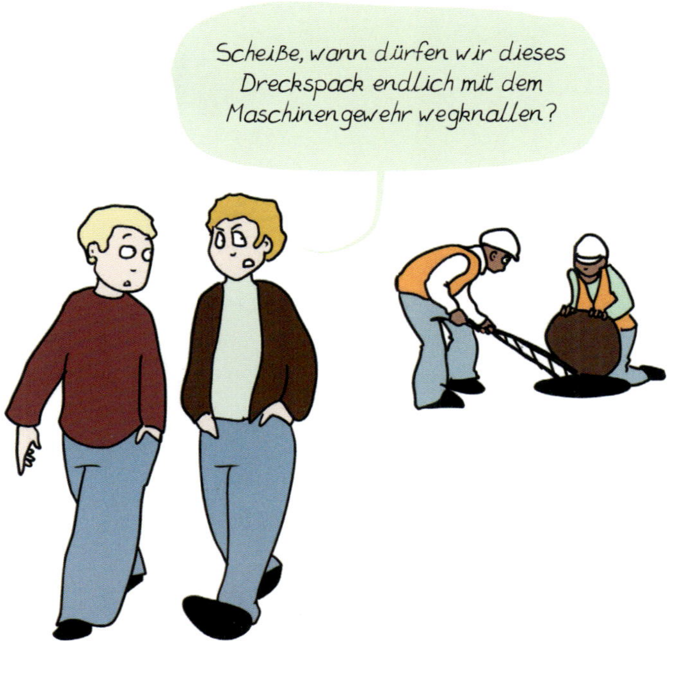
Scheiße, wann dürfen wir dieses Dreckspack endlich mit dem Maschinengewehr wegknallen?

Érik versucht, das anzusprechen – aber ohne Erfolg.

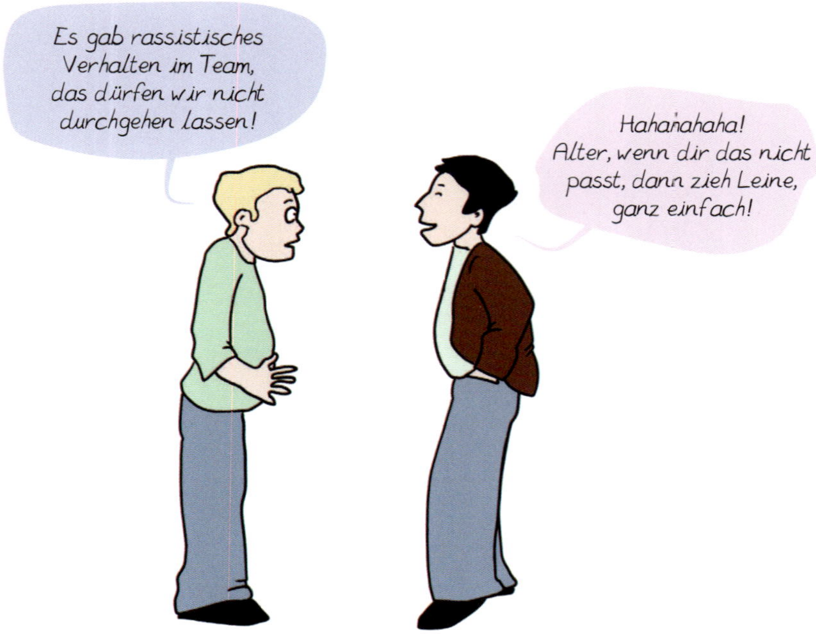
Es gab rassistisches Verhalten im Team, das dürfen wir nicht durchgehen lassen!
Hahahahaha! Alter, wenn dir das nicht passt, dann zieh Leine, ganz einfach!

An einem Abend meldet ihnen beim Streifefahren der Polizeifunk eine Beschwerde wegen Exhibitionismus. Die Sexarbeiterinnen hatten angerufen – wohlwissend, dass gerade ihre Einheit im Einsatz war.

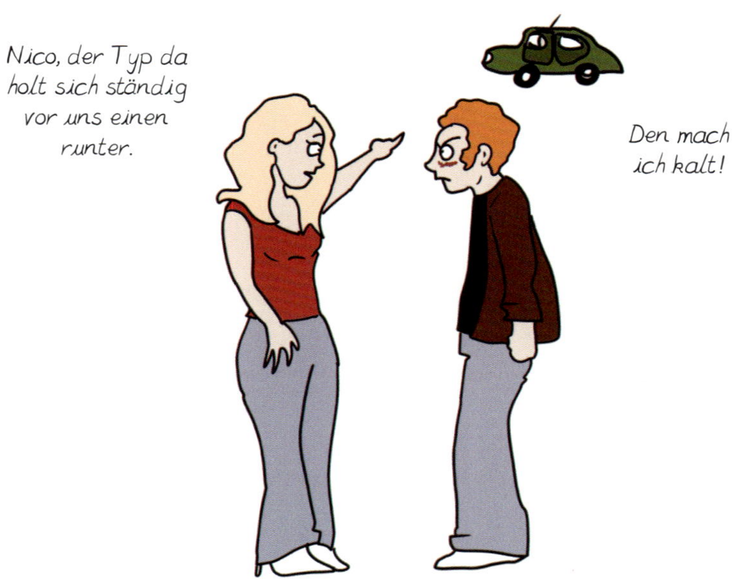
Nico, der Typ da holt sich ständig vor uns einen runter.
Den mach ich kalt!

Ohne Blaulicht und ohne Armbinden beginnen die Polizisten mit der Verfolgung des Exhibitionisten. Der glaubt, es mit Zuhältern zu tun zu haben, und flieht völlig panisch in seinem Auto .

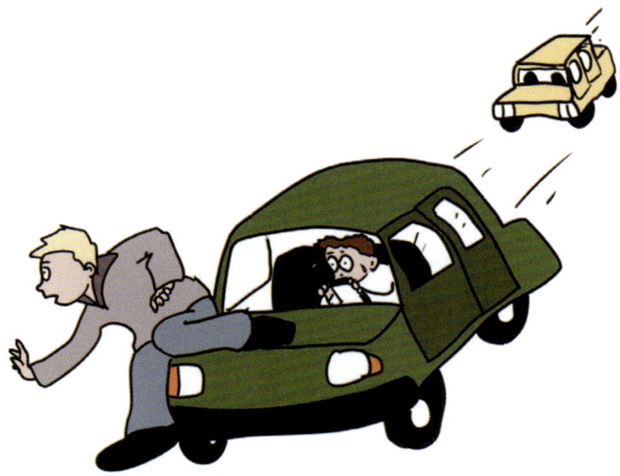

Bei seiner Flucht fährt er Érik an.

Das Team sammelt Érik ein und setzt, nach einer verbissenen Verfolgungsjagd, schließlich das Blaulicht aufs Dach. Der Täter hält direkt.

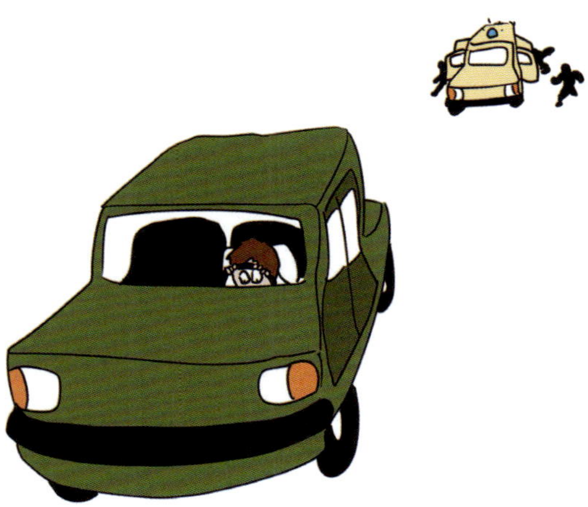

Die Polizisten drängen alle gleichzeitig in den Wagen, um ihn herauszuziehen.

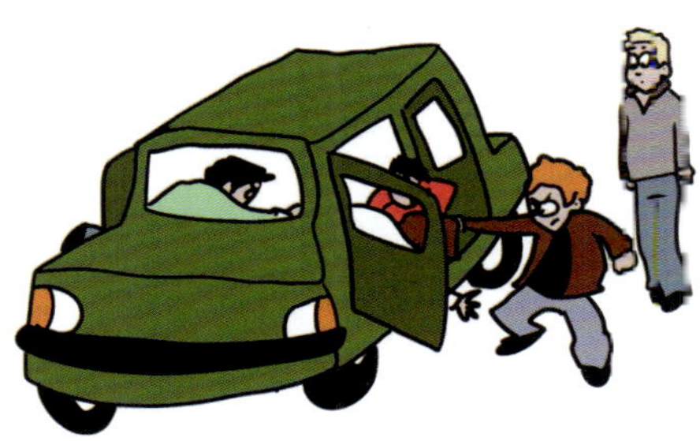

Dann werfen sie ihn zu Boden und prügeln auf ihn ein.

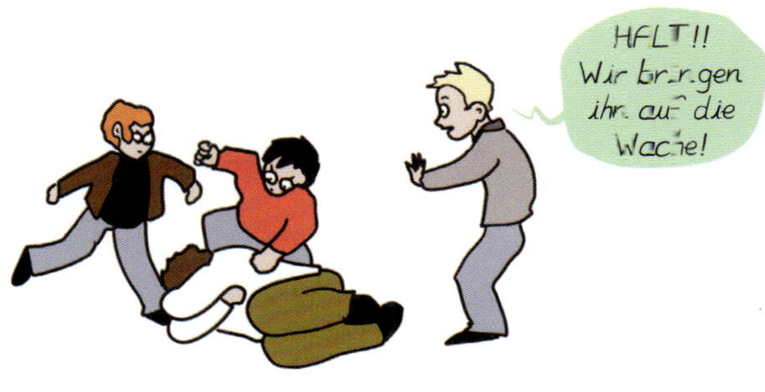
HALT!! Wir bringen ihn auf die Wache!

Als sie auf der Wache sind, wird Érik zu einer Befragung gebeten.

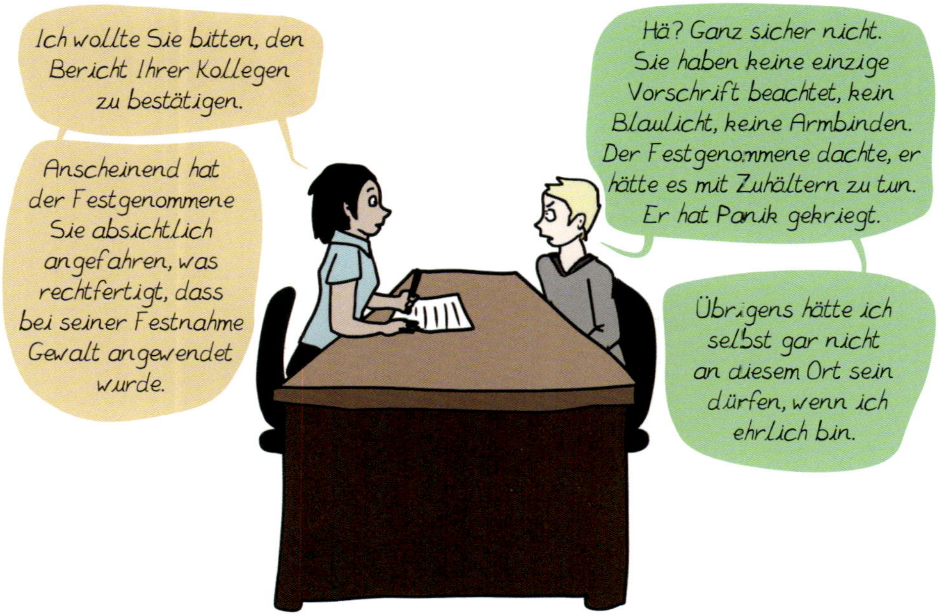
Ich wollte Sie bitten, den Bericht Ihrer Kollegen zu bestätigen.
Anscheinend hat der Festgenommene Sie absichtlich angefahren, was rechtfertigt, dass bei seiner Festnahme Gewalt angewendet wurde.
Hä? Ganz sicher nicht. Sie haben keine einzige Vorschrift beachtet, kein Blaulicht, keine Armbinden. Der Festgenommene dachte, er hätte es mit Zuhältern zu tun. Er hat Panik gekriegt.
Übrigens hätte ich selbst gar nicht an diesem Ort sein dürfen, wenn ich ehrlich bin.

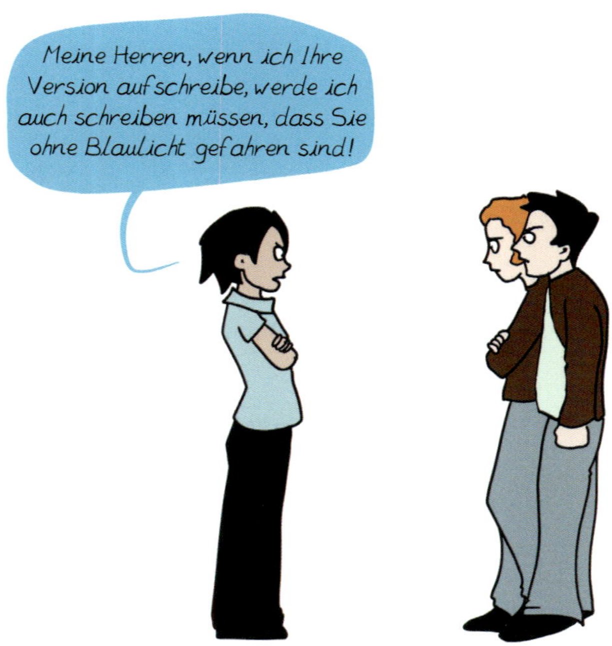
Meine Herren, wenn ich Ihre Version aufschreibe, werde ich auch schreiben müssen, dass Sie ohne Blaulicht gefahren sind!

Sie willigen ein, ihre Version zu ändern, aber die Stimmung zwischen Érik und dem Rest des Teams wird immer angespannter.

Er beschließt, einen Bericht an seine Vorgesetzten zu schreiben, in dem er Verstöße seiner Kollegen gegen den polizeilichen Verhaltenskodex meldet.

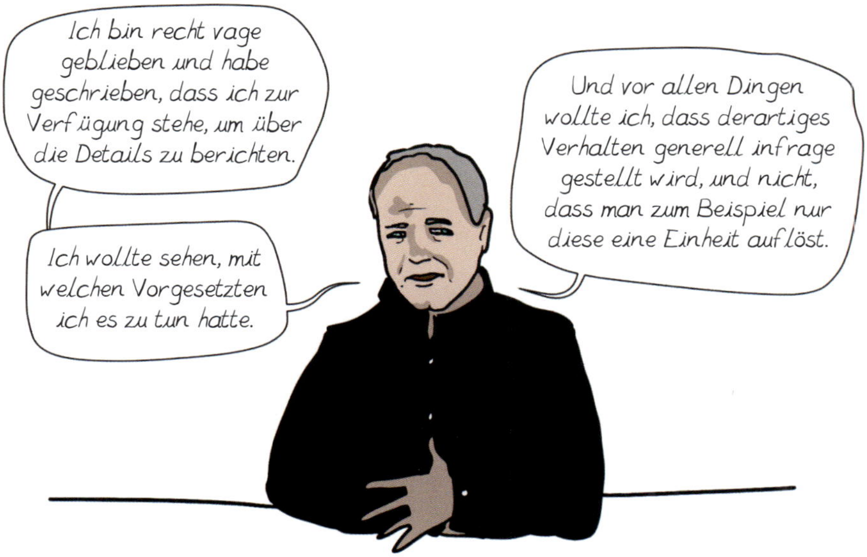
Ich bin recht vage geblieben und habe geschrieben, dass ich zur Verfügung stehe, um über die Details zu berichten.
Ich wollte sehen, mit welchen Vorgesetzten ich es zu tun hatte.
Und vor allen Dingen wollte ich, dass derartiges Verhalten generell infrage gestellt wird, und nicht, dass man zum Beispiel nur diese eine Einheit auflöst.

Er wird zu einem Treffen einbestellt.

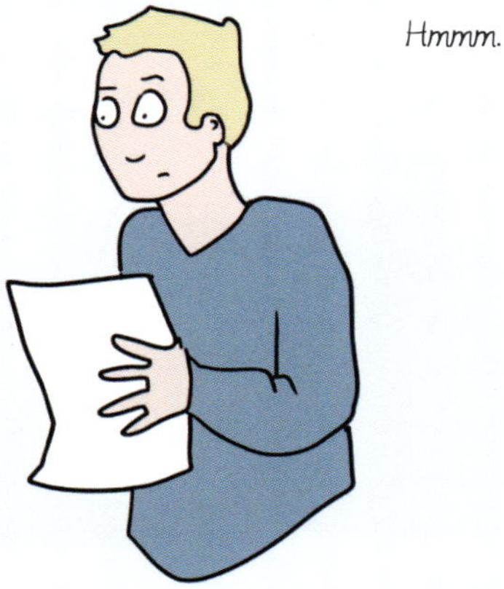
Hmmm.

Als er ankommt, muss er feststellen, dass sich der Kommissariatsleiter krankgemeldet hat, er von einem einfachen Vorgesetzten vertreten wird ... und die drei Kollegen sehr entspannt wirken und sich schon etwas länger miteinander zu unterhalten scheinen.

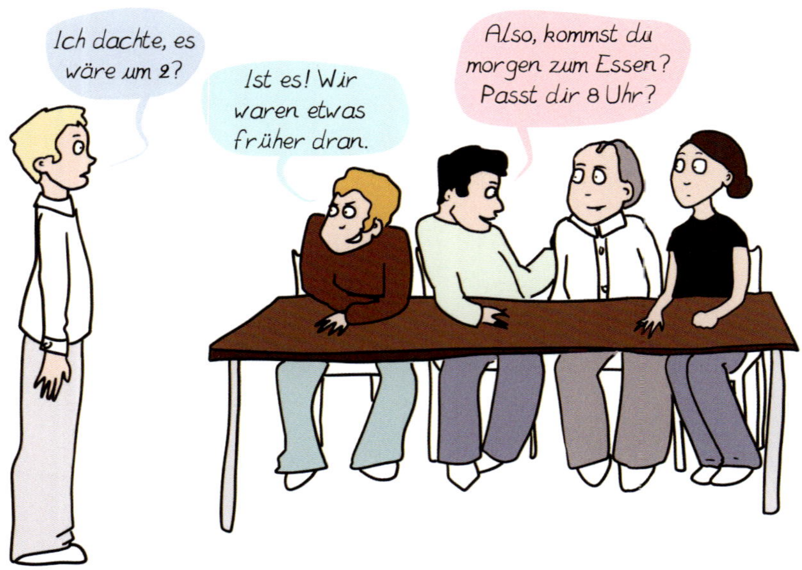
Ich dachte, es wäre um 2?
Ist es! Wir waren etwas früher dran.
Also, kommst du morgen zum Essen? Passt dir 8 Uhr?

Nur eine Polizeikommissarin, die vor Kurzem aus dem Mutterschaftsurlaub zurückgekehrt ist, scheint nicht mit den anderen unter einer Decke zu stecken.

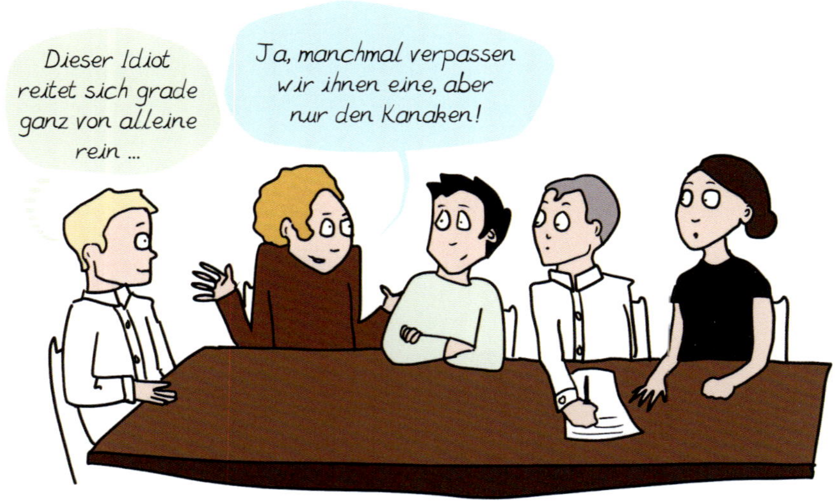
Dieser Idiot reitet sich grade ganz von alleine rein ...
Ja, manchmal verpassen wir ihnen eine, aber nur den Kanaken!

Aber die Polizisten fühlen sich so sicher, dass sie nicht einmal merken, dass sie manche Dinge zugeben.

Erik ist sich sicher, dass das Treffen Konsequenzen haben wird – bis zu dem Tag, an dem er den Bericht liest.

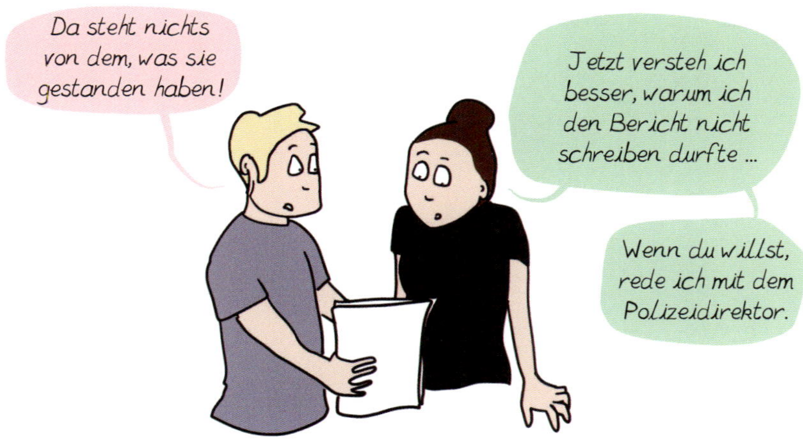
Da steht nichts von dem, was sie gestanden haben!
Jetzt versteh ich besser, warum ich den Bericht nicht schreiben durfte ...
Wenn du willst, rede ich mit dem Polizeidirektor.

Aber der Polizeidirektor reagiert anders als erhofft.

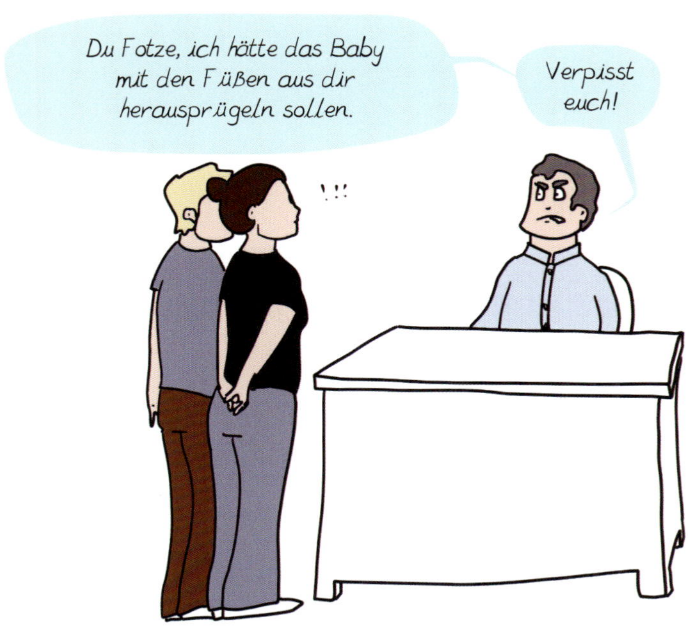
Du Fotze, ich hätte das Baby mit den Füßen aus dir herausprügeln sollen.
Verpisst euch!

Erik und die Kommissarin begreifen, dass er für den gefälschten Bericht verantwortlich ist.

Er muss Paolos Einheit verlassen und zu der Polizeieinheit wechseln, die den Élysee-Palast bewacht.

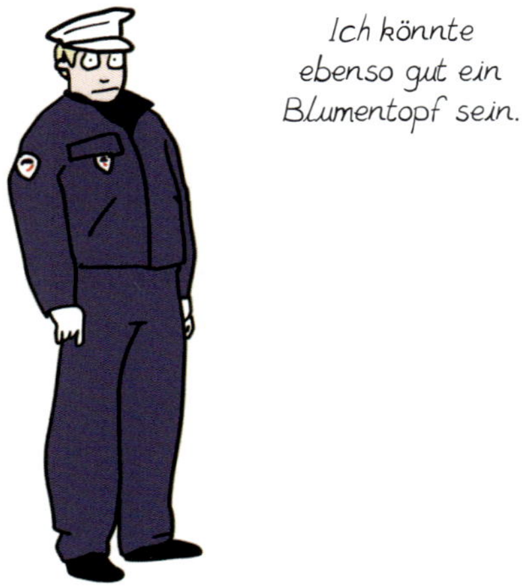
Ich könnte ebenso gut ein Blumentopf sein.

Er nimmt sich also vor, zu zeigen, wie absurd seine Uniform ist, und trägt bei den Schießübungen seine weißen Handschuhe.

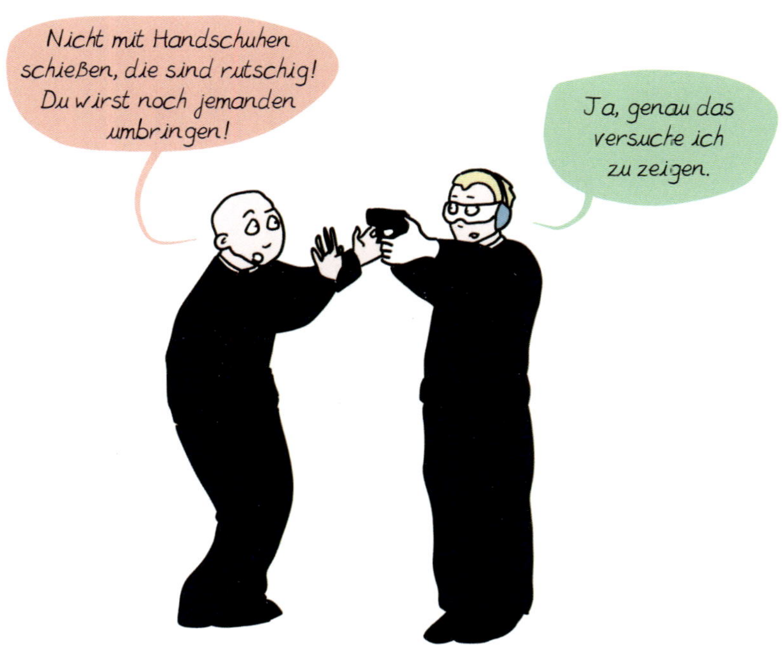
Nicht mit Handschuhen schießen, die sind rutschig! Du wirst noch jemanden umbringen!
Ja, genau das versuche ich zu zeigen.

Sein erstes Team, die von André Le Bars geleitete Spezialeinheit BAC, lässt ihn hin und wieder heimlich mitkommen.

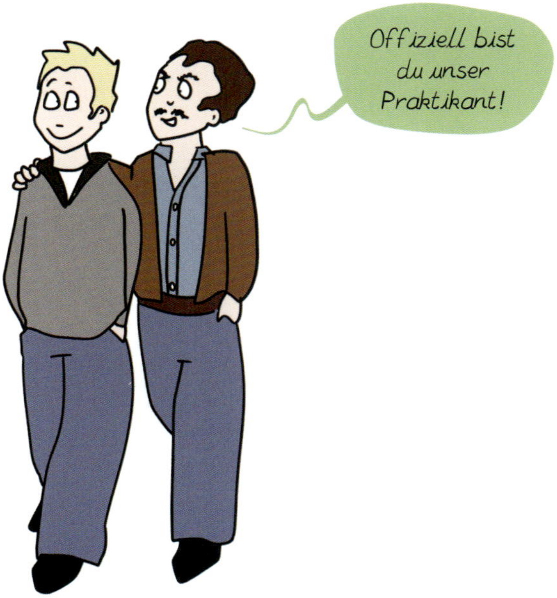
Offiziell bist du unser Praktikant!

Aber als es eines Tages zu einer besonders wichtigen Festnahme kommt, wird sein Name in einem Protokoll entdeckt.

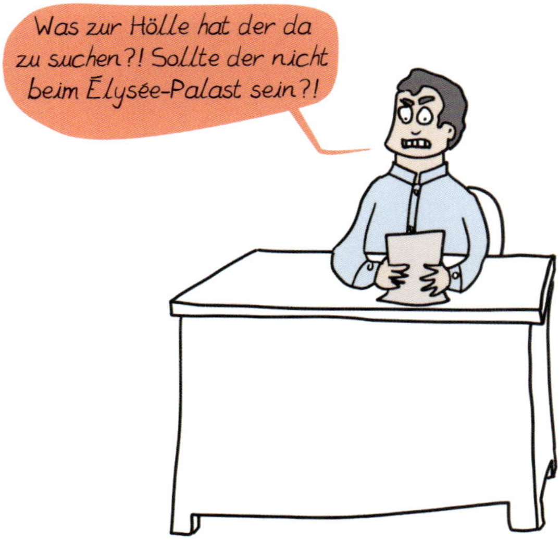
Was zur Hölle hat der da zu suchen?! Sollte der nicht beim Élysée-Palast sein?!

... und er wird wieder vor den Élysée-Palast gestellt.

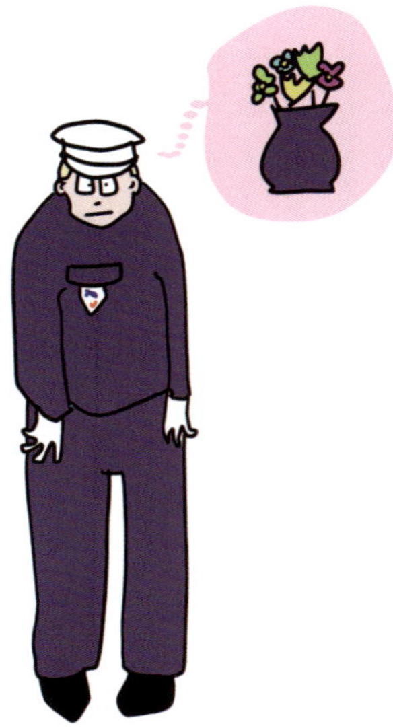

Unterdessen wendet er sich an immer höher gestellte Vorgesetzte, um die Fehltritte seiner Kollegen zu melden – aber ohne Erfolg.

Aber eines Tages haben die Typen aus der Einheit, um sich wichtig zu machen, der Kriminalpolizei gesagt, eine der Prostituierten hätte ihnen von einem geplanten Überfall erzählt.

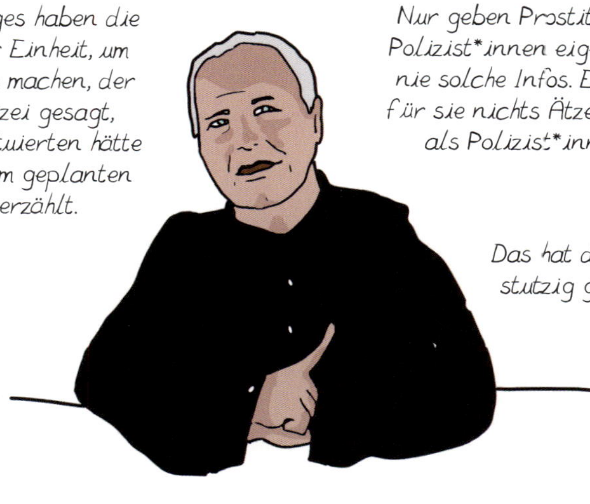

Und die Info war korrekt. Nur geben Prostituierte Polizist*innen eigentlich nie solche Infos. Es gibt für sie nichts Ätzenderes als Polizist*innen.

Das hat die Kripo stutzig gemacht.

Nico wird abgehört und beschattet, und es kommt heraus, dass er ein Zuhälter ist, mit einer der Sexarbeiterinnen zusammenlebt und versteckte Konten in der Schweiz hat. Die Polizeidirektion sieht sich gezwungen, ihn vom Dienst zu suspendieren.

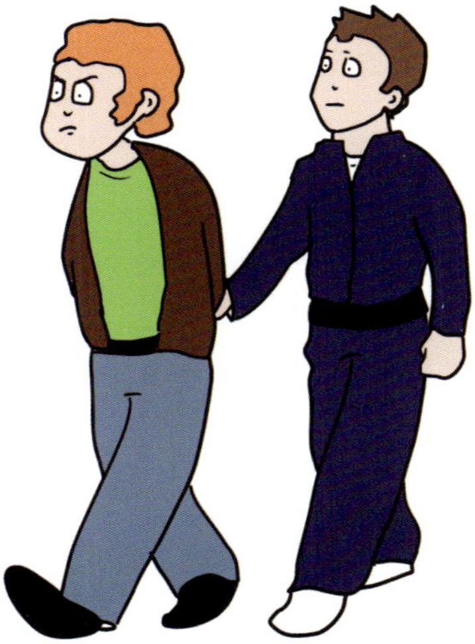

Er wird zu einem Jahr Gefängnis verurteilt.

Érik nutzt die Gelegenheit, um auch für die anderen Vergehen Sanktionen zu fordern.

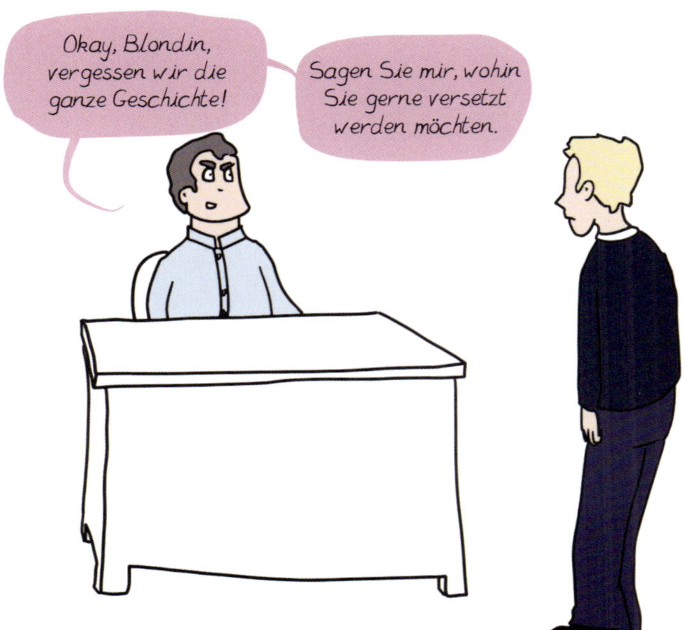
Okay, Blondin, vergessen wir die ganze Geschichte!
Sagen Sie mir, wohin Sie gerne versetzt werden möchten.

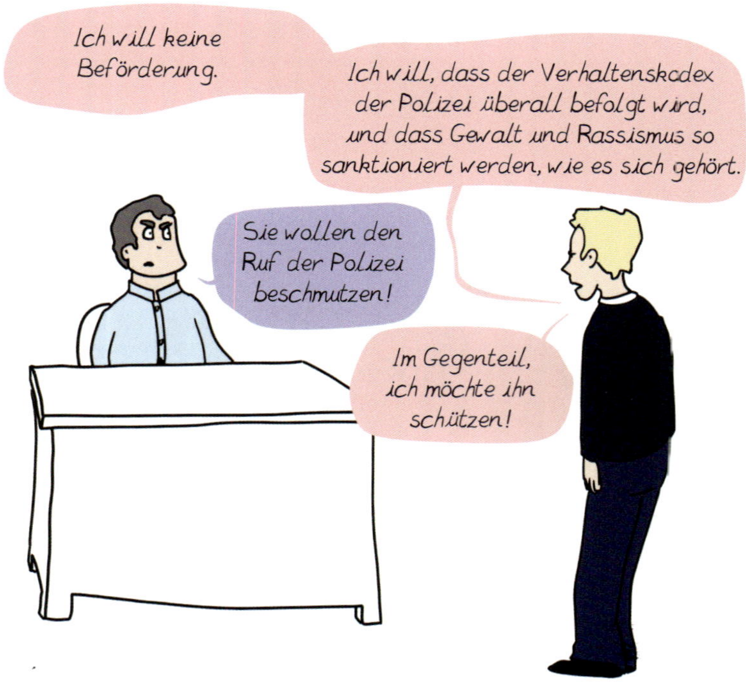
Ich will keine Beförderung.
Ich will, dass der Verhaltenskodex der Polizei überall befolgt wird, und dass Gewalt und Rassismus so sanktioniert werden, wie es sich gehört.
Sie wollen den Ruf der Polizei beschmutzen!
Im Gegenteil, ich möchte ihn schützen!

Für seine Rehabilitierung wird Érik ins 14. Arrondissement von Paris versetzt, aber ansonsten werden keine Maßnahmen ergriffen.

Dort wird ihm klar, welche Schäden es verursacht, dass es stets vor allem um die Erfüllung von Quoten geht.

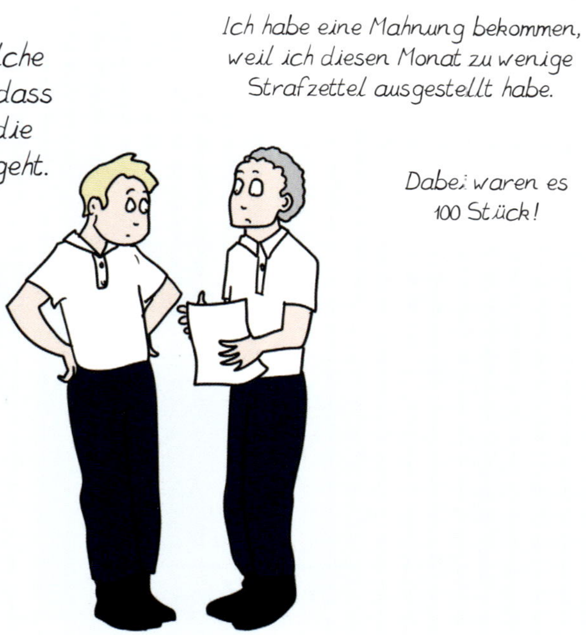
Ich habe eine Mahnung bekommen, weil ich diesen Monat zu wenige Strafzettel ausgestellt habe.
Dabei waren es 100 Stück!

An einem Abend begleitet er einen Kollegen bei einer Verkehrskontrolle. Sie parken an einer Kreuzung, die dafür bekannt ist, schlecht ausgeschildert zu sein. Es dauert nicht lange, bis ein verwirrter Autofahrer eine verbotene Abzweigung nimmt.

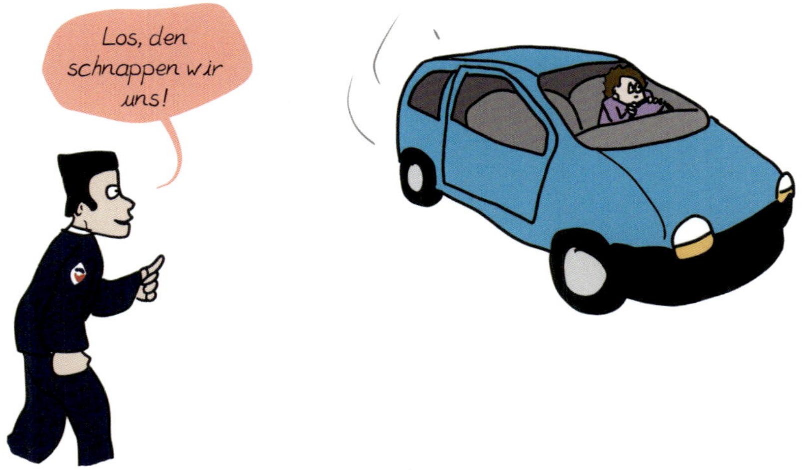
Los, den schnappen wir uns!

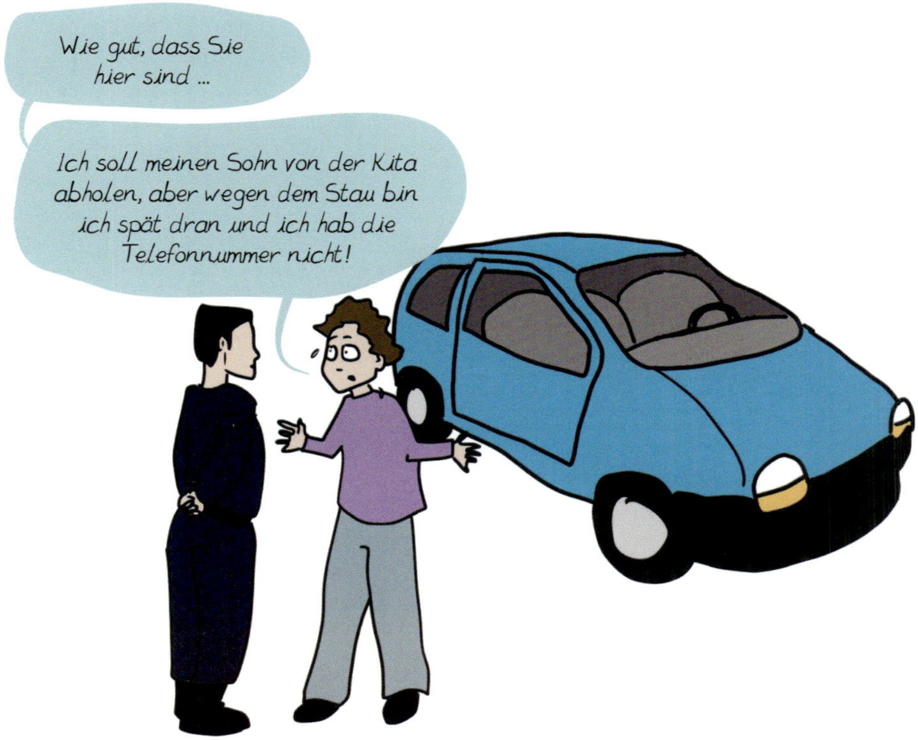
Wie gut, dass Sie hier sind ...
Ich soll meinen Sohn von der Kita abholen, aber wegen dem Stau bin ich spät dran und ich hab die Telefonnummer nicht!

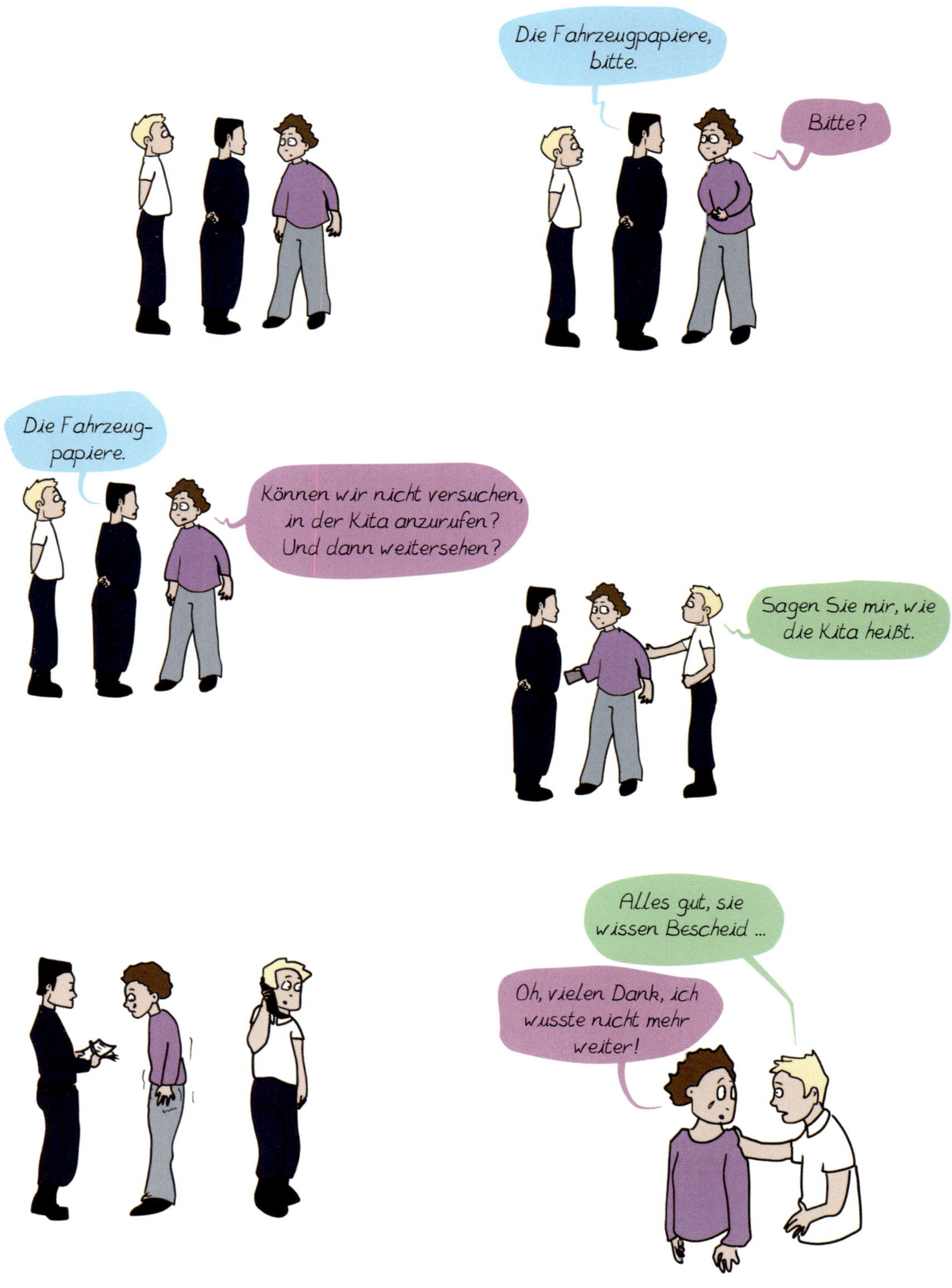
Die Fahrzeugpapiere, bitte.
Bitte?
Die Fahrzeugpapiere.
Können wir nicht versuchen, in der Kita anzurufen? Und dann weitersehen?
Sagen Sie mir, wie die Kita heißt.
Alles gut, sie wissen Bescheid ...
Oh, vielen Dank, ich wusste nicht mehr weiter!

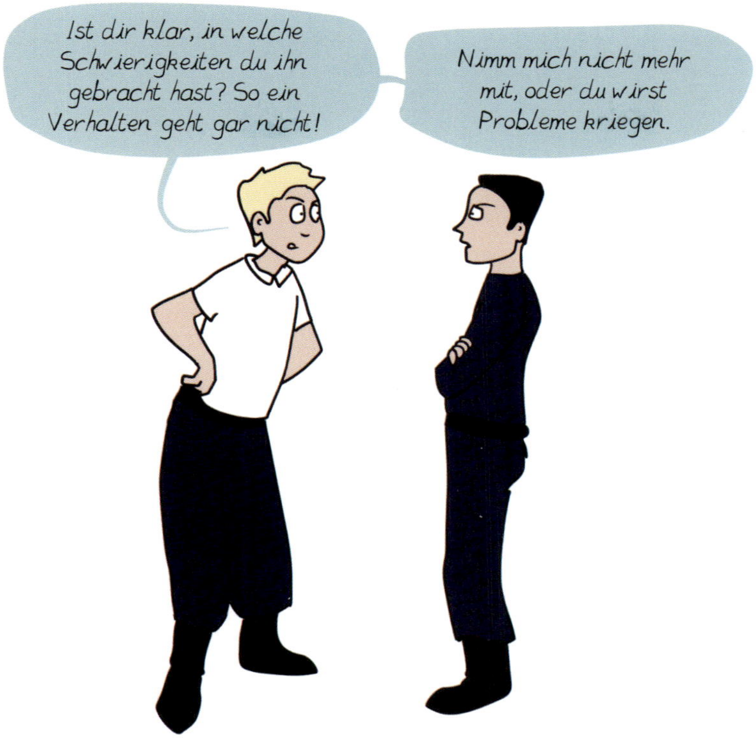
Ist dir klar, in welche Schwierigkeiten du ihn gebracht hast? So ein Verhalten geht gar nicht!
Nimm mich nicht mehr mit, oder du wirst Probleme kriegen.

Erik wendet sich an die Polizei-Gewerkschaften, aber die interessieren sich nicht für die Quotenvorgaben und Polizeigewalt. Die Verantwortlichen arbeiten dort vor allem, um sich politisch zu profilieren.

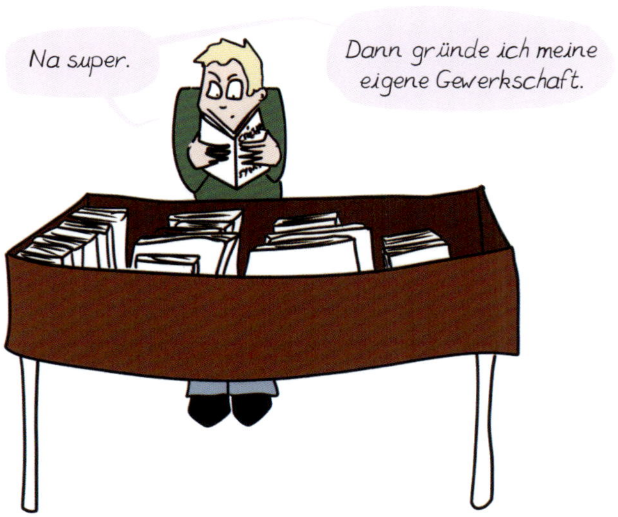
Na super.
Dann gründe ich meine eigene Gewerkschaft.

Im Jahr 1995 gründet er zusammen mit an die 20 Kolleg*innen die Polizeigewerkschaft SPN*.

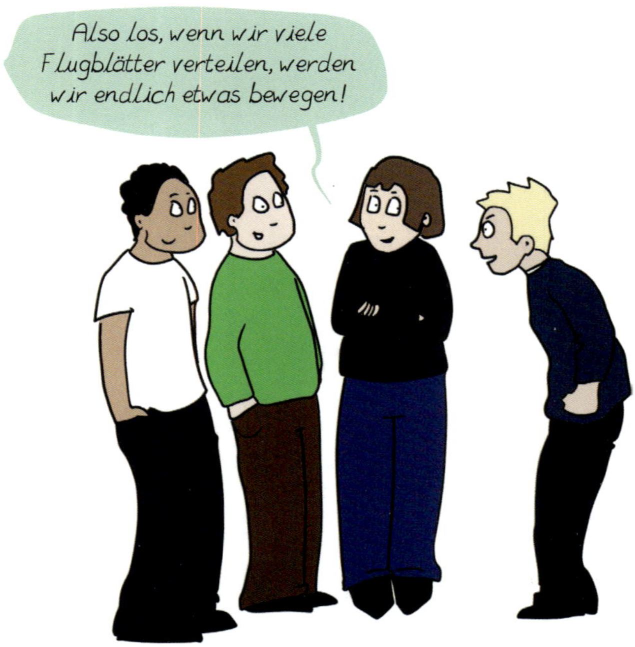
Also los, wenn wir viele Flugblätter verteilen, werden wir endlich etwas bewegen!

* Syndicat de la Police Nationale (Anm. d. Übersetzerin).

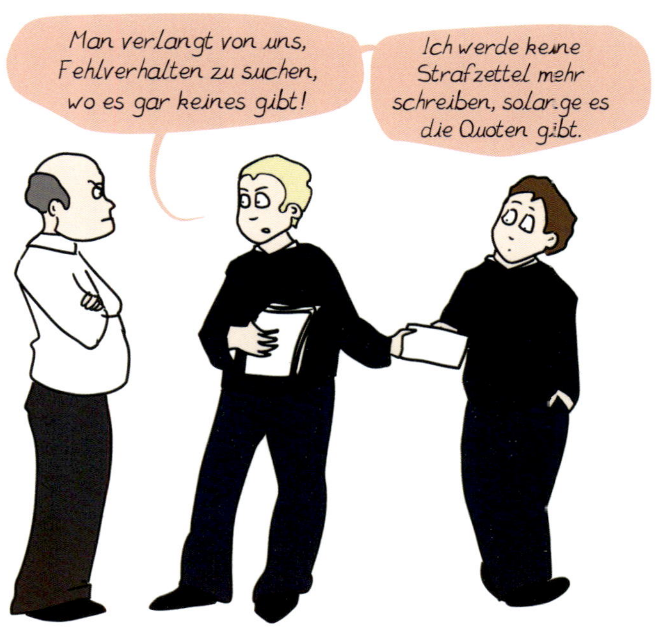
Man verlangt von uns, Fehlverhalten zu suchen, wo es gar keines gibt!
Ich werde keine Strafzettel mehr schreiben, solange es die Quoten gibt.

Erik hat 10 Jahre lang keinen einzigen Strafzettel mehr verteilt.

An einem Abend im Oktober 2003 nimmt Érik an einer Operation »78-2« teil.

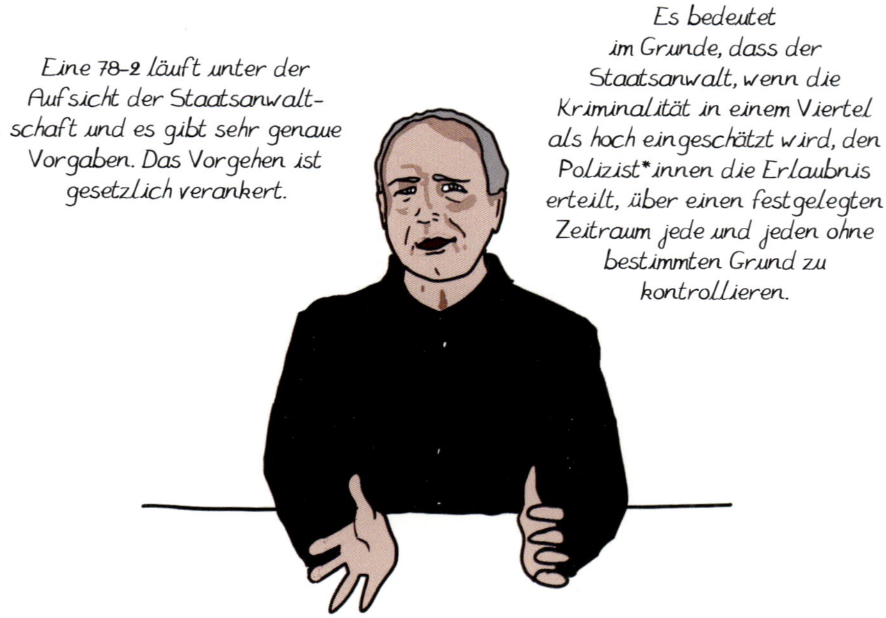
Eine 78-2 läuft unter der Aufsicht der Staatsanwaltschaft und es gibt sehr genaue Vorgaben. Das Vorgehen ist gesetzlich verankert.
Es bedeutet im Grunde, dass der Staatsanwalt, wenn die Kriminalität in einem Viertel als hoch eingeschätzt wird, den Polizist*innen die Erlaubnis erteilt, über einen festgelegten Zeitraum jede und jeden ohne bestimmten Grund zu kontrollieren.

In der Theorie wird eine 78-2 vom Staatsanwalt eingeleitet und er gibt der betreffenden Kommissarin entsprechende Anweisungen.

Aber in der Praxis ist es die alleinige Entscheidung der Kommissar*innen, ob sie ein Viertel durchkämmen.

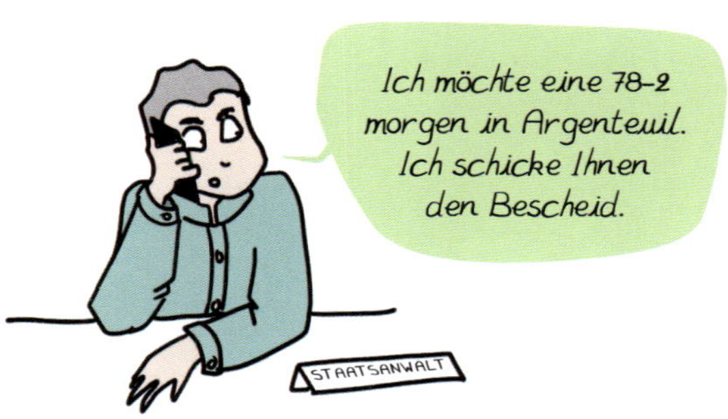
Ich möchte eine 78-2 morgen in Argenteuil. Ich schicke Ihnen den Bescheid.
STAATSANWALT

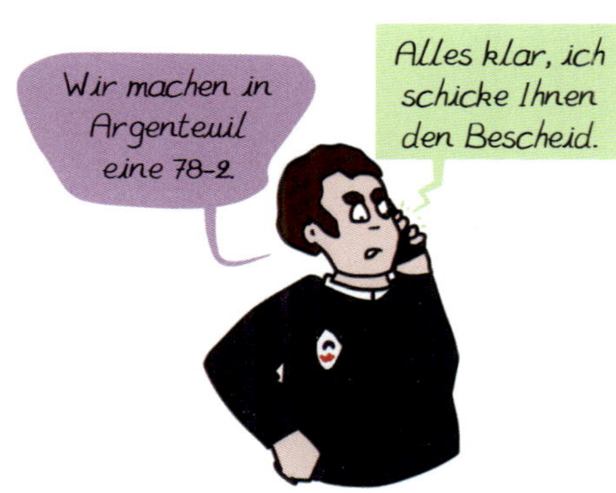
Wir machen in Argenteuil eine 78-2.
Alles klar, ich schicke Ihnen den Bescheid.

An diesem Abend wird Érik von Mounir begleitet, einem Kollegen, der dafür bekannt ist, bei Kontrollen besonders gewalttätig zu sein. Er pflegt seine Handschuhe mit Blei zu verstärken, um die Jugendlichen heimlich zu schlagen.

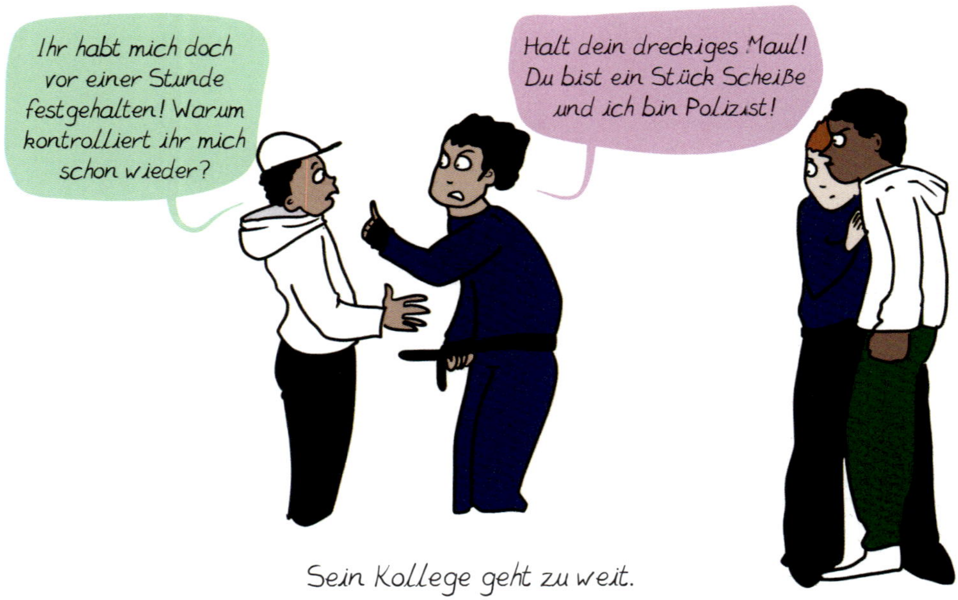
Ihr habt mich doch vor einer Stunde festgehalten! Warum kontrolliert ihr mich schon wieder?
Halt dein dreckiges Maul! Du bist ein Stück Scheiße und ich bin Polizist!

Sein Kollege geht zu weit.

Schließlich interveniert Érik.

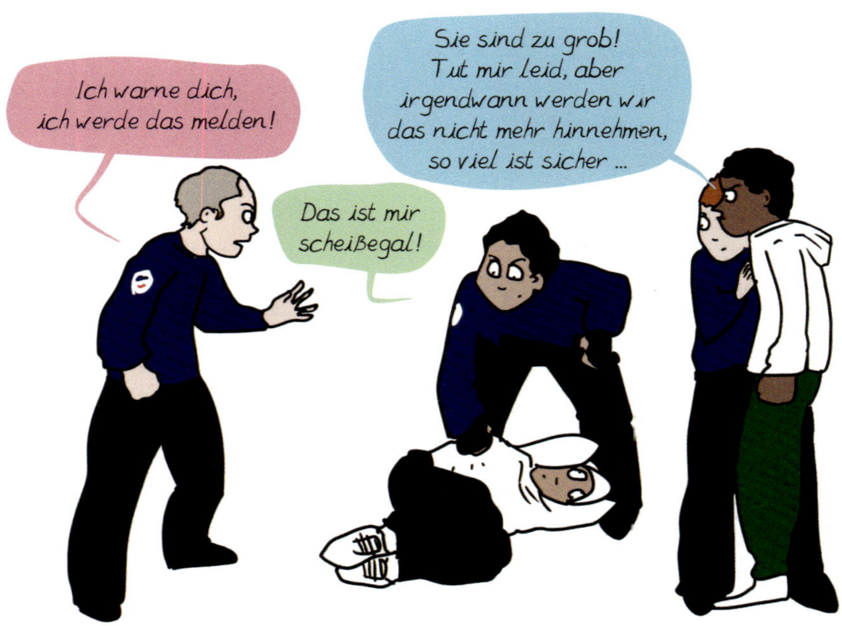
Ich warne dich, ich werde das melden!
Das ist mir scheißegal!
Sie sind zu grob! Tut mir leid, aber irgendwann werden wir das nicht mehr hinnehmen, so viel ist sicher …

Später schreibt er einen Bericht, um zu melden, was passiert ist.

Es wird eine Untersuchung bei der IGS* eingeleitet, aber Mounirs Verhalten wird nicht sanktioniert.

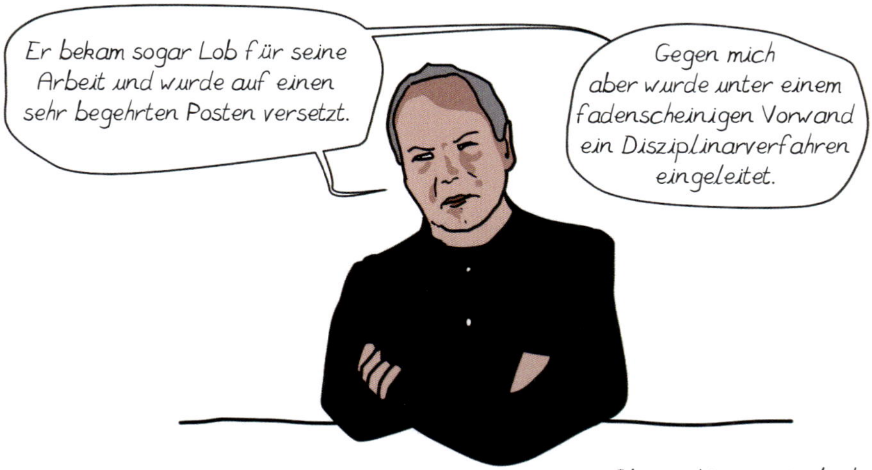
Er bekam sogar Lob für seine Arbeit und wurde auf einen sehr begehrten Posten versetzt.
Gegen mich aber wurde unter einem fadenscheinigen Vorwand ein Disziplinarverfahren eingeleitet.

*Inspection générale des services, heute Inspection générale de la Police nationale, Institution zur Kontrolle der Polizeiarbeit in Frankreich (Anm. d. Übersetzerin).

Trotz allem hört Érik nicht auf, die Gewalttaten, derer er Zeuge wird, gewissenhaft zu melden. Seinen Vorgesetzten gefällt das gar nicht.

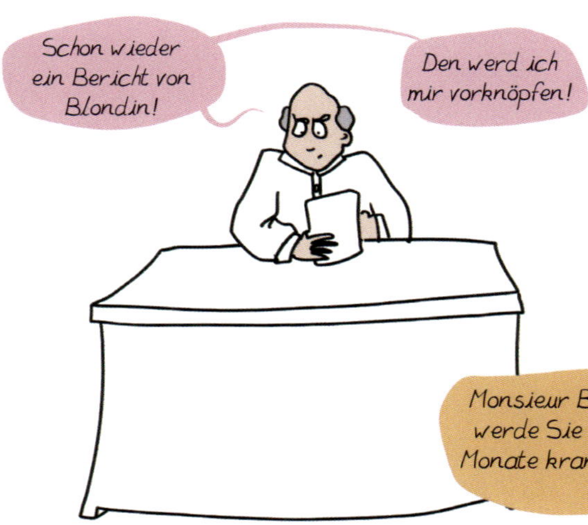
Schon wieder ein Bericht von Blondin!
Den werd ich mir vorknöpfen!

Also versuchen sie, ihn loszuwerden, und leiten immer neue Verfahren gegen ihn ein. Immer wieder wird Érik, gegen den 6 Verfahren laufen, zwischen 2001 und 2008 vors Strafgericht und den Disziplinarausschuss zitiert. Da es keine Beweise gibt, gewinnt er jedes Mal, aber die Verfahren ziehen sich und er bekommt einen Burn-out.

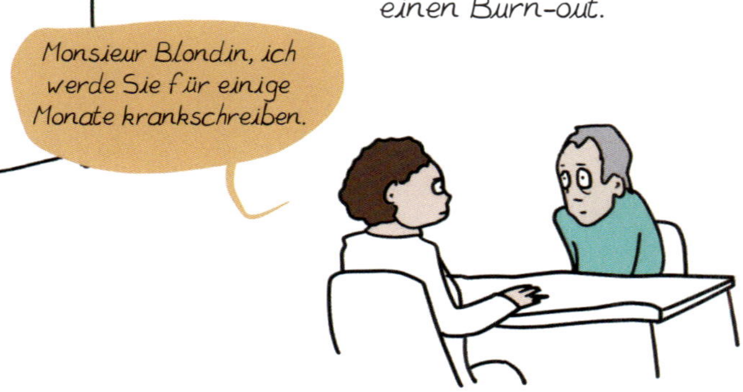
Monsieur Blondin, ich werde Sie für einige Monate krankschreiben.

Diejenigen von seinen Kolleg*innen, die ihn unterstützen, leiden ebenfalls unter Repressionen. Die anderen behandeln ihn wie einen Feind.

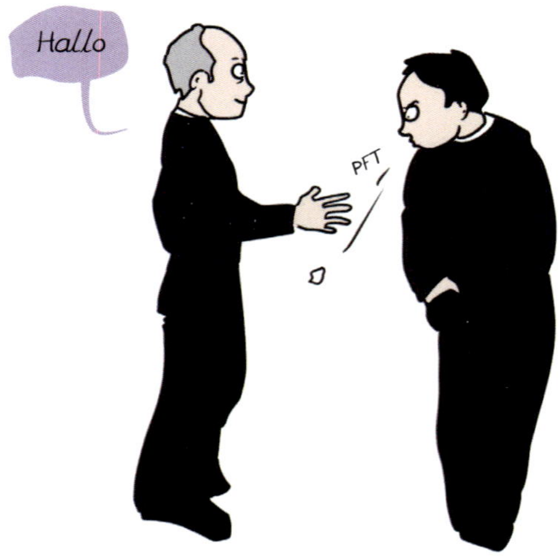
Hallo
PFT

Manche gehen sogar so weit, dass sie Falschaussagen machen, um den Vorgesetzten zu helfen, ihn loszuwerden.

Als er 2008 in Rente geht, ist Érik müde und krank. Über seine Anwältin bittet er darum, dass die Verfahren, die noch gegen ihn laufen, zu Ende geführt werden.

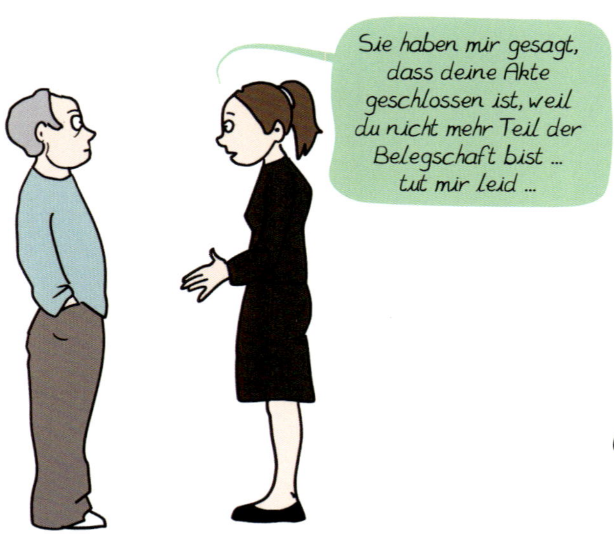
Sie haben mir gesagt, dass deine Akte geschlossen ist, weil du nicht mehr Teil der Belegschaft bist ... tut mir leid ...

Also gibt er auf.

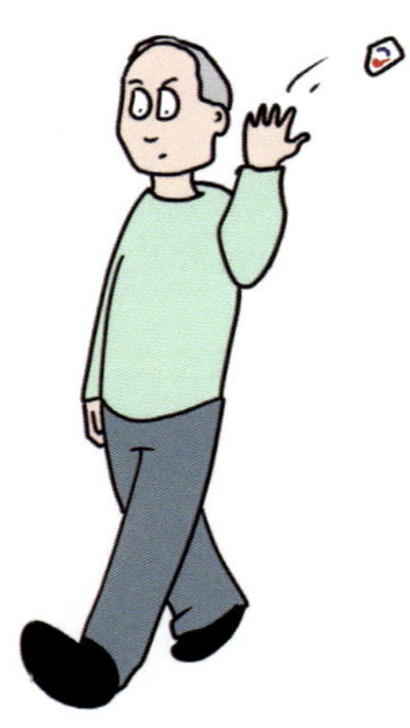

Dies ist die unspektakuläre Geschichte von jemandem, der wirklich ein **Freund und Helfer** sein wollte.

Epilog

Heute lebt Érik in den Pyrenäen, in der Nähe seiner Tochter, und stockt seine Rente auf, indem er sich um Ferienwohnungen kümmert.

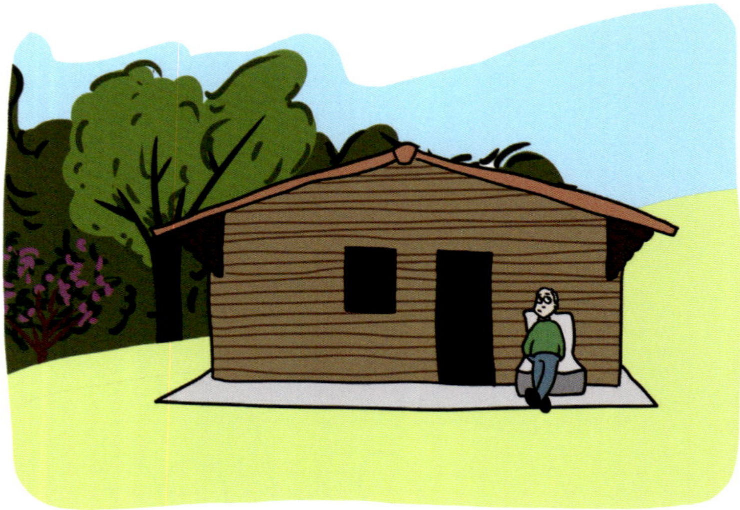

Zum Abschluss frage ich ihn, wie er über die Polizei als Institution denkt.

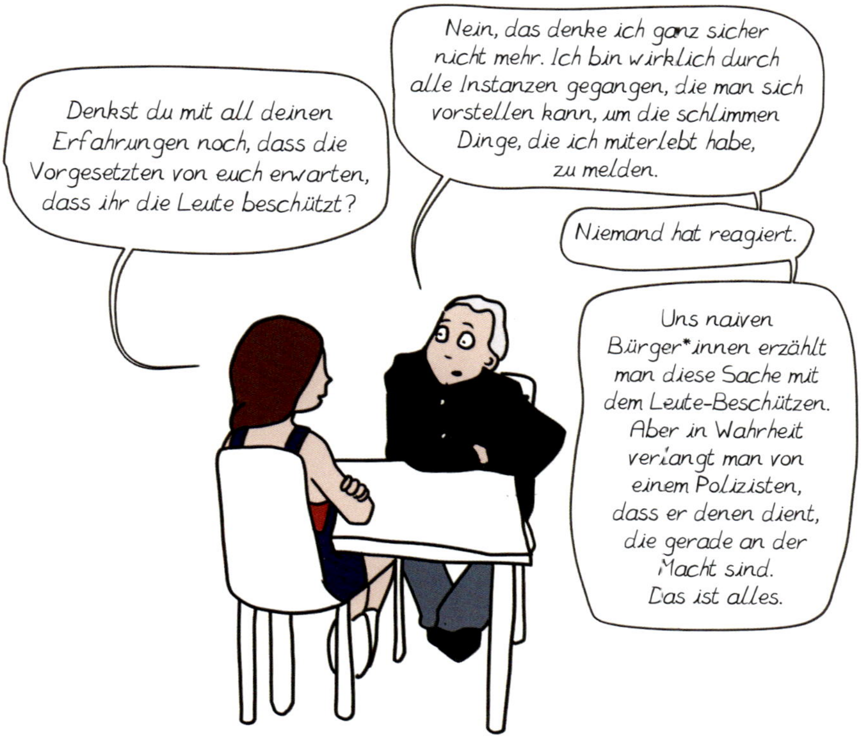
Denkst du mit all deinen Erfahrungen noch, dass die Vorgesetzten von euch erwarten, dass ihr die Leute beschützt?
Nein, das denke ich ganz sicher nicht mehr. Ich bin wirklich durch alle Instanzen gegangen, die man sich vorstellen kann, um die schlimmen Dinge, die ich miterlebt habe, zu melden.
Niemand hat reagiert.
Uns naiven Bürger*innen erzählt man diese Sache mit dem Leute-Beschützen. Aber in Wahrheit verlangt man von einem Polizisten, dass er denen dient, die gerade an der Macht sind. Das ist alles.

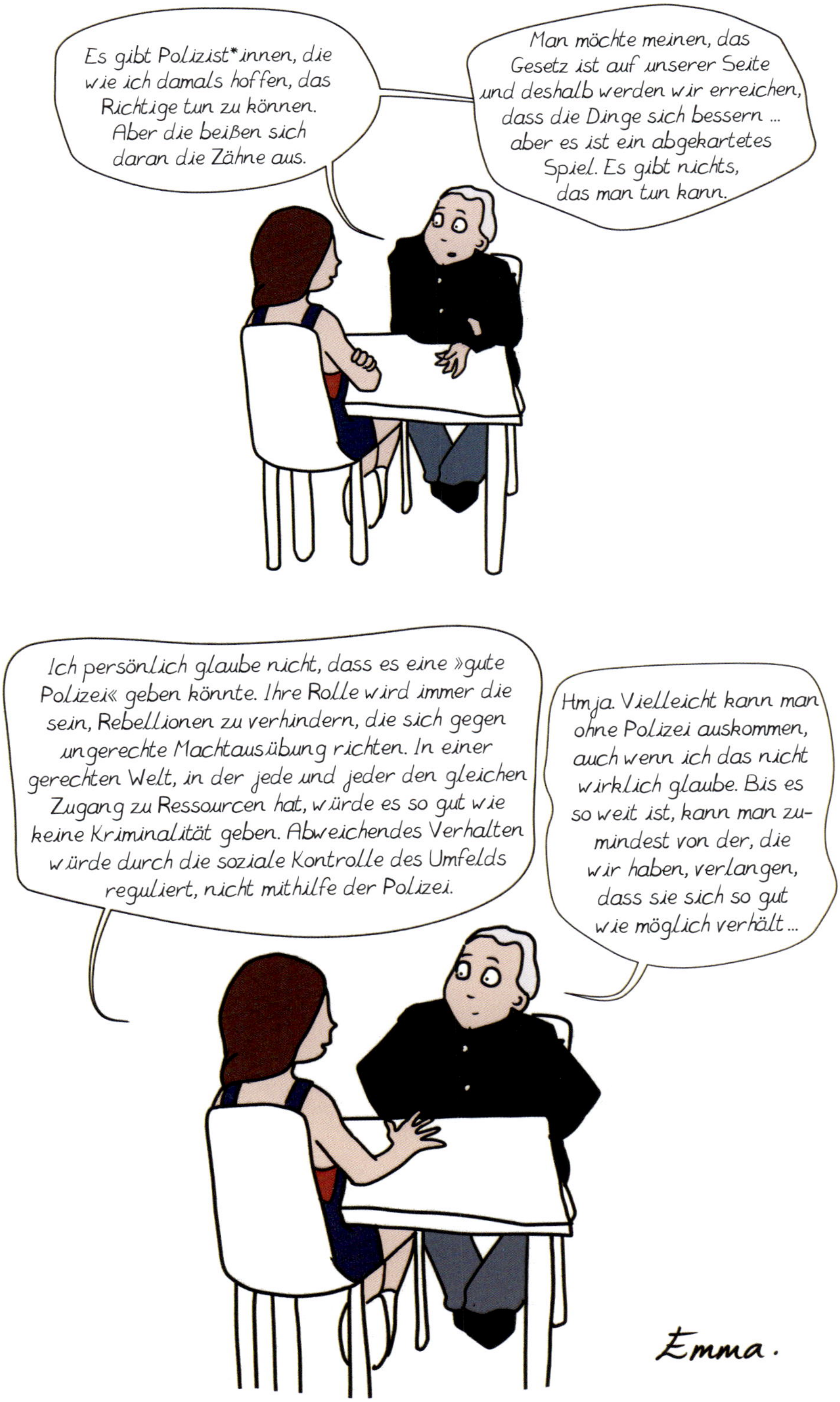
Es gibt Polizist*innen, die wie ich damals hoffen, das Richtige tun zu können. Aber die beißen sich daran die Zähne aus.
Man möchte meinen, das Gesetz ist auf unserer Seite und deshalb werden wir erreichen, dass die Dinge sich bessern … aber es ist ein abgekartetes Spiel. Es gibt nichts, das man tun kann.
Ich persönlich glaube nicht, dass es eine »gute Polizei« geben könnte. Ihre Rolle wird immer die sein, Rebellionen zu verhindern, die sich gegen ungerechte Machtausübung richten. In einer gerechten Welt, in der jede und jeder den gleichen Zugang zu Ressourcen hat, würde es so gut wie keine Kriminalität geben. Abweichendes Verhalten würde durch die soziale Kontrolle des Umfelds reguliert, nicht mithilfe der Polizei.
Hm ja. Vielleicht kann man ohne Polizei auskommen, auch wenn ich das nicht wirklich glaube. Bis es so weit ist, kann man zumindest von der, die wir haben, verlangen, dass sie sich so gut wie möglich verhält …
Emma.

9

Die wollen nur nett sein

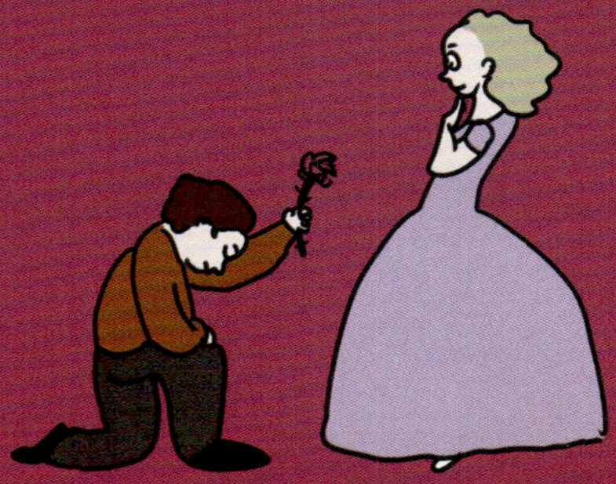

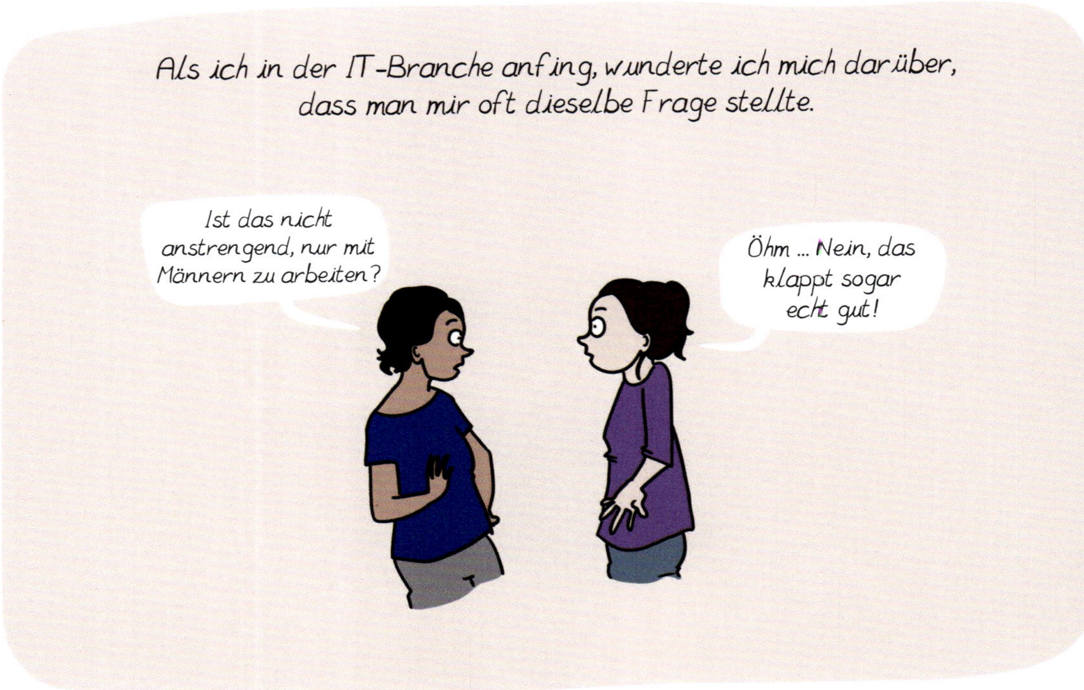
Als ich in der IT-Branche anfing, wunderte ich mich darüber, dass man mir oft dieselbe Frage stellte.
Ist das nicht anstrengend, nur mit Männern zu arbeiten?
Öhm ... Nein, das klappt sogar echt gut!

Damals hatte ich eher den Eindruck, dass mein Gender mir nützte.

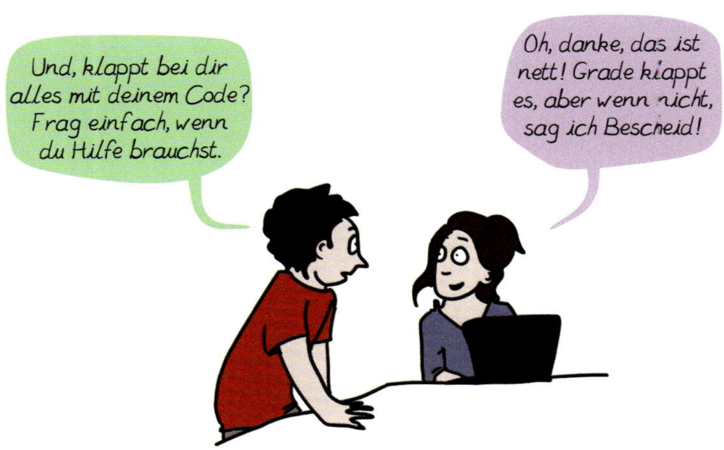
Und, klappt bei dir alles mit deinem Code? Frag einfach, wenn du Hilfe brauchst.
Oh, danke, das ist nett! Grade klappt es, aber wenn nicht, sag ich Bescheid!

Es war offensichtlich, dass meine Kollegen mir viel eher Hilfe anboten als den Männern in derselben Position, aber ich sah das eher als Vorteil.

Ein paar Jahre später wollte ich mehr Verantwortung übernehmen.

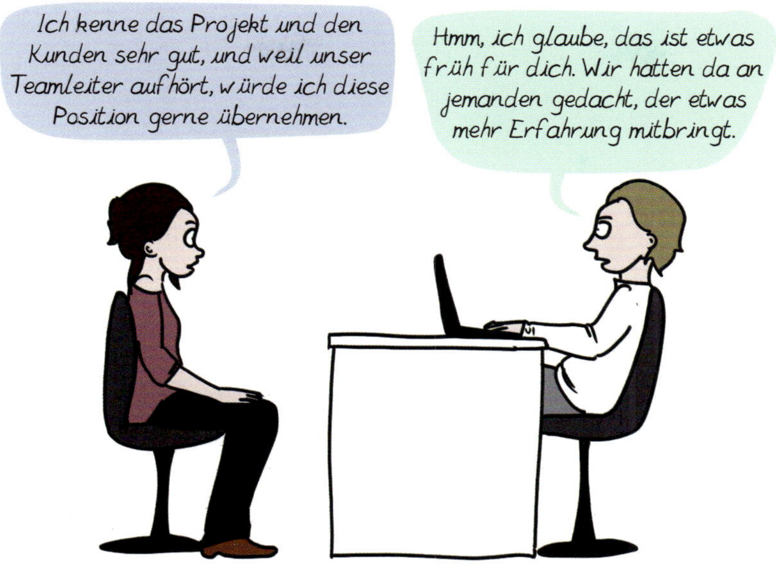
Ich kenne das Projekt und den Kunden sehr gut, und weil unser Teamleiter aufhört, würde ich diese Position gerne übernehmen.
Hmm, ich glaube, das ist etwas früh für dich. Wir hatten da an jemanden gedacht, der etwas mehr Erfahrung mitbringt.

Da schien nichts zu machen zu sein. Also habe ich gekündigt und eine leitende Position in einem anderen Unternehmen angenommen.

Mein neuer Job entsprach meinen Erwartungen aber nur auf dem Papier: Ich leitete überhaupt gar nichts.

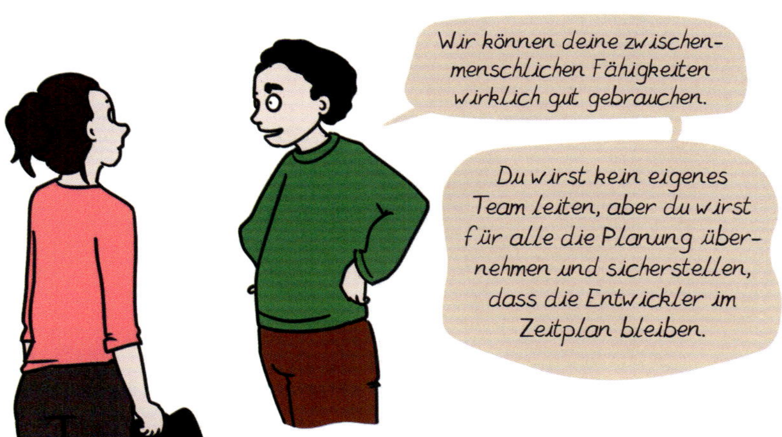
Wir können deine zwischenmenschlichen Fähigkeiten wirklich gut gebrauchen.
Du wirst kein eigenes Team leiten, aber du wirst für alle die Planung übernehmen und sicherstellen, dass die Entwickler im Zeitplan bleiben.

Das klang allerdings auch nach einer wichtigen Aufgabe, also nahm ich die Stelle an.

Meine Tage bestanden daraus, zu den Informatikern zu gehen und meine »zwischenmenschlichen Fähigkeiten« einzusetzen, um zu kontrollieren, ob sie ihren Zeitplan einhielten.

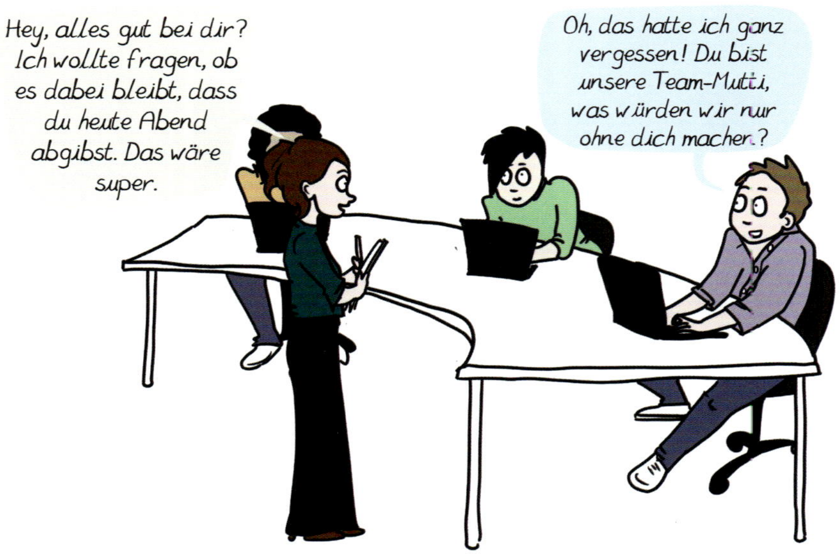
Hey, alles gut bei dir? Ich wollte fragen, ob es dabei bleibt, dass du heute Abend abgibst. Das wäre super.
Oh, das hatte ich ganz vergessen! Du bist unsere Team-Mutti, was würden wir nur ohne dich machen?

Aber so richtig gut funktionierte das nicht.

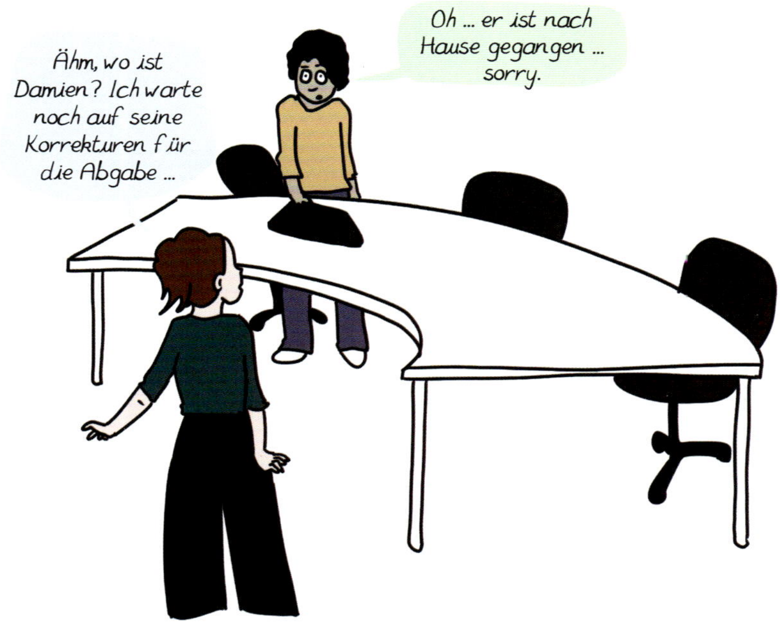
Ähm, wo ist Damien? Ich warte noch auf seine Korrekturen für die Abgabe ...
Oh ... er ist nach Hause gegangen ... sorry.

Nach einem Jahr hatte ich ein Evaluationsgespräch mit meinem Vorgesetzten.

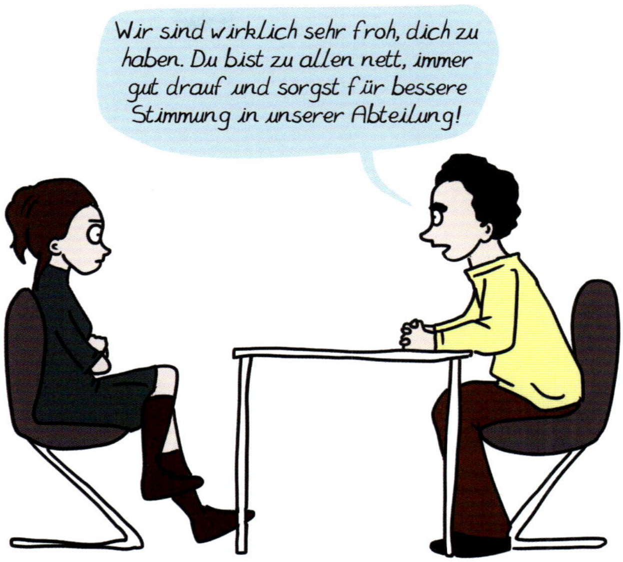
Wir sind wirklich sehr froh, dich zu haben. Du bist zu allen nett, immer gut drauf und sorgst für bessere Stimmung in unserer Abteilung!

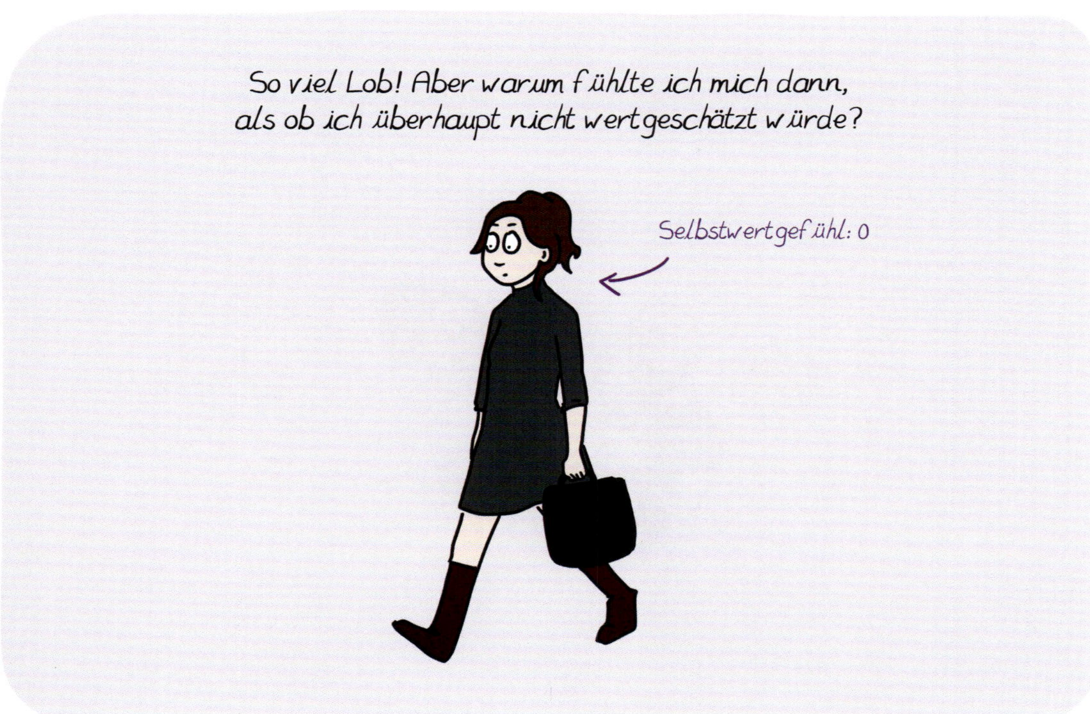
So viel Lob! Aber warum fühlte ich mich dann, als ob ich überhaupt nicht wertgeschätzt würde?
Selbstwertgefühl: 0

Um das zu verstehen, brauchte ich die Perspektive von außen.

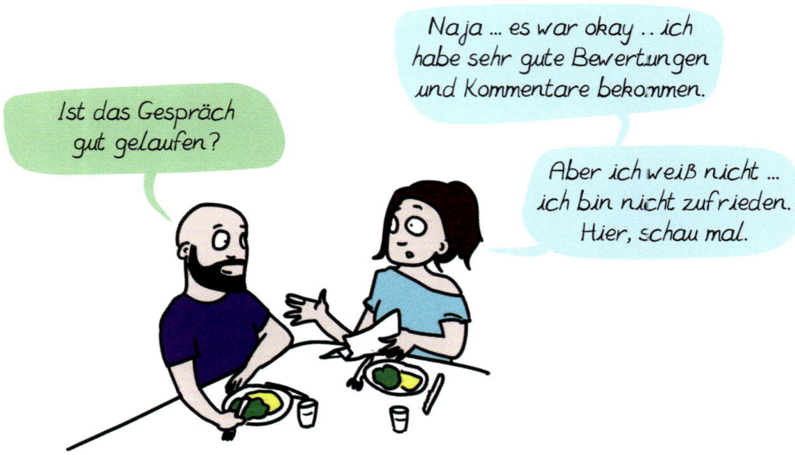
Ist das Gespräch gut gelaufen?
Naja ... es war okay .. ich habe sehr gute Bewertungen und Kommentare bekommen.
Aber ich weiß nicht ... ich bin nicht zufrieden. Hier, schau mal.

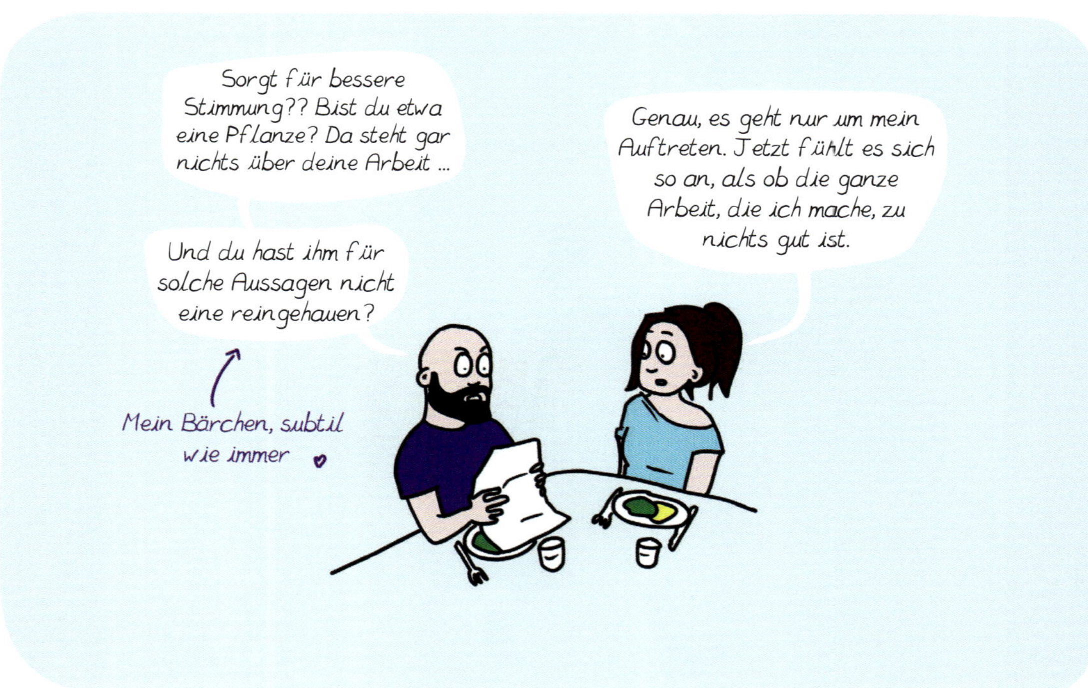
Sorgt für bessere Stimmung?? Bist du etwa eine Pflanze? Da steht gar nichts über deine Arbeit ...
Und du hast ihm für solche Aussagen nicht eine reingehauen?
Mein Bärchen, subtil wie immer
Genau, es geht nur um mein Auftreten. Jetzt fühlt es sich so an, als ob die ganze Arbeit, die ich mache, zu nichts gut ist.

Ein paar Tage später dann wurde mir während einer Unterhaltung mit einer feministischen Freundin klar, womit ich es hier zu tun hatte.

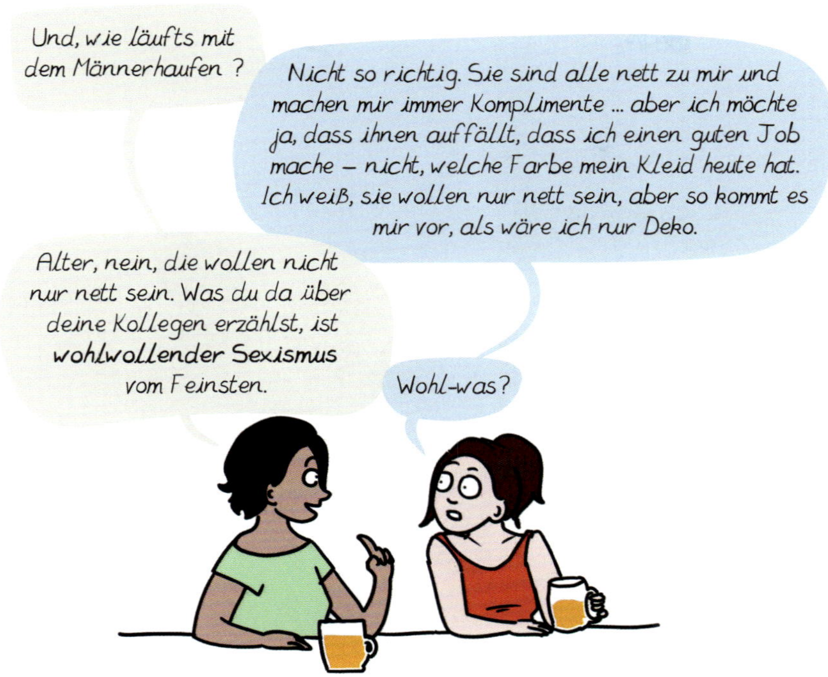
Und, wie läufts mit dem Männerhaufen ?
Nicht so richtig. Sie sind alle nett zu mir und machen mir immer Komplimente ... aber ich möchte ja, dass ihnen auffällt, dass ich einen guten Job mache – nicht, welche Farbe mein Kleid heute hat. Ich weiß, sie wollen nur nett sein, aber so kommt es mir vor, als wäre ich nur Deko.
Alter, nein, die wollen nicht nur nett sein. Was du da über deine Kollegen erzählst, ist **wohlwollender Sexismus** vom Feinsten.
Wohl-was?

Mit wohlwollendem Sexismus haben wir es dann zu tun, wenn Frauen wie zerbrechliche Gegenstände wahrgenommen und behandelt werden, die man beschützen muss.

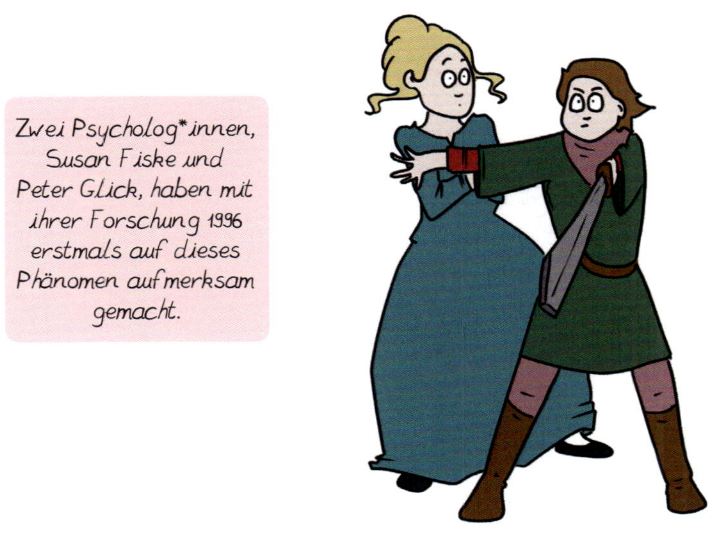
Zwei Psycholog*innen, Susan Fiske und Peter Glick, haben mit ihrer Forschung 1996 erstmals auf dieses Phänomen aufmerksam gemacht.

Das bedeutet: Während man Frauen auf ein Podest stellt und für ihre angeblichen weiblichen Qualitäten wertschätzt ...

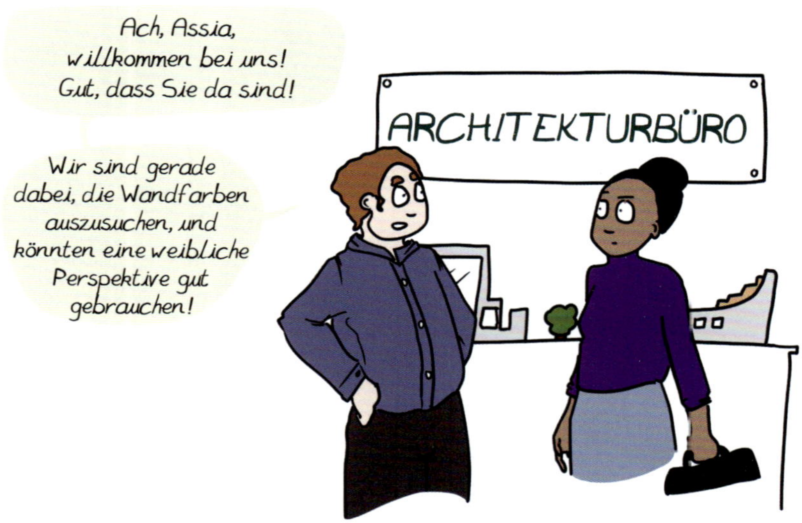
Ach, Assia, willkommen bei uns! Gut, dass Sie da sind!
Wir sind gerade dabei, die Wandfarben auszusuchen, und könnten eine weibliche Perspektive gut gebrauchen!
ARCHITEKTURBÜRO

... spricht man ihnen in anderen Bereichen die Kompetenz ab.

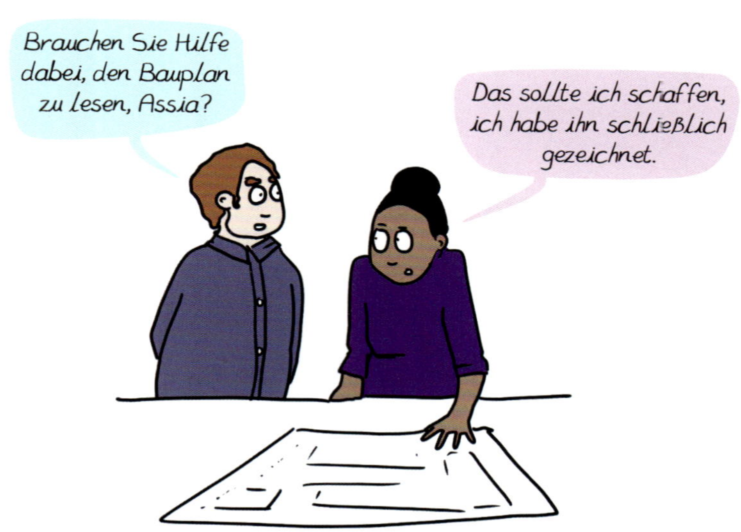
Brauchen Sie Hilfe dabei, den Bauplan zu lesen, Assia?
Das sollte ich schaffen, ich habe ihn schließlich gezeichnet.

Anders als feindseliger Sexismus, der leicht zu erkennen ist, …

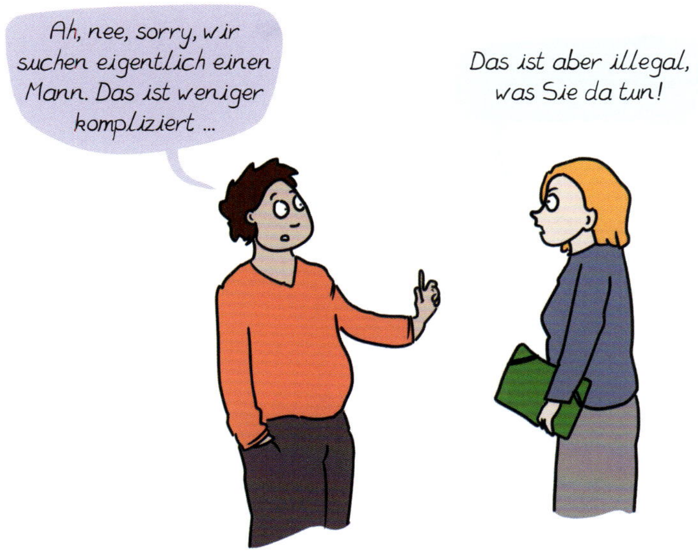
Ah, nee, sorry, wir suchen eigentlich einen Mann. Das ist weniger kompliziert …
Das ist aber illegal, was Sie da tun!

… erweckt wohlwollender Sexismus oft den Anschein, dass die Leute es gut meinen.

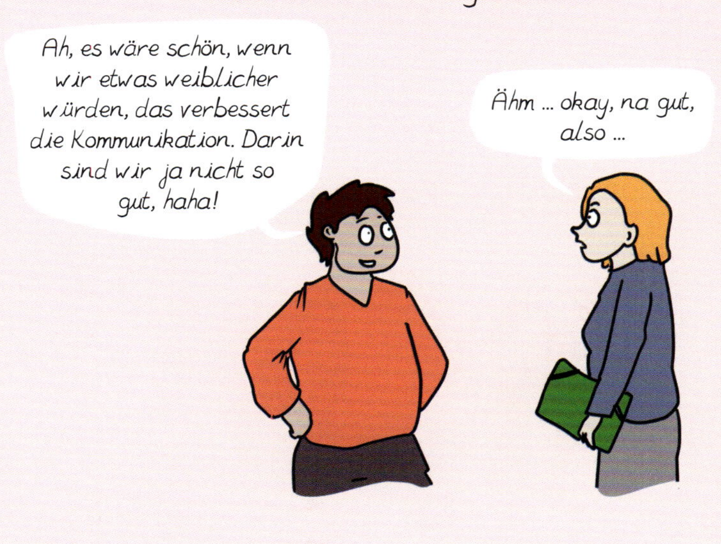
Ah, es wäre schön, wenn wir etwas weiblicher würden, das verbessert die Kommunikation. Darin sind wir ja nicht so gut, haha!
Ähm … okay, na gut, also …

Deshalb wird er auch von denjenigen, die ihm zum Opfer fallen, oft nicht als solcher erkannt.

Das Verhalten, in dem er – insbesondere in Frankreich – am häufigsten zum Ausdruck kommt, kennt ihr alle nur zu gut: Galanterie.

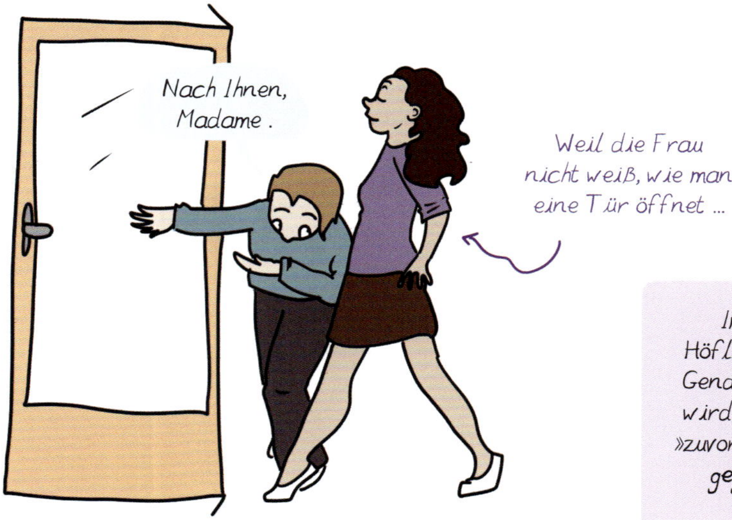
Nach Ihnen, Madame.
Weil die Frau nicht weiß, wie man eine Tür öffnet ...

Im Unterschied zur Höflichkeit, die nicht vom Gender abhängig gemacht wird, wird Galanterie als »zuvorkommendes Verhalten **gegenüber Frauen**« definiert.

Selbst heute noch beeinflusst diese Konvention, wie Männer und Frauen einander umwerben.

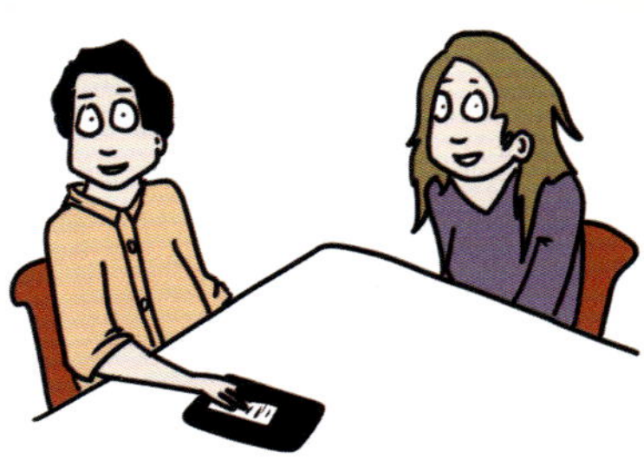
Wenn ich zahle, heißt das, ich bin an ihr interessiert!
Wenn er zahlt, heißt das, dass er fand, dass der Abend mit mir es wert war!

Allerdings wird dabei ein sehr ungleicher Tauschhandel impliziert.

Eine andere Art, wie wohlwollender Sexismus zum Ausdruck kommt, ist der »Frauen sind wundervoll«-Effekt.

Auf den »Women-are-wondeful effect«, wie er im Englischen heißt, haben erstmals 1994 zwei Psycholog*innen, Alice Eagly und Antonio Mladinic, aufmerksam gemacht. Er besteht darin, dass Frauen für ihnen zugeschriebene Eigenschaften wie Sanftmut, Emotionalität oder Feinfühligkeit übermäßig viel Wertschätzung – gesellschaftlich, aber nicht finanziell – entgegengebracht wird.

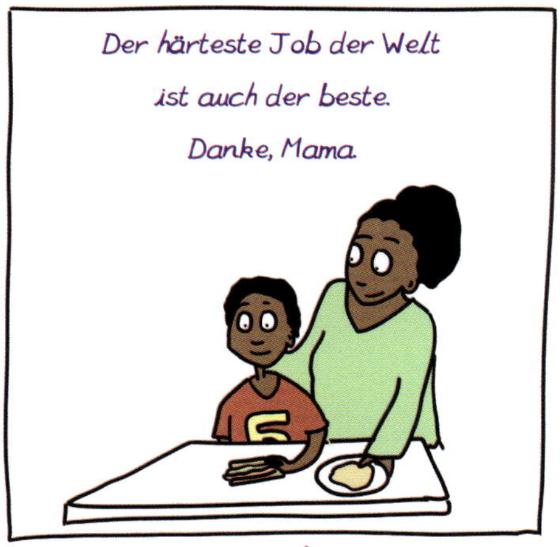
Der härteste Job der Welt
ist auch der beste.
Danke, Mama.

Diese Kampagne eines großen Hygieneprodukte-Herstellers mit dem Titel »Thank you mom« beweihräuchert Frauen, die sich für die Sportkarriere ihrer Kinder aufopfern.

Auf den ersten Blick könnte man also tatsächlich meinen, dass diese Form von Sexismus eher harmlos ist – wenn sie nicht sogar Vorteile mit sich bringt.

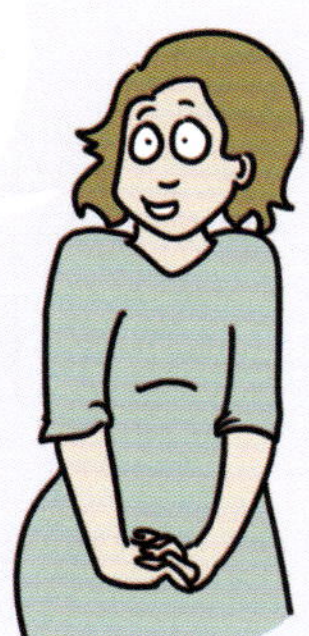
Also, ich finde es toll, wenn mir jemand Blumen schenkt und meinen Koffer trägt! Das ist schön!
Und wenn ich bei der Arbeit Hilfe brauche, ist gleich jemand zur Stelle … das ist sehr praktisch!

Aber dieses Wohlwollen kommt nur oberflächlich zum Tragen – wenn es um wenig geht.
Wenn es ernst wird, ist oft nichts mehr davon übrig.

Man nehme zum Beispiel die Regel »Frauen und Kinder zuerst«, von der wir alle glauben, dass sie bei einem Schiffsunglück angewandt wird. Auch wenn sie im Fall der Titanic wirklich angewandt worden ist …

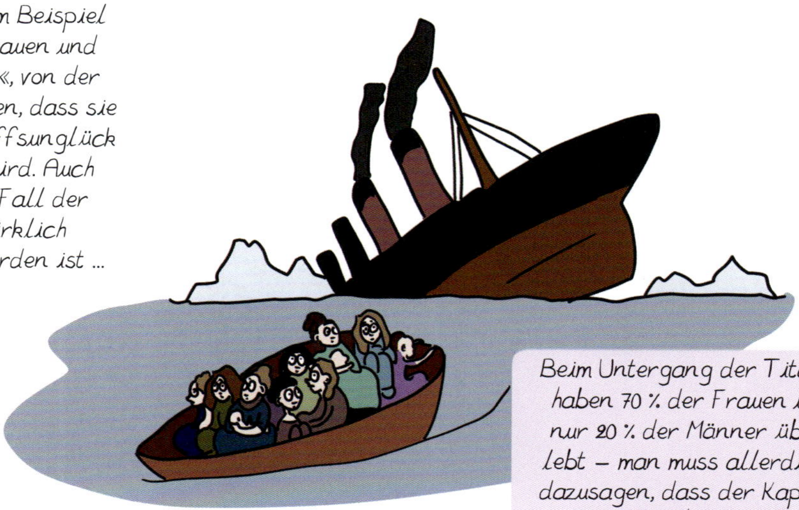

Beim Untergang der Titanic haben 70 % der Frauen und nur 20 % der Männer überlebt – man muss allerdings dazusagen, dass der Kapitän angeordnet hatte, auf diejenigen zu schießen, die die Regel nicht befolgten.

… ist das bei Weitem nicht immer der Fall.
Fakt ist:
Die Regel lautet eher …
privilegierte Gruppen zuerst!

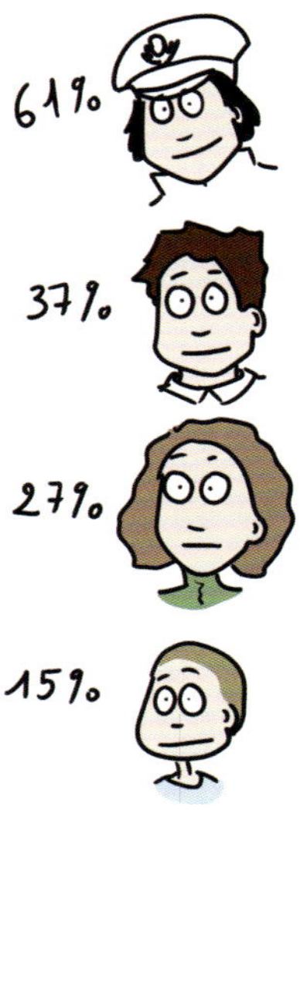

2012 haben zwei schwedische Forscher, Mikael Elinder und Oscar Erixson, die bekannten Fakten zu 18 Schiffsunglücken aus den letzten drei Jahrhunderten untersucht. Sie ziehen ein ernüchterndes Fazit:
Die besten Überlebenschancen haben …
die Besatzungsmitglieder! Und die schlechtesten Überlebenschancen haben die Kinder.

Den Autoren der Studie zufolge ist das logisch, denn:

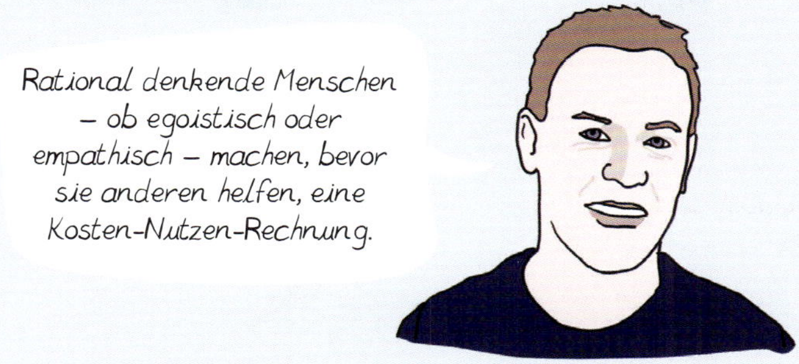
Rational denkende Menschen – ob egoistisch oder empathisch – machen, bevor sie anderen helfen, eine Kosten-Nutzen-Rechnung.

Wenn man jemandem ein Kompliment macht, eine Blume schenkt oder die Tür aufhält, sind die Kosten durch den Nutzen mehr als gerechtfertigt! Wenn es aber darum geht, die eigene Haut zu retten … nicht so sehr!

Bei diesen schönen Gesten geht es um wenig … zumindest für die Männer! Für die Frauen haben sie hingegen einen Preis: Sie geraten damit in eine Abhängigkeitsposition. Sie sind gefangen in der Rolle der Prinzessin, die gerettet werden muss.

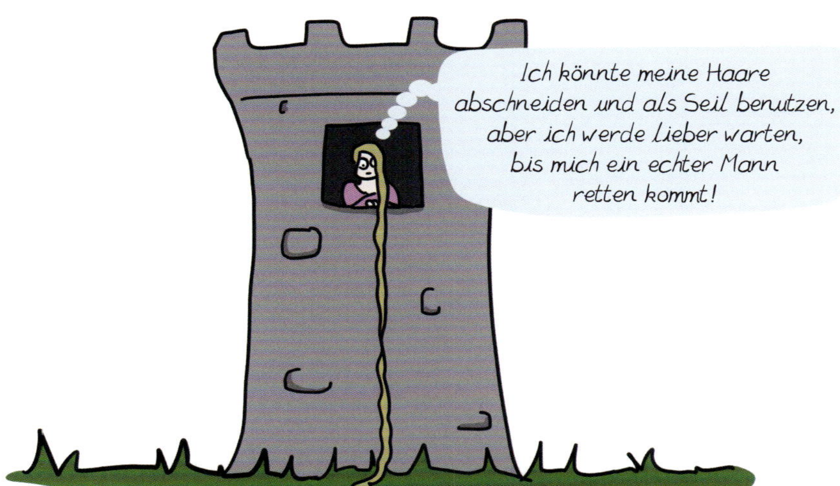
Ich könnte meine Haare abschneiden und als Seil benutzen, aber ich werde lieber warten, bis mich ein echter Mann retten kommt!

Sie beeinflussen, wie wir unsere Kompetenzen einschätzen …

2006 haben die Psycholog*innen Marie Larchet und Benoit Dardenne ein Experiment durchgeführt: Zuerst wurden Vorstellungsgespräche simuliert, gefolgt von einem Gedächtnistest. Im Verlauf des Vorstellungsgesprächs ließen die Recruiter*innen je nach Gruppe unterschiedliche Sätze fallen:

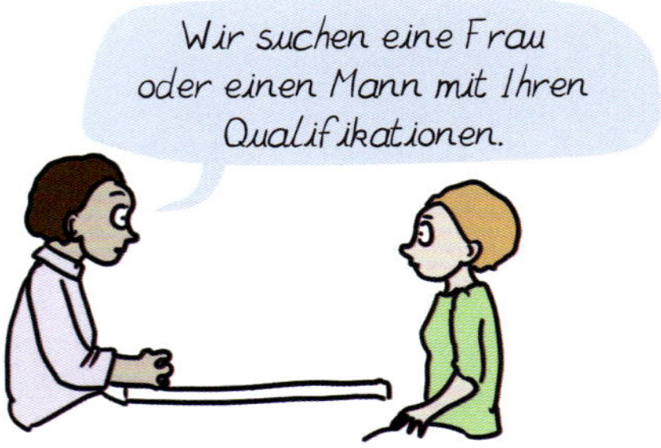

Wir suchen eine Frau oder einen Mann mit Ihren Qualifikationen.

neutral

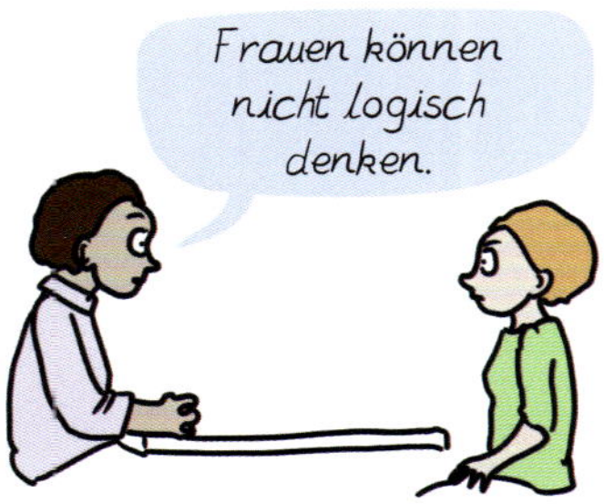

Frauen können nicht logisch denken.

feindseliger Sexismus

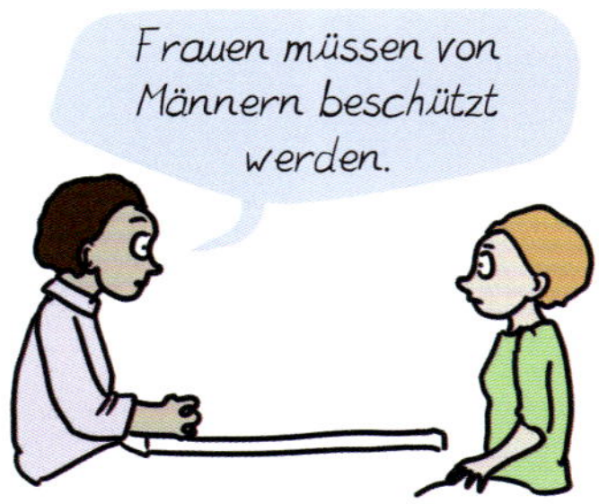

Frauen müssen von Männern beschützt werden.

wohlwollender Sexismus

Bei dem Gedächtnistest erzielte die Gruppe, die mit wohlwollendem Sexismus konfrontiert worden war, schlechtere Ergebnisse als die zwei anderen.

… und wenn wir unseren goldenen Käfig dann einmal verlassen wollen, trifft uns heftiger Gegenwind.

Das kann man sehr schön an den Reaktionen auf Twitter sehen, die die feministische Autorin Valérie Rey-Robert provozierte, als sie sich daran machte, das Konzept der Galanterie infrage zu stellen.

@EchterGentleman

Ich sag mal gleich vorweg: Wenn die Alte sich aufregt, weil ich ihr die Tür aufgehalten habe, bekommt die von mir ganz sicher einen Tritt in den Arsch, damit sie lernt, was die Grundregeln der Höflichkeit sind.

@DeinMärchenprinz

Da wo ich herkomme, ist es unhöflich, die Tür nicht aufzuhalten. Aber ihr könnt das natürlich ablehnen, ich schlag sie euch mit Freude in die Fresse.

Fiske und Glick zufolge hat Sexismus also zwei Seiten:

eine feindselige, über die wir fast alle Bescheid wissen, bei der den Frauen der Zugang zu als »wichtig« erachteten Bereichen verweigert wird,

und eine andere, scheinbar wohlwollende Seite, bei der sie für Kompetenzen gefeiert werden, die traditionell weiblich sind und wenig wertgeschätzt werden.

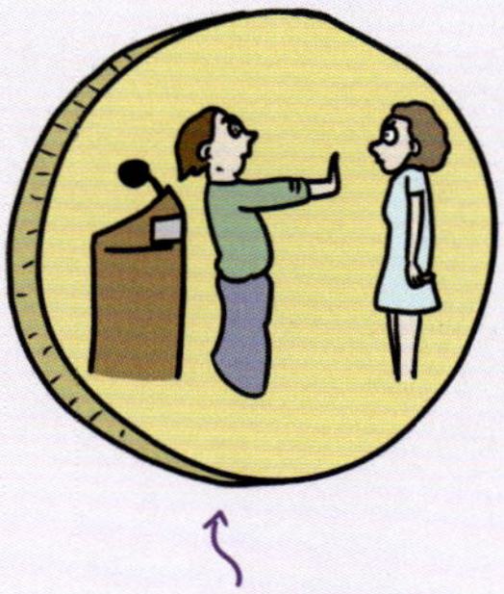

Die Peitsche

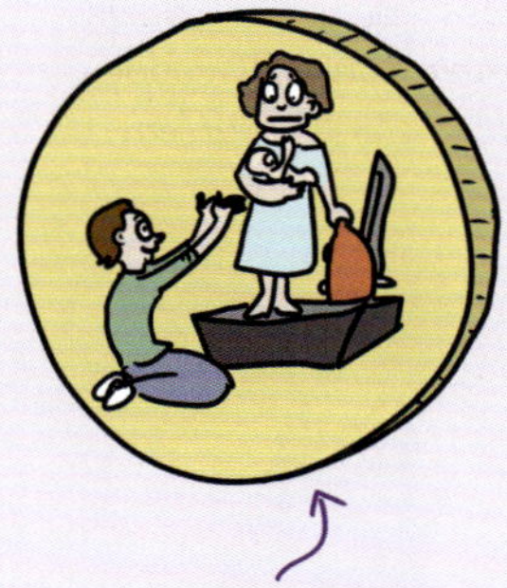

Das Zuckerbrot

Diese beiden Seiten zusammengenommen bezeichnen sie als **ambivalenten Sexismus**.

In ihren Arbeiten heißt es, diese Ambivalenz sei der Tatsache geschuldet, dass zeitgleich zwei Arten von Macht existieren:

strukturelle Macht, die die Männer mithilfe der Politik, der Gesetze, der Medien und der Religion in eine Machtposition stellt,

und die dyadische Macht, die die Männer den Frauen gegenüber durch Sexualität und Fortpflanzung in ein Abhängigkeitsverhältnis stellt.

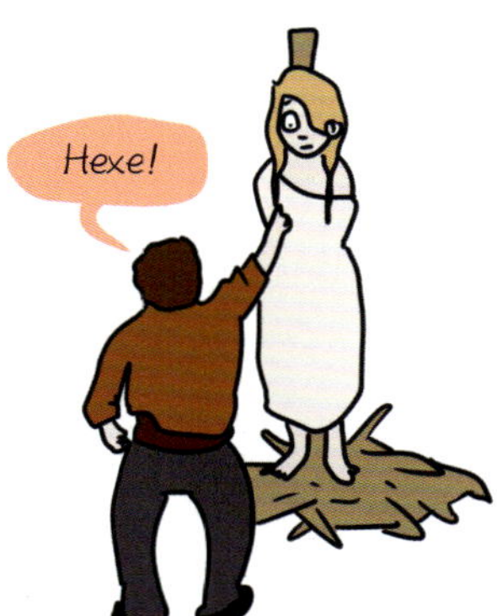
Hexe!

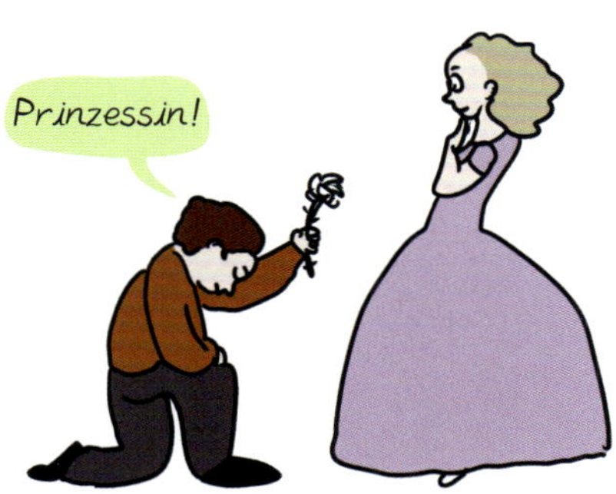
Prinzessin!

Deshalb schließen feindlicher und wohlwollender Sexismus einander nicht aus ...

Als ob es einerseits diejenigen geben würde, die Frauen hassen

und andererseits diejenigen, die sie verehren.

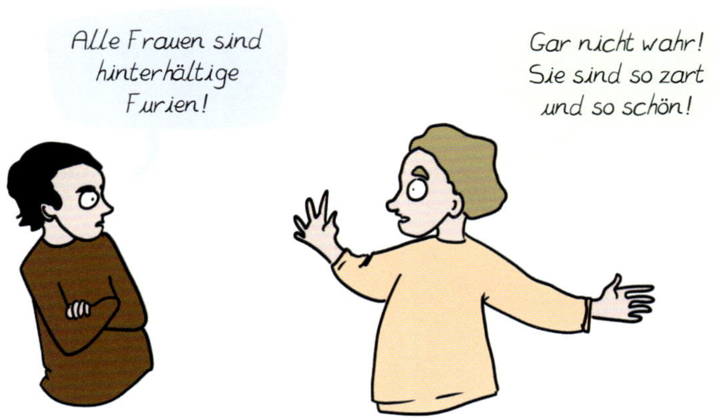
Alle Frauen sind hinterhältige Furien!
Gar nicht wahr! Sie sind so zart und so schön!

... ganz im Gegenteil, sie ergänzen einander!

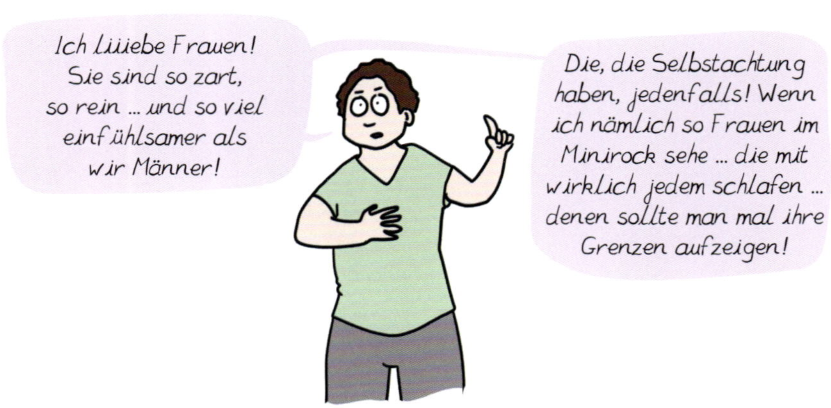
Ich liiiebe Frauen! Sie sind so zart, so rein ... und so viel einfühlsamer als wir Männer!
Die, die Selbstachtung haben, jedenfalls! Wenn ich nämlich so Frauen im Minirock sehe ... die mit wirklich jedem schlafen ... denen sollte man mal ihre Grenzen aufzeigen!

Die Kombination von beiden ist es, Zuckerbrot und Peitsche, mit der man uns kleinhalten kann.

Das habe ich in jenem Job am eigenen Leib erfahren, wo ich, nachdem ich verstanden hatte, dass ich es mit einer Form von Sexismus zu tun hatte, aufgehört habe, mich in das mir zugewiesene Rollenkorsett zu zwängen.

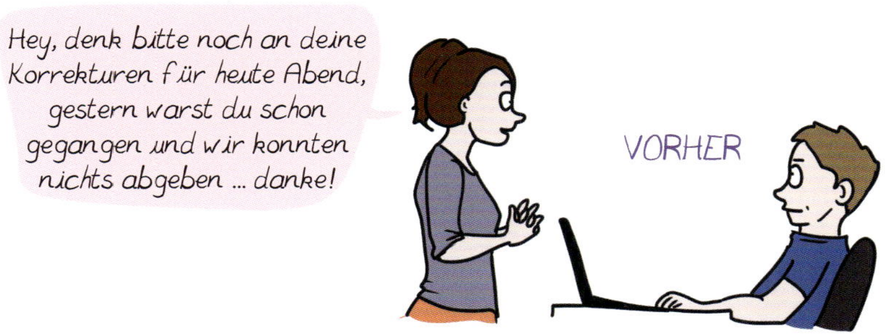
Hey, denk bitte noch an deine Korrekturen für heute Abend, gestern warst du schon gegangen und wir konnten nichts abgeben ... danke!
VORHER

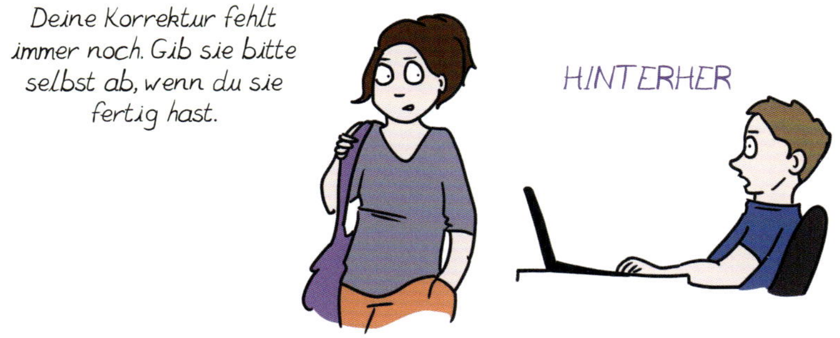
Deine Korrektur fehlt immer noch. Gib sie bitte selbst ab, wenn du sie fertig hast.
HINTERHER

Der Gegenschlag ließ nicht wirklich lange auf sich warten.

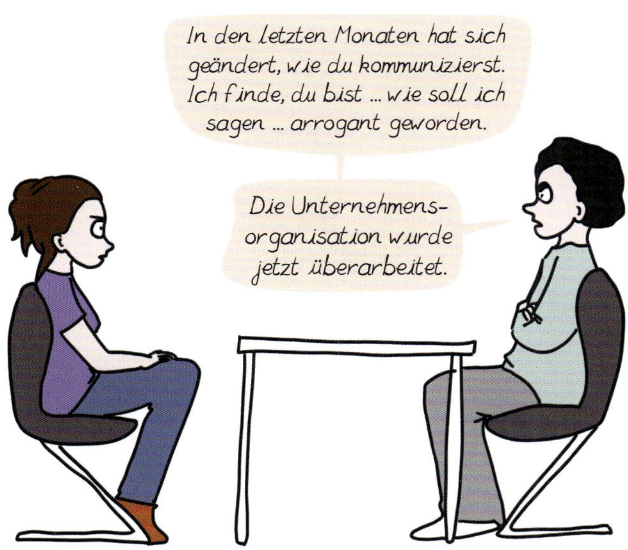
In den letzten Monaten hat sich geändert, wie du kommunizierst. Ich finde, du bist ... wie soll ich sagen ... arrogant geworden.
Die Unternehmens-organisation wurde jetzt überarbeitet.

Ich wurde in meiner Position herabgestuft.

Und natürlich kennen wir auch alle die andere Seite der »Komplimente«, die man uns auf der Straße zuruft.

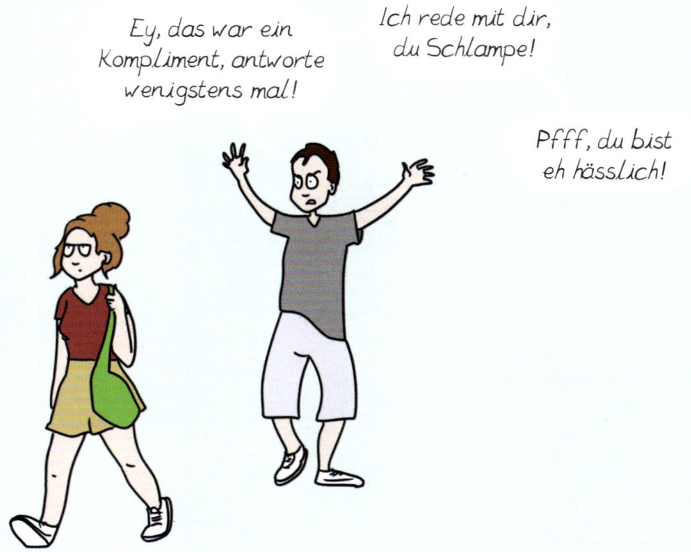
Ey, das war ein Kompliment, antworte wenigstens mal!
Ich rede mit dir, du Schlampe!
Pfff, du bist eh hässlich!

Und die besondere Behandlung, die Frauen, die sich in die Politik »einmischen«, zukommt.

2013 fiel der Abgeordnete der UMP Philippe Le Ray damit auf, dass er die Rede der Grünen-Abgeordneten Véronique Massonneau mit Hühnergegacker störte.

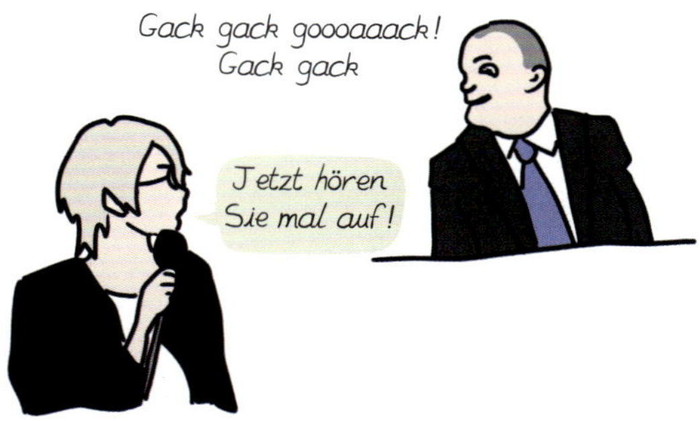
Gack gack goooaaack! Gack gack
Jetzt hören Sie mal auf!

Und 2017 störte ein Abgeordneter – wer, ist bis heute ungeklärt – mit Ziegengemecker die Rede der Abgeordneten der Partei »En Marche!« Alice Thourot.

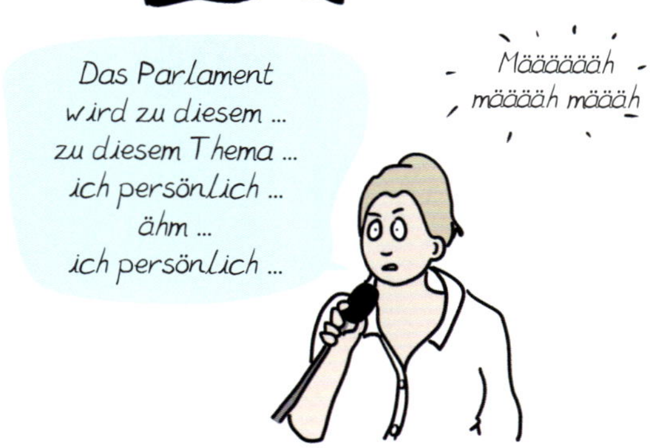
Das Parlament wird zu diesem … zu diesem Thema … ich persönlich … ähm … ich persönlich …
Määäääääh määäääh määäh

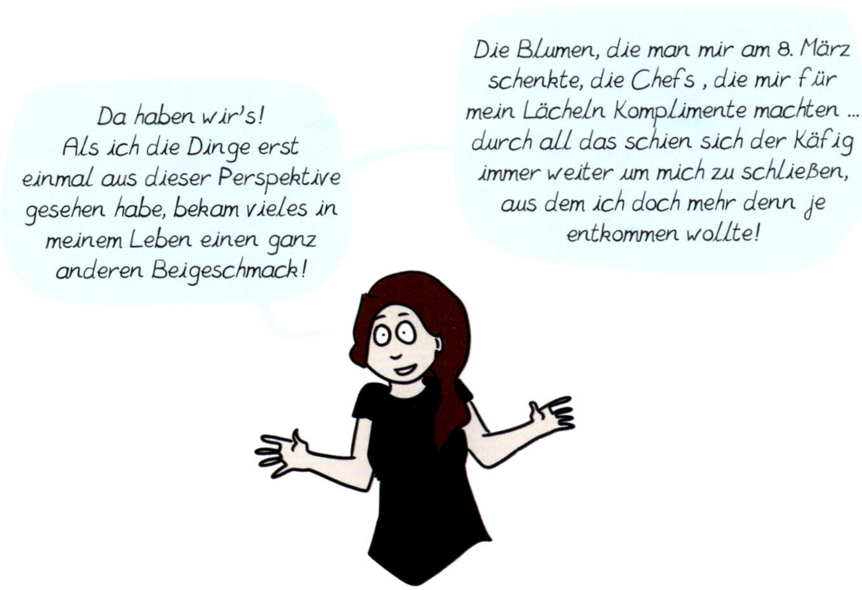
Da haben wir's! Als ich die Dinge erst einmal aus dieser Perspektive gesehen habe, bekam vieles in meinem Leben einen ganz anderen Beigeschmack!
Die Blumen, die man mir am 8. März schenkte, die Chefs, die mir für mein Lächeln Komplimente machten … durch all das schien sich der Käfig immer weiter um mich zu schließen, aus dem ich doch mehr denn je entkommen wollte!

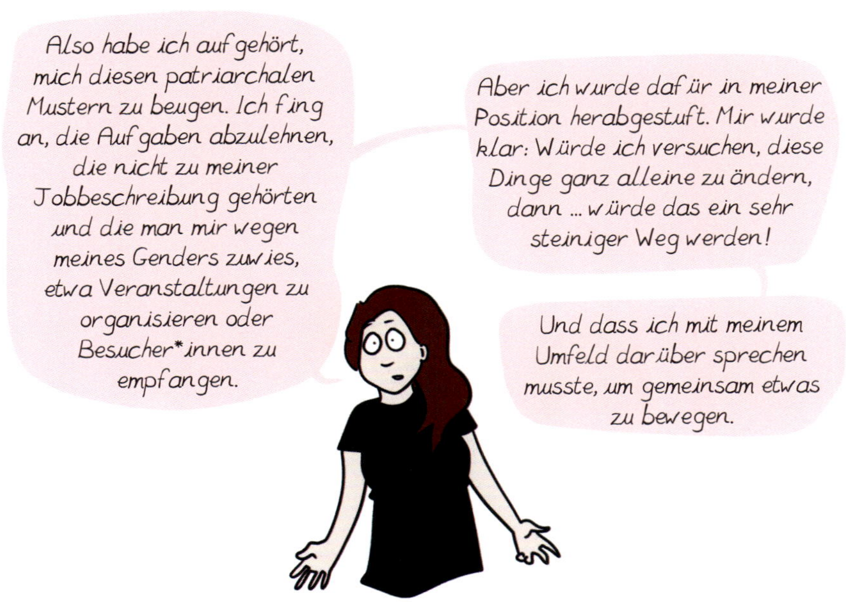
Also habe ich aufgehört, mich diesen patriarchalen Mustern zu beugen. Ich fing an, die Aufgaben abzulehnen, die nicht zu meiner Jobbeschreibung gehörten und die man mir wegen meines Genders zuwies, etwa Veranstaltungen zu organisieren oder Besucher*innen zu empfangen.
Aber ich wurde dafür in meiner Position herabgestuft. Mir wurde klar: Würde ich versuchen, diese Dinge ganz alleine zu ändern, dann … würde das ein sehr steiniger Weg werden!
Und dass ich mit meinem Umfeld darüber sprechen musste, um gemeinsam etwas zu bewegen.

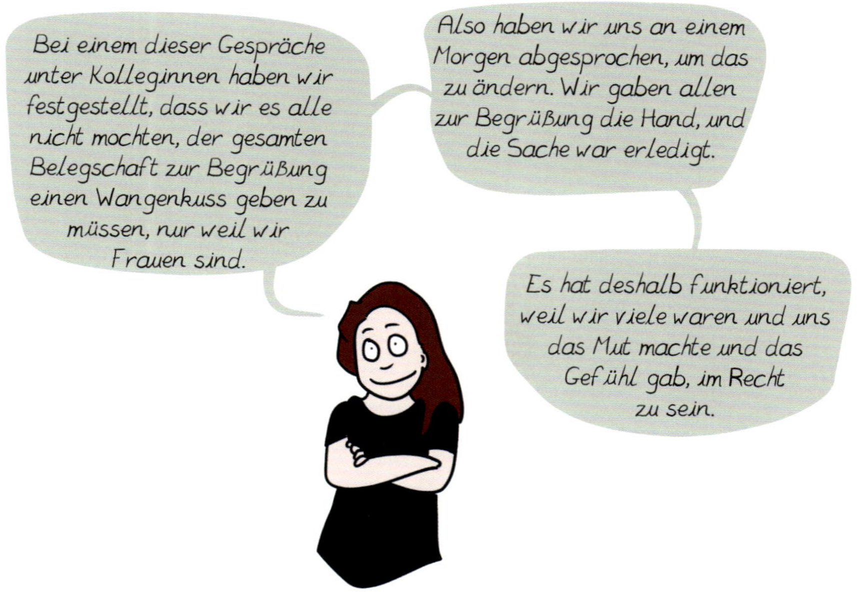
Bei einem dieser Gespräche unter Kolleginnen haben wir festgestellt, dass wir es alle nicht mochten, der gesamten Belegschaft zur Begrüßung einen Wangenkuss geben zu müssen, nur weil wir Frauen sind.
Also haben wir uns an einem Morgen abgesprochen, um das zu ändern. Wir gaben allen zur Begrüßung die Hand, und die Sache war erledigt.
Es hat deshalb funktioniert, weil wir viele waren und uns das Mut machte und das Gefühl gab, im Recht zu sein.

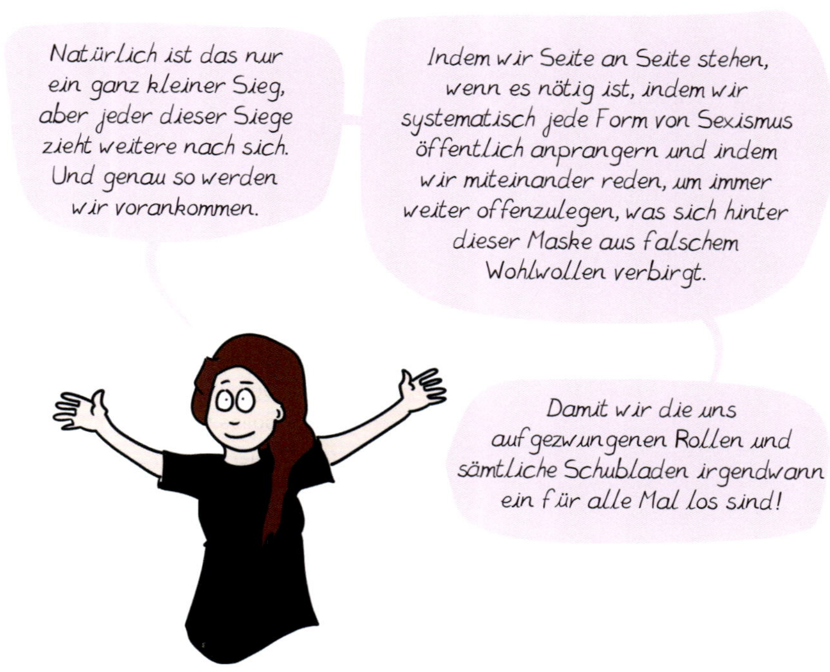
Natürlich ist das nur ein ganz kleiner Sieg, aber jeder dieser Siege zieht weitere nach sich. Und genau so werden wir vorankommen.
Indem wir Seite an Seite stehen, wenn es nötig ist, indem wir systematisch jede Form von Sexismus öffentlich anprangern und indem wir miteinander reden, um immer weiter offenzulegen, was sich hinter dieser Maske aus falschem Wohlwollen verbirgt.
Damit wir die uns aufgezwungenen Rollen und sämtliche Schubladen irgendwann ein für alle Mal los sind!

Emma.

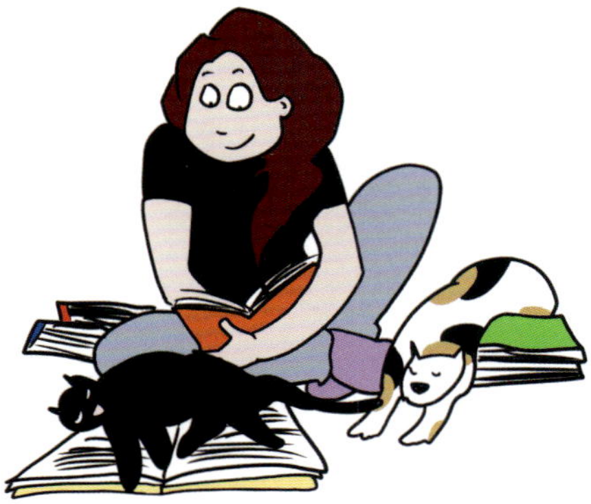

Quellenangaben

In Ordnung ist das nicht, aber …
Seite 7

- Blogbeitrag »Comment lutter contre le viol« auf crepegeorgette.com.
- Blogbeitrag »De la banalité des violences sexuelles« auf crepegeorgette.com.
- Blogbeitrag »Les hommes sont-ils tous des violeurs?« auf crepegeorgette.com.
- Folge mit dem Titel »Et des porcs furent balancés« des Videoformats »Ouvrez les guillemets«.
- Onlinevideo »Beidseitiges Einverständnis - So einfach wie Tee«.

Verhalte dich so, wie man es von dir erwartet!
Seite 23

- Blogbeitrag »J'ai mis des petits lapins« auf projetcrocodiles.tumblr.com.
- Anleitung der Website payetashnek.tumblr.com, die den Unterschied zwischen Flirt und sexueller Belästigung erklärt.
- Artikel »Harcèlement de rue ou compliment ? Je veux comprendre«, Onlinemagazin *Madmoizelle*.

Michelle
Seite 33

- Studie des französischen *Nationalen Instituts für Statistik und Wirtschaftsstudien* (INSEE) »Les variations de niveau de vie des hommes et des femmes à la suite d'un divorce ou d'une rupture de Pacs« aus dem Jahr 2015.
- Studie des INSEE »Les écarts de pension entre les femmes et les hommes : un état des lieux en Europe« aus dem Jahr 2017.
- Studie des INSEE »Les retraites des femmes nettement inférieures à celles des hommes« aus dem Jahr 2017.
- Broschüre »Gender Pension Gap. Entwicklung eines Indikators für faire Einkommensperspektiven von Frauen und Männern« des Bundesministeriums für Familie, Senioren, Frauen und Jugend, 2007.
- *Der Konflikt. Die Frau und die Mutter.* Aus dem Französischen von Ursula Held und Stephanie Singh. München: C.H. Beck Verlag 2010.
- Sara Farris: *Femonationalism and the ›Regular‹ Army of Labor Called Migrant Women*. In *History of the Present* 2 (2012), S. 184-199.
- Artikel »Au nom des droits des femmes? Fémonationalisme et néolibéralisme« auf der Website contretemps.eu.
- Sara Farris: *In the name of women's rights: the rise of femonationalism*. Durham: Duke Univesity Press 2017.
- Silvia Federici: *Caliban und die Hexe. Frauen, der Körper und die ursprüngliche Akkumulation.* 9. Auflage. Aus dem Englischen von Max Henninger. Wien/Berlin: Mandelbaum Verlag 2017.
- Angela Davis: *Rassismus, Sexismus und Klassenkampf.* Aus dem Englischen von Erika Stöppler. Münster: Unrast Verlag 2022.
- Artikel »Le travail ménager, son partage inégal et comment le combattre« auf der Website *Les Mots Sont Importants.*
- Christine Delphy: *L'Ennemi Principal.* Paris: Éditions Syllepse 2013.

Love Power
Seite 55

- »Emotional Labor around the World: An Interview with Arlie Hochschild« auf der Website *Global Dialogue*.
- Arlie Russell Hochschild: *The Managed Heart. Commercialization of Human Feeling*. Berkeley: University of California Press 1983.
- Artikel »Why women are tired: The price of unpaid emotional labor« auf huffpost.com.
- Artikel »›Women are just better at this stuff‹: Is emotional labor feminism's next frontier?« auf theguardian.com.
- Artikel »Where's My Cut ? On Unpaid Emotional Labor« auf the-toast.net.
- Artikel »L'impuissance comme idéal de beauté des femmes - le sourire« auf antisexisme.net.
- Vom Meinungsforschungsinstitut IFOP durchgeführte Studie »Les Françaises, bonnes dernières dans la course à l'orgasme«, 2015.
- Anna Jónasdóttir: *Love Power and Political Interests.* Örebro: University Press 1991.
- Anna Jónasdóttir: *Why Women Are Oppressed.* Philadelphia: University Press 1994.
- Liv Strömquist: *Der Ursprung der Liebe.* Aus dem Schwedischen von Katharina Erben. Berlin: Avant-Verlag 2018.
- Chiara Acquati, Brad Zebrack et al.: »Sexual functioning among young adult cancer patiens: A 2-year longitudinal study«, In *Cancer* 124 (2018) 2, S. 398 - 405.
- Christine Guilbault, Luc Dal & Michel Poulain: »Le veuvage et après«. In *Gérontologie et société* 30 (2007) 2; S. 163 - 178.

Die Konsequenzen
Seite 77

- Statistisches Bundesamt: »Erwerbstätigenquoten 1991 bis 2020«. Ergebnisse des Mikrozensus.
- Bundesministerium für Familie, Senioren, Frauen und Jugend: Zweiter Gleichstellungsbericht der Bundesregierung. Eine Zusammenfassung. 2. Auflage, November 2018.
- Seite des französischen Ministeriums für die Gleichstellung von Frauen und Männern: »Harcèlement sexuel et sexiste dans les transports: résultats d'une étude menée à Bordeaux«.
- Studie des INSEE »Contraception et IVG«
- Studie des Nationalen Instituts für demografische Studien »Quelles sont les méthodes de contraception les plus utilisées dans le monde?«.
- Pressemitteilung des Statistischen Bundesamtes vom 9. März 2021: »Gender Pay Gap 2020«.

Reine Kopfsache
Seite 95

- Artikel »Les luttes pour le salaire ménager: théorie et pratique« auf der Website *Contretemps*.
- Studien des INSEE »La vie quotidienne en France depuis 1974. Les enseignements de l'enquête Emploi du temps« und »En 25 ans, moins de tâches domestiques pour les femmes, l'écart de situation avec les hommes se réduit«.
- Monique Haicault: »La gestion ordinaire de la vie en deux«. In: *Sociologie du travail* 26 (1984) 3, S. 268-277.
- Artikel »Travail parental et charge mentale« auf der Website *En aparté*.
- Onlinemagazin *Les Inrockuptibles*: »Espagne: une grève générale féministe sans précédent mobilise 5 millions de personnes«.
- Tageszeitung *Le Monde*: »En Espagne, le congé de paternité passe de 5 à 8 semaines«.
- Onlinemagazin *Mediapart*: »Le premier ministre Édouard Philippe face à la rédaction«
- Video des französischen Fernsehsenders BFMTV: »Je ne veux pas d'une société de la délation, affirme Emmanuel Macron«.
- Valérie Rey-Robert: *Une culture du viol à la française*. Montreuil: Libertalia 2019.

Sonntagabend
Seite 121

- Onlinemagazin *Mediapart*: »Didier Lombard aux salariés d'Orange: La pêche aux moules, c'est fini«.
- Tageszeitung *Le Figaro*: »Un salarié de France Télécom se poignarde en pleine réunion«.
- Website der Zeitung *20 Minutes*: »Une employée de France Télécom se défenestre et décède«.
- *Le Figaro*: »Suicides à France Télécom: le rappel des faits«.
- *Le Figaro*: »Vague de suicides alarmante à La Poste«.
- Website *Infirmiers.com*: »Suicide et professionnels de santé: le poids des chiffres«.
- Website *sante-secu-social.npa2009.org*: »Mediapart – AP-HP: en dépit des alertes multiples, Hirsch veut tenir le cap de l'austérité«.
- Website *sante-secu-social.npa2009.org*: »Suicides et travail: La SNCF sur la voie de France Télécom«.
- Mitteilung des Beratungsbüros *Stimulus* mit dem Titel »Observatoire de la santé psychologique au travail«.
- Tageszeitung *La Voix du Nord*: »Grande-Synthe: Accident du travail chez ArcelorMittal, un homme de 52 ans entra la vie et la mort«.
- Nachrichtenseite *Forum.fr*: »Vienne: un boucher amputé après un accident du travail«.

• Website *Francebleu.fr*: »Deux personnes grièvement blessées dans accident à Saint-Just-Luzac«.

• Website von *France Info*: »Accident du travail à Lons-le-Saunier: un bloc de béton écrase un ouvrier«.

• Website *Varmatin.com*: »Happé par une machine, l'employé d'une centrale de biomasse décède à Brignoles«.

• Nachrichtenseite *Actu Toulouse*: »Dramatique accident dans un parc d'attraction, près de Toulouse: un employé tué par un manège«.

• Tipp: der Twitteraccount @DuAccident sammelt Arbeitsunfälle in Frankreich, die tödlich endeten.

• Website der französischen Krankenversicherung *ameli.fr*: »Risque accident du travail: Statistiques sur la sinistralité de l'année 2017«.

• Studie der Agentur *Anact*: »Photographie statistique des accidents de travail, des accidents de trajet et des maladies professionnelles en France selon le sexe entre 2001 et 2016«.

• Nachrichtenmagazin *L'Express*: »Les travailleurs des ongleries en danger«.

• Website des Fernsehsenders BFMTV: »Macron veut supprimer le nom du compte pénibilité«

• Blog Nachrichtenportal *Mediapart, Le Club*: »François Fillon: Il serait temps que les Français acceptent la précarité«.

• Website *Wikirouge*: Artikel »Propriété privée«.

• *Arte*-Reportage »Surpêche – la fin du poisson à foison«.

• Website des belgischen Radiosenders RTBF: »Inde: des travailleuses des champs privées de leur utérus ›pour améliorer leur rendement‹«

• Website *frustrationmagazine.fr*: »Permis de tuer: Enquête sur la lutte du grand patronat contre la santé au travail«.

• Tageszeitung *Libération*: »Les vies brisées des mineurs grévistes de 1948 au grand jour«.

• Zeitschrift der französischen Partei *Lutte Ouvrière*: »Sidérurgie lorraine – Des de Wendel à Mittal: l'enrichissement ininterrompu des grandes familles bourgeoises«.

• Kollektiv Adret: *Travailler deux heures par jour*. Paris: Éditions du Seuil 1977.

Die Geschichte eines Freund und Helfers
Seite 163

• Erik Blondin: *Journal d'un gardien de la paix*, Paris: La Fabrique 2002.

• Podcastepisode »Dans la police« der Sendung *Les Pieds sur Scène* des Radiosenders *France Culture*.

Die wollen nur nett sein
Seite 201

• Artikel »Le sexisme bienveillant comme processus de maintien des inégalités sociales entre les genres« auf der Website *cairn.info*.

• Blogbeitrag »La galanterie est une forme de sexisme« auf *crepegeorgette.com*.

• *Wikipedia*-Artikel »Women-are-wonderful effect«.

• Mikael Elinder & Oscar Erixson: »Gender, Norms and Survival in Maritime Disasters«. In *Proceedings of the National Academy of Sciences* 109 (2012) 33, S. 13220 - 13224.

• *Le Monde*: »À l'Assemblée nationale: ›Arrêtez, je ne suis pas une poule!‹«

• *Europe 1*: »›Cris de chèvre‹ à l'Assemblée: François de Rugy assure que ›l'auteur sera sanctionné‹«.